労働搾取の厚生理論序説

一橋大学経済研究叢書 55

吉原直毅著

労働搾取の厚生理論序説

岩波書店

経済研究叢書発刊に際して

経済学の対象は私たちの棲んでいる社会である．それは，自然科学の対象である自然界とはちがって，たえず変化する．同じ現象が何回となく繰返されるのではなくて，過去のうえに現在が成立ち，現在のうえに将来が生みだされるという形で，社会の組立てやそれを支配する法則も，時代とともに変ってゆくのが普通である．したがって私たちの学問も時代とともに新しくなってゆかねばならぬ．先人の業績を土台として一つの建造物をつくりあげたと思った瞬間には，私たちは新しい現実のチャレンジを受け，時には全く新しい問題の解決をせまられるのである．

いいかえれば経済学者は，いつも摸索し，試作し，作り直すという仕事を，性こりもなく続けなければならない．経済研究所の存在意義も，この点にこそあると思われる．私たちの研究所も，一つの実験の場である．あるいは，所詮完全なものとはなりえない統計を，すこしでも完全なものに近づけることに努力したり，あるいは，その統計を利用して現実の経済の動きの中に発展の法則を発見しようとしたり，あるいは，分析の道具そのものをみがくことに専念したり，あるいは，外国の経済の研究をとおして日本経済分析のための手がかりとしたり，あるいは，先人のきわめようとした原理を追求することによって今日の分析のための参考としたり，私たちの仕事はきわめて多岐にわたる．こうした仕事の成果を，その都度一書にまとめて刊行しようというのが本叢書の趣旨にほかならない．ときには試論の域を出でないものがあるとしても，それは学問の性質上，同学の方々の鞭撻と批判を受けることの重要さを思い，あえて刊行を躊躇しないことにした．ねがわくば，読者はこの点を諒承していただきたい．

本叢書は，一橋大学経済研究所の関係者の筆になるものをもって構成する．必らずしも定期の刊行は予定していないが，一年間に少なくとも三冊は上梓のはこびとなろう．こうした専門の学術書は，元来その公刊が容易でないのだが，私たちの身勝手な注文を心よくききいれて出版の仕事を受諾された岩波書店と，研究調査の過程で財政的な援助を与えられた東京商科大学財団とには，研究所一同を代表して，この機会に深く謝意を表したい.

1953年8月

一橋大学経済研究所所長
都 留 重 人

はしがき

標準的な新古典派経済学は，市場経済に関する原理的特性を，いわゆる厚生経済学の基本定理に代表される様に，配分効率性の観点から主に理解してきた．市場の失敗問題に言及する際にも，失敗の意味は主に配分効率性に関する事であった．しかし，マルクスの『資本論』より伺われる様に，現代でも尚，格差拡大や貧困化という現象を生み出してしまう，そういう特性も市場経済は孕んでいるかもしれない．本書は，市場経済のこうした側面における原理的特性を，マルクスが提示した労働搾取概念を媒介に，現代的な新古典派ミクロ経済理論の枠組みと手法を用いて分析する事を意図する，筆者の現在進行中の研究プロジェクトに関する中間報告である．

本書は，基本的には数理的マルクス経済学における研究書という性格を持つが，同時に本書を中間報告とする筆者の上記研究プロジェクトの性格上，それは市場経済に関する新たな厚生理論という意味で，広い意味での厚生経済学における研究書という性格を持つ．また，本書の主要部分(第2, 3, 4, 5章)は，数理的マルクス経済学における，1960年代から現在に到る搾取理論の主要な議論についての大学院レベルのテキストブックとしても利用可能になる事を意図している．その特徴は，この分野の従来における典型的な数学的技法であった線形代数による定式化と代数的分析を極力排除して，現代の大学院初級レベルのミクロ経済学でより標準的な技法となっている集合論的一般均衡モデルを用い，かつ幾何的解析を可能な限り導入しながら，マルクスの議論を翻訳し直す事に心がけている点である．従って本書の上記主要部分については，大学院でミクロ経済理論のコースワーク履修済みの大学院生や経済学徒であれば，いわゆるマルクス経済学の素養の有る無しに関らず，読みこなす事ができるだろう．

本書は筆者にとっての最初の著作に当たるが，ここに到るまで誠に多くの学恩を負うてきた．大学院の恩師であり，現在は職場の同僚でもあり共同研究のパートナーでもある鈴村興太郎教授からの，終始変わらぬ暖かいご指導による恩恵は計りしれない．本書との関連では，筆者にとっての数理マルクス経済学研究の最初の契機は，筆者が修士論文の課題探しの過程で，ジョン E. ローマーの論文[Roemer(1980)]を学ぶ事から始めたいと教授に相談した際に，それを暖かい励ましと共に勧めて下さった事にある．筆者が理論経済学研究者として離陸する過程において詳細・適確かつ暖かい研究指導を賜った西條辰義教授，本書の第 6 章の元論文の執筆過程で指導を賜った都留康教授，本書の研究を厚生経済学上の研究として意義付けてくださった蓼沼宏一教授，以上の方々との現在に到る学問上の交流を通じた恩恵にも感謝し切れない．本書に関連する諸研究の遂行過程で多大な恩恵を受けてきたのが，ジョン E. ローマー教授との学問的交流である．そもそもローマー教授の数理的マルクス経済学における革新的な貢献なくしては，筆者自身のこの分野における研究も有り得なかったのである．また，本書には反映されなかったが，上記の現在進行中プロジェクトのよき共同研究者であるロベルト・ベネチアーニ博士との研究交流は，筆者にこの分野での研究推進の大きな動機を与えてくれている．筆者の学部時代におけるマルクス経済学の恩師たちから受けた恩恵，とりわけ唐渡興宣教授，及び浜田康行教授，それぞれの学部ゼミで勉強した『資本論』及びルドルフ・ヒルファーディング『金融資本論』の素養は，現在に到るまで筆者のマルクス経済学研究のベースであり続けている．また，直接にゼミ生としてのご指導を賜ってはいないが，佐々木隆生教授の研究室をしばしば訪問し，様々に啓発をして戴いた事も重要な経験であった．そもそも大学院以降の研究として数理的マルクス経済学に開眼したのも，置塩信雄や森嶋通夫の研究についての教授の示唆が故であった．

また，本書の編集担当として，刊行遂行まで筆者を叱咤激励して下さった髙橋弘氏と職人芸の校閲をして戴いた居郷英司氏，それから本書の執筆過程で，筆者が執筆に専念しやすいように様々な学内外雑務をお手伝い戴いた五十嵐容子さん，本書における図の作成や参照文献の整理等で，存在不可欠な貢献をしてくれた吉原有希さん，以上の方々に深く感謝申し上げる．最後に，筆者の研究生活を支えてくれた両親に感謝の意を表したい．

2008 年 1 月

吉 原 直 毅

目　　次

図 目 次

第1章　今，なぜ労働搾取理論なのか？

1.1　現代における貧富の格差問題

「経済のグローバリゼーション」化と，労働市場を含むさまざまな産業分野での市場の規制緩和措置を背景として，成果賃金制度の導入や非正規労働比率の増大など，雇用環境も変わり，いわゆる人口の高齢化によっては説明しきれない所得格差の拡大化や，生活保護人員率の増大，またネットカフェ難民等に見られるようなワーキング・プア問題の発生など，「格差社会」化や，就労能力のない社会的弱者のみならず，就労者たちの貧困化問題をも指摘され，論じられる様になった．参入規制の撤廃等，適切な規制制度の改革は，各産業及び日本経済全体の国際競争力を強化し，結果的に国民所得のより強力な増大への可能性を高めるものの，経済がより競争的な構造を強める結果，確かに1990年代長期停滞以前に比して，当初所得の格差が拡大する傾向を持つ様になったと言われる．その事は，当初所得のジニ係数が90年初頭以降，上昇している[1)]事からも伺い知る事ができよう[2)]．

例えば，2007年に内閣府が発行した『平成19年版 経済財政白書』(以下，『白書』(2007)と略称)においても，経済成長と所得不平等度の低下傾向の関係に関する「クズネッツの逆U字仮説」が，近年の主要先進諸国では――とりわけ1980年代以降のアングロ・サクソン諸国では顕著に――当てはまらないケースが見られる，と指摘されている．すなわち，「クズネッツの逆U字仮説」が主張する様な成長と格差に関する負の相関性ではなく，正の相関性が見出されている，と．この様な傾向の背景として，

1)　『白書』(2007)，第3-4-12図，p. 238を参照の事．

2)　ジニ係数は所得不平等度を測定する指標の一つに過ぎず，しかも厚生経済学の議論においては，その指標は万能なものと理解されているわけではない．従って，ここでのジニ係数を使ったデータへの言及は，あくまで一つの目安という意味である事に注意すべきである．尚，ジニ係数の性質に関する理論的研究についてはSen(1997)を参照の事．

『白書』(2007)は「格差の拡大にグローバル化とIT化が一定程度寄与」と言及している．新たな高度IT技術の導入等による技術革新は，そうした新しい技術を扱える熟練労働者への需要を増やす一方，代替される半熟練労働の需要を減らす事によって，それらの労働スキルの違いによる所得格差を強化する．また，経済のグローバル化については，例えば国内製造業が経済グローバル化による国際競争に晒されるに連れて，それらの産業における非熟練労働も，より低賃金な途上諸国との国際競争によって低賃金化する，等である．その顕著な現象は，2006年12月の厚生労働省の調査で，その比率が33.4%に達し，3分の1を超えたと言われている非正規雇用労働の増大[3)]である．

非正規雇用労働の増大が「格差社会」化や貧困化問題といかに重要に関係しているかについては，「ワーキング・プア」や「ネットカフェ難民」問題の実態について取材する，ここ近年で顕著に出版されているルポルタージュ等でも強調されている[4)]．例えば，水島宏明の『ネットカフェ難民と貧困ニッポン』[以下，水島(2007)と略称]では，「ワーキング・プア」や「ネットカフェ難民」の典型として日雇い派遣労働者の生活実態について取材している．他方，計量社会学の分野でも，非正規雇用労働の増大と「格差社会」化との対応性についての実証研究がなされ始めている．例えば，佐藤嘉倫の研究[佐藤(2008)]がそれに当ろう．従来の計量社会学の社会階層論では，職業や学歴という階層に関する世代間移動の有無やそのメカニズムに注目して，実証分析を行うが，その際に正規雇用を暗黙の前提としてきた事を，佐藤(2008)は指摘している．その上で，所得の格差と正規雇用・非正規雇用という従業上の格差との対応性に関する格差社会論の指摘に注目し，その指摘の妥当性を，SSM調査データを用いて検証している．その結果，確かに格差社会論が指摘する様に，職業階層よりも正規雇用–非正規雇用という従業上の地位の方が収入を強く規定するという結論を導き出している[5)]．

---

3) 非正規雇用労働比率の増大が労働コストを低減させるだろう事については，改めてここで説明をする必要は無いであろうが，興味のある読者は例えば，『白書』(2007)の第3章1節を参照の事．

4) 現代の貧困問題についての，専門研究者による解説本として，岩田(2007)も外せない．

近年の非正規雇用労働の増大の「真犯人」であると，水島(2007)などが指摘するのがいわゆる「労働ビッグバン」，派遣労働の規制緩和政策である．そもそも戦前の日本社会では労働者派遣は頻繁に行われており，手配師と呼ばれる仲介業者が労働者を供給し，いわゆるピンハネ(中間搾取)が横行していた．炭鉱や工事現場などの飯場・タコ部屋等，劣悪な労働環境の中で過酷な強制労働が行われていたが，そうした劣悪労働の犠牲の押し付けが容易であったのも，犠牲の対象者に仲介業者によって派遣された労働者たちが多く含まれていた点が背景にあるだろう事は，小林多喜二に代表される，戦前のいわゆる「プロレタリア文学」に触れる事でも伺い知る事ができる．しかし戦後の1947年に制定された職業安定法では44条で「労働者供給事業の禁止」を定めている．当時の立法趣旨は，「労働者供給事業が中間搾取を行い，労働者に不当な圧力を加える例が少なくない事に鑑み，労働の民主化の精神から全面的にこれを禁止しようとする」[6]とされていた．資本主義諸国と社会主義諸国とが対抗関係にあった，当時の東西冷戦体制の背景の下，資本主義諸国がケインズ主義的福祉国家システムへと再編されていた事が，「労働者供給事業の禁止」を法制化させる政治的要因としても存在するだろう．

しかし，技術革新の進展や経済のサービス化・ソフト化の動向の中で，1980年代になると，一般の従業員では対応が難しい業務への労働需要が増大し，企業が自ら教育・管理するよりも外部に委ねた方が効率的に処理できる業務分野が増大した．そうした背景の下で，1985年に「労働者派遣法」が成立し，翌年から施行された．法の施行に当たっては常用雇用の代替にならないよう，業務の専門性・雇用管理の特殊性を考慮し，適用対象業務を限定した[7]．しかし90年代以降の経済のIT化の進展とグロー

---

5)　他方，格差が近年になって拡大している，という格差社会論のもう一つの主要な主張の妥当性についても，佐藤(2008)は検証する．その結果，格差拡大に関する格差社会論の指摘は，SSM調査データの分析を通じて見る限り，経験的に妥当しているとは言えない，という結論を導き出している．特に，経営者，正規雇用，自営と非正規雇用との格差が縮小している，という興味深い結論を導き出している．もちろん，佐藤(2008)も指摘する様に，SSM調査データが現代日本の階層状況や不平等を全て捉えているわけではないだろうが，いわゆる「格差社会」論を改めて反省的に再考察する契機が与えられたと言えるだろう．

6)　1947年8月15日衆議院社会労働委員会における職業安定法案提案理由説明．

7)　秘書，通訳，ソフト開発など13業種のみに限定された．

バル化による国際競争の激化は，労働力の非正規化への労働需要サイドにおけるニーズを一層，高める様になり，そうした背景の下で，1996 年に労働者派遣法が改正され，対象業種が 26 種に，さらに，1999 年の改正では，製造，建設，警備，港湾運送，医療の一部を除いて原則自由化され，日雇い派遣の主な仕事である軽作業派遣も解禁された．また，2003 年の改正では製造業への派遣も解禁され，さらに 2007 年からは製造業の派遣期間も，最長 3 年に延長可能にされた[8]．

以上の様な動向を背景とする，当初所得の不平等化という傾向なのであるが，それは所得再分配制度の存在意義がより強くなったとも言えるわけであり，所得再分配制度をしかるべく有効に機能する様に強化しなければ，当初所得の不平等化は再分配所得の不平等化に帰結していく．日本経済は特に，他の OECD 諸国と比べて，従来は事前的所得の分配がフラットであり，他方で再分配機能は弱い特徴が指摘されていたから，今後は再分配制度の強化がより一層に重要であるかもしれない．しかしながら，他方で，ケインズ主義的福祉国家体制の再編成という動向がある．日本においても，2006 年 4 月に施行された「障害者自立支援法」など自立的支援制度・運用の見直しが検討される一方，生活保護費の削減や老齢加算や母子加算の「就労支援」を条件とする 3 年段階的廃止など，福祉政策における「ワークフェア」(workfare) の導入という動向に，やはりケインズ主義的福祉国家体制の再編成の一環を見出す事ができるかもしれない．この動向が，所得再分配機能に及ぼす効果については別個，詳細に検討する必要があるだろう．

1.2　労働搾取概念に基づく市場経済の厚生的特徴分析

とは言え，本書では所得再分配機能に関する議論はこれ以上，立ち入って行わない．本書での主要な関心はむしろ，「市場経済においてなぜ，そ

8)　派遣労働の規制緩和化は日本やアングロ・サクソン諸国だけの現象であるのみならず，大陸欧州諸国などでも程度の差はあれ，同様の傾向にある．『白書』(2007) の第 3 章 2 節を参照の事．

して，いかにして格差の拡大や貧困化などの状況が生み出されるのか？」という問いに関連する．経済のIT化もグローバル化も，前者は技術革新による生産体系の効率性改善の効果が期待されるし，後者は市場経済の完全競争メカニズム的性質を強化する事が期待される．標準的な新古典派経済学においては，いずれも社会全体の経済厚生を改善させる契機として理解される．しかしこれらが同時に，格差の拡大や貧困化といった現象を生み出す傾向を孕む可能性についての理論的解明に関しては，少なくとも新古典派の典型的なミクロ経済理論のテキストにおいては見出す事ができないと思われる．もちろん，厚生経済学の諸研究において，不平等指標や貧困指標等に関する多くの成果を見出す事ができるし，他方，市場における資源配分機能を配分効率性の観点のみならず，衡平性の観点から評価する為の基礎研究である「衡平配分理論」に関する多くの成果を見出す事もできる．しかしこれらの諸研究は，「市場経済において格差の拡大や貧困化といった諸問題を生成させる原理的メカニズムは存在するのか？　そして存在するとすれば，それはいかなる性質のメカニズムなのか？」等々の問いに対する解答を与える為のものではない．

その種の問いに対する，新古典派経済学におけるおそらく一つの典型的な議論は，時間選好率の個人間の違いによって，動学的市場経済下での所得格差の拡大や再生産を説明する事であろう[9)]．しかしBlanchard & Fisher(1989, Section 2.5)も批判しているが，この種の議論が上記の我々の問いへの満足すべき解答になるとは思われない．この種の議論は結局，所得や富の格差が生じ，そしてある個人が他の個人よりも貧しい生活しかできないのは，市場経済が内包する何らかのメカニズムの存在故というよりはむしろ，その個人が辛抱強くない性格の持ち主である——その個人の時間選好率が高い——からだ，という個人の「自己責任論」として解釈さ

9)　Becker(1980)の議論がその典型例であろう．すなわち，各個人は各時点において非負の資産を所有していなければならないという仮定の下，動学的市場経済モデルの定常均衡では，利子率(=物的資本財のレンタル価格)は最も時間選好率の低い個人(=最も辛抱強い個人)に等しくなる．その結果，最も時間選好率の低い個人が物的資本財の全てを独占し，そして他の家計はその労働所得に等しいだけの消費を行うという結果が得られる，とする議論である．

れかねないだろう．私自身はむしろ，時間選好率の違いという様な，個々人の主観的特性にメカニズムの根幹を見出すアプローチよりも，社会の客観的かつ構造的特性にメカニズムの根幹を見出すアプローチで可能性を探求する事に，より関心がある．そして，その種の後者のアプローチの一つとして，カール・マルクスの労働搾取理論を無視することはできないであろう．

市場経済がその原理的特性として，経済的資源配分の効率性を達成する機能をメカニズムとして有する事を，新古典派経済学の市場理論が明らかにしてきたのに対し，マルクスの経済理論は，市場経済ないしは資本主義経済が，その原理的特性として，社会の資本家階級と労働者階級への分解とその再生産，そして資本家階級における富の蓄積に対する労働者階級における貧困の蓄積という「格差社会」化という傾向を生み出すメカニズムを孕んでいる事を説明しようとする試みであった．そして，この様なメカニズムの根幹として措定された概念が，**労働搾取**(exploitation of labor)であった．すなわち，労働者たちが懸命に働き続けても貧しい状態のままで留まりがちな傾向にあるのに対して，彼等の雇用主たる資本家はますます富を蓄積し，それによって事業の拡大も可能になる，そしてそれがさらなる富の蓄積を可能にするという，正のスパイラルに上手く乗ることができている．この違いがなぜ生じるかの説明としてマルクスが与えたのが，資本家の富の蓄積を可能にする彼の十分に高い事業収益(=利潤収入)は，彼の雇用する労働者たちが働き，生み出したものの一部の「掠め取り」(=搾取)によって得られたものである，という議論であった．すなわち，労働者たちは彼等が働いて生み出した価値に相当する収入を賃金として受け取ってはおらず，その価値の一部は資本家の利潤収入になっている．従って労働者は働いても，働いても貧しいままであるのに対して，資本家は労働者たちの生産した価値の一部を彼自身の富として掠め取る事(=搾取)によって，事業をすればするほど富を蓄積できるのである，と[10)]．

---

10) マルクス『資本論 I』の「第 3 編 絶対的剰余価値の生産」及び「第 7 編 資本の蓄積過程」において，この種の議論を厳密な概念規定の下で展開している．また，より入門的解説書として，マルクス『賃労働と資本』を挙げる事ができよう．

この様に，資本家階級による労働者階級の労働成果の搾取のメカニズムこそが資本主義経済システムの隠れた本質的特徴であり，このメカニズムの存在ゆえに，資本蓄積過程において，資本家階級における富の蓄積に対する労働者階級における貧困の蓄積という「格差社会」化傾向が見出される事を，マルクスは説明したのである．この議論は，それが理論的に成功しているか否かは別としても，市場経済における貧富の格差化傾向(一方における富の蓄積，他方における貧困の蓄積)を生み出すメカニズムを，当時の標準的経済理論であった古典派経済学を乗り越えて，体系的・理論的に解明する試みであったと言えよう．さらに，そのメカニズムが労働成果の掠め取り(=搾取)のメカニズムである，と「暴露」した事によって，資本主義経済システムへの体制批判的理論として受け止められ，以後の人類の近代史，及び現代史において長きに亘って強い影響を与え続けてきたのである．

しかしながら，今日において，とりわけここ十数年の間で，上記のようなマルクス主義的労働搾取論は，すっかり過去の産物として位置づけられ，現代の社会科学への理論的影響力もほとんど無くなったかの様に受け止められるに到った．その理由の一つは，90年代初頭におけるソ連・東欧型社会主義システムの崩壊にあろう．マルクス主義の理論によれば，資本主義的な労働搾取から人類を解放する事によって導かれるより高次の社会経済システムこそ，社会主義システムであった．従って，資本主義経済システムの下での労働搾取によって不遇な立場にある人々は，「社会主義の失敗」という事実を突きつけられる事によって，いわば未来への展望を失った事を意味する．資本主義経済システムの下での労働搾取のメカニズムが存在していると仮定されるとき，その搾取のメカニズムを超克する事によって人類の福祉がより改善されるという展望がないという事になれば，人々は体制批判と体制変革に情熱を注ぐ事よりも，既存の体制を必要悪として受容した上で，自分自身が搾取される不遇な立場に陥らない様に上手く立ち回る事に，よりエネルギーを注ぐ様になるかもしれない．しかし，これらの事は依然として，学問の領域において，資本主義経済システムの事実解明的理論としてのマルクス主義的労働搾取論そのものの意義を喪失させるものではない．

他方，理由の第二は，マルクス主義的社会科学の学問的権威を喪失させる事に関わる．すなわち，1970代における「マルクス・ルネッサンス」の影響下で，現代的な数理的分析手法を用いて，マルクスの経済理論を再構成する研究が活性化した．しかしそれらの研究成果は基本的に，古典的なマルクス主義の経済学体系の理論的土台の堅固性に疑問符を突きつける効果を持っていたのである．具体的には，例えば，古典的なマルクス主義の経済理論はいわゆる**投下労働価値説**(labor theory of value)を理論的土台として構築されたものであるが，この投下労働価値説の理論的頑健性に重大な問題があることが次第に明らかにされてきたのである．マルクスの労働搾取論もまた，投下労働価値説を理論的土台として構築されたもの故，投下労働価値説への批判は，労働搾取論の学問的影響力低下へと波及する効果があった．数理的マルクス経済学のフロンティアにおいては，森嶋通夫の研究等，すでに伝統的な投下労働価値説を事実上放棄した上で，労働搾取論を現代経済学のフレームワークの中で位置づけようとする研究がなされてきてもいるのであるが，いずれにせよ，マルクスの『資本論』の精密な読み込みによって，理論的に堅固でかつ，現代でも十分通用可能な経済学の知識を修得できる，という了解を前提とする伝統的なマルクス主義社会科学の学問的方法は説得力を失ってきた事は間違いない．

私自身は本書において，伝統的なマルクス主義の理論体系を擁護する事を目論むものではない．経済学の方法論としても，伝統的なマルクス主義の方法論には依拠せず，むしろ，現代の新古典派経済学の方法論に立脚して議論を進める事になる．にも拘らず，他方で，私はマルクスが提起した労働搾取概念は，私が先に提示した問題——市場経済において格差の拡大や貧困化といった諸問題を生成させる原理的メカニズムは存在するのか，それはいかなる性質のメカニズムなのか——に取り組む上で，依然として一定の意義があると考えている．すなわち，労働搾取概念を媒介にして，市場経済における格差の拡大や貧困化を生成させる原理的メカニズムの理論的研究を進行させる可能性を探ってみたいと考えているのである．こうした問題提起自体を意義付ける例証としては，現代の先進欧米諸国で共通して，所得格差の拡大や貧困及び社会的剥奪(social deprivation)の問題が指摘されている事が挙げられよう．しかし，本章の前節での議論からの印象として，こうした問題はIT化とグローバル化の下での非正規雇用の拡大という，21世紀の現代資本主義に固有な諸特徴に起因するものであり，市場経済のそもそもの原理的特性として格差や貧困化のメカニズムを探るという私の問題提起は，抽象的過ぎるという印象を持つ人もいるかもしれない．

それに関しては，再び数量社会学の分野での最新の研究成果について言及しておきたい．例えば，橋本健二は橋本(2008)において，社会階層分類による研究に対する，**階級概念**の有効性を強調しており，「格差社会」の理解にはより抽象的な階級概念的アプローチが不可欠である，と主張している．社会学における，個人と全体社会をつなぐ中間的なレベルの分析の為の基礎単位として，階級は一般的に，生産手段をはじめとする経済的な資源の保有状況によって定義され，他方，非経済的な資源，例えば威信や権力，情報などの保有状況を含めて定義されるのが，社会階層である，と橋本(2008)は概念整理を行っている．さらに，現代資本主義社会の階級構造を資本家階級・新中間階級・労働者階級・旧中間階級の4階級からなるものとして定式化している．その定式に基づき，就業構造基本調査個票データ及びSSM調査データを用いた実証分析の結果として，階級所属は収入に対して大きな影響を及ぼしており，収入を決定する基本的な要因である事，また各階級は異なるメカニズムによって収入を決定させている事，階級間の経済格差は拡大しており，経済格差全体における階級間格差の重要性が増大している事，さらに貧困率には階級によって大きな差があり，またこの差は拡大傾向にある事，最後に，階級に関する世代間移動は固定化の傾向にある事，等々が論じられる．この橋本(2008)の議論を踏まえれば，資本主義経済において階級構造が存在する限り，その様な経済システムは経済格差を再生産する契機を内包しているという認識が有り得るであろう．そして，私の労働搾取概念への拘泥は，例えばRoemer(1982)におけるジョンE.ローマーのような，労働搾取概念を通じて資本主義経済における階級構造の再生産の原理的メカニズムを明らかにしようという，数理的マルクス経済学における先行研究を踏まえたものなのである．

しかしながら，私がマルクス的労働搾取概念を評価する論拠は，従来の伝統的マルクス主義の議論とも，また，置塩信雄や森嶋通夫等の数理的マルクス経済学研究における搾取論の意義付けとも，違ったものである．端的に言えば，これらの議論においては，労働搾取概念は資本主義経済における資本蓄積のメカニズムを説明する上で重要であるが故に意義付けられてきた．すなわち，**資本主義的蓄積過程の動態的把握の契機としての搾取論**である．この立場からは，例えば，正の労働搾取率，正の利潤率，及び正の資本蓄積率，以上３つの指標の同値的関係という含意を持つ森嶋の**「一般化されたマルクスの基本定理」**(GFMT)などは，重視してしかるべき経済学の基本定理となろう．他方，私は**労働搾取概念を媒介にして，資本主義経済システムの厚生的特徴を明らかにする事**により関心がある．市場経済における格差拡大や貧困化を生成させる原理的メカニズムの探求は，それによって，市場経済の厚生的特性を，配分効率性(＝パレート効率性)以外の観点から明らかにできないか，と思うが故である．すなわち，パレート効率性概念を媒介に導出されたいわゆる**「厚生経済学の基本定理」**以外に，市場経済の資源配分機能に関する厚生的特性についての「基本定理」と呼ぶべき価値ある定理を，労働搾取概念を媒介にして導き得ないだろうか，という問題意識である．

この様な私の問題意識は，労働搾取概念を，市場経済メカニズムの規範的評価の為の一つの価値判断指標として再解釈する事を前提にしている．カール・マルクス自身が搾取概念を，この様な規範的判断基準の観点から意義付けていなかっただろう事は，確かである．しかし言うまでもなく，マルクス自身がどう考えていたかという解釈問題は，私の動機付けを正当化する上では大して重要な論点ではない．その事とは別に，マルクスが定義した労働搾取概念を，規範的判断基準の観点から意義付ける少なくとも３つのアプローチが存在し得る事について――詳細な議論は本書の第７章で展開するが――ここで簡単に言及しておきたい．

第１のアプローチは，**「自己所有権」**(self ownership)の侵害としての搾取論アプローチである[11)]．これは伝統的マルクス主義の理解と親和的なものであり，遡れば，ロック主義的自己所有権思想に基づくとも言える．自己所有権とは，全ての個人は自分の身体の所有者であり，他者を傷つける事がない限り，自分自身の利益の為に如何様にも己の身体を利用することができるというものである．さらに，無所有の外的資源に，己の労働を投入することによって得られる産出物は，己の身体へのそれと同様に専有権を持つのであり，その産出物への処分権を否定する事は己の身体への自由権を否定する事と同じ意味で非道であるという含意を持つ．それ故に，政府による何らかの所得再配分政策は，個人の己の身体の処分権の否定と同じ意味での基本的権利の侵害であるが故に受け入れ難いとされる．しかしながら，この外的資源の専有権については，以下のような「ロックの但し書き」条件による制約を課せられるものとされる．すなわち，ある個人が外的資源の一部を専有する権原を有するのは，その資源が誰の所有物でもなく，かつ，彼がそれを専有する事によっても他者が利用する事のできる十分に豊富な資源が残されている場合にのみである，という条件である．

「ロックの但し書き」条件は，規模に対する収穫一定な経済環境ではほぼ自動的に満たされる．従って，以下の議論では規模に対する収穫一定な経済環境を想定して，「ロックの但し書き」条件の制約から自由に議論しよう．さて，ロック主義的自己所有権思想は，一方では上述のように所得再分配政策を批判する規範的根拠を与えるものと解釈可能である．他方，それはまた，労働搾取の不公正性を根拠付けるものとも解釈可能である．なぜならば，ロック主義的自己所有権思想に基づけば，己の労働を投入する事によって得られる産出物は全て己の専有権が確立するべきであるが，労働搾取の存在とは，己の労働投入の産出物の一部に対して資本家の専有権が確立する事を意味するからである．かくして，ロック主義的自己所有権思想に基づけば，資本主義経済システムが労働搾取を不可避に再生産する限り，その様なシステムは批判されるべきである．他方で，私的所有制度に立脚した資本主義経済システムの枠内において所得再分配制度を導入

11)　搾取論を自己所有権の観点から論じた代表的文献として Cohen(1995)がある．

する事もまた，批判されるべきという結論になろう．こうした帰結は，伝統的なマルクス主義の議論と確かに親和的である．

第2のアプローチは，「物的資本財への不平等的アクセス」としての搾取論アプローチである．これはジョン E. ローマーが Roemer(1982)で提示した所有関係的な搾取論であり，物的資本財の共同所有的な仮説的社会状態と現実の私的所有的資本主義社会とでの個々人の享受する厚生水準を比較する事によって，搾取関係を定義するアプローチである．すなわち，このアプローチでは，いわば全ての個人が物的資本財の利用に関するアクセスにおいて均等な権利を持つ，従って，全ての個人が均等な資本利潤への請求権を持つような経済を仮説的に想定し，その仮説的設定下での個人の収入が，資本利潤への請求権が不均等である現実の通常的資本主義経済の下でのこの個人の収入に比して高いとき，その個人は被搾取者であると同定される．この様な定式化は，全ての個人が物的資本財の利用に関するアクセスにおいて均等な権利を持つ所有関係的社会こそが，マルクス主義の展望する資本主義社会への規範的オールタナティヴである，というローマー自身のマルクス主義理解を反映するものである．

第3のアプローチは，本書での私自身の労働搾取概念の意義付けであって，己の目的とする人生を自由に追求する活動の実質的機会[=福祉的自由(well-being freedom)]に関する不公正としての労働搾取の解釈論である．福祉的自由の実質的機会という視点は，ジョン・ロールズ[Rawls(1971)]やアマルティア・セン[Sen(1980; 1985)]の規範理論・正義論に依拠する論点である．

ロールズは Rawls(1971)において，合理性(the Rational)と公正性(the Reasonable)という2つの道徳的能力をもとに，自己の多元的な目的を設定し，追求し，改訂する点において，自由で平等である「市民」を理論的前提とした．基本的自由の平等，教育・就業の実質的機会の均等，経済的基本財の公正な格差的配分を内容とする，ロールズの「正義の二原理」は，市民的特性を形成し維持する上で必要不可欠な社会的基本財(自由，機会，所得と富，自尊の社会的基盤など)の配分方法を定める基本原理であり，社会の基礎構造，すなわち，諸社会システムの体系を規定するものとして構想されている．他方，より具体的な経済的資源配分問題の論脈で配分ルールを考案する際には，ロールズの理論的前提となっていた市民概念を基盤としつつも，その概念を多様な資質や能力，経済活動の選択によって特徴付けられる個人の概念へと拡張し，その上で，「正義の二原理」を満たす様な望ましい配分ルールを探求する必要がある．その際に手がかりとなるのが，センの潜在能力理論[Sen(1980; 1985; 1985a)]である．センの潜在能力理論とは，資源を利用する個人的資質の多様性と社会的に配分された資源との関係を内在的に捉える「機能」(functioning)概念を用いて，個々人の客観的かつ個別多様な境遇を評価する途を開くものであった．センは，ある資源利用能力とある資源配分の下で達成可能となる機能の集合を「潜在能力」(capability)と定義し，この概念を用いて個々人の福祉的自由を定義した．すなわち，福祉的自由は，個々人が自己の活動を選択する際の実質的な機会の豊かさを表す，個人間比較可能な指標とされたのである[12)]．

ところで第7章で詳述する様に，カール・マルクスは，生きていく為に不可欠な所得を稼ぐ為の**必要労働時間**から解放された**自由時間**こそが，人間にとっての創造的生の実現の源泉である，と考えていた．このような見解は，センの福祉的自由論とも密接に関連しよう．すなわち，マルクスの言う自由時間とは，己の目的とする人生を自由に追求する為に不可欠な非物的資源である．全ての個人にとって，1日に利用可能な時間は等しく24時間と限られており，その全てを生存の為の必要労働と労働力の再生産に不可欠な睡眠・食事・排便等の時間で占められてしまったら，自由な自己実現の為に利用すべき時間は存在しない．その意味で，マルクスの自由時間とはセン流の機能の達成や潜在能力集合の保証にとっての不可欠な資源でもある．従って，自由時間をロールズの意味での，基本財の一構成成分と位置づける事も可能だろう[13)]．

労働搾取の存在とは，上記の意味で重要な自由時間の人々への配分に

12)　ロールズやセンを含め，経済学の観点から重要と思われる現代の規範理論に関するサーベイ論文としては，鈴村・吉原(2000)及び，吉原(2003; 2006; 2006a)を参照の事．

13)　ロールズ自身，余暇時間を基本財の指数に含める可能性を認めている．Rawls(2001, Section 5. 3)を参照の事．

関して不公正が存在する事を意味する．同じ所得を得る為に，ある個人はより多くの労働時間の提供が必要(従って自由時間が少ない)であるのに対し，別の個人はより少ない労働時間の提供で十分(従って自由時間が多い)という事態の生成が，労働搾取の存在の意味である．従って，労働搾取の存在は，こうした自由時間の不均等な配分を通じて，潜在能力の不均等な配分をもたらす．それは，己の目的とする人生を自由に追求する活動の実質的機会に関して，不平等があることを意味しよう．この立場から解釈すると，市場経済の資源配分メカニズムとしての機能に関する厚生的特徴を，労働搾取概念を媒介にして分析する事の意義とは，福祉的自由への実質的機会を公正に保証するメカニズムが内包されているのか，それとも不公正にしか保証しないメカニズムが内包されているのか，という観点から資本主義経済システムを評価できるという事に他ならず，その様な厚生理論は少なくとも既存の標準的な厚生経済学においては存在しないという点にあろう．

1.3　本書における方法論と各章の構成について

前節の議論より明らかな様に，本書はマルクスが提起した労働搾取概念について論ずる．その意味において，本書はマルクス経済学における理論研究として位置づけられる側面がある．しかしながら，本書はマルクス自身がその著書『資本論』等で展開した労働搾取理論の妥当性を検討する事を目的とするものではなく，上述の様に，労働搾取概念を市場経済の厚生理論分析の観点から検討する事を主要な目的としている．その意味では本書はむしろ，厚生経済学における理論研究として位置づける事こそがより適切に思われる．方法論的にも，本書の第2章以下の理論分析は一貫して，標準的な新古典派ミクロ経済学における一般均衡理論のフレームワークの下で，展開されている．従って，置塩信雄や森嶋通夫と同様に「マルクス経済学への数理的アプローチ」(=数理的マルクス経済学)を採用しているのみならず，従来の新古典派経済学における一般均衡理論においては採用されてこなかった，労働搾取という厚生概念を用いた市場経済の一般均衡分析を行っているものと解釈可能なモデル設定をしている．すなわち，そこで提示されるモデルは，新古典派が通常想定する様な，完全競争市場的モデルであって，かつ均衡論的アプローチ[14)]が採用され，標準的なワルラス的競争均衡解のあるリファインメントを，本書で一貫して取り扱う分析対象である均衡概念として，採用する．

また，本書では一貫して，正の利潤率の伴う市場均衡の特徴付けを労働搾取概念の採用によって展開するが，なぜ(規模に関する収穫一定の生産技術体系でモデル化されている)資本主義経済システムにおいて正の利潤率が生成するかの，そのメカニズム分析は論じていない．しかしながら，少なくとも伝統的なマルクス経済学における解釈論，すなわち労働力商品の使用価値であるところの唯一の価値生成機能ゆえに，資本は労働力を可変資本として包摂する事によって，正の剰余価値の物象化された形態であるところの正の利潤を生成する，という類いの神秘的な解釈論は採用しない．正の利潤率の伴う市場均衡が成立する背景として，生産を瞬間的な投入-産出過程として定義する新古典派の標準的な完全競争市場モデルとは異な

14)　この点において，本書の方法論はジョン・ローマーの Roemer(1981; 1982)における方法論と同じ立場にある．また，Morishima(1960; 1973; 1974)等で，マルクスの経済理論を「マルクス＝ノイマンモデル」によって一般均衡論的に解釈してみせた森嶋通夫とも共有する方法論的立場にあるとも言えよう．但し，第 2 章で詳述するように，森嶋が定義し依拠した均衡概念と，ローマーや本書が採用する均衡概念とは有意な違いがある．後者の均衡概念は新古典派のワルラス的競争均衡解のリファインメントとして解釈可能であるが，前者の均衡概念をそのように解釈する事はできない．他方，置塩信雄の経済学体系は，本書とは異なり，均衡論的アプローチとして解釈する事は適切ではないだろう．置塩においては，資本主義経済の理解に際して，いわゆる「マルクスの基本定理」(FMT)を位置づける為には，一般均衡論的アプローチは適切ではないと理解されよう．すなわち，置塩(1977，第 3 章，3 節，pp. 134-136)でも言及されていたように，実質賃金の決定論が論じられる景気循環論を媒介しなくては，FMT の本当の意味での証明は完結したとは言えないと，解釈される．置塩の経済学は，そこから不均衡累積過程論へ発展していくのであり，そこには資本主義の成長経路の不安定性についての関心がある．置塩のこの論点は全く妥当であると思うが，にも拘らず，本書において我々は，狭義の一般均衡分析の枠組みでの議論に留まる．なぜならば本書の主要な関心は，資本主義的蓄積過程の動態的把握の契機として労働搾取を捉える(すなわち，剰余価値生産の理論としての搾取論)事ではなく，搾取の存在が導く実質的機会の不平等問題などの様に，資本主義経済システムの厚生的特性を議論する事である．置塩と本書とでは，研究対象なり研究目的が違うのである．FMT の議論は実質賃金決定論の媒介によって閉じられるという見解に関しても全く同意するが，実質賃金決定論の展開は，色々な方向に開かれていると言うべきであろう．その意味で，特に置塩風に不均衡累積過程論へと展開して行かなければならない，という理屈に必ずなるとも思われない．本書の第 6 章では，効率賃金理論風に「実質賃金率の決定＝労働強度水準の決定プロセス」と見なして，その決定を非自発的失業の伴う市場均衡として把握するアプローチを展開しているが，そうしたアプローチもそれはそれで意味があろう．

り，生産には時間が要する状況を想定し，従って各生産期間における物的資本の総賦存量の潜在的総労働供給量に比しての相対的稀少性という状況が存在するが故に，新古典派理論において資本貸借市場の価格として正の利子率が成立する事とアナロジカルに，資本貸借市場の存在を想定しないにも拘らず，正の利潤率が市場均衡において成立すると解釈する．しかし，なぜに物的資本の総賦存量の潜在的総労働供給量に比しての相対的稀少性が成立するかについての理論分析[15)]は，本書の課題を超えて本格的な資本蓄積論の展開を必要とするが故に，本書では展開しない．

また，以下では本書の第2章から第7章2節まで，一貫して同質労働(Homogenous Labor)かつ労働能力やスキルの個人間格差の無い経済モデルを想定して議論を進める．また，余暇と所得に関する選好(効用関数)の個人間の違いが存在しない経済モデルを一貫して想定する．その様な経済環境の想定は，マルクスが分析対象とした19世紀の自由競争的資本主義時代の経済モデルとしては「様式化された事実」として正当化可能であるが，1990年代以降の現代的な市場経済を想定する場合には，当面の分析目的にとっての適切な，モデルの単純化作業の結果として解釈可能な，何らかの正当化のストーリーが必要であろう．

第一に，同質労働モデルの想定についてであるが，数理的マルクス経済学のこれまでの成果の中には，Krause(1982)やFujimori(1982)のように，異質労働モデルを明示的に導入し，そのモデルの下での労働価値説の妥当性や「マルクスの基本定理」の拡張可能性について，体系的に論じた研究も存在している．これらの研究は，マルクスが『資本論I』で言及した「複雑労働の単純労働への還元」論を参照しつつ，市場価格の情報に独立的に労働価値の単位を確定する為に不可欠な「還元率」(reduction rate)の決定メカニズムのモデル化に心血を注いでいる．そのような「還元率」の決定プロセスは市場価格の情報とは独立的である事が要請されており[16)]，そしてそれであるが故に，複雑なモデル化が必要となってくるのである．換言すれば，これらの諸研究は，「労働価値の市場価格に対する

15) この課題は前注でも論及された，実質賃金決定論の問題でもある．この問題についての数理的マルクス経済学における古典的成果の一つとして，置塩(1978，第4章)がある．

論理的先行性」というマルクス主義の伝統的公理の前提の下で投下労働価値説を基本的に擁護する為には，必要となっていた課題であった．他方，本書では，第7章の7.1節及び7.2節で論じられる様に，たとえ同質労働かつスキルの個人間格差の無い経済環境を想定したとしても，労働搾取概念の資本主義的市場均衡の厚生的特徴分析にとっての有効性を維持する為には，「労働価値の価格に対する論理的先行性」という公理を放棄せざるを得ない事を，論証する事になる[17]．本書のこの目的の下では，従って，異質労働モデルをあえて導入する積極的理由は存在しない．なぜならば，同質労働モデルであっても，もはや「労働価値の価格に対する論理的先行性」は維持されるべきではないからである．

第二に，「労働価値の価格に対する論理的先行性」に拘泥するのでなければ，異質労働や労働スキルの個人間格差がある経済環境の下で，置塩＝森嶋流の伝統的なマルクス主義的搾取の定式に基づきながら，労働搾取の定式を拡張する事自体はそれほど困難な話ではなく，実際，Roemer (1982, Chapter 6)ではその様な作業が行われている．しかしながらその様な定式化は，資本主義経済システム批判の為に不可欠な労働搾取概念の規範的含意自体を弱体化させる——とりわけ自己所有権的な労働搾取論アプローチの場合——事について，本書の7.3節で論ずる事になる．本書の最終的な到達点は，労働スキルの個人間格差がある経済環境の下で，労働搾取概念の資本主義経済システム批判の為の規範的含意を維持する為

16)　もし市場価格の情報に依存的でよいならば話は簡単で，複雑労働の単純労働への還元率はそれぞれの労働の賃金率の違いに基づいて定義する事ができる．しかしその場合には，有名なヴェーム-バヴェルクによるマルクス派労働価値理論への「循環論」批判が適用されてしまう．バヴェルクのマルクス批判を克服する為には，価格情報抜きに還元率が決定できなければならないのである．尚，バヴェルクのマルクス批判とそれに対するヒルファディングの反論についてのコンパクトな紹介が，Fujimori (1982, Chapter V, Section 2, pp. 75-78)で与えられている．

17)　森嶋通夫はMorishima (1973)において，すでに労働価値説の放棄を提案しているが，その意味は，市場における交換価値論としての労働価値説の放棄であった．他方，労働搾取概念の定式の為に必要な概念としての労働価値については，Morishima (1974)やMorishima & Catephores (1978)からも伺える様に，市場価格からの論理的独立性を要請し続けたと言えよう．他方，労働搾取概念の定式の為に必要な概念としての労働価値についても，「労働価値の価格からの独立性」公理を放棄すべき事を最初に提唱したのは，Roemer (1982, Chapter 5)であった．しかし，その論拠についてのRoemer (1982, Chapter 5)における議論には間違いがあり，対して本書は，その間違いを訂正した上で，Roemer (1982, Chapter 5)の主張の妥当性を厳密に論証しているのである．

には，従来の数理的マルクス経済学における労働搾取の定式を放棄しなければならない事を論証し，かつ，新たな代替的定式化の展望を語る事にある．しかしながら，他方，労働スキルの個人間格差が無い経済環境の下であっても，労働搾取概念の資本主義経済システム批判の為の規範的含意を維持する為には，従来の数理的マルクス経済学における労働搾取の定式を放棄しなければならない事が，実は論証される．本書の主要な分析的作業はこの問題の論証に宛てられており，それ故に，本書では，同質労働であって個人間のスキル格差の無い経済環境でのモデルのみを前提する事で十分なのである．

第三に，余暇と所得に関する選好(効用関数)の個人間の違いが存在する経済モデルの下での労働搾取の議論をしている数理的マルクス経済学における研究として，荻沼(1988)が存在する．荻沼(1988)は，本書の第5章で検討する「搾取と階級の一般理論」が，上記の様な経済モデルの下ではもはや一般に成立しない事を論証している．しかしその様な不可能性命題を導く為には，Roemer(1982, Chapter 4, Section 5)でも指摘されている様に，実は余暇と所得に関する選好(効用関数)の個人間の違いが存在する経済モデルを改めて明示的に導入しなくても，その不可能性の帰結は，個人間での労働賦存量が異なる経済モデルのケースとほぼ同様に，生じる事を確認できる．そして，余暇と所得に関する選好(効用関数)の個人間の違いが無く，しかしながら労働賦存量の違いがある経済モデルの下での分析の方が，取り扱いがしやすい．そしてその様なモデルとは，実は上述の労働スキルの個人間格差があるモデルと事実上，同じである．そしてその様なモデルを本書では明示的に分析しない理由については，すでに上述した通りである．さらに言えば，余暇と所得に関する選好(効用関数)の個人間の違いが無い場合であっても，「搾取と階級の一般理論」が一般には成り立たない状況がある．それについては本書の5.7節で検討しており，不可能性命題としてはそれで十分なのである．

以上，論じてきた様に，本書では同質労働かつスキルの個人間格差の無い経済環境のモデル分析に話を限定しつつ，労働搾取概念の資本主義経済システム批判の為の規範的含意を維持する為には，従来の数理的マルクスクス経済学における労働搾取の定式を放棄しなければならない事を，主に論証していく．第一に，従来の数理的マルクス経済学における労働搾取の定式とは，置塩(1977; 1978)，Morishima(1973)で与えられていたそれであり，さらに結合生産の存在する経済モデルにおけるその定式の拡張としての，Morishima(1974)の定式である．置塩(1977; 1978)やMorishima(1973)での定式は，マルクス自身が『資本論I』で与えていた搾取の定式に極めて忠実であるので，本書における論証はマルクス自身の労働搾取の定式の放棄の必要性をも含意している．第二に，労働搾取概念の資本主義経済システム批判の為の規範的含意を与える議論として，従来の数理的マルクス経済学において提示されてきた定理としては，いわゆる「マルクスの基本定理」(FMT)及び，Roemer(1982)で議論された「階級-搾取対応原理」(CECP)が存在する．本書では，FMT，CECPいずれとも，前提する経済モデルを単純なレオンチェフ型生産経済モデルとして考える限りにおいては，頑健でありかつ，とりわけCECPに関しては，資本主義経済システム批判の為の規範的含意を確かに持つ事を，まずは確認する．しかしながら，モデルをより一般化して，一般的凸錘生産経済にまで拡張すると，FMT，CECPいずれとも，従来の労働搾取の定式に基づく限り，もはや成立しなくなる事を論証する．その上で，置塩(1977; 1978)，Morishima(1973)やMorishima(1974)とも異なる2つの代替的な労働搾取の定式を提示する．そしてこれらの代替的定式の下では，FMT，CECPいずれとも，一般的凸錘生産経済モデルの下であっても，頑健である事を論証する．すなわち，これらの代替的定式の下では，FMTやCECPが与えてきた，労働搾取概念の資本主義経済システム批判の為の規範的含意は維持されるのである．しかしながら，これらの代替的定式は，マルクス主義の伝統的な公理であった「労働価値の価格に対する論理的独立性」という条件を放棄する事によって得られた定式である事が説明される．この帰結に基づいて，労働搾取概念の資本主義経済システム批判の為の規範的含意と，「労働価値の価格に対する論理的独立性」条件との間で，トレード・オフの関係が実は存在しており，前者を維持する為には後者を放棄するしかない事が論証されるのである．以上が本書の主要なシナリオである．

以下，第2章では，本書で一貫して採用される市場均衡概念である**再生産可能解**(reproducible solution)について，その存在証明と配分効率性の観点からの特徴付けが与えられる．再生産可能解はワルラス的完全競争解のリファインメントとしての性質を持っているが，他方，従来の数理的マルクス経済学において伝統的に採用されてきた均衡概念であるフォン・ノイマンの**均斉成長解**(balanced growth solution)はその様な位置づけはできない事が論証される．その上で，資本主義経済における市場均衡概念として，本書の以降の議論において，均斉成長解ではなく再生産可能解を採用すべき積極的理由について説明される．

第3章では，従来の数理的マルクス経済学における伝統的な基本モデルであるところの単純なレオンチェフ経済モデルの想定の下で，いわゆる投下労働価値説とFMTについての概説を与える．とりわけ，投下労働価値説がいかなる意味で極めて限定的で不適切な議論であるかを，数理的マルクス経済学において議論されてきた**「労働価値の生産価格への転化論」**に関する研究成果を検討することを通じて，明らかにしていく．他方，FMTについては，それを古典的なマルクス主義の主張であるところの，「資本主義経済における正の利潤の唯一の源泉としての労働搾取」論の論証定理として解釈する事の，不可能性について論ずる．FMTをさらに一般化した定理である，**「一般化された商品搾取定理」**(GCET)の成立が，FMTによる「労働搾取=利潤の唯一の源泉」論的解釈の不可能性成立の上で決定的であることが明らかにされる．

第4章では，一般的凸錘生産経済モデルにモデルを拡張した上で，引き続きFMTについて，その頑健性を，検証する．そこでは，Morishima (1974)における労働搾取の定式に基づいて，均斉成長解の特徴付けを与える「一般化されたマルクスの基本定理」(GFMT)が成立する事をまず確認するが，他方，均衡概念を均斉成長解ではなく再生産可能解として考察するならば，Morishima(1974)における労働搾取の定式の下では，もはやFMTが一般に成立しない事が論証される．また，均斉成長解の採用の下であっても，消費財への選好が労働者個人間で異なり得る状況を想定するや否や，FMTが一般には成立しなくなる事が論証される．他方で，上述した，価格情報依存的な新しい2つの労働搾取の定式の場合には，いずれの定式の下であっても，FMTの成立が論証される．

第5章は，CECPについての議論を，単純なレオンチェフ経済モデル，一般的凸錘生産経済モデル，そして余暇と所得に関する同一の選好(効用関数)を全ての個人が持つ様な単純なレオンチェフ経済モデル，それぞれの下で行う．特に一般的凸錘生産経済モデルの下では，FMTの場合の分析結果とパラレルに，Morishima(1974)における労働搾取の定式に基づく限り，再生産可能解の特徴付けとしてCECPが成立しない事が論証される．同時に，上述した，価格情報依存的な新しい2つの労働搾取の定式の場合には，いずれの定式の下であっても，CECPの成立が論証される．

第6章は，余暇と所得に関する同一の選好(効用関数)を全ての個人が持つ様な単純なレオンチェフ経済モデルであって，かつ，労働市場が新古典派的労働市場ではなく，いわゆる効率賃金理論[Akerlof & Yellen(1986), Solow(1979), Shapiro & Stigliz(1984), Bowles(1985), Bowles & Boyer(1988)]やBowles & Gintis(1988; 1990)などが論ずる，抗争的交換型労働市場である場合に，CECPの頑健性が維持されるか否かについて分析する．この章は，労働搾取概念と労働支配概念に関する，マルクス主義陣営内における論争を背景に展開される．ボールズ＝ギンティスは，労働搾取概念の資本主義経済システム批判の為の規範的含意に関しては相対的に懐疑的な立場にあり，労働搾取よりもむしろ労働支配の問題(＝資本主義的生産過程における資本-労働の権力関係)をより重視する立場にある．他方で，数理的マルクス経済学の研究者たちの中であっても，労働搾取概念と労働支配概念の違いについての理解が曖昧な状況もあり，ボールズ＝ギンティスの議論はCECPに基づく労働搾取概念の規範的含意を批判する機能を有している．それに対して，第6章は労働搾取と労働支配の概念的違いを，それぞれの定式化を通じて明示化し，その上で，資本主義経済システムにおける市場均衡を特徴付ける際に，これら2つの概念がどのように関係付けあうかについて，一つの見解を提示するものである．すなわち，労働支配の存在それ自体ではなく支配の程度が，市場均衡を正の利潤を伴うものとして特徴付ける上で，より重要であるという立場に基づいた上で，労働支配の程度を定式化した労働規律度という概念を提示する．そして労働規律度概念を導入する事によって，いわゆるCECPの議論がどの様に豊かに発展可能であるかを提示する．

最後に，以上の議論を踏まえ，第7章では，「労働搾取理論の公理的アプローチ」という現在進行中の研究プロジェクトについて，その簡単な紹介とその意義について解説する．本書の主要な議論は，従来の数理的マルクス経済学で提示されてきた労働搾取の定式では，資本主義経済システムに関する新たな厚生理論を展開する上で不十分である事を論証する事で尽きている．ではいかなる代替的定式が望ましいかについては，2つの案を提示しているが，この2つの代替的定式の妥当性についての研究は，今後の課題として残されている．この残された課題は，「労働搾取理論の公理的アプローチ」プロジェクトの遂行によって明らかにされる事が期待される．そして，このプロジェクトによって，我々が本章の第2節で強調した，労働搾取概念を媒介にして，福祉的自由の実質的機会を公正に保証するメカニズムが内包されているのか，それとも不公正にしか保証しないメカニズムが内包されているのか，という観点から資本主義経済システムを評価する問題についての，より説得的な分析結果を提示する事が可能となるだろう．

第2章　マルクス的一般均衡モデルと均衡解概念

第2章では，本書で取り扱われる資本主義経済の基本モデルを定義し，また，経済の均衡概念について定義する．導入される均衡概念は，フォン・ノイマン流一般均衡モデルにおける均斉成長解と新古典派一般均衡理論の完全競争解，及びそのリファインメントである再生産可能解である．これらの均衡解の一般的存在定理，及び，それぞれの解の特性についての若干の議論を行う．

資本主義経済均衡に関する古典派経済学やマルクス派の理論は，利潤率の産業部門間の均等化である．デイヴィット・リカードやカール・マルクスは長期的市場均衡[1)]の特徴として，産業部門間の利潤率均等化を考えていたし，マルクス派の標準的議論も，長期的市場均衡における市場価格を部門間の利潤率を均等化させる価格体系――「生産価格」の事，古典派では「長期自然価格」――として考えてきている．これは，市場における長期的競争の性質として，資本の部門間移動が可能であり，高い利潤率の部門への資本の参入と，低い利潤率の部門からの資本の退出が存在する．そうした運動を貫いて長期的に確立される市場の理念的平均状態においては，全ての部門での利潤率が均等化すると考えるのが，利潤率均等化としての長期均衡価格に関する洞察である．そうした洞察に基づく均衡概念を最も的確に表現するのが，単純なレオンチェフ型投入-産出モデルの下での均斉成長経路の価格体系――フロベニウス固有ベクトルとして定まる価格体系――である．そこでは全ての財の生産部門に跨る均等利潤率の実現によって，その均衡条件が定義されている．

1)　もっとも，「均衡」という概念自体が，古典派やマルクス派の本来の理論体系には存在しない，という解釈も可能である．ここではそれらの用語上のデリケートな問題は捨象して，現代経済学の標準的な経済理論で用いられている用語で以って，できる限り古典派やマルクス派の固有の理論を再構成するという本書の立場より，「均衡」という用語で通したいと思う．

しかしながら，利潤率均等化としての長期均衡価格という洞察自体は，決してマルクス派や，あるいはピエロ・スラッファに代表されるネオ・リカード派などの様な，現代では異端派的扱いを受ける経済学説に固有なものではなく，現代の新古典派経済学においても継承されている視角である．例えば，動学的市場経済での一般均衡解として著名な，フォン・ノイマン型経済成長モデルにおける**均斉成長解**は，均衡の条件として異なる生産工程間での均等な成長率と，その双対として均等利子率の成立を要請している．この特性は，古典派やマルクス派の立場からは，均等利潤率の成立と解釈されるのであり，その様な観点から，森嶋通夫はマルクス＝フォン・ノイマンモデルにおける均斉成長解の条件として，異なる産業工程間で均等に保証利潤率が実現される事を要請した．ノイマン型モデルにおける均斉成長解において均等利子率ないしは利潤率が要請されるのは，それが資本の参入・退出を伴う市場の動学的長期均衡の特徴であると考えられるからであった．換言すれば，均等利子率ないしは利潤率の条件とは，均斉成長解を成立させる経済における合理的意思決定の契機として，完全競争市場下の資本家たちの利潤最大化行動が存在する事の暗黙裡の想定，と解釈されてきたと言える[2)]．

しかしながら本章において，これまで森嶋通夫などによって，マルクス的市場均衡モデルの代表とされてきたフォン・ノイマン型一般均衡モデルと，新古典派の標準的な一般均衡モデルとは，有意な違いがある事について議論される．とりわけ，ノイマンモデルでの均衡概念である均斉成長解と，新古典派の**完全競争均衡解**とは，互いに独立な均衡概念だという事が主張される．具体的には，我々は本章の最初に，ジョン・ローマーが提唱した**再生産可能解**[Roemer(1980; 1981)]を，本書において一貫して採用されるべきマルクス的市場均衡解概念として，導入する．再生産可能解とは，完全競争均衡解のリファインメントの一つとして位置づけられ，「現在の生産期間で利用可能な総資本財賦存が，次期の生産期間でも利用可能なストックとして少なくとも単純再生産される」という資本蓄積に関する

2）　例えば，Morishima(1960)，p. 132 を参照の事．

条件を，標準的な完全競争均衡解の諸条件に追加して満たす様な価格体系と総生産点の組み合わせとして，定義される．従って，その定義より，再生産可能解は，各資本家の所与の市場価格をシグナルとする利潤最大化行動を媒介に実現され，かつ，資本財ストックの蓄積条件を満たす様な生産計画によって支持される市場の均衡状態である．資本財ストックの蓄積条件は，ノイマン流の均斉成長経路であれば満たされるので，この再生産可能解は一見，ノイマン流の均斉成長解の拡張である様に見える．

しかし，以下の2.4節の例2.1において，そうした見方は正しくない事が論証される．具体的には，モデルとしてレオンチェフ経済体系を想定する限り，投入産出行列の分解不可能性の仮定の下，ノイマン流の均斉成長解も再生産可能解も，共にフロベニウス固有ベクトルとして定まる価格体系及びその双対としての産出体系として，特徴付けられる．すなわち，レオンチェフ経済体系の下では，生産工程間の利潤率均等化を実現するノイマン流の均斉成長解は再生産可能解でもあるので，資本家の利潤最大化行動によってミクロ的基礎付けを与える事ができる．他方，資本家の利潤最大化行動の媒介によって実現される再生産可能解では，部門間の利潤率均等化という，伝統的マルクス派やネオ・リカード派が要請する均衡条件が満たされる．しかしながら，モデルとしてフォン・ノイマン経済体系以上を想定するや，そうした理想的性質はもはや維持されない．すなわち，ノイマン流の均斉成長解は新古典派的一般均衡論が想定する様な，資本家の利潤最大化行動によってミクロ的基礎付けを与える事が一般にはできない．従って，資本家の合理的意思決定の社会的合成としてノイマン流の均斉成長解を説明する事はできない事が論証される．他方，再生産可能解では，全ての資本家が共通の閉凸錘生産技術にアクセス可能な限り，彼等の資本所有当たりの利潤収益率が，最も収益的な生産活動で実現される最大利潤率に等しくなる．しかしながら，異なる生産工程間の利潤率の均等化は，一般には成立しない．

以上より，利潤率均等化の価格体系を均衡条件と課したノイマン流均斉成長解は，合理的な資本家たちの利潤最大化というミクロ的意思決定の社会的合成の結果としては，説明できない．つまり，そうした解釈とは全く別の解釈によって，利潤率均等化としての均衡価格体系は，説明されなければならない．しかし，利潤率均等化が必ずしも，産業部門間の資本移動の長期的収束先としては解釈できないという議論は，すでにNikaido(1983)の均衡動学分析などによって展開されていたものであった．その意味では，本章の結果は，長期的市場均衡の条件として部門間の利潤率均等化を課すことの不適切性を含意するという意味で，Nikaido(1983)の研究をサポートするものと位置づけ可能であるかもしれない．

2.5節ではさらに，ノイマン流の均斉成長解は新古典派的完全競争均衡解とは違って，パレート効率的な資源配分には必ずしもならず，従って，厚生経済学の第1基本定理も均斉成長解に関しては成立しない事について，論証される．そこで想定される経済環境では，消費者は労働者階級のみからなり，労働者たちは余暇への選好を持たず，また，ある実質賃金消費ベクトルを消費する事にのみ関心を持っていると想定されている．また，潜在的労働人口が当該社会の総資本財賦存に比較して相対的に過剰である為，均衡では雇用労働者にとって，雇用される事とされない事と無差別となる様な，生存賃金水準が実現されている．その様な環境においては，当該社会の現存価格体系の下で実現可能な総利潤を最大化させるものが，パレート効率的配分となる．その意味でのパレート効率性を再生産可能解が満たす事は自明である為，2.5節ではさらに強い意味での効率性条件を導入する．それは生産期末における剰余生産物の極大化——従って，来期以降に利用可能な資本財ストックの蓄積の極大化を意味する——として，定義される．この強い意味での効率性条件を全ての再生産可能解が満たす事は保証されないが，再生産可能解の集合の中に必ずこの効率性条件を満たす解の存在が論証される．他方，ノイマン流均斉成長解に関しては，そうした性質は期待できない．すなわち，全ての均斉成長解がこの効率性条件を満たさない様な経済環境の存在が，論証される．

以上の結果より，我々は次章以降の搾取概念を用いた資本主義経済均衡の特徴付けの議論において前提する解概念として，再生産可能解の採用を正当化できる．古典派やマルクスが暗黙裡に想定していた経済モデルはレオンチェフ経済体系であったわけで，モデルをより一般化した場合の解概念の拡張として適切なのは，ノイマン流均斉成長解よりも，むしろ各資本家の利潤最大化行動を媒介とする再生産可能解であろう．

2.1　基本的生産経済モデル

今，市場を通じた取引が普遍化している経済社会には n 種類の財が存在している．この社会は 2 つの人々のグループ N 及び O から構成されている．グループ N は資本家階級に属する人々からなる集合であって，任意の資本家 $\nu \in N$ は，財の初期賦存ベクトル $\boldsymbol{\omega}^{\nu} \in \mathbf{R}_{+}^{n}$ を私的所有している．他方，グループ O は労働者階級に属する人々からなる集合であって，O に属する全ての労働者の n 種類の財の初期賦存は $\mathbf{0} \in \mathbf{R}_{+}^{n}$ であって，無所有である．彼等は単に 1 労働日に 1 単位の労働を提供する能力(労働力)を有しているだけであり，その能力の格差は存在しない．また，彼等の提供する労働は同質である．かくして，社会全体での財の初期賦存量は $\boldsymbol{\omega} \equiv \sum_{\nu \in N} \boldsymbol{\omega}^{\nu}$ である．

この経済社会における生産技術を一般に，生産可能性集合 $P \subseteq \mathbf{R}_{-} \times \mathbf{R}_{-}^{n} \times \mathbf{R}_{+}^{n}$ で定義する．集合 P の一般的要素は $2n+1$ 次元ベクトル $\boldsymbol{\alpha} \equiv (-\alpha_0, -\underline{\boldsymbol{\alpha}}, \overline{\boldsymbol{\alpha}}) \in P$ であって，$\alpha_0 \in \mathbf{R}_{+}$ は生産計画 $\boldsymbol{\alpha}$ の下での直接労働投入量を表し，$\underline{\boldsymbol{\alpha}} \in \mathbf{R}_{+}^{n}$ はその計画下での非負の財の投入ベクトルを表し，$\overline{\boldsymbol{\alpha}} \in \mathbf{R}_{+}^{n}$ はその結果としての財の産出ベクトルを表す．また，$\hat{\boldsymbol{\alpha}} \equiv \overline{\boldsymbol{\alpha}} - \underline{\boldsymbol{\alpha}} \in \mathbf{R}^{n}$ で，生産計画 $\boldsymbol{\alpha}$ の遂行によって得られる純産出ベクトルを表す．生産可能性集合 P は一般に，$\mathbf{R}_{-} \times \mathbf{R}_{-}^{n} \times \mathbf{R}_{+}^{n}$ における閉凸錘(closed convex-cone)集合であり，$\mathbf{0} \in P$ を満たす．さらに以下の追加的仮定を課す事にする[3]：

A1　$\forall \boldsymbol{\alpha} = (-\alpha_0, -\underline{\boldsymbol{\alpha}}, \overline{\boldsymbol{\alpha}}) \in P \quad \text{s.t.} \quad \alpha_0 \geq 0 \ \& \ \underline{\boldsymbol{\alpha}} \geq \mathbf{0}, \ [\overline{\boldsymbol{\alpha}} > \mathbf{0} \Rightarrow \alpha_0 > 0]$.

---

3)　以下では，全てのベクトル $\mathbf{x} = (x_1, \ldots, x_p)$ 及び $\mathbf{y} = (y_1, \ldots, y_p) \in \mathbf{R}^{p}$ に関して，

$$\mathbf{x} \geq \mathbf{y} \Leftrightarrow x_i \geq y_i \ (\forall i = 1, \ldots, p); \ \mathbf{x} > \mathbf{y} \Leftrightarrow \mathbf{x} \geq \mathbf{y} \ \& \ \mathbf{x} \neq \mathbf{y};$$

$$\mathbf{x} \gg \mathbf{y} \Leftrightarrow x_i > y_i \ (\forall i = 1, \ldots, p).$$

また，$\neg(\cdot)$ で，$(\cdot)$ の記述の否定を表すものとする．例えば，$\neg(\mathbf{x} \geq \mathbf{y})$ ならば，$\mathbf{x} \geq \mathbf{y}$ ではない事を意味する．すなわち，$\exists i = 1, \ldots, p$: $x_i < y_i$ を意味するものとする．

A2 $\forall \mathbf{c} \in \mathbf{R}^n_+$, $\exists \boldsymbol{\alpha} = (-\alpha_0, -\underline{\boldsymbol{\alpha}}, \overline{\boldsymbol{\alpha}}) \in P$ s.t. $\hat{\boldsymbol{\alpha}} \geq \mathbf{c}$ 但し，$\hat{\boldsymbol{\alpha}} = \overline{\boldsymbol{\alpha}} - \underline{\boldsymbol{\alpha}}$.

A3 $\forall \boldsymbol{\alpha} = (-\alpha_0, -\underline{\boldsymbol{\alpha}}, \overline{\boldsymbol{\alpha}}) \in P$, $\forall (-\underline{\boldsymbol{\alpha}}', \overline{\boldsymbol{\alpha}}') \in \mathbf{R}^n_- \times \mathbf{R}^n_+$,
$[(-\underline{\boldsymbol{\alpha}}', \overline{\boldsymbol{\alpha}}') \leq (-\underline{\boldsymbol{\alpha}}, \overline{\boldsymbol{\alpha}}) \Rightarrow (-\alpha_0, -\underline{\boldsymbol{\alpha}}', \overline{\boldsymbol{\alpha}}') \in P]$.

上記 3 つの追加的仮定のうち，A1 は，非負・非ゼロの産出物が生産されるときには必ず正の直接労働投入を必要とする事を意味する．すなわち，**生産活動における労働投入の不可欠性**の仮定である．労働は生産可能な生産物ではないので，それは専ら投入財としてのみ現れる．他方，A2 は，いわゆる**純生産可能性条件**と言われる条件の一般的記述である．すなわち，どんな非負の財ベクトルであっても，それを生産可能性集合 P の下で純生産可能である事を意味する．最後に A3 は，いわゆる自由可処分性 (free disposal) の仮定を意味する．

なぜこのモデルでは，生産可能性集合の定義の際に，投入を産出とは区別して記載するのであろうか？　それは，ここで考える経済環境では，生産における時間要素の存在が本質的であるからである．すなわち，資本家たちは生産に先立って，購入した投入財の費用を払わなければならず，従って，その支払いは彼等の資本 $\mathbf{p}\boldsymbol{\omega}^\nu$ を元手に行わなければならないからである．彼等は今日の生産への融資の為に，この生産による将来の収益を見込んで貸借を行う事はできない．それ故，物的には同じ財であっても，その投入としての使用と産出としてそれの間の区別が意味を持つのである．代替的な生産可能性集合の定義として，その要素を $(-\alpha_0, -\underline{\boldsymbol{\alpha}}, \overline{\boldsymbol{\alpha}})$ でなく，$(-\alpha_0, \hat{\boldsymbol{\alpha}})$ で表すという方法があり，通常の新古典派的な一般均衡理論においては，その後者のような表現が標準的である．しかし後者の表現は，生産過程における時間の存在を無視しており，それは例えばベクトル $\hat{\boldsymbol{\alpha}}$ の第 i 要素 $\hat{\alpha}_i$ が非負値である場合には，まるで財 i の投入による生産活動に対して資本家は何も支払わなくても良いかのように見える．しかし，実際には，財 i の投入コストとして，$p_i\underline{\alpha}_i$ の額を生産期間の期首に準備しなければならない．そうした構造は集合 P の要素を $2n+1$ 次元ベクトルで表す事によって明示化できるのである．

生産技術条件に追加して，いわゆる労働者の**生存消費ベクトル** (subsistent consumption vector）を導入する．全ての労働者は 1 労働日に 1 単位の労働を提供する事の対価として，少なくとも $\mathbf{b}\in\mathbf{R}_+^n$ の消費財ベクトルを購入可能なだけの賃金収入を必要とする．$\mathbf{b}\in\mathbf{R}_+^n$ の消費財ベクトルを購入不可能な水準の賃金収入の場合，労働者たちは翌日行使する為の労働力を再生産することができなくなる故，結局，労働市場から撤退するものと考えられる．また，余暇への選好は存在しない．今，財の私的所有状態を $(\boldsymbol{\omega}^\nu)_{\nu\in N}$ で表す事ができる．以上より，**一つの資本主義経済**（a capitalist economy）をリスト $\langle N, O; (P, \mathbf{b}); (\boldsymbol{\omega}^\nu)_{\nu\in N}\rangle$ で表す事にする．尚，$P(\alpha_0{=}1)\equiv\{\boldsymbol{\alpha}\in P\,|\,\boldsymbol{\alpha}{=}(-1,-\underline{\boldsymbol{\alpha}},\overline{\boldsymbol{\alpha}})\}$ という記号を以下，適時，使用する．また，**労働投入量 1 単位の下で純生産可能な財ベクトル集合**を，

$$\hat{P}(\alpha_0=1)\equiv\{\hat{\boldsymbol{\alpha}}\in\mathbf{R}^n\,|\,\exists\boldsymbol{\alpha}=(-1,-\underline{\boldsymbol{\alpha}},\overline{\boldsymbol{\alpha}})\in P:\overline{\boldsymbol{\alpha}}-\underline{\boldsymbol{\alpha}}\geq\hat{\boldsymbol{\alpha}}\}$$

とする．また，任意の集合 S に関して，$\partial S\equiv\{\mathbf{x}\in S\,|\,\neg(\exists\mathbf{x}'\in S):\mathbf{x}'\gg\mathbf{x}\}$ と表す．さらに，$\partial P\equiv\{\boldsymbol{\alpha}\in P\,|\,\neg(\boldsymbol{\alpha}'\in P):\boldsymbol{\alpha}'\gg\boldsymbol{\alpha}\}$ 及び，$\partial SP\equiv\{\boldsymbol{\alpha}\in P|\neg(\boldsymbol{\alpha}'\in P):\boldsymbol{\alpha}'>\boldsymbol{\alpha}\}$ という記号も時々，用いる．∂SP は効率的生産可能性集合と言うべきものであり，他方，∂P は集合 P の境界（boundary）からなる部分集合である．

上記のように定義した資本主義経済 $\langle N, O; (P, \mathbf{b}); (\boldsymbol{\omega}^\nu)_{\nu\in N}\rangle$ に関して，その生産可能性集合 P の特殊形態として，いわゆる**レオンチェフ生産技術体系** (A, L) がある．ここで A は $n\times n$ 型非負正方行列であって，その各成分 $a_{ij}\geq 0$ は，財 j の 1 単位当たり粗産出の際に必要な財 i の投入量を意味する．行列 A を**投入産出行列**と言う．他方，L は $1\times n$ 型非負行ベクトルであって，その各成分 $L_j\geq 0$ は，財 j の 1 単位当たり粗産出の際に必要な直接労働投入量を意味する．ベクトル L は**直接労働投入ベクトル**と言われる．レオンチェフ生産体系 (A, L) から導出される生産可能性集合は $P_{(A,L)}=\{(-L\mathbf{x}, -A\mathbf{x}, \mathbf{x})\,|\,\mathbf{x}\in\mathbf{R}_+^n\}$ で与えられる．この $P_{(A,L)}$ は $\mathbf{R}_-\times\mathbf{R}_-^n\times\mathbf{R}_+^n$ における閉凸錘集合であり，また $\mathbf{0}\in P_{(A,L)}$ である．また，生産可能性集合一般に対して仮定された上記の A1 と A2 は，レオンチェフ生産体系 (A, L) の下では以下の様に記載される：

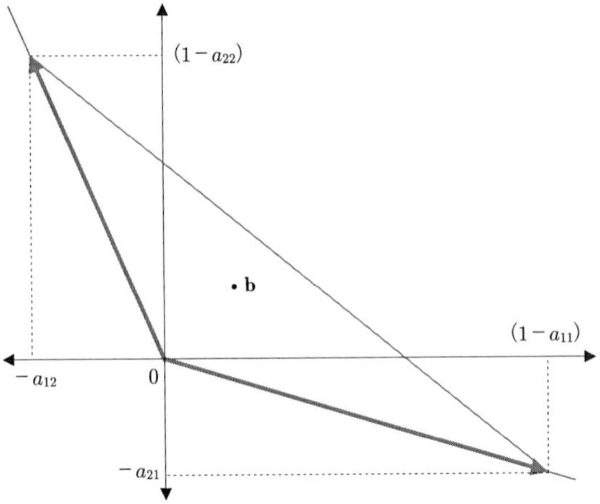

図 **2.1**　レオンチェフ生産体系の下での純生産可能性

A1′　$L \gg \mathbf{0}$.

A2′　$\forall \mathbf{c} \in \mathbf{R}^n_+$, $\exists \mathbf{x} \in \mathbf{R}^n_+$ s.t. $\mathbf{x} - A\mathbf{x} \geq \mathbf{c}$.

但し $\mathbf{x} \in \mathbf{R}^n_+$ は $n \times 1$ 型列ベクトルであって，その各成分 $x_i \geq 0$ は財 i の粗生産活動水準を表す．ここで，A1′ は直接労働投入ベクトルが正ベクトルである事を意味し，これは全ての財生産活動において直接労働投入が不可欠である事の表現である．また，A2′ はレオンチェフ生産体系における，いわゆる**純生産可能性**(Net Output Producibility)条件である．

純生産可能性条件は，2×2 型投入産出行列の想定の下，以下の様に図示される．上記の図 2.1 では，財 1 の 1 単位粗産出の為に，$a_{11} \geq 0$ の財 1 と $a_{21} > 0$ の財 2 の投入が必要である事，そして，財 1 産業の 1 単位粗産出活動 $\mathbf{e}_1 = \begin{bmatrix} 1 \\ 0 \end{bmatrix}$ の結果，$\begin{bmatrix} 1 - a_{11} \\ -a_{21} \end{bmatrix}$ だけの純産出ベクトルを生産する事を表している．同様に，財 2 の 1 単位粗産出のために，$a_{12} > 0$ の財 1 と $a_{22} \geq 0$ の財 2 の投入が必要である．そして，財 2 産業の 1 単位粗産出活動 $\mathbf{e}_2 = \begin{bmatrix} 0 \\ 1 \end{bmatrix}$ の結果，$\begin{bmatrix} -a_{12} \\ 1 - a_{22} \end{bmatrix}$ だけの純産出ベクトルを生産する．さらに，図 2.1 は，産出活動 $\mathbf{e}_1$ と産出活動 $\mathbf{e}_2$ の適切な 1 次結合によっ

て得られる産出活動 $\mathbf{x}=t\mathbf{e}_1+(1-t)\,\mathbf{e}_2$（但し，$0\leq t\leq 1$）の適当なスカラー倍 $q\mathbf{x}$（但し，$q>0$）によって，$\mathbf{R}^2_+$ 上の任意の点をカバーできる事を示している．例えば図2.1の点 $\mathbf{b}\in\mathbf{R}^2_{++}$ の任意のスカラー倍 $q\mathbf{b}\in\mathbf{R}^2_{++}$ に対して，それを純産出可能とする様な産出活動 $q'\mathbf{x}\in\mathbf{R}^2_{++}$ が存在する事を確認できる．

2.2　再生産可能解

前節の様に定義された資本主義経済 $\left\langle N,O;(P,\mathbf{b});(\boldsymbol{\omega}^{\nu})_{\nu\in N}\right\rangle$ の下での人々の経済活動について，議論しよう．今，財市場における完全競争市場を仮定し，各経済主体は市場価格体系 $(\mathbf{p},w)\in\mathbf{R}^{n+1}_+$ を所与として，合理的経済活動を選択するものとしよう．但し，$\mathbf{p}$ は $1\times n$ 型財行ベクトルであって，その各成分 $p_j\geq 0$ は財 j の市場価格を表す．また，$w\geq 0$ は名目賃金率を表す．

第一に，労働者は価格体系が $w\geq\mathbf{pb}$ を満たす限り，資本家に雇用されて1日1単位労働を提供する事を望む．逆に $w<\mathbf{pb}$ ならば，いずれの労働者も労働市場から撤退する．つまり，もはや1日1単位労働を提供しようとは考えない．このモデルでは単純化の為，労働者の消費選択の多様性は存在しないものと仮定する．すなわち，全ての労働者は予算制約 $w=q\mathbf{pb}$ を満たす消費財ベクトル $q\mathbf{b}$ を消費選択すると仮定している．

第二に，任意の資本家 $\nu\in N$ は，価格体系 $(\mathbf{p},w)$ の下で，予算制約下の利潤最大化を達成する様に，生産計画を設定する．すなわち，所与の市場価格体系 $(\mathbf{p},w)\in\mathbf{R}^{n+1}_+$ の下，以下の様な予算制約下の利潤最大化問題(P1)

$$\max_{\boldsymbol{\alpha}^{\nu}=\left(-\alpha^{\nu}_0,-\underline{\boldsymbol{\alpha}}^{\nu},\overline{\boldsymbol{\alpha}}^{\nu}\right)\in P}\quad \mathbf{p}\overline{\boldsymbol{\alpha}}^{\nu}-(\mathbf{p}\underline{\boldsymbol{\alpha}}^{\nu}+w\alpha^{\nu}_0)\quad \text{s.t.}\quad \mathbf{p}\underline{\boldsymbol{\alpha}}^{\nu}\leq\mathbf{p}\boldsymbol{\omega}^{\nu},\qquad \text{(P1)}$$

の解となる様な生産計画 $\boldsymbol{\alpha}^{\nu}=(-\alpha^{\nu}_0,-\underline{\boldsymbol{\alpha}}^{\nu},\overline{\boldsymbol{\alpha}}^{\nu})\in P$ を選択する．価格体系 $(\mathbf{p},w)$ の下での問題(P1)の解の集合を，$A^{\nu}(\mathbf{p},w)$ で表す事とする．このモデルでは単純化の為，資本家は問題(P1)を解く結果として獲得した利潤収入は全て来期の生産活動の為の資本財ストックの蓄積資金に費やされるものと仮定する．すなわち，資本家の消費選択問題は捨象する．

資本家の利潤最大化問題(P1)は，通常の新古典派的一般均衡理論での定式と異なり，資本制約式 $\mathbf{p}\underline{\boldsymbol{\alpha}}^{\nu} \leq \mathbf{p}\boldsymbol{\omega}^{\nu}$ が制約条件として存在する．これは，この経済モデルでは，生産における時間の要素を本質的に考えているが故である．すなわち，資本家は今日使用した財の投入コストを，その生産成果の収入を明日，受け取る以前に，支払わなければならない，という構造がある[4]．その場合には，信用市場が存在しない当該経済モデルの下では，生産のコストは内部金融にて賄うしかない為，各資本家の生産活動は彼の資本制約式によって限定される事になる[5]．そうした構造は，標準的な新古典派的一般均衡理論におけるモデルでは生じない事に留意すべきである．そこでは生産における時間の要素は無視されており，いわば生産諸要素の投入の瞬間に産出を得られる世界を描いている．従って，生産のコストは産出物の販売による収入で以って瞬間的に相殺される事が可能となり，信用市場が存在しない世界であったとしても，各資本家は彼の元々の資本賦存に制約される事なく，所与の市場価格の下で利潤を最大化させる生産点を，生産可能性集合全体の中から選択する事が可能となる[6]．

以下では財の市場価格ベクトルは全て，$\mathbf{pb}=1$ となる様に基準化されているものとする．以上の設定の下，この経済における均衡は以下の様に定

4) この生産の時間構造をより厳密に考慮するならば，問題(P1)においても，生産期首の価格と期末の価格体系は一般に違い得るので，利潤関数と資本制約式もそれぞれ，$\mathbf{p}^{t+1}\overline{\boldsymbol{\alpha}}^{\nu} - (\mathbf{p}^{t}\underline{\boldsymbol{\alpha}}^{\nu} + w^{t+1}\alpha_0^{\nu})$ と $\mathbf{p}^{t}\underline{\boldsymbol{\alpha}}^{\nu} \leq \mathbf{p}^{t}\boldsymbol{\omega}^{\nu}$ などと表記されるべきだろう．但し，ここで $\mathbf{p}^{t}$ は第 t 期の期首における価格体系を表している．問題(P1)において，その様な記述がないのは，一つは，各資本家の来期の価格体系に関する予測が $\mathbf{p}^{t+1}=\mathbf{p}^{t}(\forall t)$ である，という定常期待(stationary expectation)の構造を持っている，と暗黙裡に仮定されている事であり，また，第二に，再生産可能解という均衡状態においては，各資本家のそうした定常期待が実現化される様な価格体系の系列を考えているからである．この 2 つの仮定は，少なくとも資本ストック $\boldsymbol{\omega}$ がフォン・ノイマン軌道(von Neumann ray)上にある限り，それらを支持する再生産可能解(価格体系と生産点)の時系列が存在する[Roemer(1980, Appendix II, Theorem, p. 529)]．

5) だからと言って，このモデルでの帰結が，信用市場の不在という要因に本質的に依存したものであると解釈する必要は無い．実際，Roemer(1981, Chapter 3)が示している様に，信用市場の導入によって，利子率を価格シグナルとする資本家間での資本の貸借行動をモデルとして組み込み，全体の純借入額がゼロである均衡条件を用いて，議論する限り，ここで論じる諸結果に本質的な違いは出てこないのである．その意味で，信用市場の無いモデルの想定は，議論の簡潔化という目的以上のものではない．

義される：

定義 2.1[Roemer(1980; 1981)]：任意の資本主義経済 $\langle N, O; (P, \mathbf{b}); (\boldsymbol{\omega}^{\nu})_{\nu \in N} \rangle$ に対して，あるペア $((\mathbf{p}, w), \boldsymbol{\alpha}) \in \mathbf{R}_{+}^{n+1} \times P$ が一つの再生産可能解(a reproducible solution: RS)と呼ばれるのは，それが以下の条件を満たすとき，そのときのみである：

(a) $\forall \nu \in N$, $\boldsymbol{\alpha}^{\nu} \in A^{\nu}(\mathbf{p}, w)$, 但し $\boldsymbol{\alpha} \equiv \sum_{\nu \in N} \boldsymbol{\alpha}^{\nu}$ (利潤最大化条件)；

(b) $\hat{\boldsymbol{\alpha}} \geq \alpha_0 \mathbf{b}$, 但し $\boldsymbol{\alpha} = (-\alpha_0, -\underline{\boldsymbol{\alpha}}, \overline{\boldsymbol{\alpha}}) \in P$ & $\hat{\boldsymbol{\alpha}} = \overline{\boldsymbol{\alpha}} - \underline{\boldsymbol{\alpha}}$ (再生産可能条件)；

(c) $w = \mathbf{pb}$ (生存賃金均衡条件)； &

(d) $\underline{\boldsymbol{\alpha}} \leq \boldsymbol{\omega}$ (社会的実行可能性条件).

定義 2.1 の 4 つの条件のうち，(a)は再生産可能解での市場価格体系の下で，全ての資本家は彼等の所有する資本財の貨幣価値額によって規定された予算の制約内で利潤最大化を実現する生産計画を遂行している事を意味する．これは再生産可能解が，市場価格をシグナルとした下での経済主体の合理的意思決定の合成として達成されるものである事を意味している．

条件(d)は，社会総体として賦存する総資本財賦存量 $\boldsymbol{\omega}$ の範囲内で生産活動を行っている事を意味する．これはこの経済モデルに暗黙裡に時間的構造を導入している事を意味している．つまりある生産期間の期首に存在している総資本財賦存量が $\boldsymbol{\omega}$ であるとすると，それ以上の資本財を使った生産活動は 1 生産期間内では不可能である事を意味する．資本財とその他，労働などの生産要素が生産期間の期首に投入されてから，1 生産期間の後，その期末に生産物が産出される．この 1 生産期間内に産出された生産物と期首において生産過程に投入される生産要素のみが，この経済における市場を通じた資源配分の対象となっている．ここでは財の先物市

6) 「瞬間的な生産時間」という解釈の他には，あるいは標準的な新古典派的一般均衡理論は，長期の市場取引をモデル化していると見なす解釈も可能であろう．超長期的には，生産活動における資本賦存制約は本質的ではない，という解釈である．例えば，後節で議論されるフォン・ノイマン経済モデルでも，その標準的な表現では生産要素の賦存制約——資本賦存制約も労働賦存制約も——が一切現れないが，これはこの種のモデルが超長期的な市場経済のメカニズムを扱う目的で構築されたものであるから，という理由が成り立つのである．

場の存在は想定していない事に注意されたい．また，この経済社会の外部から資本を貸借する事も不可能である．その様な想定の下で，条件(d)は資本財における需給の均衡条件を表している．左辺が生産要素としての資本財への総需要を表し，右辺はその総供給を表している．

条件(c)は労働市場における均衡条件を表している．$w=\mathbf{pb}$ とは，再生産可能解においては，労働者の賃金率は，1 単位の 1 日労働の行使に際して必要な生存消費ベクトル $\mathbf{b}$ の購入に要する最少額として，決まる事を意味する．これは，当該資本主義社会において，いわゆるマルクスの相対的過剰人口が存在する事を前提している．この社会は社会総体として賦存する総資本財賦存量 $\boldsymbol{\omega}$ の範囲内で生産活動を行うのだが，そのとき，$\alpha_0(\boldsymbol{\omega})$ は社会総体として賦存する総資本財賦存量 $\boldsymbol{\omega}$ の制約下での労働総需要の最大値を表すとしよう．この $\alpha_0(\boldsymbol{\omega})$ は例えば，

$$\alpha_0(\boldsymbol{\omega}) = \max\{\alpha_0 \,|\exists \boldsymbol{\alpha} = (-\alpha_0, -\boldsymbol{\omega}, \overline{\boldsymbol{\alpha}}) \in \partial SP\}$$

で決定される場合もある[7)]．今，$\alpha_0(\boldsymbol{\omega}) \leq \# O$ のとき，相対的過剰人口が存在し得るのであり，かつ均衡賃金水準は生存最小限水準 $w=\mathbf{pb}$ が均衡賃金水準になり得る．賃金率がより減少すれば，もはやどの労働者も労働市場から撤退してしまうからである．条件(c)は総資本財賦存量 $\boldsymbol{\omega}$ の制約下での労働総需要以上に潜在的な労働供給(相対的過剰人口)が存在するときの，労働市場均衡条件式を意味する．相対的過剰人口が存在し得る理由は，当該社会において資本財の社会的賦存が，労働の社会的賦存に比して相対的に稀少である経済環境である点に求められる．資本の相対的稀少

---

7) $\max\{\alpha_0 \,|\exists \boldsymbol{\alpha}=(-\alpha_0, -\boldsymbol{\omega}, \overline{\boldsymbol{\alpha}}) \in \partial SP\}$ は全ての可能な P に対して常に存在するとは限らない．しかし，ここでは存在するケースをとりあえず考える．その様なケースとして，例えば $P=P_{(A,L)}$ の場合，$\alpha_0(\boldsymbol{\omega})=LA^{-1}\boldsymbol{\omega}$ となる．逆に，例えば，財 1 が資本財，財 2 が消費財である様な 2 財の世界を考え，そして生産関数 $\overline{\alpha}_2=f(\alpha_0, \underline{\alpha}_1)$ が存在して，それがコブ＝ダグラス型 $f(\alpha_0, \underline{\alpha}_1)=(\alpha_0)^t(\underline{\alpha}_1)^{1-t}$ $(0<t<1)$ でもって，その効率的フロンティアが表現される様な生産可能性集合 P も，A1, A2, A3 を満たす．この場合，$\max\{\alpha_0 \,|\exists \boldsymbol{\alpha}=(-\alpha_0, -\boldsymbol{\omega}, \overline{\boldsymbol{\alpha}}) \in \partial SP\}$ は存在しない．財 1 の賦存量を ω_1 で固定したまま，労働投入量を増やせば，常に財 2 の産出量は増大するからである．しかし，この様なタイプの生産可能性集合であっても，$\dfrac{\partial f(\alpha_0^*, \underline{\alpha}_1)}{\partial \alpha_0}=\dfrac{w}{p_2}=b_2$ となる α_0^* は存在する．そして，この α_0^* よりも労働投入を増やしたとしても，労働の限界生産性が b_2 を下回るが故に，事実上，その様な労働需要は有効ではない．その意味で $\alpha_0(\boldsymbol{\omega})=\alpha_0^*$ と設定しても問題は無い．

性が生じるのも，当該経済モデルに生産の時間構造を想定しているからであり，資本財自体も当該社会の中で生産される生産物の束として取り扱っているからである．ある生産期間において労働が相対的に過剰であるが故に，資本財の生産過程への投下を増やす事で過剰な労働の有効利用によって利潤量を増やそうとしても，資本財の増量投下の為には，資本財の新たな生産を要するのであり，その生産活動もやはり1生産期間以上を要するのである．従って，我々が特に焦点を当てている任意の1期間における資源配分活動を見る限り，そこに資本の相対的稀少賦存という特性が存在しても，何ら不思議な状況ではない．

最後に条件(b)は，消費財の需給条件を表している，と解釈可能であろう．この経済社会で財を消費財として利用する必要があるのは，労働力の再生産のエネルギー源としてそれらの財の消費を必要とする労働者たちの集合 O のみである．資本家階級の諸個人は，財の消費財としての利用には関心がなく，彼等は専ら資本財の蓄積にのみ関心を持つ者たちと想定されている．従って，条件(b)の右辺がこの経済における消費財への総需要を表し，左辺はその総供給を表しているものと解釈可能である．条件(b)のもう一つの説得力ある解釈としては，それは，今生産期間の期首に社会に賦存した資本財ストック量 $\boldsymbol{\omega}$ を今生産期間の期末において再現可能である為の条件を表しており，来期の生産においても再び最低限 $\boldsymbol{\omega}$ の量だけの総資本財ストックを投下して生産可能である(少なくともいわゆる単純再生産可能である)事を要請するものである．なぜならば，条件式 $\hat{\boldsymbol{\alpha}} \geq \alpha_0 \mathbf{b}$ は

$$\boldsymbol{\omega}+\overline{\boldsymbol{\alpha}}-\underline{\boldsymbol{\alpha}}-\alpha_0 \mathbf{b} \geq \boldsymbol{\omega} \qquad (2.1)$$

と同値である．この(2.1)式の右辺は，今期の生産活動の期首に際して，投下した資本財ストックの総計である．他方，左辺は今期の生産活動によって投下した資本財ストックの今期末における回収分と純生産物から労働者に対して支払わねばならない実質賃金ベクトル $\alpha_0 \mathbf{b}$ を控除したものの総計である．左辺が右辺を上回っているので，この社会は生産活動によって投下した資本財ストックを回収・再現し，かつ，労働者がその労働力を来期以降に向けて再生産できるだけの実質賃金ベクトルを支払った後に

も，まだ非負の余剰が存在する可能性を意味する．期首に投下した資本ストック $\boldsymbol{\omega}$ が期末に回収される事は，条件(d)より保証されている．この余剰分は来期の生産活動の為の資本財ストックの蓄積へと廻されるものと解釈可能である．

この再生産可能解は，いわゆる完全競争市場における標準的な均衡解であるワルラシアン解(競争均衡解)といかなる論理的関係にあるのだろうか？　その問いを考察する為に，ここで想定する経済環境の下での競争均衡解を定義しよう．

定義 2. 2: 任意の資本主義経済 $\left\langle N, O; (P, \mathbf{b}); (\boldsymbol{\omega}^{\nu})_{\nu \in N} \right\rangle$ に対して，あるペア $((\mathbf{p}, w), \boldsymbol{\alpha}) \in \mathbf{R}_{+}^{n+1} \times P$ が一つの**競争均衡解**(a competitive equilibrium: CE)と呼ばれるのは，それが以下の条件を満たすとき，そのときのみである：

(a) $\forall \nu \in N$, $\boldsymbol{\alpha}^{\nu} \in A^{\nu}(\mathbf{p}, w)$, 但し $\boldsymbol{\alpha} \equiv \sum_{\nu \in N} \boldsymbol{\alpha}^{\nu}$ (利潤最大化条件);

(b′) $\underline{\boldsymbol{\alpha}} + \alpha_0 \mathbf{b} \leq \boldsymbol{\omega} + \hat{\boldsymbol{\alpha}}$ (超過総需要条件); &

(c) $w = \mathbf{pb}$ (生存賃金均衡条件).

この不等式(b′)の右辺は資本財と消費財の総供給を，左辺は資本財と消費財の総需要を表している．よって，(b′)は標準的な，競争均衡解を構成する総超過需要条件を表している事を確認できよう．上記の競争均衡解の定義では，標準的な議論とは違って，消費者の予算制約下の合理的選択条件が登場しない．それは，この経済環境では，消費者は専ら労働者階級だけからなり，しかも彼等は全員一致して生存消費ベクトル $\mathbf{b}$ の働いた時間分だけの消費にのみ関心があるため，事実上，消費者選択の契機は均衡解の定義から捨象され得る．つまり，経済主体の合理的意思決定による媒介項は資本家たちの利潤最大化条件のみである．

注意すべきは，一般に，再生産可能解の集合は競争均衡解の部分集合になる事である．その意味で，再生産可能解とは競争均衡解のリファインメントである．競争均衡解は条件(a),(c),そして(b′)を満たす様な $((\mathbf{p}, w), \boldsymbol{\alpha})$ によって定義される．そして，再生産可能解の 4 つの条件から競争均衡解の3条件が全て満たされる事を確認できるので，再生産可能解は競争均衡解である．実際，再生産可能解の条件(b)式と条件(d)式の和を取ると，常に競争均衡解の条件(b′)式を導く事ができる．しかし逆は一般に言えない．(2.1)式は資本蓄積の経路条件に関わる性質であり，そのような条件は競争均衡解には存在しないからである．

なぜマルクス的一般均衡モデルでは，そこで採用すべき均衡解概念として，単なる競争均衡解ではなく，再生産可能解を考えるべきなのだろうか？　両者の違いは，(2.1)を要請するか否かに端的に表れている．(2.1)式とは，上述のように，各生産期間における社会全体の資本財ストックの少なくとも単純再生産可能性を意味していた．また，(2.1)式は定義2.1-(b)の不等式の要請と同値である．従って，それは1生産期首に投下される労働力の再生産に必要な生存消費ベクトルがその期末に供給される事によって，投下された労働力が再生産可能である事を意味する．この様にして，再生産可能解とは，単に価格シグナルの媒介の下での市場における需給の一致を要請するのみならず，資本ストックと労働力の再生産を通じた，資本主義経済システムそのものの再生産をも要請するものである，と解釈可能である．この，経済的資源配分を通じた経済システムそのものの再生産という視点こそが，マルクス的均衡概念によって表現され得る固有の特徴なのである．

再生産可能解を2財のレオンチェフ生産体系の世界の下で，幾何的に表現してみよう．改めて図2.2は，仮定A1′とA2′とを共に満たすレオンチェフ生産体系を描いている．財1産業の1単位粗産出活動$\mathbf{e}_1=\begin{bmatrix}1\\0\end{bmatrix}$の為には，$\mathbf{a}_1=\begin{bmatrix}a_{11}\\a_{21}\end{bmatrix}$だけの投入が必要である．他方，財2産業の1単位粗産出活動$\mathbf{e}_2=\begin{bmatrix}0\\1\end{bmatrix}$の為には，$\mathbf{a}_2=\begin{bmatrix}a_{12}\\a_{22}\end{bmatrix}$だけの投入が必要である．それぞれの投入ベクトル$-\mathbf{a}_1$及び$-\mathbf{a}_2$が図2.2の負象限で描かれている．今，非負象限にある単位ベクトル$\mathbf{e}_1$から$-\mathbf{a}_1$だけ移動した点を取ると，それが財1産業の1単位粗産出活動の結果である純生産ベク

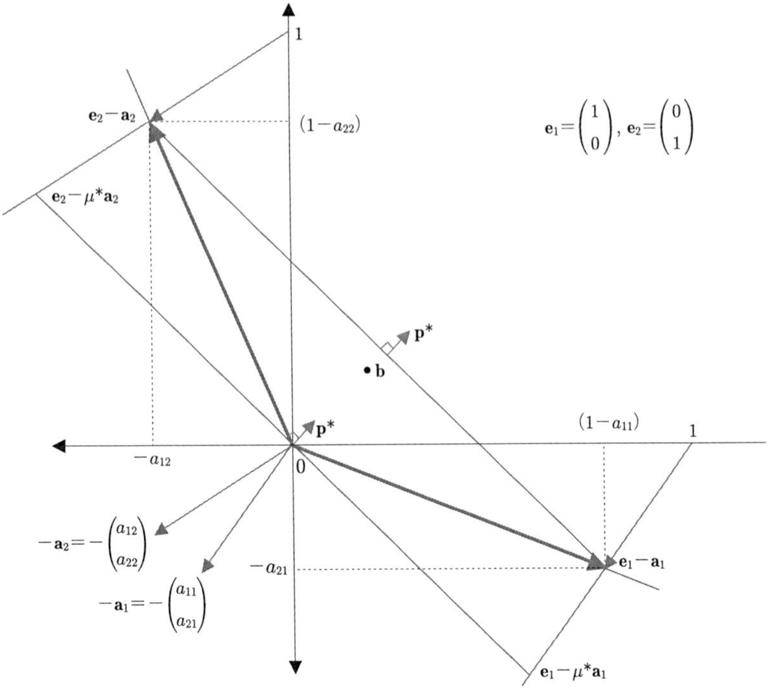

図 **2.2**　レオンチェフ生産体系と均衡価格
但し $\mu^*>0$ はいわゆるフロベニウス根の逆数

トル $\mathbf{e}_1-\mathbf{a}_1=\begin{bmatrix}1-a_{11}\\-a_{21}\end{bmatrix}$ を構成する．同様に，単位ベクトル $\mathbf{e}_2$ から $-\mathbf{a}_2$ だけ移動した点が，財 2 産業の 1 単位粗産出活動による純生産ベクトル $\mathbf{e}_2-\mathbf{a}_2=\begin{bmatrix}-a_{12}\\1-a_{22}\end{bmatrix}$ を構成する．点 $\mathbf{e}_1-\mathbf{a}_1$ と点 $\mathbf{e}_2-\mathbf{a}_2$ とを結ぶ線分が，いわば単位産出活動の適当な 1 次結合によって可能となる純生産量の軌跡を表す．それが図 2.1 で描かれたものであり，通常，**純生産可能曲線** (Net Output Possibility Curve) と呼ばれるものである．

次に，点 $\mathbf{e}_1$ からベクトル $-\mathbf{a}_1$ の方向で，かつ $-\mathbf{a}_1$ の長さを超えてさらに移動させてみよう．同様に，点 $\mathbf{e}_2$ からベクトル $-\mathbf{a}_2$ の方向で，かつ $-\mathbf{a}_1$ の長さを超えてさらに移動させてみよう．すると，ある適当な 1 より大きい正数 $\mu^*>0$ に関して，点 $\mathbf{e}_1$ からベクトル $-\mu^*\mathbf{a}_1$ だけ移動

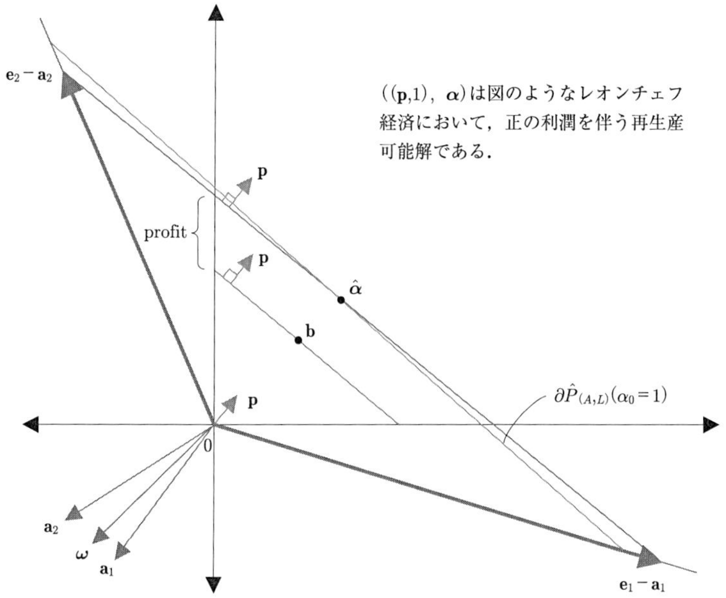

図 **2.3**　レオンチェフ生産体系における，正の利潤の伴う再生産可能解

した点 $\mathbf{e}_1-\mu^*\mathbf{a}_1$ と，点 $\mathbf{e}_2$ からベクトル $-\mu^*\mathbf{a}_2$ だけ移動した点 $\mathbf{e}_2-\mu^*\mathbf{a}_2$ とを結ぶと，その線分がちょうど原点 $\mathbf{0}$ を通る，そのような μ^* が存在する．つまり，ベクトル $\mathbf{e}_1-\mu^*\mathbf{a}_1$ とベクトル $\mathbf{e}_2-\mu^*\mathbf{a}_2$ は1次従属である．換言すれば，適当な法線ベクトル $\mathbf{p}^*=(p_1^*,p_2^*)\gg\mathbf{0}$ と原点 $\mathbf{0}$ によって定義される超平面 $H(\mathbf{p}^*,\mathbf{0})\equiv\{\mathbf{x}\in\mathbf{R}^n\,|\mathbf{p}^*\mathbf{x}=0\}$ に，点 $\mathbf{e}_1-\mu^*\mathbf{a}_1$ と点 $\mathbf{e}_2-\mu^*\mathbf{a}_2$，及び両点を結ぶ線分は属している．この1より大きい正数 $\mu^*>0$ は，いわゆる非負行列 A のフロベニウス根の逆数であり，それに付随する唯一の正固有ベクトルが法線ベクトル $\mathbf{p}^*$ である．ところでこの超平面 $H(\mathbf{p}^*,\mathbf{0})$ は，点 $\mathbf{e}_1-\mathbf{a}_1$ と点 $\mathbf{e}_2-\mathbf{a}_2$ とを結んで定義される直線を，原点を通る様に平行移動したものに他ならない．換言すれば，純生産可能曲線は超平面 $H(\mathbf{p}^*,\mathbf{0})$ と同じ傾きを持つのであり，従って，ベクトル $\mathbf{p}^*$ と直交するのである．従って，財の価格体系が $\mathbf{p}^*$ であるならば，純生産可能曲線上の点はいずれも同額の売上げ収入を資本家にもたらす事が解る．

レオンチェフ生産技術体系が図2.2のように与えられているときに，

今，社会全体の総資本賦存 $\boldsymbol{\omega}$ が図 2.3 の負象限の位置で与えられているものとしよう．財 1 を生産する産業工程 $\mathbf{a}_1$ と財 2 を生産する産業工程 $\mathbf{a}_2$ との適度な 1 次結合によって定まる生産活動水準 $\mathbf{x}^*\in\mathbf{R}^2_{++}$ の実行によって，総資本ストック $\boldsymbol{\omega}$ をフル稼働できる事を図 2.3 は示している．すなわち，

$$\text{適当な } \mathbf{x}^* = \begin{bmatrix} x_1^* \\ x_2^* \end{bmatrix} > \mathbf{0} \ \& \ x_1^*+x_2^* = 1 \text{ に関して，} A\mathbf{x}^* = x_1^*\mathbf{a}_1+x_2^*\mathbf{a}_2 = \boldsymbol{\omega},$$

$$\text{但し } A = \begin{bmatrix} a_{11} & a_{12} \\ a_{21} & a_{22} \end{bmatrix},$$

となる．このとき，$\hat{\boldsymbol{\alpha}}\equiv\mathbf{x}^*-A\mathbf{x}^*$ が対応する純産出ベクトルである．このときの必要な直接投入労働量 $L\mathbf{x}^*$ を 1 と基準化しよう．定義より，$\hat{\boldsymbol{\alpha}}\in\partial\hat{P}_{(A,L)}\,(\alpha_0{=}1)$ である．このとき，労働者へ支払わなければならない実質賃金ベクトルの最低限は $\mathbf{b}$ となる．今，図 2.3 に描くように，点 $\mathbf{b}$ は点 $\hat{\boldsymbol{\alpha}}$ の南西方向に位置しているものとしよう．すなわち，$\hat{\boldsymbol{\alpha}}\geq\mathbf{b}$ である．また，図 2.2 においてその存在が確かめられた行列 A のフロベニウス正固有ベクトルに相当する財の価格ベクトルを $\mathbf{p}\gg\mathbf{0}$ とする．また，$\boldsymbol{\alpha}\equiv(-L\mathbf{x}^*, -A\mathbf{x}^*, \mathbf{x}^*)$ と置けば，ペア $((\mathbf{p},1),\boldsymbol{\alpha})$ はこの 2 財レオンチェフ生産経済における再生産可能解を構成する．

実際，純産出ベクトル $\hat{\boldsymbol{\alpha}}$ も実質賃金ベクトル $\mathbf{b}$ も，価格ベクトル $\mathbf{p}$ を法線ベクトルとする超平面に属しており，実質賃金ベクトル $\mathbf{b}$ と価格ベクトル $\mathbf{p}$ によって構成される超平面は，非負象限において，$((\mathbf{p},1),\boldsymbol{\alpha})$ の下で労働 1 単位提供した労働者の受け取る所得曲線

$$B\,(\mathbf{p},1)\equiv\{\mathbf{c}\in\mathbf{R}^n_+\,|\mathbf{pc}=1\}$$

に一致する．このとき，資本家の利潤量は $\mathbf{p}\cdot(\hat{\boldsymbol{\alpha}}-\mathbf{b})$ に等しく，これは価格 $(\mathbf{p},1)$ の下で確かに，$\boldsymbol{\alpha}$ によって最大化されている．それはフロベニウス正固有ベクトル $\mathbf{p}\gg\mathbf{0}$ の下では，純生産可能曲線上のいずれの点も同一の利潤率を保証する

$$\frac{\mathbf{p}\cdot(\mathbf{e}_1-\mathbf{a}_1)-L_1}{\mathbf{pa}_1} = \frac{\mathbf{p}\cdot(\mathbf{e}_2-\mathbf{a}_2)-L_2}{\mathbf{pa}_2}$$

のであり，今，労働1単位と資本財ストック $\boldsymbol{\omega}$ をフル稼働できる生産計画は $\boldsymbol{\alpha}$ のみであるからである．また，図2.3の構成より $\hat{\boldsymbol{\alpha}}\geq\mathbf{b}$ であった．$\boldsymbol{\alpha}$ においては $\alpha_0=L\mathbf{x}^*=1$ であったから，これは再生産可能解の条件(b)が満たされている事を意味する．すでに $w=\mathbf{pb}=1$ 及び，$\underline{\boldsymbol{\alpha}}=A\mathbf{x}^*=\boldsymbol{\omega}$ については図2.3の構成より確認済みである．以上より，$((\mathbf{p},1),\boldsymbol{\alpha})$ は再生産可能解である．さらに，図2.3では $\hat{\boldsymbol{\alpha}}>\mathbf{b}$ より，利潤 $\mathbf{p}\cdot(\hat{\boldsymbol{\alpha}}-\mathbf{b})$ は正である事も確認できる．

2.3　再生産可能解の存在定理

前節で導入された均衡解の存在問題について，ここでは議論したい．第一に，ここで想定する様な閉凸錘的生産技術体系を持つ私的所有生産経済では，競争均衡解の存在は比較的容易に証明できる．2.1節で定義した経済環境では，社会の生産可能性集合が閉凸錘である事から，全ての資本家はこの生産可能性集合に自由にアクセス可能である．つまり企業ごとにアクセス可能な生産可能性集合が異なるという，一般均衡理論における標準的なワルラス市場モデルの様な複雑な要因は，ここでは存在しない．また，資本家の目的は専ら資本財の蓄積にあり，従って，彼の問題は所有資本制約下の利潤最大化問題として定式化された．他方，消費行動は労働者階級にのみ見られ，しかも全ての労働者は1単位労働提供に対して生存消費ベクトル $\mathbf{b}$ を消費する事にのみ関心がある．すなわち，消費選択問題はここでは実質上，存在しない．このようにかなり簡単化された競争市場モデルをここでは想定しているが故に，競争均衡解の存在問題も簡単化されていると見なせる．以下では，2.1節で定義された資本主義経済モデルの下での完全競争解の存在定理の議論から始める事にしよう．

以下，$\Delta\equiv\{\mathbf{p}\in\mathbf{R}^n_+ \mid \mathbf{pb}=1\}$ としよう．市場価格 $\mathbf{p}\in\Delta$ が所与の下で，各資本家 $\nu\in N$ にとっての実行可能な生産集合を $B^\nu(\mathbf{p})\equiv\{\boldsymbol{\alpha}^\nu\in P \mid \mathbf{p}\underline{\boldsymbol{\alpha}}^\nu \leq\mathbf{p}\boldsymbol{\omega}^\nu\}$ と定義しよう．

レンマ2.1: 任意の $\nu\in N$ に関して，$\boldsymbol{\omega}^\nu\in\mathbf{R}^n_{++}$ としよう．このとき，

任意の $\mathbf{p}\in\Delta$ に対して，$B^\nu(\mathbf{p})$ は非空，かつ凸である．また，対応 $B^\nu:\Delta\to\to P$ は劣半連続である．

証明：$B^\nu(\mathbf{p})$ が非空である事は，$\mathbf{0}\in B^\nu(\mathbf{p})$ より従う．凸性と有界閉集合である事も，定義より明らかである．最後に，対応 B^ν の劣半連続性について．今，$\boldsymbol{\alpha}\in B^\nu(\mathbf{p})$ でありかつ，$\mathbf{p}^\mu\to\mathbf{p}$ としよう．このとき，各 μ に関して $\boldsymbol{\alpha}^\mu\in B^\nu(\mathbf{p}^\mu)$ である様な点列 $\boldsymbol{\alpha}^\mu\to\boldsymbol{\alpha}$ の存在を示したい．今，各 μ に関して

$$\boldsymbol{\alpha}^\mu=\begin{cases}\boldsymbol{\alpha} & \text{if} \quad \boldsymbol{\alpha}\in B^\nu(\mathbf{p}^\mu)\\ \lambda^\mu\boldsymbol{\alpha} & \text{if} \quad \boldsymbol{\alpha}\notin B^\nu(\mathbf{p}^\mu)\end{cases}$$

$$\text{但し}\ \lambda^\mu=\max\{\lambda\in\mathbf{R}_+\,|\lambda\mathbf{p}^\mu\underline{\boldsymbol{\alpha}}\leq\mathbf{p}^\mu\boldsymbol{\omega}^\nu\}$$

と，点列 $\{\boldsymbol{\alpha}^\mu\}$ を定義しよう．$\boldsymbol{\omega}^\nu\in\mathbf{R}^n_{++}$ である事より任意の $\mathbf{p}^\mu\in\Delta$ に対して，$\mathbf{p}^\mu\boldsymbol{\omega}^\nu>0$ である事から，λ^μ は well-defined である事を確認できる．また，定義より，$\lambda^\mu\leq1$．定義より，この点列 $\{\boldsymbol{\alpha}^\mu\}$ においては，各 μ に関して $\boldsymbol{\alpha}^\mu\in B^\nu(\mathbf{p}^\mu)$ である．さらに，$\mathbf{p}^\mu\to\mathbf{p}$，及び $\boldsymbol{\alpha}\in B^\nu(\mathbf{p})$ から，$\lambda^\mu\to1$ が従う．それ故に，$\boldsymbol{\alpha}^\mu\to\boldsymbol{\alpha}$ が従う． **Q.E.D.**

レンマ **2.2**：任意の $\nu\in N$ に関して，$\boldsymbol{\omega}^\nu\in\mathbf{R}^n_{++}$ としよう．このとき，任意の $\mathbf{p}\in\Delta$ に対して，$A^\nu(\mathbf{p},w)$ は非空，かつ凸である．また，対応 $A^\nu:\Delta\to\to P$ は優半連続である．

証明：$A^\nu(\mathbf{p},w)$ の非空，凸性は明らか．

最後に，対応 A^ν の優半連続性を証明する．今，ある点列 $\mathbf{p}^\mu\to\mathbf{p}$ に対して，$\boldsymbol{\alpha}^\mu\in A^\nu(\mathbf{p}^\mu,w)$ かつ $\boldsymbol{\alpha}^\mu\to\boldsymbol{\alpha}$ であるとしよう．このとき，$\boldsymbol{\alpha}\in A^\nu(\mathbf{p},w)$ である事を証明する．逆に $\boldsymbol{\alpha}\notin A^\nu(\mathbf{p},w)$ と仮定しよう．ここで $\mathbf{p}^\mu\to\mathbf{p}$ かつ $\boldsymbol{\alpha}^\mu\to\boldsymbol{\alpha}$ であるので，$\boldsymbol{\alpha}\in B^\nu(\mathbf{p})$ は容易に従う．実際，$\boldsymbol{\alpha}\notin B^\nu(\mathbf{p})$ ならば $\mathbf{p}\underline{\boldsymbol{\alpha}}>\mathbf{p}\boldsymbol{\omega}^\nu$ であり，従って十分に $\boldsymbol{\alpha}$ に近い $\boldsymbol{\alpha}^\mu$ に関しても $\mathbf{p}^\mu\underline{\boldsymbol{\alpha}}^\mu>\mathbf{p}^\mu\boldsymbol{\omega}^\nu$ となり，これは $\boldsymbol{\alpha}^\mu\in A^\nu(\mathbf{p}^\mu,w)$ に矛盾する．よって，$\boldsymbol{\alpha}\in B^\nu(\mathbf{p})$．今，$\boldsymbol{\alpha}\notin A^\nu(\mathbf{p},w)$ であると仮定する．従って，ある $\boldsymbol{\alpha}'\in B^\nu(\mathbf{p})$

が存在して，そのとき

$$\mathbf{p}\hat{\boldsymbol{\alpha}}'-w\alpha_0' > \mathbf{p}\hat{\boldsymbol{\alpha}}-w\alpha_0$$

となる．すると，B^ν の劣半連続性より，各 μ に関して $\boldsymbol{\alpha}'^\mu \in B^\nu(\mathbf{p}^\mu)$ となり，かつ，$\boldsymbol{\alpha}'$ に収束する別の点列 $\{\boldsymbol{\alpha}'^\mu\}$ が存在する．よって十分に大きい μ に関して，

$$\mathbf{p}\hat{\boldsymbol{\alpha}}'^\mu-w\alpha_0'^\mu > \mathbf{p}\hat{\boldsymbol{\alpha}}^\mu-w\alpha_0^\mu$$

が成立する事になり，これは $\boldsymbol{\alpha}^\mu \in A^\nu(\mathbf{p}^\mu, w)$ に矛盾する．よって $\boldsymbol{\alpha}\in A^\nu(\mathbf{p}, w)$ が従う．　**Q.E.D.**

定理 2. 1：任意の $\nu \in N$ に関して，$\boldsymbol{\omega}^\nu \in \mathbf{R}^n_{++}$ となるような資本主義経済 $\left\langle N, O; (P, \mathbf{b}); (\boldsymbol{\omega}^\nu)_{\nu\in N}\right\rangle$ を考える．今，$\alpha_0(\boldsymbol{\omega}) \leq \#O$ かつ $\mathbf{b}\in\mathbf{R}^n_{++}$ とする[8]．このとき，**競争均衡解** $((\mathbf{p}, 1), \boldsymbol{\alpha})$ が存在する．

証明：$\mathbf{b}\in\mathbf{R}^n_{++}$ であるので，Δ は単体に位相同型的(homeomorphic)になる．総超過需要対応 $Z{:}\Delta\to\to\mathbf{R}^n$ を以下の様に定義しよう：任意の $\mathbf{p}\in\Delta$ に対して，総超過需要集合を

$$Z(\mathbf{p}) \equiv \left\{ \sum_{\nu\in N} \underline{\boldsymbol{\alpha}}^\nu + \sum_{\nu\in N} \alpha_0^\nu \mathbf{b} - \left(\boldsymbol{\omega} + \sum_{\nu\in N} \hat{\boldsymbol{\alpha}}^\nu\right) \middle| \boldsymbol{\alpha}^\nu \in A^\nu(\mathbf{p}, 1)\,(\forall \nu \in N) \right\}$$

とする．この総超過需要対応が非空，コンパクト凸値であり，かつ Δ 上において優半連続であることを確認することができる．さらに，任意の総超過需要ベクトル $\mathbf{z}(\mathbf{p})\in Z(\mathbf{p})$ に関して，$\mathbf{p}{\cdot}\mathbf{z}(\mathbf{p})\leq 0$ となる．それは，第一に，任意の $\nu\in N$ に関して $\boldsymbol{\alpha}^\nu\in A^\nu(\mathbf{p}, 1)$ かつ $\mathbf{0}\in B^\nu(\mathbf{p})$ である事から，$\sum_{\nu\in N}\mathbf{p}\hat{\boldsymbol{\alpha}}^\nu - \sum_{\nu\in N}\alpha_0^\nu \geq 0$ が従う為に，また第二に，$\boldsymbol{\alpha}^\nu\in B^\nu(\mathbf{p})\,(\forall\nu\in N)$ である事より $\mathbf{p}{\cdot}\left(\sum_{\nu\in N}\underline{\boldsymbol{\alpha}}^\nu - \boldsymbol{\omega}\right)\leq 0$ が従う事から，確認できる．

以上の議論より，Debreu(1959)のレンマ[Debreu(1959, Section 5. 6, (1), p. 82)]を適用すれば，ある価格ベクトル $\mathbf{p}^*\in\Delta$ 及び，ある超過需要ベクトル $\mathbf{z}(\mathbf{p}^*)\in Z(\mathbf{p}^*)$ が存在して，$\mathbf{z}(\mathbf{p}^*)\leq\mathbf{0}$ となることを確認できる．こ

8)　正の生存消費ベクトルの仮定は，証明のプロセスを簡潔にする為に導入したものであって，競争均衡の存在にとって，この仮定は本質的なものではない．

れは定義2.2-(b′)の条件が満たされている事を意味する．また，総超過需要の定義より，$\mathbf{z}(\mathbf{p}^*)$ に対応する $(\boldsymbol{\alpha}^{*\nu})_{\nu\in N}\in\times_{\nu\in N}A^{\nu}(\mathbf{p}^*,1)$ が存在する．賃金率は $w{=}1$ であるが，これは $\alpha_0(\boldsymbol{\omega})\leq\#O$ の前提と整合的である．以上の議論より，当該経済において $\left((\mathbf{p}^*,1),(\boldsymbol{\alpha}^{*\nu})_{\nu\in N}\right)$ が競争均衡解を構成する． **Q.E.D.**

次に再生産可能解の存在問題について議論しよう．前述のように，再生産可能解は競争均衡解のリファインメントである為，その存在問題は固有に探求しなければならない．競争均衡解の存在が保証されたとしても，その均衡配分が資本蓄積の経路条件である(2.1)式を満たすものであるか否かは自明な問題ではない．

生産可能性集合 P を所与として，$\tilde{P}\equiv\{\overline{\boldsymbol{\alpha}}-\underline{\boldsymbol{\alpha}}-\alpha_0\mathbf{b}\in\mathbf{R}^n\,|\,(-\alpha_0,-\underline{\boldsymbol{\alpha}},\overline{\boldsymbol{\alpha}})\in P\}$ としよう．今，資本財の社会的初期賦存 $\boldsymbol{\omega}$ に関して，以下の様な限定された定義域集合を考える：

$$\mathbb{C}^*\equiv\left\{\boldsymbol{\omega}\in\mathbf{R}^n_+\,\middle|\,\exists\boldsymbol{\alpha}\in P:\underline{\boldsymbol{\alpha}}\leq\boldsymbol{\omega},\neg\left(\underline{\boldsymbol{\alpha}}\ll\boldsymbol{\omega}\right),\overline{\boldsymbol{\alpha}}-\alpha_0\mathbf{b}\geq\underline{\boldsymbol{\alpha}},\overline{\boldsymbol{\alpha}}-\boldsymbol{\omega}-\alpha_0\mathbf{b}\in\partial\tilde{P}\right\},$$

この集合は非空な閉凸錐集合である．もし $\boldsymbol{\omega}\in\mathbb{C}^*$ であるならば，この $\boldsymbol{\omega}$ の下で，定義2.1-(b)式及び定義2.1-(d)式を満たす様な生産計画が実行可能となる事を意味する．さらに，このとき $\overline{\boldsymbol{\alpha}}-\boldsymbol{\omega}-\alpha_0\mathbf{b}\in\partial\tilde{P}$ も従う．

我々は，上記の集合 $\mathbb{C}^*$ に総資本財ストックが賦存している事が再生産可能解の存在の必要十分条件である事を証明する事ができる：

定理2.2[Yoshihara(2007)]：$\boldsymbol{\omega}\in\mathbf{R}^n_{++}$ である様な資本主義経済 $\langle N,O;(P,\mathbf{b});(\boldsymbol{\omega}^{\nu})_{\nu\in N}\rangle$ を考える．今，$\alpha_0(\boldsymbol{\omega})\leq\#O$ かつ $\mathbf{b}\in\mathbf{R}^n_{++}$ とする[9]．このとき，再生産可能解 $((\mathbf{p},1),\boldsymbol{\alpha})$ が存在するのは，$\boldsymbol{\omega}\in\mathbb{C}^*$ であるとき，そしてそのときのみである．

証明：**1.** (⇒)について．$((\mathbf{p},1),\boldsymbol{\alpha})$ が再生産可能解であるとしよう．再生産可能解の下では $\mathbf{p}\underline{\boldsymbol{\alpha}}{=}\mathbf{p}\boldsymbol{\omega}$ である．よって定義2.1-(d)より，$\underline{\boldsymbol{\alpha}}\leq\boldsymbol{\omega}$

9) 正の生存消費ベクトルの仮定は，証明のプロセスを簡潔にする為に導入したものであって，再生産可能解の存在にとって，この仮定は本質的なものではない．

かつ $\neg(\underline{\boldsymbol{\alpha}} \ll \boldsymbol{\omega})$ である．また，定義2.1-(b)より，$\overline{\boldsymbol{\alpha}} - \alpha_0 \mathbf{b} \geq \underline{\boldsymbol{\alpha}}$ である．また定義2.1-(a)より，$\boldsymbol{\alpha} \in \sum_{\nu \in N} A^{\nu}(\mathbf{p}, 1)$ である．従って，$\frac{\mathbf{p} \cdot (\overline{\boldsymbol{\alpha}} - \boldsymbol{\omega}) - \alpha_0}{\mathbf{p}\boldsymbol{\omega}}$ は価格体系 $(\mathbf{p}, 1)$ の下での最大利潤率を実現している．よって，$\mathbf{p}\underline{\boldsymbol{\alpha}}' = \mathbf{p}\boldsymbol{\omega}$ となるような任意の $\boldsymbol{\alpha}' \in P$ に関して，$\mathbf{p} \cdot (\overline{\boldsymbol{\alpha}} - \boldsymbol{\omega}) - \alpha_0 \geq \mathbf{p} \cdot (\overline{\boldsymbol{\alpha}}' - \underline{\boldsymbol{\alpha}}') - \alpha_0'$ である．これは $\tilde{P}$ の凸性より，$\overline{\boldsymbol{\alpha}} - \boldsymbol{\omega} - \alpha_0 \mathbf{b} \in \partial \tilde{P}$ である事を意味し，かつ，$\mathbf{p} \in \Delta$ が点 $\overline{\boldsymbol{\alpha}} - \boldsymbol{\omega} - \alpha_0 \mathbf{b}$ の一つの支持価格であることを意味する[10]．ここで，$\boldsymbol{\alpha} \in P$，$\boldsymbol{\alpha} \leq \boldsymbol{\omega}$，かつA3より，$(-\alpha_0, -\boldsymbol{\omega}, \overline{\boldsymbol{\alpha}}) \in P$ である事は保証されている事に留意せよ．

2. $(\Leftarrow)$ について．$\boldsymbol{\omega} \in \mathbb{C}^*$ としよう．そのとき，ある生産計画 $\boldsymbol{\alpha} \in P$ が存在して，$\underline{\boldsymbol{\alpha}} \leq \boldsymbol{\omega}$ かつ $\neg(\underline{\boldsymbol{\alpha}} \ll \boldsymbol{\omega})$ となる．さらに，$\overline{\boldsymbol{\alpha}} - \boldsymbol{\omega} - \alpha_0 \mathbf{b} \in \partial \tilde{P}$ でもある．この最後の性質より，支持超平面定理(Supporting Hyperplane Theorem)が適用できて，ある価格 $\mathbf{p} \in \Delta$ が存在して，集合 $\tilde{P}$ 上で $\overline{\boldsymbol{\alpha}} - \boldsymbol{\omega} - \alpha_0 \mathbf{b}$ を支持する事を確認できる．従って，$\mathbf{p}\underline{\boldsymbol{\alpha}}' = \mathbf{p}\boldsymbol{\omega}$ となる様な任意の $\overline{\boldsymbol{\alpha}}' - \underline{\boldsymbol{\alpha}}' - \alpha_0' \mathbf{b} \in \tilde{P}$ に対して，$\mathbf{p} \cdot (\overline{\boldsymbol{\alpha}} - \boldsymbol{\omega}) - \alpha_0 \geq \mathbf{p} \cdot (\overline{\boldsymbol{\alpha}}' - \underline{\boldsymbol{\alpha}}') - \alpha_0'$ である．P の錘性より，これは，価格体系 $(\mathbf{p}, 1)$ の下で，$\boldsymbol{\alpha}$ が利潤率最大化を実現している事を意味する．さらに，$\mathbf{0} \in \tilde{P}$ である事から，$\mathbf{p} \cdot (\overline{\boldsymbol{\alpha}} - \boldsymbol{\omega}) - \alpha_0 \geq 0$ も保証される．

さて，$(\boldsymbol{\omega}^{\nu})_{\nu \in N}$ がこの経済環境における資本財初期賦存の分布であった．当然ながら，$\sum_{\nu \in N} \boldsymbol{\omega}^{\nu} = \boldsymbol{\omega}$ である．そのとき，P の凸錘性より，任意の資本家 $\nu \in N$ に関して，$\boldsymbol{\alpha}^{\nu} \equiv \frac{\mathbf{p}\boldsymbol{\omega}^{\nu}}{\mathbf{p}\boldsymbol{\omega}} \boldsymbol{\alpha}$ とすれば，$\boldsymbol{\alpha}^{\nu} \in A^{\nu}(\mathbf{p}, 1)$ となる．また，$\boldsymbol{\omega} \in \mathbb{C}^*$ かつ，$\boldsymbol{\alpha}$ の定義より，$\overline{\boldsymbol{\alpha}} - \alpha_0 \mathbf{b} \geq \underline{\boldsymbol{\alpha}}$ である．最後に，$\alpha_0(\boldsymbol{\omega}) \leq \# O$ である事より，$w = \mathbf{p}\mathbf{b} = 1$ も成立する．以上より，$((\mathbf{p}, 1), \boldsymbol{\alpha})$ が再生産可能解となる．　**Q.E.D.**

再生産可能解の存在問題は，Roemer(1980; 1981)においても議論されている．最初に，Roemer(1980; 1981)は分解不可能な投入産出行列を持つレオンチェフ生産経済の下での再生産可能解の存在定理を提示しており，その定理では解が存在する為の必要十分条件として，総資本ストック $\boldsymbol{\omega}$ の

10)　例えば，Rockafellar(1970)における Corollary 11.6.2, p.100 を参照の事．

定義域をある閉凸錘な集合として特徴付けていた．それは以下の様な集合である：

$$\mathbb{C}^{**} \equiv \left\{ \boldsymbol{\omega} \in \mathbf{R}_{+}^{n} \,\middle|\, \exists \boldsymbol{\alpha} \in P_{(A,L)} : \underline{\boldsymbol{\alpha}} = \boldsymbol{\omega}, \overline{\boldsymbol{\alpha}} - \alpha_0 \mathbf{b} \geq \underline{\boldsymbol{\alpha}} \right\}.$$

系 **2. 1**［Roemer（1981, Chapter 1)］：$\boldsymbol{\omega} \in \mathbf{R}_{++}^{n}$ である資本主義経済 $\left\langle N, O; \left(P_{(A,L)}, \mathbf{b}\right); \left(\boldsymbol{\omega}^{\nu}\right)_{\nu \in N} \right\rangle$ を考える．今，$\alpha_0(\boldsymbol{\omega}) \leq \#O$，かつ $\mathbf{b} \in \mathbf{R}_{++}^{n}$ とする[11]．また，投入産出行列 A は分解不能であるとする．このとき，再生産可能解 $((\mathbf{p}, 1), \mathbf{x})$ が存在するのは，$\boldsymbol{\omega} \in \mathbb{C}^{**}$ であるとき，そしてそのときのみである．また，このとき利潤率の均等化が成立する．

証明：$\mathbb{C}^{**}$ をレオンチェフ経済モデルの表記で改めて書き換えると，

$$\mathbb{C}^{**} \equiv \left\{ \boldsymbol{\omega} \in \mathbf{R}_{+}^{n} \,|\, \exists \mathbf{x} \in \mathbf{R}_{+}^{n} : A\mathbf{x} = \boldsymbol{\omega}, \mathbf{x} - (L\mathbf{x})\mathbf{b} \geq A\mathbf{x} \right\}.$$

1. $(\Rightarrow)$ について．$((\mathbf{p}, 1), \mathbf{x})$ が再生産可能解であるとしよう．ここで定義 2. 1-(b) より，再生産可能条件 $\mathbf{x} - (L\mathbf{x})\mathbf{b} \geq A\mathbf{x}$ が成り立つ．$\mathbf{b} \in \mathbf{R}_{++}^{n}$ かつ，A2′ より，$\mathbf{x} \neq \mathbf{0}$ ならば $(L\mathbf{x})\mathbf{b} \gg \mathbf{0}$ である．さらに A1′ 及び A の分解不可能性より，正の逆行列 $[I - A]^{-1} \gg \mathbf{0}$ が存在して，

$$\mathbf{x} \geq [I - A]^{-1}(L\mathbf{x})\mathbf{b} \gg \mathbf{0}.$$

つまり再生産可能解 $((\mathbf{p}, 1), \mathbf{x})$ においては，全ての産業部門は正の生産活動を行っている．この事は，各資本家は価格 $(\mathbf{p}, 1)$ の下で利潤最大化をすべく生産活動を選択しており，その結果としての $\mathbf{x} \gg \mathbf{0}$ である事から，価格 $(\mathbf{p}, 1)$ において全ての産業部門の利潤率が等しくなければならない事を意味する．するとペロン＝フロベニウス定理より，その様な価格ベクトル $\mathbf{p}$ が唯一，行列 A の正固有ベクトルとして存在する．ところで再生産可能解においては $\mathbf{p}A\mathbf{x} = \mathbf{p}\boldsymbol{\omega}$ が成り立っており，かつ，$\mathbf{p} \gg \mathbf{0}$ である事から，$A\mathbf{x} = \boldsymbol{\omega}$ でなければならない．以上より，$\boldsymbol{\omega} \in \mathbb{C}^{**}$ である．

2. $(\Leftarrow)$ について．$\boldsymbol{\omega} \in \mathbb{C}^{**}$ としよう．すると，ある非負のベクトル $\mathbf{x} \in \mathbf{R}_{+}^{n}$ が存在して，

$$\mathbf{x} - (L\mathbf{x})\mathbf{b} \geq A\mathbf{x}$$

11）正の生存消費ベクトルの仮定は，証明のプロセスを簡潔にする為に導入したものであって，再生産可能解の存在にとって，この仮定は本質的なものではない．

であり，1. と同じ理由で，$\mathbf{x} \neq \mathbf{0}$ ならば $\mathbf{x} \gg \mathbf{0}$ である．その様な $\mathbf{x}$ に関して，$A\mathbf{x}=\boldsymbol{\omega}$ である．このとき，ペロン＝フロベニウス定理より，行列 A の唯一の正固有ベクトル $\mathbf{p} \gg \mathbf{0}$ に関して，$\mathbf{p} \in \Delta$ となる様に基準化すれば，フロベニウス固有値の逆数 $1+\Pi$ よりも小さいある 1 よりも大きい正数 $(1+\pi)$ に関して

$$\mathbf{p} = (1+\pi)\mathbf{p}A+L$$

となる．この価格体系 $(\mathbf{p}, 1)$ の下では，全ての産業部門の利潤率が均等である為，総生産活動ベクトルが $\mathbf{x}$ であれば，それは全ての資本家の資本制約下の生産活動を利潤最大化行動として支持する．また，$\alpha_0(\boldsymbol{\omega}) \leq \# O$ であるので，賃金率 $w=1$ は均衡となる．よって，$((\mathbf{p}, 1), \mathbf{x})$ は再生産可能解となり，そのとき全ての産業部門の利潤率が等しくなっている．　**Q.E.D.**

我々が上記で議論した $\mathbb{C}^*$ との主な違いは，第 3 条件 $\overline{\boldsymbol{\alpha}}-\boldsymbol{\omega}-\alpha_0\mathbf{b} \in \partial\tilde{P}$ を要請していない点である．この条件は，剰余生産物に関する効率的生産の条件と言えるものであり，これによって $\boldsymbol{\omega}$ の下でアクセス可能な生産点 $\boldsymbol{\alpha}$ がある価格体系の下での利潤率最大化を保証している．一般的な凸錘生産可能性集合の場合，全ての生産点が利潤率最大化を保証するという状況は稀である．従って，この条件は一般的な凸錘生産技術を持つ生産経済では不可欠な要請である．他方，分解不可能な投入産出行列を持つレオンチェフ生産経済の場合，再生産可能解の下では n 財全ての生産部門が稼働されるという特性を持つ．それが故に，この種の経済では，再生産可能解の下では n 財全ての生産部門の利潤率は均等でなければならない，という性質を持つ．従って，レオンチェフ生産経済の場合，いかなる生産点も n 財全ての部門の生産活動の何らかの 1 次結合として表されるという性質から，結局，いかなる生産点も $\mathbb{C}^*$ の第 3 条件 $\overline{\boldsymbol{\alpha}}-\boldsymbol{\omega}-\alpha_0\mathbf{b} \in \partial\tilde{P}$ を自動的に満たしている事が従う．つまり，分解不可能な投入産出行列を持つレオンチェフ生産経済の場合には，再生産可能解の存在を保証する資本財初期賦存の定義域に関する制約は，残りの 2 つの要請，つまり定義 1-(b) と定義 1-(d) の条件との整合性だけで十分なのである．

第二に，Roemer(1980; 1981)は，一般的な凸生産可能性集合を持つ生産経済の下での再生産可能解の存在証明も行っている．そこでは，Roemer(1980; 1981)はこの解の存在証明を直接行うのでなく，準再生産可能解(quasi-reproducible solution: QRS)という概念を導入し，一旦，準再生産可能解の存在を証明するという媒介を経て，再生産可能解の存在について議論している．しかしその証明方法では，再生産可能解が存在する為の，総資本ストック $\boldsymbol{\omega}$ の定義域についての特徴付けに成功していない．つまり，再生産可能解の存在を保証する様な，総資本ストック $\boldsymbol{\omega}$ の賦存領域に関するプリミティヴなデータについて，Roemer(1980; 1981)は何も明らかにしていない．もちろん，Roemer(1980; 1981)の場合は，凸錘ではなく，単に凸性を要請しているだけという点で，より一般的な生産経済を扱っているという違いはある．対して，我々がここで論じたYoshihara(2007)においては，生産可能性集合は凸錘に制約されているものの，上記の課題に関して，完全な解答を与えているのである．

2.4　一般凸錘生産経済の特殊ケース：フォン・ノイマン経済と均斉成長解

資本主義経済 $\langle N, O; (P, \mathbf{b}); (\boldsymbol{\omega}^{\nu})_{\nu \in N} \rangle$ の生産可能性集合 P のもう一つの代表的特殊形態として，いわゆるフォン・ノイマン生産技術体系 (A, B, L) がある．ここで A は $n \times m$ 型非負行列であって，その各成分 $a_{ij} \geq 0$ は，第 j 工程の1単位操業水準に必要な財 i の投入量を意味する．行列 A を投入行列と言う．また，B は $n \times m$ 型非負行列であって，その各成分 $b_{ij} \geq 0$ は，第 j 工程の1単位操業水準で可能な財 i の産出量を意味する．行列 B を産出行列と言う．他方，L は $1 \times m$ 型非負行ベクトルであって，その各成分 $L_j \geq 0$ は，第 j 工程の1単位操業水準当たりに必要な直接労働投入量を意味する．ベクトル L は直接労働投入ベクトルと言われる．フォン・ノイマン生産体系 (A, B, L) から導出される生産可能性集合は $P_{(A,B,L)} \equiv \{(-L\mathbf{x}, -A\mathbf{x}, B\mathbf{x}) \mid \mathbf{x} \in \mathbf{R}^m_+\}$ で与えられる．この $P_{(A,B,L)}$ は $\mathbf{R}_- \times \mathbf{R}^n_- \times \mathbf{R}^n_+$ における閉凸錘集合であり，また $\mathbf{0} \in P_{(A,B,L)}$

である．また，生産可能性集合一般に対して仮定された A1 と A2 は，フォン・ノイマン生産体系 (A, B, L) の下では以下の様に記載される：

A1″　$L \gg \mathbf{0}$.

A2″　$\forall \mathbf{c} \in \mathbf{R}_{+}^{n}$，$\exists \mathbf{x} \in \mathbf{R}_{+}^{m}$　s.t.　$B\mathbf{x} - A\mathbf{x} \geq \mathbf{c}$.

但し $\mathbf{x} \in \mathbf{R}_{+}^{m}$ は $m \times 1$ 型列ベクトルであって，その各成分 $x_j \geq 0$ は第 j 工程の操業水準を表す．ここで，A1″ は直接労働投入ベクトルが正ベクトルである事を意味し，これは全ての財生産活動において直接労働投入が不可欠である事の表現である．また，A2″ はフォン・ノイマン生産体系における，**純生産可能性**(Net Output Producibility)条件である．

前節まで我々は，主に 2 つの均衡概念について考察してきた．一つは競争均衡解であり，もう一つは再生産可能解であった．この節では，フォン・ノイマン生産体系 (A, B, L) を持つ資本主義経済 $\left\langle N, O; \left(P_{(A,B,L)}, \mathbf{b}\right); \left(\boldsymbol{\omega}^{\nu}\right)_{\nu \in N}\right\rangle$ の下でしばしば議論される，もう一つの代替的均衡概念について議論したい．それは**均斉成長解**(balanced growth solution: BG)と呼ばれるもので，以下の様に定義される：

定義 2. 3[von Neumann(1945)]：任意の資本主義経済 $\left\langle N, O; \left(P_{(A,B,L)}, \mathbf{b}\right); \left(\boldsymbol{\omega}^{\nu}\right)_{\nu \in N}\right\rangle$ に対して，あるペア $((\mathbf{p}, w), \mathbf{x}) \in \mathbf{R}_{+}^{n+1} \times \mathbf{R}_{+}^{m}$ が一つの**均斉成長解**(BG)と呼ばれるのは，ある実数 $\pi > -1$ が存在して，それが以下の条件を満たすとき，そのときのみである：

(a)　$\mathbf{p}B \leq (1+\pi)\left[\mathbf{p}A + wL\right]$;

(b)　$B\mathbf{x} \geq (1+\pi)\left[A + \mathbf{b}L\right]\mathbf{x}$;

(c)　$w = \mathbf{p}\mathbf{b}$（生存賃金均衡条件）;

(d)　$\mathbf{p}B\mathbf{x} = (1+\pi)\left[\mathbf{p}A + wL\right]\mathbf{x}$; &

(e)　$\mathbf{p}B\mathbf{x} > 0$.

ここで，(a)式は，価格-費用不等式を表しており，競争によって均等利潤率 π を超える利潤は消滅することを含意している．(b)は，財の資本財としての消費であれ個人的消費であれ，今期の消費量は前期に生産された粗産出量を上回ることはできない事を意味する．(d)は収益性のルールを表明しており，すなわち，均等利潤率を実現できないプロセスは操業されない事を含意している．同時に，自由財のルール，すなわち，過剰生産の生じる財の価格はゼロになる事を含意する．(e)は総産出の価値は正であることを示す[12)]．

均斉成長解の存在については，以下の定理が示す様に，一般的に保証される：

定理 2. 3[von Neumann (1945)]：$\boldsymbol{\omega}\in\mathbf{R}^n_{++}$ である様な資本主義経済 $\left\langle N, O; \left(P_{(A,B,L)}, \mathbf{b}\right); \left(\boldsymbol{\omega}^\nu\right)_{\nu\in N}\right\rangle$ を考える．今，$\alpha_0(\boldsymbol{\omega})\leq\#O$ かつ $\mathbf{b}\in\mathbf{R}^n_{++}$ とする[13)]．このとき，**均斉成長解** $((\mathbf{p},1),\mathbf{x})$ が存在する．

証明：所与の市場価格 $\mathbf{p}\in\Delta$ の下で，以下の最適化問題を定義しよう：

$$\min_{\pi\geq-1} \quad (1+\pi) \quad \text{s.t.} \quad \mathbf{p}B\leq(1+\pi)\left[\mathbf{p}A+L\right]. \tag{Q1}$$

A2″ より，ある適当な操業水準ベクトル $\mathbf{x}$ に対して，$B\mathbf{x}\gg\mathbf{0}$ とならなければならない．これは，各財 i に対して，行列 B の各行は非負，非ゼロ m 次元ベクトルである事を意味する．従って，$\mathbf{p}B\neq\mathbf{0}$ であるので，上記の問題(Q1)の解は一意に存在し，その解 $(1+\pi(\mathbf{p}))$ は正値となる．$\pi(\mathbf{p})$ を価格 $\mathbf{p}$ の下での**保証利潤率**(warranted profit rate)と呼ぶ．

所与の市場価格と対応する保証利潤率のペア $(\mathbf{p},\pi(\mathbf{p}))\in\Delta\times\mathbf{R}$ の下で，各資本家 $\nu\in N$ に関して，以下の最適化問題を考える：

$$\max_{\mathbf{x}^\nu} \quad \mathbf{p}B\mathbf{x}^\nu-(1+\pi(\mathbf{p}))\left[\mathbf{p}A+L\right]\mathbf{x}^\nu \quad \text{s.t.} \quad \left[\mathbf{p}A+L\right]\mathbf{x}^\nu\leq\mathbf{p}\boldsymbol{\omega}^\nu. \tag{Q2}$$

ここで問題(Q2)の解の集合を $\mathbf{A}^\nu(\mathbf{p},\pi(\mathbf{p}))$ で表す．集合 $\mathbf{A}^\nu(\mathbf{p},\pi(\mathbf{p}))$ は非空であり，ゼロの生産活動ベクトルを要素として含んでいる．

12) フォン・ノイマン経済体系における均斉成長解の各条件の意味について，より詳細に展開した文献として，Morishima (1969)を挙げる事ができる．

13) 正の生存消費ベクトルの仮定は，証明のプロセスを簡潔にする為に導入したものであって，再生産可能解の存在にとって，この仮定は本質的なものではない．

次に，所与の市場価格と対応する保証利潤率のペア $(\mathbf{p}, \pi(\mathbf{p})) \in \Delta \times \mathbf{R}$ の下で，各資本家 $\nu \in N$ に関して，任意に問題(Q2)の解 $\mathbf{x}^{\nu} \in \mathbf{A}^{\nu}(\mathbf{p}, \pi(\mathbf{p}))$ を取り出して，プロファイル $(\mathbf{x}^{\nu})_{\nu \in N}$ を一つ構成する．次に，以下の総超過需要対応

$$Z(\mathbf{p}) \equiv \left\{ (1+\pi(\mathbf{p}))[A+\mathbf{b}L]\mathbf{x} - B\mathbf{x} \,\middle|\, \mathbf{x} = \sum_{\nu \in N} \mathbf{x}^{\nu} \ \& \ \mathbf{x}^{\nu} \in \mathbf{A}^{\nu}(\mathbf{p}, \pi(\mathbf{p}))\,(\forall \nu \in N) \right\}$$

を定義する．この総超過需要対応が非空，コンパクト凸値であり，かつ Δ 上において優半連続であることを確認することができる．さらに，任意の総超過需要ベクトル $\mathbf{z}(\mathbf{p}) \in Z(\mathbf{p})$ に関して，$\mathbf{p} \cdot \mathbf{z}(\mathbf{p}) = 0$ となる事も確認できる．

以上の議論より，Debreu(1959)のレンマ[Debreu(1959, Section 5.6, (1), p.82)]を適用すれば，ある価格ベクトル $\mathbf{p}^* \in \Delta$ 及び，ある超過需要ベクトル $\mathbf{z}(\mathbf{p}^*) \in Z(\mathbf{p}^*)$ が存在して，$\mathbf{z}(\mathbf{p}^*) \leq \mathbf{0}$ となることを確認できる．これは，ある生産活動水準ベクトルのプロファイル $(\mathbf{x}^{\nu *})_{\nu \in N} \in \prod_{\nu \in N} \mathbf{A}^{\nu}(\mathbf{p}^*, \pi(\mathbf{p}^*))$ が存在して，

$$B\mathbf{x}^* \geq (1+\pi(\mathbf{p}^*))[A+\mathbf{b}L]\mathbf{x}^* \quad \& \quad \mathbf{p}^* B \leq (1+\pi(\mathbf{p}^*))[\mathbf{p}^* A + L]$$

となることを意味する．また $\mathbf{p}^* B\mathbf{x}^* > 0$ となることも容易に確認される．賃金率は $w=1$ であるが，これは $\alpha_0(\boldsymbol{\omega}) \leq \# O$ の前提と整合的である．以上の議論より，当該経済において $\left((\mathbf{p}^*, 1), (\mathbf{x}^{\nu *})_{\nu \in N}\right)$ が均斉成長解を構成する．　**Q.E.D.**

前節までのモデルと違い，この節では労働者への賃金支払いは生産期間の期首に行われるものと仮定している．その違いがあるとはいえ，均斉成長解は競争均衡解とも再生産可能解とも，著しく異なった外見を持っている．実際，以下で確認する様に，均斉成長解は競争均衡解とは全く独立な均衡概念であり，従って，再生産可能解とも互いに独立な均衡概念である．すなわち，均斉成長解の集合と競争均衡解の集合とは，一般的にいずれの方向の包含関係も成り立たない．その点を見る為に，以下の数値例を考えよう：

例 2.1(均斉成長解と競争均衡解の相互独立性)：以下の様なフォン・ノイマ

ン経済体系を考える：

$$B=\begin{bmatrix}2&3\\2&1\end{bmatrix},\quad A=\begin{bmatrix}1&1\\1&0\end{bmatrix},\quad L=(1,1),\quad \mathbf{b}=\begin{bmatrix}1\\1\end{bmatrix},\quad \boldsymbol{\omega}=\begin{bmatrix}1\\0\end{bmatrix}.$$

このとき，均斉成長解の集合は

$$(\mathbf{p}^*,\mathbf{x}^*,\pi^*)\in\left(\{(0,1)\}\times\left\{\mathbf{x}\in\mathbf{R}^2_+\,|x_1+x_2=1\right\}\times\{0\}\right)\tag{2.2}$$

となる．すなわち，均斉成長解においては常に $\pi^*=0$ となる．他方，競争均衡解を考えると，その集合は

$$(\mathbf{p}^{**},\mathbf{x}^{**},\pi^{**})\in\left((\Delta\setminus\{(0,1)\})\times\left\{\begin{bmatrix}0\\1\end{bmatrix}\right\}\times\left\{\frac{p_1}{p_1}\,|(p_1,p_2)=\mathbf{p}^{**}\right\}\right)$$
$$\cup\left(\{(0,1)\}\times\left\{\begin{bmatrix}0\\0\end{bmatrix}\right\}\times\{0\}\right)\tag{2.3}$$

となる．明らかに，均斉成長解でもあり，競争均衡解でもある様な価格と総生産点の組み合わせは，この経済環境の下では存在しない．均斉成長解の集合と競争均衡解の集合の交わり(Intersection)は空になっているのである．

均斉成長解の集合について，証明しよう．$(\mathbf{p},\mathbf{x},\pi)$ が上記の経済体系における均斉成長解であるとしよう．すると定義 2.3-(a)より，

$$(p_1+p_2,2p_1+p_2)-(1,1)\leq\pi\,(p_1+p_2,p_1)+\pi\,(1,1)$$

ここで $\mathbf{b}=\begin{bmatrix}1\\1\end{bmatrix}$，及び $\mathbf{p}\in\Delta$ である事より，$p_1+p_2=1$ である事を考慮すれば，上の不等式は，

$$(0,p_1)\leq(2\pi,(1+p_1)\,\pi)\tag{2.4}$$

となる．他方，定義 2.3-(b)より，

$$\begin{bmatrix}1&2\\1&1\end{bmatrix}\begin{bmatrix}x_1\\x_2\end{bmatrix}-\begin{bmatrix}1&1\\1&1\end{bmatrix}\begin{bmatrix}x_1\\x_2\end{bmatrix}\geq\pi\left(\begin{bmatrix}1&1\\1&0\end{bmatrix}\begin{bmatrix}x_1\\x_2\end{bmatrix}+\begin{bmatrix}1&1\\1&1\end{bmatrix}\begin{bmatrix}x_1\\x_2\end{bmatrix}\right).$$

今，$\mathbf{x}>\mathbf{0}$ を $x_1+x_2=1$ となる様に基準化した下で，上記の不等式を整理すると，

$$\begin{bmatrix}x_2\\0\end{bmatrix}\geq\pi\begin{bmatrix}2\\1+x_1\end{bmatrix}\tag{2.5}$$

となる．よって，(2.5)式より，$\pi=0$ でなければならない．その結果，x_1

$+x_2=1$ となる任意の非負・非ゼロベクトル $\mathbf{x}>\mathbf{0}$ に関して，(2.5)式が成立する．次に，(2.4)式に $\pi=0$ を代入すると，(2.4)式の成立の為には $p_1=0$ でなければならない事が解る．つまり $\mathbf{p}=(0,1)$ でなければ，(2.4)式は成立しない．最後に $\mathbf{p}=(0,1)$ と任意の $\mathbf{x}>\mathbf{0}$ に関して，$\mathbf{p}B\mathbf{x}>0$ である．よって，定義 2.3-(e)が満たされる．

次に，競争均衡解の集合について，証明しよう．$(\mathbf{p},\mathbf{x},\pi)$ が上記の経済体系における競争均衡解であるとしよう．第一に，

$$\mathbf{p}(B-A)-L=(p_1,p_2)\begin{bmatrix}1&2\\1&1\end{bmatrix}-(1,1)=(p_1+p_2,2p_1+p_2)-(1,1)=(0,p_1)$$

であるので，$p_1\neq 0$ となる様な任意の $\mathbf{p}\in\Delta$ に対して，$\mathbf{x}=\begin{bmatrix}0\\1\end{bmatrix}$ が唯一，利潤最大化を実現する．この $\mathbf{x}$ に関して，$A\mathbf{x}=\boldsymbol{\omega}$ が成立している事に留意．さらに，この $\mathbf{x}$ に関して，総需要を求めると，

$$A\mathbf{x}+\mathbf{b}L\mathbf{x}=\begin{bmatrix}1\\0\end{bmatrix}+\begin{bmatrix}1\\1\end{bmatrix}=\begin{bmatrix}2\\1\end{bmatrix}$$

となり，他方，総供給を求めると，

$$\boldsymbol{\omega}+(B-A)\mathbf{x}=\begin{bmatrix}1\\0\end{bmatrix}+\begin{bmatrix}2\\1\end{bmatrix}=\begin{bmatrix}3\\1\end{bmatrix}$$

となる．かくして，この $\mathbf{x}$ に関して，定義 2.2-(b′)が満たされる．よって，

$$(\mathbf{p},\mathbf{x})\in(\Delta\setminus\{(0,1)\})\times\left\{\begin{bmatrix}0\\1\end{bmatrix}\right\}$$

は競争均衡解を構成し，対応する利潤率はこの場合，$\pi>0$ である．ちなみに，このタイプの競争均衡解は，この経済では再生産可能解でもある．

実際，$\mathbf{x}=\begin{bmatrix}0\\1\end{bmatrix}$ に関して，

$$(B-A)\mathbf{x}=\begin{bmatrix}2\\1\end{bmatrix}\geq\begin{bmatrix}1\\1\end{bmatrix}=\mathbf{b}L\mathbf{x}$$

である事より，定義 2.1-(b)が満たされている事を確認できるのである．

次に，$\mathbf{p}=(0,1)$ の場合は，$x_1+x_2=1$ となる任意の非負・非ゼロベクト

ル $\mathbf{x}>\mathbf{0}$ も $\mathbf{x}=\mathbf{0}$ も，いずれも最大利潤ゼロを実現する．しかしながら，$\mathbf{p}=(0,1)$ の場合，$\mathbf{p}\boldsymbol{\omega}=0$．よって，$\mathbf{x}>\mathbf{0}$ は資本家の予算制約を満たさないので，結局，$\mathbf{p}=(0,1)$ の場合，$\mathbf{x}=\mathbf{0}$ のみが定義 2.2-(a)を満たす．このとき，定義 2.2-(b′)が満たされるのは自明．定義 2.2-(c)も同様である．よって，

$$(\mathbf{p},\mathbf{x})=\left((0,1),\begin{bmatrix}0\\0\end{bmatrix}\right)$$

は自明な競争均衡解を構成し，対応する利潤率は $\pi=0$ である．このとき，$\mathbf{p}B\mathbf{x}=0$ となるので，この競争均衡解は均斉成長解ではない．

Q.E.D.

2.5　マルクス的均衡解に関する厚生経済学の基本定理

本節では，前節まで議論してきた再生産可能解を，配分効率性の観点から，その厚生経済学的含意について，分析する．すなわち，ここで考察している経済環境の下での効率性条件を，以下において導入し，上記の均衡解がこの性質を満たすか否かの確認を行う．もっとも，再生産可能解は競争均衡解のリファインメントであったので，競争均衡解一般に関して，それがパレート効率性を満たすという厚生経済学の第一定理により，再生産可能解についてもパレート効率的である事が従う．但し，このパレート効率性概念は以下の仮定を前提とするだろう．

A4　生存賃金下における労働者の無差別性：1 単位労働当たりの実質賃金が生存消費財ベクトル $\mathbf{b}$ に等しいとき，労働者階級 O の構成メンバーは全て，労働時間の供給に対して無差別である．すなわち，任意の労働供給時間 $l,l'\in[0,1]$ に関して，全ての労働者は以下の 2 つの消費財と余暇時間の組み合わせ，$(1-l,\mathbf{b}l)$ と $(1-l',\mathbf{b}l')$，の選好に関して無差別である．

この仮定によって，均衡において生存賃金率が成立している限り，全ての労働者にとって，雇用されて何時間働くか否か，あるいは失業して何らか

の留保所得を得て食いつなぐかの選択に関して，全く無差別であることを意味する．この仮定は生存賃金概念に照らせば理に適っていると言えるだろう．そしてこの仮定は，労働者が余暇への選好を持たないとの想定と合わせれば，当該社会の人々の効用に関するパレート改善の余地を考察する際に，労働者の効用や失業率などを考慮しなくてよい事を意味する．すなわち，我々が考察する均衡状態からのパレート改善の可能性を分析する際に，我々は労働者の効用改善について考察する必要はない．労働者の効用改善の可能性は，均衡における賃金率を生存賃金水準よりも上昇させる事しか有り得ない．しかし，それは資本家の利潤収入を減らすであろう故に，パレート改善に繋がらない．従って，パレート改善の可能性は，労働者の単位時間当たりの収入を生存賃金率に留めたままで，資本家階級内での彼等の利潤収入に関するパレート改善の可能性を考察すれば十分である．

かくして A4 の下では，ここで考察する資本主義経済においては，パレート効率的配分とは，各資本家の利潤収入の配分に他ならない．従って，均衡価格の下で評価された社会全体の総利潤が，再生産可能解の下での総生産点によって最大化されている限り，この解の下での資源配分はパレート効率的である．また，実際に，社会全体の総利潤最大化が実現されている事も，定義より容易に確認できるのである．

以上より，再生産可能解の効率性機能の評価の為には，パレート効率性以上の条件の導入が望ましいと言える．この均衡解は，もともと Roemer (1980) によって，時間の存在する経済環境での一時的市場均衡の解概念として提示されたものであり，資本財ストックの拡大再生産の可能性に関する解概念である事から考えても，資本財ストックの蓄積に関する効率性を考えるのが望ましいかもしれない．その様な効率性概念として，以下のような条件を考えよう：

定義 2.4：任意の資本主義経済 $\langle N, O; (P, \mathbf{b}); (\boldsymbol{\omega}^{\nu})_{\nu \in N} \rangle$ において，ある総生産点 $\boldsymbol{\alpha} \in P$ が実行可能(feasible)であるとは，それが以下の条件を満たすときである：$\underline{\boldsymbol{\alpha}} \leq \boldsymbol{\omega}$.

定義 2.5: 任意の資本主義経済 $\left\langle N, O; (P, \mathbf{b}); (\boldsymbol{\omega}^{\nu})_{\nu \in N}\right\rangle$ において，ある総生産点 $\boldsymbol{\alpha} \in P$ が効率的(efficient)であるとは，それが実行可能な生産点であり，かつ，それ以外の任意の実行可能な総生産点 $\boldsymbol{\alpha}' \in P$ で，以下の条件を満たすものが無いときである：

$$\hat{\boldsymbol{\alpha}}' - \alpha_0' \mathbf{b} > \hat{\boldsymbol{\alpha}} - \alpha_0 \mathbf{b}.$$

定義 2.6: 任意の資本主義経済 $\left\langle N, O; (P, \mathbf{b}); (\boldsymbol{\omega}^{\nu})_{\nu \in N}\right\rangle$ において，あるペア $((\mathbf{p}, w), \boldsymbol{\alpha}) \in \mathbf{R}_{+}^{n+1} \times P$ が，効率的再生産可能解(an efficient reproducible solution: ERS)と呼ばれるのは，$((\mathbf{p}, w), \boldsymbol{\alpha})$ が一つの再生産可能解であって，かつ他の実行可能総生産点 $\boldsymbol{\alpha}' \in P$ によって以下の様にならないとき，そのときのみである：

$$\hat{\boldsymbol{\alpha}}' - \alpha_0' \mathbf{b} > \hat{\boldsymbol{\alpha}} - \alpha_0 \mathbf{b}.$$

定理 2.4: $\boldsymbol{\omega} \in \mathbf{R}_{++}^{n}$ であるような資本主義経済 $\left\langle N, O; (P, \mathbf{b}); (\boldsymbol{\omega}^{\nu})_{\nu \in N}\right\rangle$ を考える．今，$\alpha_0(\boldsymbol{\omega}) \leq \# O$ かつ $\mathbf{b} \in \mathbf{R}_{++}^{n}$ とする[14)]．このとき，$((\mathbf{p}, 1), \boldsymbol{\alpha})$ が再生産可能解ならば効率的再生産可能解 $((\mathbf{p}, 1), \boldsymbol{\alpha}')$ が存在する．

証明: $((\mathbf{p}, 1), \boldsymbol{\alpha})$ は再生産可能解であるが，効率的ではないとしよう．このとき，別の実行可能総生産点 $\boldsymbol{\alpha}' \in P$ が存在して，$\hat{\boldsymbol{\alpha}}' - \alpha_0' \mathbf{b} > \hat{\boldsymbol{\alpha}} - \alpha_0 \mathbf{b}$ であるとしよう．この不等式に両辺から価格ベクトル $\mathbf{p}$ を乗じると，

$$\mathbf{p}\hat{\boldsymbol{\alpha}}' - \alpha_0' \geq \mathbf{p}\hat{\boldsymbol{\alpha}} - \alpha_0. \tag{2.6}$$

$\boldsymbol{\alpha}'$ の実行可能性より，$\mathbf{p}\underline{\boldsymbol{\alpha}}' \leq \mathbf{p}\boldsymbol{\omega}$ であり，かつ，再生産可能解の下では $\mathbf{p}\underline{\boldsymbol{\alpha}} = \mathbf{p}\boldsymbol{\omega}$ である．ここで $\mathbf{p}\underline{\boldsymbol{\alpha}}' < \mathbf{p}\boldsymbol{\omega}$ であるとしよう．すると(2.6)式より，

$$\frac{\mathbf{p}\hat{\boldsymbol{\alpha}}' - \alpha_0'}{\mathbf{p}\underline{\boldsymbol{\alpha}}'} > \frac{\mathbf{p}\hat{\boldsymbol{\alpha}} - \alpha_0}{\mathbf{p}\underline{\boldsymbol{\alpha}}}$$

となり，これは $((\mathbf{p}, 1), \boldsymbol{\alpha})$ が再生産可能解である故に，$\boldsymbol{\alpha}$ が価格 $(\mathbf{p}, 1)$ の下で，予算制約下の利潤最大化問題(P1)の解でなければならない事に矛盾する．よって $\mathbf{p}\underline{\boldsymbol{\alpha}}' = \mathbf{p}\boldsymbol{\omega}$ である．同様に，$\boldsymbol{\alpha}$ が価格 $(\mathbf{p}, 1)$ の下で，予

14) 正の生存消費ベクトルの仮定は，証明のプロセスを簡潔にする為に導入したものであって，再生産可能解の存在にとって，この仮定は本質的なものではない．

算制約下の利潤最大化問題(P1)の解である事から，(2.6)式は厳密に等式で成立しなければならない．これは，$((\mathbf{p},1),\boldsymbol{\alpha}')$ も再生産可能解である事を意味する．　**Q.E.D.**

定理 2.4 は再生産可能解が存在する経済環境——具体的には $\boldsymbol{\omega}\in\mathbb{C}^*$ となる事——であれば必ず，効率的再生産可能解が存在する事を意味する．

上記の様な性質は，フォン・ノイマン経済体系の下での均斉成長解では必ずしも保証されない．すなわち，均斉成長解の配分はパレート効率的になる保証はないし，その総生産点が効率的になる保証もないのである：

定理 2.5：$\boldsymbol{\omega}\in\mathbf{R}^n_{++}$, $\alpha_0(\boldsymbol{\omega})\leq\#O$, かつ $\mathbf{b}\in\mathbf{R}^n_{++}$ である様な資本主義経済 $\left\langle N,O;\left(P_{(A,B,L)},\mathbf{b}\right);(\boldsymbol{\omega}^\nu)_{\nu\in N}\right\rangle$ であって，全ての均斉成長解の配分がパレート効率的でもその総生産点が効率的でもないものが存在する．

証明：フォン・ノイマン経済体系として，以下の様な経済環境を考えよう：

$$A=\begin{bmatrix}1&1&0\\0&0&1\end{bmatrix},\quad B=\begin{bmatrix}2&4&4\\2&2&3\end{bmatrix},\quad L=(1,1,1),\quad \mathbf{b}=\begin{bmatrix}1\\1\end{bmatrix},\quad \boldsymbol{\omega}=\begin{bmatrix}2\\2\end{bmatrix}.$$

この経済環境における均斉成長解の集合を導出する．定義 3-(a)より，

$$\mathbf{p}[B-A]-L\leq\pi[\mathbf{p}A+L]$$

$$\Leftrightarrow(p_1+2p_2-1,3p_1+2p_2-1,4p_1+2p_2-1)\leq\pi(p_1+1,p_1+1,p_2+1).$$

ここで $\mathbf{p}\in\Delta$ より $p_1+p_2=1$ であるので，上の不等式は，

$$\Leftrightarrow(p_2,p_1+1,2p_1+1)\leq\pi(p_1+1,p_1+1,p_2+1).\qquad(2.7)$$

この不等式の左辺と右辺それぞれの第二項を見れば，共に p_1+1 であるので，π は少なくとも 1 以上である事が従う．従って，上の不等式を満たす π の最小値は 1 である．ここで，$\pi=1$ のときの上記の不等式を満たす価格ベクトルは

$$\mathbf{p}\in\Delta\quad\text{s.t.}\quad 0\leq p_1\leq\frac{1}{3}$$

である事が従う．

次に，定義 2.3-(b)より，

$$[B-A]\mathbf{x}-\mathbf{b}L\mathbf{x} \geq \pi[A\mathbf{x}+\mathbf{b}L\mathbf{x}] \Leftrightarrow \begin{bmatrix} x_1+3x_2+4x_3-1 \\ 2x_1+2x_2+2x_3-1 \end{bmatrix} \geq \pi \begin{bmatrix} x_1+x_2+1 \\ x_3+1 \end{bmatrix}.$$

ここで $x_1+x_2+x_3=1$ となる非負・非ゼロベクトル $\mathbf{x}>\mathbf{0}$ に基準化して考えると上の不等式は：

$$\begin{bmatrix} 2x_2+3x_3 \\ 1 \end{bmatrix} \geq \pi \begin{bmatrix} 2-x_3 \\ 1+x_3 \end{bmatrix} \tag{2.8}$$

となる．今，

$$\mathbf{x}^1 = \begin{bmatrix} 1 \\ 0 \\ 0 \end{bmatrix}, \quad \mathbf{x}^2 = \begin{bmatrix} 0 \\ 1 \\ 0 \end{bmatrix}, \quad \mathbf{x}^3 = \begin{bmatrix} 0 \\ 0 \\ 1 \end{bmatrix}$$

に関して，それぞれ(2.8)式に代入して，その不等式を満たす π の最大値を求めると，

$$\mathbf{x}^1 \text{ のとき } \pi=0; \quad \mathbf{x}^2 \text{ のとき } \pi=1; \quad \mathbf{x}^3 \text{ のとき } \pi=\frac{1}{2}$$

となる．従って，$\mathbf{x}^2$ で $\pi=1$ が(2.8)式で求めるべき解になる．実際，$\pi=1$ は，(2.7)式における最小値であるので，それが均斉成長解の保証利潤率となる．また，均斉成長解の集合は

$$(\mathbf{p},\mathbf{x},\pi) \in \left(\left\{\mathbf{p}\in\Delta \,\middle|\, 0 \leq p_1 \leq \frac{1}{3}\right\}\times\left\{\mathbf{x}^2\right\}\times\{1\}\right)$$

となる．

均斉成長解における総生産点は常に $\mathbf{x}^2$ の生産活動ベクトルに対応するものであり，

$$\left(-L\mathbf{x}^2, -A\mathbf{x}^2, B\mathbf{x}^2\right) = \left(-1, -\begin{bmatrix} 1 \\ 0 \end{bmatrix}, \begin{bmatrix} 4 \\ 2 \end{bmatrix}\right)$$

である．そのとき

$$A\mathbf{x}^2+\mathbf{b}L\mathbf{x}^2 = \begin{bmatrix} 2 \\ 1 \end{bmatrix} < \boldsymbol{\omega}$$

より，この生産点は実行可能である．しかし，$\mathbf{x}^2$ に対応するこの生産点は効率的ではない．なぜならば，生産活動ベクトル $\mathbf{x}^3$ を採用する事によって，我々は総生産点

$$\left(-L\mathbf{x}^3, -A\mathbf{x}^3, B\mathbf{x}^3\right) = \left(-1, -\begin{bmatrix} 0 \\ 1 \end{bmatrix}, \begin{bmatrix} 4 \\ 3 \end{bmatrix}\right)$$

を選択可能であり，かつ

$$A\mathbf{x}^3 + \mathbf{b}L\mathbf{x}^3 = \begin{bmatrix} 1 \\ 2 \end{bmatrix} < \boldsymbol{\omega}$$

より，この生産点は実行可能である．さらに剰余生産ベクトルを比較すると，

$$[B-A]\,\mathbf{x}^3 - \mathbf{b}L\mathbf{x}^3 = \begin{bmatrix} 3 \\ 1 \end{bmatrix} > \begin{bmatrix} 2 \\ 1 \end{bmatrix} = [B-A]\,\mathbf{x}^2 - \mathbf{b}L\mathbf{x}^2.$$

これは，この経済環境では全ての均斉成長解の対応する総生産点は効率的ではないことを意味する．さらに，

$$\mathbf{p}\,[B-A] - L = (p_2, p_1+1, 2p_1+1)$$

より，任意の $\mathbf{p} \in \left\{ \mathbf{p} \in \Delta \,\middle|\, 0 < p_1 \leq \frac{1}{3} \right\}$ に関して

$$\mathbf{p}\,[B-A]\,\mathbf{x}^3 - L\mathbf{x}^3 > \mathbf{p}\,[B-A]\,\mathbf{x}^2 - L\mathbf{x}^2 \tag{2.9}$$

となる．この $\mathbf{p}$ は均斉成長解の下での均衡価格であるので，(2. 9)式は，$\mathbf{x}^2$ に対応する生産点が，$\mathbf{x}^3$ に対応する生産点によって，パレート優越されている事を意味する．　**Q.E.D.**

以上の定理より，結合生産の存在を許容するフォン・ノイマン経済体系の下では，均斉成長解のように生産部門間の利潤率均等化を均衡条件として要請する事と，パレート効率性より従う，総生産点の利潤最大化条件とが一般的には両立しない事が確認できる．マルクスが『資本論 III』で論じたように，マルクス的長期市場均衡の条件として，産業部門間の利潤率の均等化が要請される．その要請と，配分のパレート効率性，ないしは総生産点の利潤最大化条件とは，レオンチェフ経済体系を想定する限り，投入産出行列が分解不可能であれば，常に両立する．実際，2. 3 節の系 2. 1 で見たように，分解不可能な投入産出行列を持つレオンチェフ経済体系の下では，任意の再生産可能解は常に部門間の利潤率均等化を実現している．つまり利潤率の均等化という性質は，レオンチェフ経済体系の下で

は，資本家の利潤最大化という合理的意思決定によるミクロ的基礎付けが存在し，その配分結果はパレート効率的な性質をもたらすのである．他方，我々はこの節での分析を通じて，マルクス派にとって望ましい資本主義的均衡のそうした性質は，フォン・ノイマン経済体系の下では，もはや一般的に成立しない事を確認した．つまり，部門間の利潤率均等化によって条件付けられた資本主義的市場均衡は，資本家の利潤最大化という合理的意思決定によるミクロ的基礎付けを与える事が一般にはできないのであり，その配分結果もパレート効率的である保証はないのである．その意味で，市場の長期均衡においては産業部門間の資本移動が均衡する状況であるので，部門間の利潤率均等化として特徴付けられるだろうと主張する，古典派経済学及びマルクス派の議論は，合理的根拠を持ったものではなかったと，総括できるかもしれない．

2.6 労働者階級内の異なる消費選好の存在する経済での均衡解

前節までの議論では，資本家たちは利潤収入を専ら資本蓄積に投資すると想定し，他方，労働者たちは賃金収入を通じて購入する消費財ベクトルが，全て共通の生存消費ベクトルであるものと想定して，議論を行ってきた．以下では，労働者階級の消費選択行動をモデルに導入し，かつ，個々の労働者のタイプによって，同一の労働供給に対する同一の賃金収入の下であっても選択される消費財ベクトルが異なり得る，というより一般的な想定を行い，その様な経済環境での再生産可能解の定式化を行う．

任意の労働者 $o \in O$ の消費空間 $\mathbf{R}_+^n$ 上での選好を表す実数値関数 $u^o:\mathbf{R}_+^n \to \mathbf{R}$ が存在し，u^o は $\mathbf{R}_+^n$ 上で連続，強単調，強準凹，かつホモセティックであると仮定する．今，名目賃金率 $w \in \mathbf{R}_{++}$ であるときに 1 労働日を提供する労働者 $o \in O$ の消費選択行動は，以下の問題によって定式化される：

$$\max_{\mathbf{d} \in \mathbf{R}_+^n} u^o(\mathbf{d}) \quad \text{s.t.} \quad \mathbf{pd} = w. \tag{2.10}$$

この問題の解を $\mathbf{d}^o(\mathbf{p},w)$ で表す事にする．今，単純化の為，各労働者の効用関数は強準凹と仮定されている為，解 $\mathbf{d}^o(\mathbf{p},w)$ は価格体系 $(\mathbf{p},w)$ の連続関数となる．さらに今，ホモセティックな効用関数を仮定していたので，$\mathbf{p}\in\mathbf{R}^n_+$ に関するある連続関数 $\mathbf{d}^o(\mathbf{p})$ が存在して，$\mathbf{d}^o(\mathbf{p},w)=w\mathbf{d}^o(\mathbf{p})$ となる．よって，労働者 $o\in O$ の消費行動は彼の消費に関する需要関数 $\mathbf{d}^o(\cdot)$ によって表す事ができるのである．かくして，いまや一つの資本主義経済はリスト $\left\langle N,O;\left(P,(\mathbf{d}^o(\cdot))_{o\in O}\right);(\boldsymbol{\omega}^\nu)_{\nu\in N}\right\rangle$ によって与えられる．

次に，今，価格体系 $(\mathbf{p},w)$ の下で，各労働者 o の労働供給が $\alpha_0^o\in\mathbf{R}_+$ であるとする．ここである個人の α_0^o はゼロであるという可能性を排除していない事に留意せよ．そのとき，この経済全体での総労働供給は $\alpha_0=\sum_{o\in O}\alpha_0^o$ である．このとき，各労働者が賃金収入を予算制約として消費選択を行う結果，各個人の消費需要は $w\mathbf{d}^o(\mathbf{p})$ となる．従って，この経済全体の平均的消費需要は

$$w\mathbf{d}\left(\mathbf{p};(\alpha_0^o)_{o\in O}\right)\equiv\frac{\sum_{o\in O}w\alpha_0^o\mathbf{d}^o(\mathbf{p})}{\alpha_0}\tag{2.11}$$

となる．定義より，$\mathbf{pd}\left(\mathbf{p};(\alpha_0^o)_{o\in O}\right)=1$ が成立する．

ここで記号として，$\Delta^n\equiv\left\{\mathbf{p}\in\mathbf{R}^n_+\,\middle|\,\sum_{i=1}^n p_i=1\right\}$ としよう．以上の設定の下で，資本主義経済 $\left\langle N,O;\left(P,(\mathbf{d}^o(\cdot))_{o\in O}\right);(\boldsymbol{\omega}^\nu)_{\nu\in N}\right\rangle$ における再生産可能解の定式化の準備が整った：

定義 2. 7［Yoshihara (2006)］：任意の資本主義経済 $\left\langle N,O;\left(P,(\mathbf{d}^o(\cdot))_{o\in O}\right);(\boldsymbol{\omega}^\nu)_{\nu\in N}\right\rangle$ に対して，あるペア $((\mathbf{p},1),\boldsymbol{\alpha})\in\Delta^n\times\mathbf{R}_+\times P$ が一つの再生産可能解（a reproducible solution: RS）と呼ばれるのは，それが以下の条件を満たすとき，そのときのみである：

(a) $\forall\nu\in N$，$\boldsymbol{\alpha}^\nu\in A^\nu(\mathbf{p},1)$，但し $\boldsymbol{\alpha}\equiv\sum_{\nu\in N}\boldsymbol{\alpha}^\nu$（利潤最大化条件）；

(b) $\hat{\boldsymbol{\alpha}}\geq\alpha_0\mathbf{d}\left(\mathbf{p};(\alpha_0^o)_{o\in O}\right)$，但し $\boldsymbol{\alpha}=(-\alpha_0,-\underline{\boldsymbol{\alpha}},\overline{\boldsymbol{\alpha}})\in P$ ＆ $\hat{\boldsymbol{\alpha}}=\overline{\boldsymbol{\alpha}}-\underline{\boldsymbol{\alpha}}$（再生産可能条件）；

(c) $\mathbf{pd}\left(\mathbf{p};(\alpha_0^o)_{o\in O}\right)=1$（生存賃金均衡条件）；＆

(d) $\underline{\boldsymbol{\alpha}} \leq \boldsymbol{\omega}$ (社会的実行可能性条件).

この定義は基本的に定義 2.1 と同じである．違いは，雇用労働者の集計的消費需要が，彼等の消費需要関数によって内生的に決まるという点だけである．

定義 2.7 の再生産可能解の存在証明をする為に，以下では，準再生産可能解(quasi-reproducible solution)という概念を導入しよう．まず資本家の最適化問題は(P1)の代わりに，以下の様に与えられるとする．$W^\nu > 0$ という金融資本を所有する任意の資本家 $\nu \in N$ は，価格体系 $(\mathbf{p}, w)$ の下で，予算制約下の利潤最大化を達成する様に，生産計画を設定する：すなわち，所与の市場価格体系 $(\mathbf{p}, w) \in \mathbf{R}_+^{n+1}$ の下，以下の様な予算制約下の利潤最大化問題(P1*)

$$\max_{\boldsymbol{\alpha}^\nu = \left(-\alpha_0^\nu, -\underline{\boldsymbol{\alpha}}^\nu, \overline{\boldsymbol{\alpha}}^\nu\right) \in P} \mathbf{p}\overline{\boldsymbol{\alpha}}^\nu - (\mathbf{p}\underline{\boldsymbol{\alpha}}^\nu + w\alpha_0^\nu) \quad \text{s.t.} \quad \mathbf{p}\underline{\boldsymbol{\alpha}}^\nu \leq W^\nu, \quad \text{(P1*)}$$

の解となる様な生産計画 $\boldsymbol{\alpha}^\nu = (-\alpha_0^\nu, -\underline{\boldsymbol{\alpha}}^\nu, \overline{\boldsymbol{\alpha}}^\nu) \in P$ を選択する．価格体系 $(\mathbf{p}, w)$ の下での問題(P1*)の解の集合を，$\overline{A}^\nu(\mathbf{p}, w)$ で表す事とする．このとき：

定義 2.8：任意の資本家の金融資本プロフィール $(W^\nu)_{\nu \in N} \in \mathbf{R}_{++}^n$ の下で，あるペア $((\mathbf{p}, 1), \boldsymbol{\alpha}) \in \Delta^n \times \mathbf{R}_+ \times P$ が一つの**準再生産可能解**(a quasi-reproducible solution: QRS)と呼ばれるのは，それが以下の条件を満たすとき，そのときのみである：

(a) $\forall \nu \in N$, $\boldsymbol{\alpha}^\nu \in \overline{A}^\nu(\mathbf{p}, 1)$, 但し $\boldsymbol{\alpha} \equiv \sum_{\nu \in N} \boldsymbol{\alpha}^\nu$ (利潤最大化条件)；

(b) $\hat{\boldsymbol{\alpha}} \geq \alpha_0 \mathbf{d}\left(\mathbf{p}; (\alpha_0^o)_{o \in O}\right)$, 但し $\boldsymbol{\alpha} = (-\alpha_0, -\underline{\boldsymbol{\alpha}}, \overline{\boldsymbol{\alpha}}) \in P$ & $\hat{\boldsymbol{\alpha}} = \overline{\boldsymbol{\alpha}} - \underline{\boldsymbol{\alpha}}$ (再生産可能条件)；&

(c) $\mathbf{pd}\left(\mathbf{p}; (\alpha_0^o)_{o \in O}\right) = 1$ (生存賃金均衡条件).

この定義は，労働者の需要が生存消費ベクトルに固定されているモデルで定式化された，Roemer(1980; 1981)における準再生産可能解の定義に準じている．違いは，労働者の平均的消費需要が $\mathbf{b}$ として外生的に固定されているのではなく，$\mathbf{d}\left(\mathbf{p};(\alpha_0^o)_{o\in O}\right)$ として内生的に決定される点である．

以下では，Roemer(1980; 1981)における，労働者の平均的消費需要が $\mathbf{b}$ として外生的に固定されているモデルでの，準再生産可能解の存在証明，そしてその系としての再生産可能解の存在証明，という手法に基づいて，内生化された労働者の平均的消費需要モデルでの再生産可能解の存在証明を行う事としたい．市場価格 $\mathbf{p}\in\Delta^n$ が所与の下で，金融資本 W^ν を所有する各資本家 $\nu\in N$ の実行可能な生産集合を $\overline{B}^\nu(\mathbf{p})\equiv\{\boldsymbol{\alpha}^\nu\in P \mid \mathbf{p}\underline{\boldsymbol{\alpha}}^\nu\leq W^\nu\}$ と定義する．

レンマ 2. 3：任意の $\nu\in N$ に関して，$W^\nu>0$ としよう．このとき，任意の $\mathbf{p}\in\Delta^n$ に対して，$\overline{B}^\nu(\mathbf{p})$ は非空，かつ凸である．また，対応 $\overline{B}^\nu:\Delta^n \to\to P$ は劣半連続である．

証明：レンマ 2. 1 の証明に準じる．　**Q.E.D.**

レンマ 2. 4：任意の $\nu\in N$ に関して，$W^\nu>0$ としよう．このとき，任意の $\mathbf{p}\in\Delta^n$ に対して，$\overline{A}^\nu(\mathbf{p},1)$ は非空，かつ凸である．また，対応 $\overline{A}^\nu:\Delta^n \to\to P$ は優半連続である．

証明：レンマ 2. 2 の証明に準じる．　**Q.E.D.**

記号として，$W\equiv\sum_{\nu\in N} W^\nu$ としよう．また，総金融資本額 W の下で雇用可能な労働力の最大値を，記号 $\alpha_0(W)$ で表そう．$\alpha_0(W)$ は以下の様に決まるケースもある：

$$\alpha_0(W)=\max\left\{\alpha_0 \mid \exists\mathbf{p}\in\Delta^n \,\&\, \exists\boldsymbol{\alpha}=(-\alpha_0,-\underline{\boldsymbol{\alpha}},\overline{\boldsymbol{\alpha}})\in P:\mathbf{p}\underline{\boldsymbol{\alpha}}=W\right\}.$$

このとき：

定理 2. 6：任意の $\nu\in N$ に関して，$W^\nu>0$ となる資本主義経済 $\left\langle N,O;\left(P,(\mathbf{d}^o(\cdot))_{o\in O}\right);(W^\nu)_{\nu\in N}\right\rangle$ を考える．今，$\alpha_0(W)\leq\#O$ とする．このとき，準再生産可能解 $((\mathbf{p},1),\boldsymbol{\alpha})$ が存在する．

証明：総超過需要対応 $Z:\Delta^n \to\to \mathbf{R}^n$ を以下の様に定義しよう：任意の $\mathbf{p}\in\Delta^n$ に対して，総超過需要集合を

$$Z(\mathbf{p}) \equiv \left\{ \left(\sum_{\nu\in N} \alpha_0^\nu \right) \cdot \mathbf{d}\left(\mathbf{p};(\alpha_0^o)_{o\in O}\right) - \sum_{\nu\in N} \hat{\boldsymbol{\alpha}}^\nu \,\middle|\, \boldsymbol{\alpha}^\nu \in \overline{A}^\nu(\mathbf{p},1)\ (\forall\nu\in N) \right\}$$

とする．この総超過需要対応が非空，コンパクト凸値であり，かつ Δ^n 上において優半連続であることを確認することができる．さらに，任意の総超過需要ベクトル $\mathbf{z}(\mathbf{p})\in Z(\mathbf{p})$ に関して，$\mathbf{p}\cdot\mathbf{z}(\mathbf{p})\leq 0$ となる．それは，第一に，任意の $\nu\in N$ に関して $\boldsymbol{\alpha}^\nu\in\overline{A}^\nu(\mathbf{p},1)$ かつ $\mathbf{0}\in\overline{B}^\nu(\mathbf{p})$ である事から，$\sum_{\nu\in N}\mathbf{p}\hat{\boldsymbol{\alpha}}^\nu - \sum_{\nu\in N}\alpha_0^\nu \geq 0$ が従う為に，確認できる．

以上の議論より，Debreu(1959)のレンマ[Debreu(1959, Section 5.6, (1), p.82)]を適用すれば，ある価格ベクトル $\mathbf{p}^*\in\Delta^n$ 及び，ある超過需要ベクトル $\mathbf{z}(\mathbf{p}^*)\in Z(\mathbf{p}^*)$ が存在して，$\mathbf{z}(\mathbf{p}^*)\leq\mathbf{0}$ となることを確認できる．これは定義 2.8-(b)の条件が満たされている事を意味する．また，総超過需要の定義より，$\mathbf{z}(\mathbf{p}^*)$ に対応する $(\boldsymbol{\alpha}^{*\nu})_{\nu\in N}\in\times_{\nu\in N}\overline{A}^\nu(\mathbf{p}^*,1)$ が存在する．賃金率は $w=1$ であるが，これは $\alpha_0(W)\leq\#O$ の前提と整合的である．以上の議論より，当該経済において $\left((\mathbf{p}^*,1),(\boldsymbol{\alpha}^{*\nu})_{\nu\in N}\right)$ が準再生産可能解を構成する．　**Q.E.D.**

系 **2.2**：任意に，金融資本賦存のプロフィール $(W^\nu)_{\nu\in N}\in\mathbf{R}^n_{++}$ が与えられているとしよう．このとき，ある物的資本財の初期賦存プロフィール $(\boldsymbol{\omega}^\nu)_{\nu\in N}\in\mathbf{R}^{nN}_+$ と $\alpha_0(W)\leq\#O$ となる労働者階級の集合 O が存在して，資本主義経済 $\left\langle N,O;\left(P,(\mathbf{d}^o(\cdot))_{o\in O}\right);(\boldsymbol{\omega}^\nu)_{\nu\in N}\right\rangle$ において，$\mathbf{p}\boldsymbol{\omega}^\nu=W^\nu$ $(\forall\nu\in N)$ となる様な再生産可能解 $((\mathbf{p},1),\boldsymbol{\alpha})$ が存在する．

証明：定理 2.6 より，この金融資本プロフィール $(W^\nu)_{\nu\in N}\in\mathbf{R}^n_{++}$ に対して，$\alpha_0(W)\leq\#O$ となる労働者階級の集合 O が存在して，資本主義経済 $\left\langle N,O;\left(P,(\mathbf{d}^o(\cdot))_{o\in O}\right);(W^\nu)_{\nu\in N}\right\rangle$ において準再生産可能解 $((\mathbf{p},1),\boldsymbol{\alpha})$ が存在する．今，$\boldsymbol{\omega}\geq\underline{\boldsymbol{\alpha}}$ かつ，$\mathbf{p}\boldsymbol{\omega}=W$ となる様な $\boldsymbol{\omega}\in\mathbf{R}^n_+$ を任意に選ぶとしよう．これを適度に N 人の資本家の間で分割する事によって，$((\mathbf{p},1),\boldsymbol{\alpha})$ は再生産可能解となり，このとき $\mathbf{p}\boldsymbol{\omega}^\nu=W^\nu$ $(\forall\nu\in N)$ が保証

される． **Q.E.D.**

この系2.2による再生産可能解の存在証明は，解の存在定理として満足いくものではない．なぜならば，再生産可能解の存在を保証する様な$\boldsymbol{\omega}$の定義域についての性質が，定理2.2における集合$\mathbb{C}^*$の様な形では明らかになっていないからである．しかしながら我々は，定理2.6及び系2.2によって，任意の正の金融資本プロフィール$(W^\nu)_{\nu\in N}$に関して，準再生産可能解が存在し，かつ，その解を再生産可能解として支持する様な物的資本財の初期賦存プロフィール$(\boldsymbol{\omega}^\nu)_{\nu\in N}$を確定できる事を知っている．これらの確定作業を各正の金融資本プロフィール$(W^\nu)_{\nu\in N}$ごとに行う事によって，結果的には事後的に，我々は再生産可能解の存在を保証する$\boldsymbol{\omega}$の定義域を導出する事ができるのである．

次に，やはり労働者たちの消費選好が異なる場合の，フォン・ノイマン経済における均斉成長解の定式とその存在定理について，議論しよう．最初に，各労働者の雇用労働量は$L\mathbf{x}^o$で与えられる．よって，(2.11)式で与えられた様な，名目賃金率が1の場合の労働者階級の平均的消費需要ベクトルは，

$$\mathbf{d}\left(\mathbf{p};(\mathbf{x}^o)_{o\in O}\right)\equiv\frac{\sum_{o\in O}\mathbf{d}^o(\mathbf{p})L\mathbf{x}^o}{\sum_{o\in O}L\mathbf{x}^o}$$

によって与えられる．そのとき，均斉成長解は以下の様に定義される：

定義2.9［吉原(2005)］：任意の資本主義経済$\left\langle N,O;\left(P_{(A,B,L)},(\mathbf{d}^o(\cdot))_{o\in O}\right);(\boldsymbol{\omega}^\nu)_{\nu\in N}\right\rangle$に対して，あるペア$((\mathbf{p},1),\mathbf{x})\in\Delta^n\times\mathbf{R}_+\times\mathbf{R}_+^m$が一つの均斉成長解(balanced growth solution: BG)と呼ばれるのは，ある実数$\pi>-1$が存在して，それが以下の条件を満たすとき，そのときのみである：

(a) $\mathbf{p}B\leq(1+\pi)[\mathbf{p}A+L]$;

(b) $B\mathbf{x}\geq(1+\pi)\left[A+\mathbf{d}\left(\mathbf{p};(\mathbf{x}^o)_{o\in O}\right)L\right]\mathbf{x}$;

(c) $1=\mathbf{p}\mathbf{d}\left(\mathbf{p};(\mathbf{x}^o)_{o\in O}\right)$（生存賃金均衡条件）;

(d) $\mathbf{p}B\mathbf{x}=(1+\pi)[\mathbf{p}A+L]\mathbf{x}$; &

(e) $\mathbf{p}B\mathbf{x}>0$.

それぞれの条件式について，説明を繰り返す必要は無いだろう．

この解の存在定理は以下の様に，かなり一般的に与えられる：

定理 2. 7［吉原(2005)］：任意の資本主義経済 $\langle N, O; (P_{(A,B,L)}, (\mathbf{d}^o(\cdot))_{o\in O}); (\boldsymbol{\omega}^\nu)_{\nu\in N}\rangle$ を考える．今，$\alpha_0(\boldsymbol{\omega}) \leq \#O$ とする．このとき，均斉成長解 $((\mathbf{p}, 1), \mathbf{x})$ が存在する．

証明：定理の証明は基本的に，定理 2.3 の証明方法に準じる．所与の市場価格 $\mathbf{p}\in\Delta$ の下で，以下の最適化問題を定義しよう：

$$\min_{\pi\geq -1} \quad (1+\pi) \quad \text{s.t.} \quad \mathbf{p}B \leq (1+\pi)[\mathbf{p}A+L]. \tag{Q3}$$

A2$''$ より，ある適当な操業水準ベクトル $\mathbf{x}$ に対して，$B\mathbf{x}\gg\mathbf{0}$ とならなければならない．これは，各財 i に対して，行列 B の各行は非負，非ゼロ m 次元ベクトルである事を意味する．従って，$\mathbf{p}B\neq\mathbf{0}$ であるので，上記の問題(Q3)の解は一意に存在し，その解 $(1+\pi(\mathbf{p}))$ は正値となる．

所与の市場価格と対応する保証利潤率のペア $(\mathbf{p}, \pi(\mathbf{p}))\in\Delta\times\mathbf{R}$ の下で，各労働者 $o\in O$ に関して，以下の最適化問題を考える：

$$\max_{\mathbf{x}^o} \quad \mathbf{p}B\mathbf{x}^o-(1+\pi(\mathbf{p}))[\mathbf{p}A+L]\mathbf{x}^o \quad \text{s.t.} \quad L\mathbf{x}^o \leq 1. \tag{Q4}$$

ここで問題(Q4)の解の集合を $\mathbf{A}^o(\mathbf{p}, \pi(\mathbf{p}))$ で表す．集合 $\mathbf{A}^o(\mathbf{p}, \pi(\mathbf{p}))$ は非空であり，ゼロの生産活動ベクトルを要素として含んでいる．

次に，所与の市場価格と対応する保証利潤率のペア $(\mathbf{p}, \pi(\mathbf{p}))\in\Delta^n\times\mathbf{R}$ の下で，各労働者 $o\in O$ に関して，任意に問題(Q4)の解 $\mathbf{x}^o\in\mathbf{A}^o(\mathbf{p}, \pi(\mathbf{p}))$ を取り出して，プロフィール $(\mathbf{x}^o)_{o\in O}$ を一つ構成する．次に，以下の総超過需要対応

$$Z(\mathbf{p}) \equiv \left\{(1+\pi(\mathbf{p}))\left[A+\mathbf{d}\left(\mathbf{p}; (\mathbf{x}^o)_{o\in O}\right)L\right]\mathbf{x}-B\mathbf{x} \,\middle|\, \mathbf{x} = \sum_{o\in O}\mathbf{x}^o \;\&\; \mathbf{x}^o \in \mathbf{A}^o(\mathbf{p}, \pi(\mathbf{p}))\,(\forall o\in O)\right\}$$

を定義する．この総超過需要対応が非空，コンパクト凸値であり，かつ

Δ^n 上において優半連続であることを確認することができる．さらに，任意の総超過需要ベクトル $\mathbf{z}(\mathbf{p})\in Z(\mathbf{p})$ に関して，$\mathbf{p}\cdot\mathbf{z}(\mathbf{p})=0$ となる事も確認できる．

以上の議論より，Debreu(1959)のレンマ[Debreu(1959, Section 5. 6, (1), p. 82)]を適用すれば，ある価格ベクトル $\mathbf{p}^*\in\Delta^n$ 及び，ある超過需要ベクトル $\mathbf{z}(\mathbf{p}^*)\in Z(\mathbf{p}^*)$ が存在して，$\mathbf{z}(\mathbf{p}^*)\leq\mathbf{0}$ となることを確認できる．これは，ある生産活動水準ベクトルのプロフィール $(\mathbf{x}^{o*})_{o\in N}\in\prod_{o\in O}\mathbf{A}^o(\mathbf{p}^*, \pi(\mathbf{p}^*))$ が存在して，

$$B\mathbf{x}^* \geq (1+\pi(\mathbf{p}^*))\left[A+\mathbf{d}\left(\mathbf{p}^*;(\mathbf{x}^{o*})_{o\in O}\right)L\right]\mathbf{x}^* \quad \&$$

$$\mathbf{p}^*B \leq (1+\pi(\mathbf{p}^*))\left[\mathbf{p}^*A+L\right]$$

となることを意味する．また $\mathbf{p}^*B\mathbf{x}^*>0$ となることも容易に確認される．賃金率は $w=1$ であるが，これは $\alpha_0(\boldsymbol{\omega})\leq\#O$ の前提と整合的である．以上の議論より，当該経済において $\left((\mathbf{p}^*,1),(\mathbf{x}^{o*})_{o\in O}\right)$ が均斉成長解を構成する．　**Q.E.D.**

この様に，均斉成長解の存在問題に関しては，労働者個人間の消費需要の違いは深刻な困難をもたらす事無く，一般的な定理が導き得るのである．

第3章　レオンチェフ経済体系における マルクスの基本定理[1)]

マルクスは『資本論』で剰余価値について論じ，剰余価値率を搾取率とも別称している．マルクス派において搾取とは剰余価値の存在を意味する．剰余価値とは，1労働日からその1労働日に対する賃金を通じて獲得される諸商品の生産に直接に要した労働時間の総和を差し引いたものであり，後者を必要労働とも称する．対して，1労働日から必要労働時間を差し引いたものを剰余労働もしくは剰余労働時間と称する．

なぜ，剰余価値ないしは剰余労働の存在が搾取(exploitation)の存在を意味するのだろうか？　搾取という言い方は，ある個人の利益の為の非公正的(unfairly)な資源の利用を含意するが，剰余価値の生産によって意味する非公正の中身については以下の様な見方があるだろう．労働者の受け取る賃金収入は彼が提供した労働の対価として支払われたものと解釈され得るところであるが，それは市場を通じた正当な取引であるならば当然ながら彼が提供した労働に等価値なものでなければならない．しかしながら剰余価値の存在は労働者の提供した労働よりも受け取る労働のほうが少ない事を意味する．この事態は，価値の大いさは投下労働量に比例して決定されるという労働価値説の立場に基づけば，「労働の不等価交換」を意味する様に見える．

だが，労働市場では絶えず不等価交換が行われているという主張は，そもそも労働価値説に矛盾する．なぜならば，市場での取引は互いに等価値と認める財どうしを交換するのであって，まさに日常での実際の市場取引を通じて交換者は互いの財を等価物と認め合っていることを意味する．それ故に，労働市場においてもまた，供給者と需要者の間にその取引を等価交換であると了承する論理が存在している筈である．もしその論理を労働

1)　本章の議論は吉原(2001)及び吉原(2006b)に基づく．

価値説が説明できず，不等価交換を指摘するだけならば，むしろ労働価値説自体が市場の価格決定理論としての資格を失う事を意味しよう．これは古典派経済学が陥った矛盾であるが，マルクスはこの問題を労働力商品という概念の提出によって解決した．つまり，労働市場で取引されるのは労働ではなく，労働力である事を強調した．労働市場では労働力商品が取引されると解釈すれば，労働価値説でも矛盾無く等価交換が行われている事を説明できると考えられた．

マルクスはさらに，労働力商品の買い手，すなわち資本家は，労働市場における労働力商品の等価交換を通じて剰余労働を抽出する権利を獲得する事を論じている．この権利の下に，資本家は商品の生産過程において「剰余価値の生産」を行う．この過程において剰余労働抽出を巡る労資の権力関係の存在が強調される．マルクスの労働価値説に基づけば，こうして抽出された剰余価値こそが資本増殖を可能にする唯一の源泉である．労働力商品の使用価値は価値増殖機能と価値移転機能にあり，いわゆる物的資本財はこの後者の機能によってその価値を生産される商品に移転されるに過ぎない．マルクスにおける資本の定義は「自己増殖する価値の運動体」であるから，資本が資本たり得るのは労働力あってこそである，という議論になる．ところで，資本主義社会において資本とは富(wealth)の大きな比重を占め，それは資本家階級に属する人々によって占有されている．しかしながら，『資本論 I』第 22 章の転変論によれば，その富は労働者による，資本家にとっての無償の他人労働によって生み出された，剰余価値の蓄積に他ならない．これこそが，マルクスが剰余価値の生産を「労働の不等価交換」というよりはむしろ，「搾取(exploitation ≡ to use selfishly and unfairly for one's own advantage)」と称する由縁であろう．つまり，社会に蓄積されている富のうち，一部の資本家階級に属する人々に資本として占有されている多くの比重を占める部分が，その他大勢の労働者階級に属する人々から抽出された無償労働の成果である事こそが非公正(unfair)の中味に他ならない．

マルクスはさらに『資本論 III』の転化論において，搾取の産物である剰余価値が，市場的社会関係においては，資本家の物的資本財の提供という貢献に対する報酬としての，「利潤」となって現れることを論じている．この転化論は二重の機能を果たしている．一つはこの転化論によって，現実の世界のカテゴリーとしては存在しない剰余価値という概念規定が現実の世界のカテゴリーとリンクづけられようとしたのであり，それによって，この概念の現実性，科学性が保証されようとしたのである．第二に，労働価値説及び剰余価値論の科学性の主張によって，限界生産力説等，他学派の学説のイデオロギー性，体制擁護性が強調される事になる．すなわち，労働価値のカテゴリーの世界において捉えられていた搾取関係が価値の価格への転化によって覆い隠される事になり，その覆い隠しの機能を助長する働きをしているのが，他学派の経済学説であるという理由である．この転化論を媒介にしてこそ，いわゆるマルクスの「三位一体論」批判も生きてくる．

このように，マルクス派搾取理論にとって労働価値論，及び労働力商品論はキーコンセプトである．投下労働価値説の事実上の含意が労働をニュメレール財と見なした費用価値説であったデイヴィット・リカード等の古典派経済学と異なり，マルクスではその特有の労働力商品論により，労働に単なるニュメレール財としての機能以上の意味を持たせている．すなわち，唯一の価値生成機能としての意味である．労働力商品にこの機能を持たせる事によって，資本家の利潤の獲得，資本の自己増殖の実現可能性は，他人の無償労働である剰余労働の抽出，という搾取に基づいている事が明瞭に示される事になる．

しかしながら，労働価値も唯一の価値生成機能としての労働力商品論も現実の市場社会の観察によっては不可視である概念規定であるが故に，その概念規定の科学性を立証するためには，市場の観察によって可視である価格運動がそれ等の概念によって論理整合性を以って説明され得ることを示せなければならない．マルクスの転化論はこの課題を果たすべきものであるが，彼自身はそれを完成させずに終わった．数理マルクス経済学はこの課題に対する明確な結論を与えたものとして位置づける事ができよう．マルクス転化論に残された問題は2点ある．一つは「剰余価値率の平均利潤率への転化」であり，そして「価値の生産価格への転化」である．第一の問題に関して言及すれば，少なくとも剰余価値率ないしは搾取率と均等利潤率との間に対応関係が示せなければ労働搾取が利潤の唯一の源泉であるというマルクスの命題は否定されると言わざるを得ない．従って，労働価値体系において搾取率が非正である事と生産価格体系において利潤率が正であるという事が両立するようなケースは起こり得ない事が示されなければならない．この問題に対する解として位置づけられるのが「マルクスの基本定理」である．第二に，搾取率によって均等利潤率が規定される事を示すためには，均等利潤率と搾取率が「関数関係」にある事が示されればよい．この点は，「森嶋＝シートン方程式」の導出によって最初に示された．「価値の生産価格への転化」に関しては，マルクスの「総計一致の2命題」が示されるか否かが問題である．この問題はいわゆるマルクスの転化問題として，ヴェーム-バヴェルクの批判以来，論じられてきた問題であるが，Morishima(1974)によって基本的な結論が出されている．

3.1　森嶋型「労働搾取率」及びマルクスの基本定理

デイヴィット・リカードに代表される古典派経済学にとっては，投下労働価値説の事実上の含意は費用価値説であったと言われている．すなわち，長期均衡価格として成立する自然価格は需要サイドからは独立に成立するという立場である．これは収穫一定を仮定すれば正しい主張であるし，その種の仮定は製造業が産業の主要な比重を占める社会を想定する限り，必ずしも的外れではない．その際に，ニュメレール財として労働を用いて，財1単位当たりの費用価格を評価するという手法も現代経済学では受容されている．それは単に土地の生産要素としての機能を無視すれば，他に本源的生産要素と言えるものは労働だけであり，それ以外の物的資本財は再生産可能な財であり，いずれも歴史を遡っていけば究極的にはその価値は全て労働に還元され得るという想定に基づいている．

今，経済が収穫一定なレオンチェフ経済体系 $\langle N, O; \left(P_{(A,L)}, \mathbf{b}\right); \left(\boldsymbol{\omega}^{\nu}\right)_{\nu\in N}\rangle$ からなるものとすれば，古典派の自然価格体系は

$$\mathbf{p} = (1+\pi)\,\mathbf{p}A + wL \tag{3.1}$$

で書き表せる．今，仮定 A1$'$ より，投入産出行列 A が生産的である事が従う．さらに，A は**分解不可能**(indecomposable)であると仮定して，以降，議論を進める事としよう．(3.1)式の古典派的自然価格体系は以下の様に書き表す事ができる．

$$\mathbf{p} = wL\left[\sum_{k=0}^{\infty}(1+\pi)^k A^k\right] \tag{3.2}$$

ここで両辺を w で割れば，価格体系が労働を単位として評価されている事を意味する．ここでもし利潤率 $\pi=0$ ならば，(3.2)式は

$$\mathbf{p}_w = L\left[\sum_{k=0}^{\infty}A^k\right] = L\,[I-A]^{-1} \tag{3.3}$$

となる．ここで $L\gg\mathbf{0}$ であり，かつ，仮定 A2$'$ より投入産出行列 A が生産的である事から，ホーキンス゠サイモン条件より，非負の逆行列 $[I-A]^{-1}\geq\mathbf{0}$ が存在する．よって，(3.3)式の右辺は $L\,[I-A]^{-1}\gg\mathbf{0}$ となる．これを

$$\boldsymbol{\Lambda} \equiv L\,[I-A]^{-1} \tag{3.4}$$

で表すとすれば，このベクトル $\boldsymbol{\Lambda}$ は，まさに各財の 1 単位生産に要した直接かつ間接の労働投入量の総量を，各財ごとに表している．直接の労働量は L であり，間接の労働量の総計は $L\left[\sum_{k=1}^{\infty}A^k\right]$ である．これは，資本を構成する財はそれぞれ再生産可能な財であり，いずれも歴史を遡っていけば究極的には全ての過去の労働投入の総量として表現可能である事を意味している．この財の 1 単位生産に要した直接かつ間接の労働投入量の総量こそ，その財の**労働価値**(labor value)と呼ばれるものである．(3.3)式は，経済環境が，労働だけが唯一の本源的生産要素である様なレオンチェフ体系である場合，利潤率がゼロである世界においては労働価値によって自然価格体系が決定される，という古典派の主張が妥当である事を示している．

資本主義経済が正の利潤を伴う均衡状態にあるときには，必ず労働者への労働搾取が存在する事(マルクスの基本定理)について，議論しよう．カール・マルクスは『資本論 I』において，労働者の 1 日労働は必要労働時間と剰余労働時間から構成されると論じた．必要労働時間は，労働者の労働

力の再生産に最低限必要な消費財ベクトルの生産の為に要する労働時間である．1日の労働時間がこの必要労働時間より長いとき，この残りの労働時間は剰余労働時間と呼ばれる．労働者にその賃金収入を通じて引き渡される部分の生産の成果は，必要労働時間内の成果物として尽きているから，剰余労働時間の生産成果は，そのまま資本家の手中に残る事になる．マルクスが，この剰余労働時間の存在を以って，資本家階級の労働者階級への**搾取**(exploitation)と称し，資本家階級による正の利潤の取得，及びそれを原資とする無限の資本蓄積運動が可能となる為の源泉こそが，唯一，この剰余労働時間における生産成果の資本家による取得である事を強調したのは既知の事である．

しかしながら，なぜ剰余労働時間における生産成果の資本家による取得は労働者への「搾取」を意味するのであろうか？　一般に，「搾取」という用語には，「他人の取得する生産物の生産の為に無償労働を強制される」というニュアンスが込められている．実際，マルクスの『資本論』においても，いわゆる剰余価値を資本家にとっての「他人の無償労働」の成果である，という記載が頻繁になされている．しかし，剰余労働時間における生産成果の存在自体は，そうした搾取という用語によるレッテル張りには相応しい事態とは言えない．人間社会の創生以来，直接的生産者の生存のために不可欠な消費財水準を凌駕する剰余生産物の存在は認められてきており，それは社会の十分な高さの生産力の反映でもあるからだ．他方，いわゆる前近代社会においては，剰余労働時間における生産成果が直接的生産者である農奴に帰属しない仕組みは，領主の農奴への搾取のメカニズムとして特徴付ける事が可能であろう．例えば，中世の荘園制度では，農奴は週の3日間，領主の土地でただ働きさせられる．江戸時代でも，四公六民や五公五民等で，搾取率が公然と制度化されていた．この場合には「他人の取得する生産物の生産の為に無償労働を強制される」という意味での搾取の仕組みは確かに明瞭である．

しかし資本主義の場合，労働時間中を通じた生産成果のうち，労働者が獲得できない剰余部分が利潤として資本家の収入になるとしても，そこに中世荘園制度に見出せる様な搾取的状況を同様に見出せるか否かは，それほど自明な問題ではない．第一に，資本主義の下では労働者は身分的には自由であり，自由な個人として資本家との雇用契約を締結することを通じて，労働時間なり賃金なりが決まっている．これらの労働条件は，基本的には労働市場での需給関係の均衡帰結として解釈可能であり，そこに「強制労働」という含意を，封建制度と同じ意味において見出す事はできない．もちろん，マルクスも繰り返し強調した様に，一旦，工場の中に入れば労働者は資本家の指揮・命令下にあり，勤務時間中は「自由な意志による自由な行動」に強い制約を与えられる．その意味で，生産過程での「強制」性は確かに存在する．しかしそれを含めた上での労働市場での帰結としての契約内容だという反論が可能である．

第二に，1日8時間労働によってある財を8単位生産したとして，そのうちの4単位が労働者に賃金として支払われるのは，財8単位生産における労働の貢献度は財4単位の価値に等しいという「社会的合意」があり，他方，残りの4単位は資本財の生産への貢献度に等しいという「社会的合意」があるのだという話になれば，8時間労働に対して財4単位の報酬は単なる等価交換に過ぎない．こうした「社会的合意」を成立させるのが市場の需給調整メカニズムであるならば，剰余労働時間の生産成果が労働者に帰属しないとしても，そこに「剰余労働の搾取」の「不当性」を読み取るのは困難になろう．実際，いわゆる「限界生産力説」的分配理論は，そうした解釈を正当化する．「限界生産力説」的分配理論に拠れば，生産成果物をニュメレール財として採用すれば，労働者の賃金率は労働の限界生産力に一致する水準に決まる．他方，資本家の取得する利子率(資本財のレンタル価格)は資本の限界生産力に一致する．そこでは，資本，労働ともそれぞれ，その生産要素の1単位当たり生産貢献度に応じて生産成果の分配がなされているという話になる．この理論が妥当であるという事になれば，労働時間中を通じた生産成果のうち，労働者が獲得できない部分が利潤として資本家に取得されるとしても，中世荘園制に見出される様な不当な「搾取」というべき状況では何ら無い，と結論せざるを得ないであろう．

この限界生産力的分配理論を超克するためのマルクス経済学の概念装

置が，労働力商品に固有な使用価値としての「価値生成機能(=価値増殖機能)」論であった．すなわち，価値生成機能を有する生産要素は唯一，主体的生産要素である労働だけであり，客体的生産要素である資本財等は，主体的生産要素である労働によって，その「死んだ価値」を単に新たな生産成果物に移転され保存されるだけに過ぎない，という議論である．価値生成機能を有する生産要素が唯一，労働だけであるという事になれば，限界生産力説的分配理論はもはや妥当ではなくなるし，労働者たちに帰属しない剰余生産物を彼等の無償労働の成果と見なす事も，その資本家による取得を「掠め取り」と特徴付ける事にも妥当性はある様に見える．つまり，8時間労働のうち4時間が必要労働時間であって，残りの4時間が剰余労働時間であるというマルクスの剰余価値論が，資本家による剰余労働の「掠め取り」の実態告発として説得性を持つ様に見える前提には，「唯一の価値生成的生産要素としての労働」論がある事を押さえておくべきである．

しかしながら，「唯一の価値生成的生産要素としての労働」論自体，一つのレトリックに過ぎず，それは論証できる様な性質の言明ではない．それは価値という概念が資本主義経済の運動そのものからは不可視的な故に，「唯一の価値生成的生産要素としての労働」論もそれ自体では形而上学的言明にしか見えない，もしくはせいぜい「科学的仮説」でしかない事にも起因する．こうした「科学的仮説」の「科学的実証」機能を果たすものとして，『資本論 III』の「剰余価値の利潤への転化」論を位置づける事ができる．この「転化」論は，「唯一の価値生成的生産要素としての労働」論を前提したとしても，資本主義経済の現象的運動(価格や利潤率などの運動)を矛盾なく説明できる事を証明する機能として，位置づけられるのである．その証明が成功することによって，「唯一の価値生成的生産要素である労働の成果の剰余部分の転化形態としての利潤」というロジックには「論理一貫性が無い」という反論を退ける為の論拠を獲得できるわけであって，そこに「利潤の唯一の源泉としての労働搾取の存在」という言明の論拠を見出す事ができる．マルクス自身は「転化」論を完成させなかったが，現代の数理マルクス経済学はこの課題に対する明確な結論を与えたものとして位置づけられるのである．

「剰余価値の利潤への転化」論を論証するのに際して，少なくとも剰余価値率ないしは搾取率と利潤率との間に対応関係が示せなければならないだろう．この対応関係すら証明できなければ，労働搾取が利潤の唯一の源泉であるというマルクスの命題は否定されると言わざるを得ない．従って，労働価値体系において搾取率が非正である事と生産価格体系において利潤率が正であるという事が両立するようなケースは起こり得ない事が示されなければならない．この問題に対する解として位置づけられるのが「マルクスの基本定理」[Okishio(1963); Morishima(1973)]なのである．

「マルクスの基本定理」について論じよう．最初に，マルクスの論じた，剰余労働時間の存在という意味での「労働搾取」の数学的定式化から始める．任意の資本主義経済 $\langle N, O; (P, \mathbf{b}); (\boldsymbol{\omega}^{\nu})_{\nu \in N} \rangle$ が今，再生産可能解 $((\mathbf{p}, 1), \boldsymbol{\alpha})$ の下にあるとしよう．この再生産可能解において各労働者が1日1単位労働の雇用の対価として受け取る賃金を通じて購入する消費財ベクトルは $\mathbf{b}$ である．最初の設定の様に，労働者は1日1単位労働を提供する労働力を再生産する為には最低限，消費財ベクトル $\mathbf{b}$ を消費しなければならない．そして，彼の1日1単位労働当たりの賃金収入を通じて，労働者は純生産物 $\hat{\boldsymbol{\alpha}}$ の一部である消費財ベクトル $\mathbf{b}$ のみを配分されている．よって，彼の必要労働時間は，ベクトル $\mathbf{b}$ の生産に要する直接労働投入量でもって表現する事ができる．

すなわち，任意の財ベクトル $\mathbf{c} \in \mathbf{R}_{+}^{n}$ に対して，それを生産可能性集合 P の下で純産出可能とする生産計画の集合を，

$$\phi(\mathbf{c}) \equiv \{\boldsymbol{\alpha} = (-\alpha_0, -\underline{\boldsymbol{\alpha}}, \overline{\boldsymbol{\alpha}}) \in P \,|\, \hat{\boldsymbol{\alpha}} \geq \mathbf{c}\}$$

と記す．このとき，$\mathbf{c}$ を純産出する生産計画の中で，直接労働投入量が最小となる様なものを見出す事ができれば，その生産計画の下での直接労働投入量こそが，財ベクトル $\mathbf{c}$ の生産の為の社会的必要労働量に他ならない．それを以下の様に定義する：

定義 3.1[Morishima(1974)]：任意の非負財ベクトル $\mathbf{c} \in \mathbf{R}_{+}^{n}$ の労働価値(labor value of $\mathbf{c}$)は以下の様に与えられる：

$$l.v.(\mathbf{c}) \equiv \min\{\alpha_0 \,|\, \boldsymbol{\alpha} = (-\alpha_0, -\underline{\boldsymbol{\alpha}}, \overline{\boldsymbol{\alpha}}) \in \phi(\mathbf{c})\}.$$

すなわち，この $l.v.(\mathbf{c})$ こそ，財ベクトル $\mathbf{c}$ の労働価値である．同様にして，今，労働者の実質賃金ベクトル $\mathbf{b}$ の労働価値を $l.v.(\mathbf{b})$ によって定義する事ができる．これは，労働力の再生産の為に最低限必要な財ベクトル $\mathbf{b}$ の生産の為の社会的必要労働量であり，労働者の1日1単位労働の中の必要労働時間に相当する部分を構成する．従って，労働搾取率は，剰余労働時間を必要労働時間で除した値として，以下の様に定義される：

定義 3.2[Morishima(1974)]：所与の実質賃金ベクトル $\mathbf{b}$ における労働の搾取率(the rate of labor exploitation)は以下の様に与えられる：

$$e(\mathbf{b}) \equiv \frac{1-l.v.(\mathbf{b})}{l.v.(\mathbf{b})}.$$

上記の定義3.1と定義3.2はいずれも，一般的凸錘経済体系全般に適用可能な，極めて一般的な労働搾取の定義を与えている．しかし，経済環境をレオンチェフ経済体系に限定して考察すると，上記の2つの定義はより明示的な表現を得るのである．上述で，(3.4)がレオンチェフ経済体系における労働価値体系を表していると定義した．(3.4)式では，各財1単位当たりの労働価値を，その財1単位生産に要する直接・間接の労働投入量として定義している．他方，定義3.1は，ある非負の財ベクトル $\mathbf{c}$ の労働価値が与えられており，それは $\mathbf{c}$ の純生産に要する最小(直接)労働量として定義されている．この2つの定義の仕方は，一般には同値ではない．しかしながら，レオンチェフ経済体系の前提の下では，両者は同値である事を確認できる．

レンマ 3.1：レオンチェフ経済体系 $\langle N, O; (P_{(A,L)}, \mathbf{b}); (\boldsymbol{\omega}^{\nu})_{\nu \in N} \rangle$ においては，任意の非負財ベクトル $\mathbf{c} \in \mathbf{R}^n_+$ に関して，

$$l.v.(\mathbf{c}) = \boldsymbol{\Lambda}\mathbf{c}.$$

証明：定義より，

$$l.v.(\mathbf{c}) = \min_{\mathbf{x}\geq\mathbf{0}:[I-A]\mathbf{x}\geq\mathbf{c}} L\mathbf{x}.$$

今，$l.v.(\mathbf{c})=L\mathbf{x}^*$ と置くと，$\mathbf{x}^*\geq\mathbf{0}$ に関して，$[I-A]\mathbf{x}^*=\mathbf{c}$ となる．その様な $\mathbf{x}^*$ の存在は，仮定 A1′ より，投入産出行列 A が生産的である事から，いわゆる strong solvability[2)] より従う．すると strong solvability とホーキンス＝サイモン条件との同値関係[3)] より，及び，$[I-A]$ がホーキンス＝サイモン条件を満たす事が，この行列が非負の逆行列を持つ事の必要十分条件である[4)] 事より，$\mathbf{x}^*=[I-A]^{-1}\mathbf{c}$．この式の両辺に L を乗ずると，

$$L\mathbf{x}^* = L[I-A]^{-1}\mathbf{c} = \mathbf{\Lambda c} > 0. \tag{3.5}$$

かくして，$l.v.(\mathbf{c})$ ならば $\mathbf{\Lambda c}$ である事が従う．

逆について．$\mathbf{\Lambda c}$ に対して，$[I-A]\mathbf{x}^*=\mathbf{c}$ となる $\mathbf{x}^*\geq\mathbf{0}$ が存在する．このとき，$l.v.(\mathbf{c})<L\mathbf{x}^*$ と仮定しよう．するとある $\mathbf{x}^{**}\geq\mathbf{0}$ が存在して，$[I-A]\mathbf{x}^{**}\geq\mathbf{c}$ でありかつ，$L\mathbf{x}^{**}<L\mathbf{x}^*$ となる．非負の逆行列 $[I-A]^{-1}$ の存在より，$\mathbf{x}^{**}\geq[I-A]^{-1}\mathbf{c}=\mathbf{x}^*$ となる．これは関数 $L\mathbf{x}$ の強単調性より，$L\mathbf{x}^{**}<L\mathbf{x}^*$ に矛盾する．かくして，$\mathbf{\Lambda c}$ ならば $l.v.(\mathbf{c})$ である事が従う．

Q.E.D.

レンマ 3.1 より，定義 3.2 の労働搾取率も，レオンチェフ経済体系の下では，以下の様に書き換えられる：

$$e(\mathbf{b}) = \frac{1-\mathbf{\Lambda b}}{\mathbf{\Lambda b}}. \tag{3.6}$$

このとき，以下の定理が成立する：

定理 3.1 [Okishio (1963)] (**Fundamental Marxian Theorem: FMT**)：任意の資本主義経済 $\left\langle N, O; \left(P_{(A,L)}, \mathbf{b}\right); \left(\boldsymbol{\omega}^{\nu}\right)_{\nu\in N}\right\rangle$ において，その生産技術

---

2)　二階堂(1960)の第1章3節を参照の事．
3)　同上．
4)　同じく，二階堂(1960)の第3章15節を参照の事．

体系が A1′ と A2′ を満たすレオンチェフ体系として特徴付けられるとしよう．そのとき，この経済での任意の再生産可能解 $((\mathbf{p},1),\boldsymbol{\alpha})$ が正の利潤を伴う為の必要十分条件は $e(\mathbf{b})>0$ である．

この定理の一般的証明は，すでに様々な文献で紹介済み[5)]であるので，ここではそれを再現する事はしない．代わって，前節まで論じてきた，2 財レオンチェフ生産経済のモデルを再び想定して，マルクスの基本定理を幾何的手法で以って，説明する事にしたい．

今，2 財レオンチェフ生産体系が図 2.2 の様に与えられていて，また，一つの再生産可能解 $((\mathbf{p},1),\boldsymbol{\alpha})$ が図 2.3 の様に与えられているとしよう．図 2.3 より明らかに，この再生産可能解では正の利潤が存在する．このとき，労働搾取率が正である事を，幾何的に論証しよう．前節で仮定した様に，この再生産可能解における純産出水準 $\hat{\boldsymbol{\alpha}}$ のときの直接労働投入量が $\alpha_0=L\mathbf{x}^*=1$ であった．今，$\hat{\boldsymbol{\alpha}}$ 以外にも，1 単位の直接労働投入によって純産出可能な財ベクトルが存在し得る．それはまさに，集合

$$\partial \hat{P}_{(A,L)}(\alpha_0=1)=\left\{\mathbf{y}\in\mathbf{R}^2 \,\middle|\, \exists\mathbf{x}\in\mathbf{R}^2_+ : L\mathbf{x}=1 \,\&\, \mathbf{y}=\mathbf{x}-A\mathbf{x}\right\}$$

として定義されるものである．この集合 $\partial \hat{P}_{(A,L)}(\alpha_0=1)$ は，図 2.3 において，点 $\hat{\boldsymbol{\alpha}}$ を通過する右下がりの直線として描く事ができる．点 $\hat{\boldsymbol{\alpha}}$ を通過する直線となる事については，最初の想定として $\hat{\boldsymbol{\alpha}}\in\partial \hat{P}_{(A,L)}(\alpha_0=1)$ であった事から明らかであろう．ではなぜ，右下がりの直線となるのであろうか？　集合 $\partial \hat{P}_{(A,L)}(\alpha_0=1)$ は純産出ベクトル $\mathbf{y}\in\mathbf{R}^2$ の軌跡である．$\mathbf{y}\in\partial \hat{P}_{(A,L)}(\alpha_0=1)$ であれば，$\mathbf{y}=[I-A]\,\mathbf{x}$ であるので，$\mathbf{x}=[I-A]^{-1}\,\mathbf{y}$．よって，$\mathbf{y}\in\partial \hat{P}_{(A,L)}(\alpha_0=1)$ の条件より，$L\mathbf{x}=L\,[I-A]^{-1}\,\mathbf{y}=1$ となる．ここで，$\boldsymbol{\Lambda}=L\,[I-A]^{-1}$ であるので，$\boldsymbol{\Lambda}$ は $1\times n$ 型行ベクトルであって，$L\gg 0$ の仮定と逆行列 $[I-A]^{-1}$ の非負性の性質から，$\boldsymbol{\Lambda}\gg\mathbf{0}$．かくして，集合 $\partial \hat{P}_{(A,L)}(\alpha_0=1)$ とは点 $\hat{\boldsymbol{\alpha}}$ と正の法線ベクトル $\boldsymbol{\Lambda}\gg\mathbf{0}$ によって定義される超平面の部分集合

$$\partial \hat{P}_{(A,L)}(\alpha_0=1)\subseteq H(\boldsymbol{\Lambda},\hat{\boldsymbol{\alpha}})\equiv\left\{\mathbf{y}\in\mathbf{R}^2 \,\middle|\, \boldsymbol{\Lambda}\mathbf{y}=1\right\}$$

5)　代表的な文献として，置塩(1977)，Morishima(1973)，及び，Roemer(1981)を挙げておく．

に他ならない事が解る．この超平面 $H(\boldsymbol{\Lambda}, \hat{\boldsymbol{\alpha}})$ は2次元空間上の直線となり，また，その直線は正ベクトル $\boldsymbol{\Lambda} \gg \mathbf{0}$ と直交する性質を持っている．従って，それは右下がりとなる事が確認できる．この様にして，図2.3上に $\partial \hat{P}_{(A,L)}(\alpha_0=1)$ を表す直線が描かれるのである．つまり，図2.3の直線 $\partial \hat{P}_{(A,L)}(\alpha_0=1)$ の傾きは，ベクトル $\boldsymbol{\Lambda} \gg \mathbf{0}$ によって与える事ができる．レオンチェフ生産技術の下では，この正の行ベクトルが各財**1**単位当たりの労働価値を記載するものであった．他方，純産出可能曲線の方は，その傾きは再生産可能解の価格ベクトル $\mathbf{p}$ によって与えられている．一般にベクトル $\mathbf{p}$ とベクトル $\boldsymbol{\Lambda}$ は一致しない為，図2.3の様に両曲線は重ならずに，但し，点 $\hat{\boldsymbol{\alpha}}$ において交差する様に描く事ができるのである．

さて，ここで超平面 $H(\boldsymbol{\Lambda}, \hat{\boldsymbol{\alpha}})$ の下方領域を $H_-(\boldsymbol{\Lambda}, \hat{\boldsymbol{\alpha}}) \equiv \left\{\mathbf{y} \in \mathbf{R}^2 \middle| \boldsymbol{\Lambda}\mathbf{y} < 1\right\}$ として定義する．その一部が以下の図3.1のシャドー領域として描かれているが，その境界線は $\mathbf{b}$ を通過し，法線ベクトルが $\boldsymbol{\Lambda}$ であり，$\hat{\boldsymbol{\alpha}} \geq (\neq) \mathbf{b}$ である事から $H_-(\boldsymbol{\Lambda}, \hat{\boldsymbol{\alpha}})$ の部分集合である．つまり，$\mathbf{b} \in H_-(\boldsymbol{\Lambda}, \hat{\boldsymbol{\alpha}})$ である．これは $\boldsymbol{\Lambda}\mathbf{b} < 1$ を意味し，従って $L\mathbf{x}^{\mathbf{b}} = L[I-A]^{-1}\mathbf{b} < 1$，すなわち，実質賃金ベクトル $\mathbf{b}$ を純産出するのに社会的に必要な労働投入量 $L\mathbf{x}^{\mathbf{b}}$ が1より小さい事を意味する．$L\mathbf{x}^{\mathbf{b}}$ は $l.v.(\mathbf{b})$ に他ならないので，この事は，労働搾取率が正である事を意味する．

逆にもし，再生産可能解 $((\mathbf{p}, 1), \boldsymbol{\alpha})$ が正の利潤を伴わない状況を考えてみよう．利潤最大化を目的とする資本家は，もし生産活動の結果が負の利潤しか生まなければ，生産計画 $\mathbf{0} \in P$ によって最適化できるから，再生産可能解で利潤が正でないとすれば，それは利潤ゼロのケースしか有り得ない．また，再生産可能解の条件(b)より，$\hat{\boldsymbol{\alpha}} \geq \mathbf{b}$ でなければならないが，$\hat{\boldsymbol{\alpha}} > \mathbf{b}$ であれば，再生産可能解を特徴付けるフロベニウス正固有ベクトル $\mathbf{p}$ の下で，正の利潤が生じてしまうので，結局，$\hat{\boldsymbol{\alpha}} = \mathbf{b}$ となるしかない．よってこれまでの議論から明らかな様に，$\boldsymbol{\Lambda}\mathbf{b} = 1$ となり，その結果，労働搾取は存在しない事が解る．以上によって，マルクスの基本定理がこの2財のレオンチェフ経済の下で証明された．

ところで以上の説明は，経済の均衡概念が再生産可能解である事と，全ての労働者が同一の生存消費ベクトル $\mathbf{b}$ のみを消費するという仮定に依

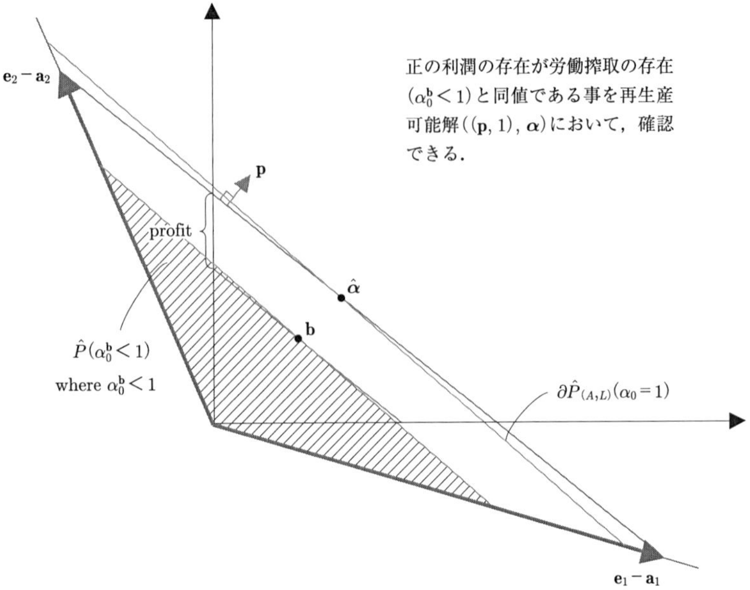

図 **3. 1**　マルクスの基本定理の幾何的証明

存する形で，議論をかなり簡単にしている．経済の均衡概念が再生産可能解である事から，自動的に $\hat{\boldsymbol{\alpha}}\geq\mathbf{b}$ である事が保証され，従って $\hat{\boldsymbol{\alpha}}>\mathbf{b}$ であるか $\hat{\boldsymbol{\alpha}}=\mathbf{b}$ であるかの 2 つのケースのみを考察すれば十分だからである．前者が正の利潤の伴う再生産可能解に相当し，後者がそうでないケースの再生産可能解に相当する．そして $\hat{\boldsymbol{\alpha}}>\mathbf{b}$ のとき正の労働搾取が存在する事は，超平面 $H(\boldsymbol{\Lambda},\hat{\boldsymbol{\alpha}})$ が右下がりとなる事から自動的に従う事を確認できるのである．しかしもし，経済の均衡概念が競争均衡解である場合には，再生産可能条件 $\hat{\boldsymbol{\alpha}}\geq\mathbf{b}$ はもはや要請されない．条件としては代わりに定義 2. 2-(b′)が要請されるだけである．この場合，労働者の消費ベクトル $\mathbf{b}'$ は，貨幣賃金率 1 であり，財の価格体系が $\mathbf{p}$ であるときに定まる労働者の所得曲線 $B(\mathbf{p},1)$ 上のどこにでも位置し得る．このとき，右下がり直線である $H(\boldsymbol{\Lambda},\hat{\boldsymbol{\alpha}})$ の傾きが極めて急なケースであれば，それは労働者の貨幣賃金率 1 の所得曲線 $B(\mathbf{p},1)$ と交差するかもしれない．それは，経済が正の利潤の伴う競争均衡解の下にあったとしても，労働者がこの所得曲線上で選択する消費財ベクトル次第では，労働搾取率が負になってしまう可能性を含意している．$\hat{\boldsymbol{\alpha}} \geq \mathbf{b}$ が保証される再生産可能解の下では $H(\boldsymbol{\Lambda}, \hat{\boldsymbol{\alpha}})$ が右下がりであることを確認さえすれば証明は完結したが，競争均衡解を前提する場合には，$H(\boldsymbol{\Lambda}, \hat{\boldsymbol{\alpha}})$ の傾きについて分析しないといけなくなるのである．

幸いにして，我々は以下の事を確認する事ができる：

定理 3.2：任意の資本主義経済 $\langle N, O; (P_{(A,L)}, \mathbf{b}); (\boldsymbol{\omega}^{\nu})_{\nu \in N} \rangle$ において，その生産技術体系が A1′ と A2′ を満たすレオンチェフ体系として特徴付けられるとしよう．また，この経済が競争均衡解 $((\mathbf{p}, 1), \boldsymbol{\alpha})$ の下にあるとしよう．そのとき，労働者の任意の消費財ベクトル $\mathbf{b}' \in B(\mathbf{p}, 1)$ に関して，この競争均衡解が正の利潤を伴う為の必要十分条件は $e(\mathbf{b}') > 0$ である．

証明：今，競争均衡解 $((\mathbf{p}, 1), \boldsymbol{\alpha})$ において正の利潤が存在するので，$\mathbf{p}\hat{\boldsymbol{\alpha}} - 1 > \mathbf{0}$．つまり図 2.3 や図 3.1 における 2 つの超平面 $H(\mathbf{p}, \hat{\boldsymbol{\alpha}})$ と $B(\mathbf{p}, 1)$ の位置関係はそのまま維持されている．問題は，図 2.3 や図 3.1 で描かれるような $H(\boldsymbol{\Lambda}, \hat{\boldsymbol{\alpha}})$ の傾きがどうなるかを確認することである．図 2.3 や図 3.1 で描かれる $H(\boldsymbol{\Lambda}, \hat{\boldsymbol{\alpha}})$ は，$B(\mathbf{p}, 1)$ と非負象限上で交差しておらず，従って，$B(\mathbf{p}, 1)$ 上のいかなる消費点 $\mathbf{b}' \in B(\mathbf{p}, 1)$ を労働者が選んでいたとしても，彼の搾取率は正となる事が，$\mathbf{b}' \in H_{-}(\boldsymbol{\Lambda}, \hat{\boldsymbol{\alpha}})$ の性質より従うのである．

ところで，レオンチェフ生産体系を前提する限り，競争均衡解 $((\mathbf{p}, 1), \boldsymbol{\alpha})$ においても，その価格ベクトル $\mathbf{p}$ はフロベニウス正固有ベクトルとして決まるので，

$$\mathbf{p} = (1+\pi)\,\mathbf{p}A + L$$

となる．これを変形すると，

$$\mathbf{p} = L\,[I-A]^{-1} + \pi\mathbf{p}A\,[I-A]^{-1} = \boldsymbol{\Lambda} + \pi\mathbf{p}H. \tag{3.7}$$

正の利潤の想定より，$\pi\mathbf{p}H \gg \mathbf{0}$ であり，従って，$\mathbf{p} \gg \boldsymbol{\Lambda}$．これは

$$\mathbf{p}\mathbf{b}' = 1 \Rightarrow \boldsymbol{\Lambda}\mathbf{b}' < 1$$

を意味する．つまり，

$$\forall \mathbf{b}' \in B(\mathbf{p},1), \quad \mathbf{b}' \in H_{-}(\boldsymbol{\Lambda},\hat{\boldsymbol{\alpha}})$$

が一般的に従う．かくして，$l.v.(\mathbf{b}')<1$ が従う．

逆に競争均衡解 $((\mathbf{p},1),\boldsymbol{\alpha})$ において利潤ゼロであるとしよう．すると(3.7)式の右辺第二項は消滅するので，$\mathbf{p}=\boldsymbol{\Lambda}$．利潤ゼロ故に，$H(\mathbf{p},\hat{\boldsymbol{\alpha}})$ と $B(\mathbf{p},1)$ は一致する．また，$\mathbf{p}=\boldsymbol{\Lambda}$ 故に，$H(\mathbf{p},\hat{\boldsymbol{\alpha}})$ と $H(\boldsymbol{\Lambda},\hat{\boldsymbol{\alpha}})$ は一致する．かくして，$H(\boldsymbol{\Lambda},\hat{\boldsymbol{\alpha}})$ と $B(\mathbf{p},1)$ は一致する．これは

$$\forall \mathbf{b}' \in B(\mathbf{p},1), \quad \boldsymbol{\Lambda}\mathbf{b}' = 1$$

を意味し，従って，労働搾取率がゼロである．　**Q.E.D.**

以上の議論より，マルクスの基本定理は，少なくともレオンチェフ生産体系を前提に議論する限り，決して再生産可能解という特定の均衡概念に依存する事無く，成立する事が展望できる．また，労働搾取と正の利潤の同値性は，やはりレオンチェフ生産体系を前提に議論する限り，決して労働者の選択する消費ベクトルの性質に依存する事無く成立する事も確認できる．従って，少なくともレオンチェフ生産体系を前提に議論する限り，マルクスの基本定理は標準的なミクロ経済学における「厚生経済学の基本定理」などと同様に，完全競争市場の私的所有経済システムの普遍的特徴の一側面を明らかにした定理であると評価する事ができるかもしれない．

3.2　労働価値説と転化論

マルクスの基本定理によって，少なくともレオンチェフ経済体系を前提に議論する限りでは，資本主義経済における正の利潤の源泉は唯一，労働搾取の存在だけであり，それ故に資本主義社会もまた，直接的生産者階級の剰余労働を支配階級が搾取する階級社会である，というマルクスの主張の科学性が証明されたと解釈できる様にも思える．しかしながら，上述した様に，マルクスの労働搾取理論が有意味であるためには労働価値概念の科学性が示されねばならず，その為には転化論に関するさらなる検証を要する．

その第一は，「剰余価値率の平均利潤率への転化」の検証である．この

議論の主旨は利潤率が搾取率によって規定されることを示すことにあるので，両カテゴリーの間に「関数関係」がある事を示せればよい．この事は，以下の「森嶋＝シートン方程式」[Morishima & Seton (1961)] によって証明された．

定理 3.3 [Morishima & Seton (1961)]（森嶋＝シートン方程式）：任意の資本主義経済 $\left\langle N, O; \left(P_{(A,L)}, \mathbf{b}\right); \left(\boldsymbol{\omega}^{\nu}\right)_{\nu\in N}\right\rangle$ において，その生産技術体系が A1′ と A2′ を満たすレオンチェフ体系として特徴付けられるとしよう．そのとき，経済が均斉成長解 $((\mathbf{p},1), \mathbf{x}, \pi)$ にあるときの産出比率でもって産業部門間をウェイト付けすることによって搾取率と均等利潤率の間の以下の様な関数関係が得られる．

$$\pi = e(\mathbf{b})\frac{V}{C+V}$$

但し，$V \equiv \mathbf{\Lambda b}L\mathbf{x}$, $C \equiv \mathbf{\Lambda}A\mathbf{x}$ を導く $\mathbf{x} \gg \mathbf{0}$ は経済が均斉成長経路にあるときの産出ベクトルである．

証明：生産価格体系が，

$$\mathbf{p} = (1+\pi)\,\mathbf{p}\,[A+\mathbf{b}L]$$

であるとき，ペロン＝フロベニウス定理より，以下の様な性質を満たす $\mathbf{x} \gg \mathbf{0}$ が存在する．

$$\mathbf{x} = (1+\pi)\,[A+\mathbf{b}L]\,\mathbf{x}$$

この式の両辺に $\mathbf{\Lambda}$ を乗ずると，

$$\mathbf{\Lambda x} - [\mathbf{\Lambda}A\mathbf{x} + \mathbf{\Lambda b}L\mathbf{x}] = \pi\,[\mathbf{\Lambda}A\mathbf{x} + \mathbf{\Lambda b}L\mathbf{x}]$$

ここで搾取率の定義式より，$(1+e(\mathbf{b}))\,\mathbf{\Lambda b} = 1$ であることから，

$$[\mathbf{\Lambda} - (\mathbf{\Lambda}A + \mathbf{\Lambda b}L)]\,\mathbf{x} = e(\mathbf{b})\,\mathbf{\Lambda b}L\mathbf{x}.$$

かくして，

$$\pi = e(\mathbf{b})\frac{\mathbf{\Lambda b}L\mathbf{x}}{\mathbf{\Lambda}A\mathbf{x} + \mathbf{\Lambda b}L\mathbf{x}}$$

が得られる．また，この方程式より，マルクスの基本定理が成立していることも同時に確認されよう．　**Q.E.D.**

かくして均等利潤率は搾取率の単調増加連続関数である事が示された．また，「森嶋＝シートン方程式」より，$\mathbf{\Lambda} A\mathbf{x}>0$ でありさえすれば，搾取率は均等利潤率の上限を与えていることも明らかである．ところでこの「森嶋＝シートン方程式」は労働者の実質賃金バスケットを全ての個人において同一のものとして固定した上で得られている．他方，Roemer (1981) は労働者の消費選択の問題を導入することによって，実質賃金率が同一であっても選択される実質賃金バスケットが異なり得る場合においても (従って個々の労働者の間で搾取率が異なり得る場合においても)，労働者の効用関数が一定の自然な性質を持つ場合には労働者階級全体の平均的搾取率と均等利潤率との間には単調増加の関数関係がある事を示している．また，効用関数に関する制約を課さない場合においても単調増加の連続対応関係が平均的搾取率と均等利潤率との間にある事を示している．

「価値の生産価格への転化」に関する，マルクスの「総計一致の**2**命題」は Morishima (1974) によって証明された．Morishima (1974) はマルクスの iteration process によって，価値体系が生産価格体系に収束することを示した．そしてそのときの生産価格体系と価値体系をそれぞれ均斉成長経路上の産出ベクトルでもって集計して得られる総生産価格と総価値とが一致することを，さらに同様の事が総利潤と総剰余価値との間にも成立する事を示した．iteration process の初期状態は，以下の様な価格体系から出発する．

$$\mathbf{p}^1 = \left[1+e(\mathbf{b})\frac{\mathbf{\Lambda}\mathbf{b}L\mathbf{x}^0}{\mathbf{\Lambda}A\mathbf{x}^0+\mathbf{\Lambda}\mathbf{b}L\mathbf{x}^0}\right]\mathbf{\Lambda}\left[A+\mathbf{b}L\right].$$

ここで $\mathbf{x}^0$ は 0 期における任意の産出ベクトルである．0 期の費用価格が労働価値と等しい様に与えられ，それによって得られる第 1 期の価格 $\mathbf{p}^1$ は一般に労働価値価格 $\mathbf{\Lambda}$ とは異なる．これがマルクスの直面した困難であった．それに対する Morishima (1974) の解決は以下の様にまとめられる．

定理 3.4 [Morishima (1974)] (マルクスの総計一致 **2** 命題)：任意の資本主義経済 $\left\langle N, O; \left(P_{(A,L)}, \mathbf{b}\right); \left(\boldsymbol{\omega}^{\nu}\right)_{\nu\in N}\right\rangle$ において，その生産技術体系が A1′ と

A2′ を満たすレオンチェフ体系として特徴付けられるとしよう．このとき公式

$$\lim_{t\to\infty}\mathbf{p}^{t+1}=\lim_{t\to\infty}\left[1+e(\mathbf{b})\frac{\boldsymbol{\Lambda}\mathbf{b}L\mathbf{x}^t}{\boldsymbol{\Lambda}A\mathbf{x}^t+\boldsymbol{\Lambda}\mathbf{b}L\mathbf{x}^t}\right]\mathbf{p}^t[A+\mathbf{b}L]$$

が存在し，その極値 $\mathbf{p}=\lim_{t\to\infty}\mathbf{p}^{t+1}$ においては以下の様な性質が成り立つ．すなわち，ある正の均等利潤率 $\pi>0$ に対して，

$$\mathbf{p}=(1+\pi)\,\mathbf{p}\,[A+\mathbf{b}L].$$

但し，ここで $\mathbf{p}^0=\boldsymbol{\Lambda}$ であり，$\mathbf{x}^0$ は任意の非負ベクトルである．さらに，このとき，極値 $\mathbf{x}=\lim_{t\to\infty}\mathbf{x}^t$ でもって総計する事によって，以下の 2 式が成立する：

$$\mathbf{p}\mathbf{x}=\boldsymbol{\Lambda}\mathbf{x}\ \text{(総価格=総価値)};$$

$$\pi\mathbf{p}\,[A+\mathbf{b}L]\,\mathbf{x}=e(\mathbf{b})\boldsymbol{\Lambda}\mathbf{b}L\mathbf{x}\ \text{(総利潤=総剰余価値)}.$$

この結論において基本的に総計一致問題として知られるいわゆる転化問題は決着が着いたと言える．

定理 3.4 の証明は以下の数学的レンマを用いる．

レンマ 3.2：$n\times n$ 正行列 M が与えられているとき，定差方程式，

$$\mathbf{x}^{t+1}=M\mathbf{x}^t$$

を考える．このとき，任意の初期値 $\mathbf{x}^0\geq\mathbf{0}$ からスタートして，各部門 $i=1,\ldots,n$ に関して，$\mu_i^t=x_i^{t+1}/x_i^t$ と定めると，全ての $i=1,\ldots,n$ に関して，

$$\lim_{t\to\infty}\mu_i^t=\mu(M).$$

但し，$\mu(M)$ は M のフロベニウス固有値である．また，$\lim_{t\to\infty}\mathbf{x}^t$ が存在してそれは $\mu(M)$ に属するフロベニウス固有ベクトルとなる．

証明：二階堂(1960)の第 3 章 22 節における定理*を参照の事．　**Q.E.D.**

レンマ 3.3：$n\times n$ 正行列 M が与えられているとき，そのフロベニウス固有値 $\mu(M)>0$ が存在し，そのとき，

$$\lim_{t\to\infty}\left(\frac{1}{\mu(M)}M\right)^t = \mathbf{x}\cdot\mathbf{p}.$$

但し，$\mathbf{x}$ は $\mu(M)$ に属する固有列ベクトル，$\mathbf{p}$ は $\mu(M)$ に属する固有行ベクトルであって，$\mathbf{px}=1$ を満たす．

証明：津野(1990)の第8章における定理8.3.1及び定理8.3.2を参照の事．　**Q.E.D.**

定理 3.4 の証明：今，$M=A+\mathbf{b}L$ と置くと，$L\gg\mathbf{0}$ より M は正行列となる．また，

$$1+e(\mathbf{b})\frac{\mathbf{\Lambda b}L\mathbf{x}^t}{\mathbf{\Lambda}A\mathbf{x}^t+\mathbf{\Lambda b}L\mathbf{x}^t} = \frac{\mathbf{\Lambda x}^t}{\mathbf{\Lambda}M\mathbf{x}^t}$$

である事より，産出水準の決定方程式を

$$\mathbf{x}^{t+1} = \frac{\mathbf{\Lambda x}^t}{\mathbf{\Lambda}M\mathbf{x}^t}M\mathbf{x}^t$$

と定める．レンマ3.2より，全ての $i=1,\ldots,n$ に関して，$\lim_{t\to\infty}\left(x_i^{t+1}\Big/\frac{\mathbf{\Lambda x}^t}{\mathbf{\Lambda}M\mathbf{x}^t}x_i^t\right)=\mu(M)$ となり，さらに $\lim_{t\to\infty}\mathbf{x}^t=\mathbf{x}$ となる事より，

$$\mathbf{x} = \frac{\mathbf{\Lambda x}}{\mathbf{\Lambda}M\mathbf{x}}M\mathbf{x}$$

となる．ここで $\frac{\mathbf{\Lambda x}}{\mathbf{\Lambda}M\mathbf{x}}=1+e(\mathbf{b})\frac{\mathbf{\Lambda b}L\mathbf{x}}{\mathbf{\Lambda}M\mathbf{x}}$ であり，分解不能な非負行列の非負固有値問題の解はフロベニウス根だけであることから $\frac{\mathbf{\Lambda x}}{\mathbf{\Lambda}M\mathbf{x}}=\frac{1}{\mu(M)}$ であるので，結局

$$1+e(\mathbf{b})\frac{\mathbf{\Lambda b}L\mathbf{x}}{\mathbf{\Lambda}M\mathbf{x}} = 1+\pi.$$

その結果，問題は

$$\mathbf{p}^{t+1} = (1+\pi)\mathbf{p}^tM$$

の iteration に還元される．$(1+\pi)\mathbf{p}^tM=(1+\pi)^t\mathbf{\Lambda}M^t$ であることと，レンマ3.3より，

$$\lim_{t\to\infty}(1+\pi)^t\mathbf{\Lambda}M^t = \alpha\mathbf{p}.$$

但し $\alpha=\mathbf{\Lambda x}$ である．ここで α は定数であるので $\alpha\mathbf{p}$ を改めて $\mathbf{p}$ とすれ

ば，これで生産価格体系が導出された．

ここで $\mathbf{p}^{t+1}=(1+\pi)\,\mathbf{p}^t M$ の両辺に固有ベクトル $\mathbf{x}\gg\mathbf{0}$ を乗ずれば

$$\mathbf{p}^{t+1}\mathbf{x}=(1+\pi)\,\mathbf{p}^t M\mathbf{x}.$$

ここで $\mathbf{x}=(1+\pi)\,M\mathbf{x}$ より，全ての $t=0,1,2,\ldots$ に対して，$\mathbf{p}^{t+1}\mathbf{x}=\mathbf{p}^t\mathbf{x}$ が成立する事から，$\lim_{t\to\infty}\mathbf{p}^t\mathbf{x}=\mathbf{p}\mathbf{x}=\mathbf{\Lambda}\mathbf{x}$ が成立する．同様に，全ての $t=0,1,2,\ldots$ に対して，$\mathbf{p}^t M\mathbf{x}=\mathbf{\Lambda}M\mathbf{x}$ が成立していることから，

$$\lim_{t\to\infty}\mathbf{p}^{t+1}\mathbf{x}-\mathbf{p}^t M\mathbf{x}=\mathbf{p}\mathbf{x}-\mathbf{p}M\mathbf{x}=\mathbf{\Lambda}\mathbf{x}-\mathbf{\Lambda}M\mathbf{x}.$$

ここで，$\mathbf{p}\mathbf{x}-\mathbf{p}M\mathbf{x}=\pi\mathbf{p}M\mathbf{x}$，及び $\mathbf{\Lambda}\mathbf{x}-\mathbf{\Lambda}M\mathbf{x}=e(\mathbf{b})\mathbf{\Lambda}\mathbf{b}L\mathbf{x}$ より，上式は総利潤＝総剰余価値を意味する．　**Q.E.D.**

ところで，この総計一致問題の解決を巡る「転化論争」に対して，以下の様な批判は伝統的なマルクス経済学からは度々出てくるものである——マルクスの転化論の主旨を理解する事無く，単なる量的一致問題の解ける，解けないという事実だけで，マルクスの労働価値論，転化論の正否を論じている，と．すなわち，量的一致の議論では，価値の価格への転化の質的な意味を捉えられないにも拘らず，量的一致問題の決着で同時に「質的転化」にも決着をつけたと錯覚しているとの批判である．この「質的転化」とは，階級的社会関係で生成されている諸形態(剰余価値，価値)の，市民社会の日常意識で生成されている諸形態(利潤，生産価格)への転化，物象化の事であると思われるが，いわゆる総計一致命題がこの様な質的転化それ自体の証明になり得ないのは自明の事である．しかしながら，総計一致命題が論証されることでマルクスの価値・剰余価値体系は日常世界のカテゴリーである利潤・生産価格体系と，それが単なる量的一致に過ぎないものであれ，リンケージがつけられ，その結果，マルクスの質的転化，物象化の議論の整合性も失われない．その様なリンケージは，価値・剰余価値体系が日常の市場世界では観察不可能なカテゴリーである故に必要とされる．マルクスは『資本論 I』，『資本論 II』においては価値＝価格の仮定の下で全てを論じているのであり，それはもちろん理論的な操作であるが，そうであるが故にその操作が well-defined であることは理論的に確証される必要がある．さもなくば，『資本論 I』と『資本論 III』と

の整合性は失われるであろう．

以上の定理3.4が示す様に，少なくとも技術選択や固定資本の存在しない単純なレオンチェフ経済体系を前提に議論を進める限り，マルクスの総計一致2命題は論証される．しかしながら，転化論の主旨が総計一致問題を解く事よりも，労働価値の生産価格への規定関係を明らかにすることによって，労働価値概念の科学性，有効性を示し，「生産価格は価値の現象形態である」という主張に根拠を持たせる事にあったとすれば，真の問題の関心はいわゆる「価値法則」の証明を与える事こそにあろう．「価値法則」とは，私見に基づけば，市場の諸商品価格の運動は労働価値の運動によって規定されているという事，換言すれば，資本主義的生産過程の背後にある階級的権力関係，搾取関係が，市場における商品関係，価格運動を規定する事を主張する．この主張を根拠付ける為にも，価値と価格の規定関係が論証される必要があろう．

この価値法則の論証は，単に価値ないしは剰余価値率と生産価格ないしは平均利潤率との間の関数関係の存在を示すだけでは不十分である．資本主義的生産過程の背後にある階級的権力関係，搾取関係によって市場における商品関係，価格運動がどの様に規定されるかを示す必要があろう．つまり，実質賃金バスケット，もしくは実質賃金率の変化によって搾取率が変化し得る場合，それがどの様な関数関係として，価格体系の決定に影響を及ぼしているか否かについて，見る必要があろう．この問題は，実質賃金ベクトル，もしくは実質賃金率が固定された想定下で，搾取率と利潤率の間にリンケージを付ける「森嶋＝シートン方程式」の課題とは異なる．この価値法則の論証問題に関してRoemer(1981)は，実質賃金率一定で，実質賃金バスケットが個々の労働者の予算制約下の効用最大化解として選択されるケースに関して，議論した．以下では，実質賃金バスケット一定の下で，しかしながら，実質賃金率が労資の力関係の変化によって変わり得るケースを見ていく．その様な想定の下での価値法則の論証問題とは，第一に，いかなる任意の搾取率に対しても，各々一意の生産価格体系が存在する事，第二に，実質賃金の変化に対して，搾取率は単調減少に対応し，均等利潤率は搾取率の単調増加関数である事を示すことである．

定理 3.5（マルクスの価値法則）：任意の資本主義経済 $\langle N, O; (P_{(A,L)}, \mathbf{b});$ $(\boldsymbol{\omega}^{\nu})_{\nu \in N}\rangle$ において，その生産技術体系が A1′ と A2′ を満たすレオンチェフ体系として特徴付けられるとしよう．以下，実質賃金バスケット $\mathbf{b} \gg \mathbf{0}$ が一定の下で，実質賃金率 $\Omega \geq 1$ が労資の力関係によって決定されるとき，搾取率は $e(\Omega) = \frac{1 - \Omega \mathbf{\Lambda b}}{\Omega \mathbf{\Lambda b}}$ によって定義されるものとする．そのとき，

i）任意に与えられた搾取率 $e^* \in \mathbf{R}_+$ に対して，生産価格体系

$$\mathbf{p} = (1+\pi)\,\mathbf{p}\,[A + \Omega \mathbf{bL}]$$

　が一意に存在する．

ii）$e(\Omega)$ は単調減少関数となり，$\pi(e)$ は単調増加関数となる．

証明：

i) について：今，$\mathbf{b} \gg \mathbf{0}$ を固定し，価格体系を $\mathbf{pb} = 1$ に基準化する．$e^* \in \mathbf{R}_+$ を任意に一つ与える．$\mathbf{W} \equiv \{\Omega \in \mathbf{R}_+ \mid e(\Omega) = e^*\}$ としよう．搾取率の定義式より，一般に $e(\Omega) = \frac{1}{\Omega \mathbf{\Lambda b}} - 1$ であることから，$\mathbf{W}$ は singleton set である事が解る．$\mathbf{W}$ の要素を今，$\Omega(e^*)$ としよう．e^* がある有限の非負値であることから $\Omega(e^*)$ は正数でなければならない．そのとき，A が分解不可能であることから拡大投入産出行列 $M(e^*) \equiv [A + \Omega(e^*)\,\mathbf{b}L]$ もまた，分解不可能な非負行列となる．かくしてペロン＝フロベニウス定理により $(1+\pi(e^*)) > 0$ 及び，

$$\mathbf{p}(e^*) = (1+\pi(e^*))\,[\mathbf{p}(e^*)\,A + \Omega(e^*)\,L]$$

を満たす $\mathbf{p}(e^*) \gg \mathbf{0}$ が一意に決定する．ここで，$\pi(e^*)$ の非負値性はマルクスの基本定理によって保証されている．

ii) について：$e(\Omega)$ の単調減少性は明らか．次に $\pi(e)$ の単調増加性について．$e(\Omega)$ の単調減少性より，$e > e^*$ は対応する $\Omega(e) < \Omega(e^*)$ を意味する．従って $M(e) \leq M(e^*)$．そのとき，対応するフロベニウス根 $\mu(M)$ に関して M の分解不可能性より，$\mu(M(e)) < \mu(M(e^*))$ となる．$\pi = \mu(M)^{-1} - 1$ の関係より，$\pi(e) > \pi(e^*)$ となる．　**Q.E.D.**

以上の結論は，価値体系のデータと実質賃金率のデータから搾取率を

計算する手続きを通じて，生産価格体系の決定が可能な事を意味もする．しかしながら，実質賃金バスケットが固定されている下では，実質賃金率 Ω のデータさえ与えられれば，均等利潤率や生産価格体系は技術体系 (A, L) に基づいて一意に決定されることは容易に見てとれる．他方，搾取率や労働価値体系に関しても，生産価格体系の導出の為に要する同様のデータによって，一意に決定される．この事から，Steedman(1977)は，労働価値体系を使う廻り道をせずとも，技術体系に関するデータだけで生産価格体系を導出する事ができる，と主張した．この主張は，一定の範囲内で，確かに正しい．しかしながら，マルクスの価値法則の主旨は，労働価値のデータでもって生産価格体系を導出できるか否かという問題ではない．我々の導出したこの定理も，マルクスの価値法則の主旨は，レオンチェフ経済体系の仮定下で見る限り，論理整合的である事を確認するだけのものに過ぎない．

3.3 数理マルクス経済学による，労働価値説の限界の露呈

これまで見てきた数理マルクス経済学の成果は，マルクスの労働価値説と搾取理論の有効性を裏付けるものの様に見える．だが，これらの成果はマルクスの基本定理を除けば，単純なレオンチェフ経済体系の下で得られたものであって，技術選択の問題や固定資本の問題が絡んでくるや，マルクスの労働価値説は有効性を失う．

マルクスの労働価値説は，単純なレオンチェフ経済体系を前提にする限り，その主張の論理的整合性は維持された．しかしながら，単純なレオンチェフ経済体系の仮定は，資本主義経済のモデルとしては単純すぎる．現実の資本主義経済では，仮に工業生産における土地の生産要素としての役割が無視できる程度であるために，これらの産業における収穫一定は仮定できたとしても，そこには通常，複数の技術体系(資本財と労働投入係数との組み合わせ)の間での選択の問題が存在しているし，生産に際して固定資本財も用いられるのが一般的である．

もちろん，これらの要素をモデルに組み込むことによって徒にモデルを

複雑にするよりも，単純なモデルでより明晰な結論を導く方が良いという側面はある．理論経済学においてモデルとは，当面するある特定の明らかにすべき課題にとって本質的と思われる事象だけを組み込んで，それ以外の単にモデルを繁雑にするだけと思われる事象は捨象してしまうものである．従って，ただ単にモデルを一般化して結論を出せば良いというものではない．しかし我々の当面の問題に関しては，技術選択の余地や固定資本の存在を許容する様なモデルへの一般化は意味を持つと言えよう．なぜならば，現代の新古典派経済学における一般均衡理論の成果によって，いわゆるマルクスの生産価格に相当する長期均衡価格は，技術選択の余地や固定資本の存在を許容する，より一般的な経済モデルの前提の下で存在する事が明らかにされているからである．従って，マルクスの労働価値説が現代の一般均衡理論の成果を踏まえても，依然として有効である事を示すためには，技術選択の余地や固定資本の存在を許容する様な，より一般的な経済体系の下であっても，労働価値による長期均衡価格の規定性を証明できなければならない．それによって初めて，マルクスの「三位一体論」批判が現代においても有効である，と主張する資格を得る．

だが，Morishima(1973)や Steedman(1977)等の議論によってすでに知られている様に，この問題に関して，労働価値説はその主張の頑健性を示す事はできない．技術選択の問題から見てみよう．今，労働者の賃金率が Ω として固定されている下で，資本家は技術体系 $\left(A^1, L^1\right)$ と技術体系 $\left(A^2, L^2\right)$ の選択問題に直面しているとしよう．資本家は利潤最大化原理によって，現行の価格体系 $\mathbf{p}$ の下でより収益性の高い技術を選択するであろう．例えば，$\left(A^1, L^1\right)$ がそうだったとしよう．このとき，体系 $\left(A^1, L^1\right)$ が選ばれて初めて，価値体系 $\mathbf{\Lambda}^1$ が $\left(A^1, L^1\right)$ に依存して決定される事に注意しよう．一般に，異なる技術体系 $\left(A^1, L^1\right)$ と技術体系 $\left(A^2, L^2\right)$ に対応する価値体系 $\mathbf{\Lambda}^1$ と $\mathbf{\Lambda}^2$ とは，相異なるベクトルである．この事態は，価格体系 $\mathbf{p}$ によって，価値体系 $\mathbf{\Lambda}^1$ が決定される事を意味する．また，価格体系 $\mathbf{p}$ の下で，技術体系 $\left(A^1, L^1\right)$ と技術体系 $\left(A^2, L^2\right)$ の収益性が共に等しい状況を考えてみよう．そのとき，任意の $\alpha \in [0,1]$ に関して，両技術体系の1次結合 $\left(\alpha A^1+(1-\alpha) A^2, \alpha L^1+(1-\alpha) L^2\right)$ もまた等しい収益性を生み出すが故に，資本家によって選択され得る．それに対応して労働価値体系 $\mathbf{\Lambda}(\alpha)$ が決定されるわけであるが，この様な 1 次結合は $\alpha \in [0,1]$ の変化に応じて無限に存在する．結局，一つの価格体系に対して無限の労働価値体系が存在し得る事になる．これでは，価値の価格への規定関係は主張し得ないだろう．どの価値体系が成立するかは，資本家がどの $\alpha \in [0,1]$ を選択するかによる，確率的な帰結に依存するからである．

固定資本の問題に関しては，結合生産のモデルの下で，個別労働価値を方程式で求めるときに生じ得る負の労働価値の指摘で十分であろう．この問題は，Morishima(1974)のフォン・ノイマン経済モデルにおける価値の不等式アプローチによって，基本的に解決されたと見なされている．そのアプローチの下では，労働価値は実質賃金バスケットを構成する諸商品の生産を最も労働効率性の良い生産方法で行った場合の労働量として定義され，これは労働者の必要労働を定義する．しかしそこでは，商品個別の労働価値はもはや一意に決定されなくなる．その結果，上述したマルクス労働価値論に関する 4 つの命題はマルクスの基本定理以外は全て，棄却される．

以上より，マルクスの労働価値説の理論的パースペクティヴは技術選択や固定資本が存在しない単純なレオンチェフ経済体系の世界に限定されると言わざるを得ない．すなわち，価値法則は技術選択や固定資本が存在する経済体系を前提すれば，論理整合的な主張ではなくなる．では，単純なレオンチェフ経済体系の世界では，問題なく労働価値の有効性を主張できるだろうか？　これにも実は問題がある．我々はすでに，総計一致問題において，初期時点で費用価格を労働価値で表して iteration process を施すことによって生産価格体系が導出される事を見た．この操作は価値の価格への転化の正しい手続きと理解されているものであるが，この操作によって生産価格体系を導出できるのは，労働価値だけではない．数学的には，任意の価格ベクトルで以って初期時点の費用価格を評価した場合であっても，iteration process を施すことによって生産価格体系が導出されるのである．その事は定理 3.4 の証明より，容易に確認できる．

3.4　転化問題に関する “New Solution” アプローチ

以下，Lipietz (1982) に沿って，転化問題に関する “New Solution” アプローチについて見て行こう[6]．経済の技術体系を (A, L) とする．仮定 A1′ より，集合

$$X(A) \equiv \{\mathbf{x} \in \mathbf{R}^n_{++} \,|[I-A]\mathbf{x} \gg \mathbf{0}\}$$

は非空であり，従って，非負の純産出ベクトルの集合

$$Y(A) \equiv \{\mathbf{y} \in \mathbf{R}^n_{++} | \exists \mathbf{x} \gg \mathbf{0} : \mathbf{y} = [I-A]\mathbf{x}\}$$

は非空である．今，ある純産出ベクトル $\mathbf{y} \in Y(A)$ をニュメレール合成財(貨幣財)とする．そのとき，価格ベクトルの集合は以下の様に定義される：

$$\Delta(\mathbf{y}) \equiv \{\mathbf{p} \in \mathbf{R}^n_+ \,|\mathbf{py} = 1\}.$$

ここで $\mathbf{y} \in Y(A)$ 所与の下で，ニュメレール合成財の生産の為の労働投入量はレンマ 3.1 より $\mathbf{\Lambda y}$ で与えられる．そのとき，ニュメレール合成財 $\mathbf{y} \in Y(A)$ 及び価格体系 $\mathbf{p} \in \Delta(\mathbf{y})$ に対して，ニュメレール合成財の労働価値(=貨幣1単位の労働価値)は $\beta(\mathbf{y}) \equiv \dfrac{\mathbf{\Lambda y}}{\mathbf{py}} = \mathbf{\Lambda y}$ で定義される．Lipietz (1982) はさらに，以下の様に搾取率を定義する：名目賃金率 $w \in \mathbf{R}_{++}$，及びニュメレール合成財 $\mathbf{y}$ の労働価値 $\beta(\mathbf{y})$ の下で，労働者の搾取率は

$$e(w, \mathbf{y}) \equiv \frac{1-\beta(\mathbf{y})w}{\beta(\mathbf{y})w}$$

として与えられる．搾取率に関するこの様な新たな定義に基づいて，Lipietz (1982) はマルクスの転化問題は容易に解決され得る事を以下の様に示した．

定理 3.6 [Lipietz (1982)]（マルクスの総計一致 2 命題への “**New Solution**”）：任意の資本主義経済 $\langle N, O; (P_{(A,L)}, \mathbf{b}); (\boldsymbol{\omega}^\nu)_{\nu \in N} \rangle$ において，その生産技術体系が A1′ と A2′ を満たすとしよう．$\mathbf{\Lambda y}=1$ となる様なニュメレール

6)　同様のアプローチとして，Foley (1986) を挙げる事ができる．

合成財 $\mathbf{y}\in Y(A)$ を任意に選択しよう．このとき，所与の名目賃金率 $w\in\mathbf{R}_{++}$ の下で，ある価格体系 $\mathbf{p}\in\Delta(\mathbf{y})$ が均等利潤率 $\pi\in\mathbf{R}_{+}$ を伴う生産価格体系であるとしよう．このとき，集計因子として $\mathbf{x}=[I-A]^{-1}\mathbf{y}$ を選ぶ事によって，総純生産物価格=総純生産物価値[7]及び，総利潤=総剰余価値，すなわち：

$$\mathbf{py}=\beta(\mathbf{y})$$

$$\pi\,[\mathbf{p}A+wL]\,\mathbf{x}=e(w,\mathbf{y})\beta(\mathbf{y})wL\mathbf{x}$$

が成立する．

証明：最初に，所与の名目賃金率 w 及び任意の貨幣財 $\mathbf{y}$ に対して，必ず生産価格体系が一意に存在する事を確認する．$\mathbf{p}\in\Delta(\mathbf{y})$ を均等利潤率を伴う生産価格体系であるとしよう：

$$\mathbf{p}=(1+\pi)\,[\mathbf{p}A+wL]\,.$$

$wL>0$ であるので，$\mathbf{p}\gg(1+\pi)\mathbf{p}A$，従って $\mathbf{p}\gg\mathbf{0}$ である．これは $[I-(1+\pi)A]^{-1}\gg\mathbf{0}$ が存在して，$\mathbf{p}=(1+\pi)wL[I-(1+\pi)A]^{-1}$ となる事を意味する．定義より $\mathbf{p}\in\Delta(\mathbf{y})$ なので，

$$1=(1+\pi)wL[I-(1+\pi)A]^{-1}\mathbf{y}$$

である．$\beta(\mathbf{y})=\mathbf{\Lambda y}$ である事から，

$$\mathbf{\Lambda y}=\beta(\mathbf{y})(1+\pi)wL[I-(1+\pi)A]^{-1}\mathbf{y}$$

が成立する．搾取率 $e(w,\mathbf{y})$ の定義より，

$$\mathbf{\Lambda y}=(1+\pi)\left(\frac{1}{1+e(w,\mathbf{y})}\right)L[I-(1+\pi)A]^{-1}\mathbf{y}$$

となる．ここで $e(w,\mathbf{y})\geq 0$ より，もし $\pi=0$ ならば，

$$\mathbf{\Lambda y}\geq(1+\pi)\left(\frac{1}{1+e(w,\mathbf{y})}\right)L[I-(1+\pi)A]^{-1}\mathbf{y}$$

となる．さらに

$$(1+\pi)\left(\frac{1}{1+e(w,\mathbf{y})}\right)L[I-(1+\pi)A]^{-1}=(1+\pi)\left(\frac{1}{1+e(w,\mathbf{y})}\right)L\sum_{k=0}^{\infty}[(1+\pi)^{k}A^{k}]$$

7）マルクス経済学的に表現すれば，「総収入=総価値生産物」とも言える．

である事から，$\lim_{\pi\to\infty}(1+\pi)\left(\frac{1}{1+e(w,\mathbf{y})}\right)L[I-(1+\pi)A]^{-1}\mathbf{y}=\infty$ となる．ところで，関数 $(1+\pi)\left(\frac{1}{1+e(w,\mathbf{y})}\right)L[I-(1+\pi)A]^{-1}\mathbf{y}$ は π に関して連続かつ強単調増加であるので，中間値の定理より，ある一意の $\pi^*=\pi(w,\mathbf{y})\geq 0$ が存在して，

$$\mathbf{\Lambda y} = (1+\pi^*)\left(\frac{1}{1+e(w,\mathbf{y})}\right)L[I-(1+\pi^*)A]^{-1}\mathbf{y}$$

となる．よって，$\pi=\pi^*$ とならなければならず，生産価格体系もある一意の価格ベクトル $\mathbf{p}^*=\mathbf{p}(w,\mathbf{y})$ が存在して，このとき

$$\mathbf{p}^* = (1+\pi^*)wL[I-(1+\pi^*)A]^{-1}$$

が成立する．かくして $\mathbf{p}\in\Delta(\mathbf{y})$ は $\mathbf{p}^*$ でなければならない．以上で，各所与の名目賃金率 w 及び任意の貨幣財 $\mathbf{y}\in Y(A)$ に対して，必ず生産価格体系が一意に存在する事を確認できた．

次に $\beta(\mathbf{y})=\mathbf{\Lambda y}=1$ であるときに総利潤=総剰余価値という関係が確かに得られる事を示す．今，$\mathbf{p}^*=(1+\pi^*)\,[\mathbf{p}^*A+wL]$ であるとしよう．このとき，$\mathbf{x}=[I-A]^{-1}\,\mathbf{y}$ に関して，$\mathbf{p}^*\mathbf{x}=(1+\pi^*)\,[\mathbf{p}^*A+wL]\,\mathbf{x}$ である．これは $1=\pi^*[\mathbf{p}^*A+wL]\,\mathbf{x}+wL\mathbf{x}$ を意味する．かくして，$\pi^*[\mathbf{p}^*A+wL]\,\mathbf{x}=\mathbf{\Lambda y}-wL\mathbf{x}=L\mathbf{x}-wL\mathbf{x}=(1-w)\,L\mathbf{x}$ である．今，$\beta(\mathbf{y})=\mathbf{\Lambda y}=1$ である事から，$(1-w)=e(w,\mathbf{y})\beta(\mathbf{y})w$ である．かくして，$\pi^*[\mathbf{p}^*A+wL]\,\mathbf{x}=e(w,\mathbf{y})\beta(\mathbf{y})wL\mathbf{x}$ が成立する．　　**Q.E.D.**

ここで，純生産物 $\mathbf{y}\in Y(A)$ は $\mathbf{\Lambda y}=1$ という条件を満たす様に選ばれており，$\mathbf{p}\in\Delta(\mathbf{y})$ である事から，$\mathbf{y}$ の選出の仕方，すなわち $\mathbf{x}$ の選出の仕方，及び $\mathbf{p}$ の定義それ自体より，総純生産物価格=総純生産物価値の関係が従う事を確認できよう．従って，示すべきは総利潤=総剰余価値の関係である事に留意せよ．

ところで，置塩(1977)や Morishima(1974)の研究によって明らかにされていた様に，労働価値が財1単位当たり生産に直接，及び間接に投下される労働時間 $\mathbf{\Lambda}$ として定義される場合には，一般にマルクスの総計一致2命題は成立せず，従って，総価格=総価値が成立するように任意の集計

因子 $\mathbf{x}$ を選出した場合，総利潤=総剰余価値は成立しない．この問題を解決する為に Morishima (1974) は，任意の集計因子ではなく，フォン・ノイマン成長経路上の産出ベクトルを集計因子として選ぶ事によって，総計一致 2 命題が成立する事を示したのであった．

他方，ここでの Lipietz (1982) の議論では，労働価値を定義する際に，労働 1 単位当たりのある純産出ベクトル $\mathbf{y}$ をニュメレール合成財 (貨幣財) として選択する．ニュメレール合成財の定義よりその価格評価額 $\mathbf{py}$ が貨幣 1 単位を意味する．従って，1 単位貨幣の労働価値は，ニュメレール合成財 $\mathbf{y}$ の投下労働量 $\mathbf{\Lambda y}$ を $\mathbf{py}$ で除した $\beta(\mathbf{y})$ になる．従って，労働者の 1 労働日供給に対する貨幣賃金が w ならば，その貨幣 w 単位の労働価値は $w\beta(\mathbf{y})$ であるので，労働者への支払い労働は $w\beta(\mathbf{y})$ に等しい．他方，不払い労働価値は $1-w\beta(\mathbf{y})$ である．この様にして，搾取率もニュメレール合成財 (貨幣財) の労働価値 $\beta(\mathbf{y})$ に基づいて定義される．その様な定義に基づく限り，ニュメレール合成財として，集計因子をちょうど「純生産物の総価格=純生産物の総価値」が成立する様に任意に選んだとしても，「総利潤=総剰余価値」が成立する事を，Lipietz (1982) は示している．これが，転化問題に関する “New Solution” と言われるアプローチである．上記の命題における条件 $\mathbf{\Lambda y}=1$ は，単に $\mathbf{y}$ をある集合 $\Delta(\mathbf{\Lambda})\equiv\{\mathbf{y}\in\mathbf{R}^n_+ \mid \mathbf{\Lambda y}=1\}$ 上で選べと言っているだけであり，事実上全ての非負ベクトルの可能性を許している．また，$\mathbf{x}$ は $[I-A]^{-1}\mathbf{y}$ として定められるとされているので，集計因子 $\mathbf{x}$ もまた，極めて広い範囲で選択可能である．従って，Lipietz (1982) による転化問題の解決方法は，フォン・ノイマン成長経路上の産出ベクトル上でのみ総計一致 2 命題を成立させた Morishima (1974) の方法に比して，一見，はるかに強い結果である様に見える．

問題は，Lipietz (1982) の搾取率の定義が，果たしてマルクス派の搾取概念をより適切に定式化したものとして評価できるか否かにある．Lipietz (1982) の搾取率 $e(w,\mathbf{y})$ の定義より，$\beta(\mathbf{y})w=w\mathbf{\Lambda y}$ が，労働者の 1 労働日当たりの必要労働時間を意味するものとなる．しかし，伝統的なマルクス的搾取理論から見れば，$w\mathbf{\Lambda y}$ がなぜ労働者の 1 労働日当たりの必要労働時間を意味するのかは，不明瞭である．第一に，$\mathbf{\Lambda y}=L\mathbf{x}$ の関係より，$w\mathbf{\Lambda y}$ とは単なる 1 労働日当たり賃金収入そのものに等しい．第二に，純産出物 $\mathbf{y}$ を貨幣財に選び，貨幣賃金 w の労働価値 $w\beta(\mathbf{y})$ を支払い労働とする事と，労働力再生産に不可欠な実質賃金ベクトル $\mathbf{b}\in\mathbf{R}^n_{++}$ によって規定される必要労働時間としての $\mathbf{\Lambda b}$ とはどう関係するのか？伝統的なマルクス的搾取理論では，両者は等しくなければならない筈である．

では，任意の $\mathbf{y}\in\Delta(\mathbf{\Lambda})$ に関して，$e(\mathbf{b})=e(w,\mathbf{y})$ は成立するだろうか？この等式は $\mathbf{\Lambda b}=w\beta(\mathbf{y})$ を意味する．また，$\beta(\mathbf{y})=1$ なので，結局，$\mathbf{\Lambda b}=w$．他方，1 労働日当たり賃金収入で $\mathbf{b}$ が購入できなければならないので，$w=\mathbf{pb}$．かくして，$\mathbf{\Lambda b}=w=\mathbf{pb}$ でなければならない．しかし，任意の $\mathbf{y}\in\Delta(\mathbf{\Lambda})$ に関して，$\mathbf{\Lambda y}=1=\mathbf{py}$ かつ，$\mathbf{\Lambda b}=w=\mathbf{pb}$ を成立させる事はできない．例えば，財の個数 $n=2$ の場合，$\mathbf{\Lambda}\neq\mathbf{p}$ ならば，$\mathbf{y}=\dfrac{1}{w}\mathbf{b}$ となる様な $\mathbf{y}\in\Delta(\mathbf{\Lambda})$ のみが，$\mathbf{\Lambda b}=w=\mathbf{pb}$ を成立させる．つまり，一般的には，任意の $\mathbf{y}\in\Delta(\mathbf{\Lambda})$ に関して，$e(\mathbf{b})=e(w,\mathbf{y})$ は成立しない．逆に，$e(\mathbf{b})=e(w,\mathbf{y})$ となる様に，貨幣財 $\mathbf{y}\in\Delta(\mathbf{\Lambda})$ を注意深く選んだとしよう．他方，この経済での 1 労働日当たりの純産出物は $\mathbf{y}'\in\Delta(\mathbf{\Lambda})$ であったとしよう．この場合，一般に $\mathbf{py}'\neq1$ であるので，もはや「総純生産物価格=総純生産物価値」の関係が得られなくなる．これは，総計一致 2 命題の一般的成立と，Lipietz (1982) の搾取概念のマルクス派的正当性の成立との間に，代替関係が存在する事を意味する．

かくして，$w\mathbf{\Lambda y}$ を 1 労働日当たりの必要労働時間として解釈・定義した上で，Lipietz (1982) の定理を用いて，マルクスの総計一致 2 命題問題の解決を図るという可能性は困難である，と言わざるを得ない．以上の議論より，Lipietz (1982) の “New Solution” は，マルクスの労働搾取の定義に基づいて，いわゆる転化問題の解決に成功したものと評価する事はできないと言えよう．

3.5 「マルクスの基本定理」の厚生的含意

ここでマルクスの基本定理の厚生的含意について改めて，論じてみよう．この定理を初めて論証した置塩信雄[8)]や森嶋通夫[9)]は，マルクスの基本定理を以って，いわゆるマルクス経済学における，「資本主義経済における利潤の唯一の源泉としての労働搾取」説が科学的に論証されたものと位置づけていた．しかし，マルクスの基本定理は，確かに，「唯一の価値生成的生産要素である労働の成果の剰余部分の転化形態としての利潤」というロジックには「論理一貫性が無い」という反論を退ける為の一つの論拠を与える機能を果たすものの，それ以上のものではない．前述の様に，剰余労働時間の存在で以って「労働搾取」という含意を持たせる為に，「唯一の価値生成的生産要素である労働」説を導入するのが伝統的なマルクス経済学の論法であった．しかし，この「唯一の価値生成的生産要素である労働」説自体は，マルクスの基本定理を以ってしても，依然として論証される事はないのである．

「唯一の価値生成的生産要素としての労働」論は，生産要素のなかで労働のみが持つ生産過程における主体的機能に着目したものである．確かに物的資本財は，労働による働きかけの客体的対象に過ぎず，労働という主体的働きかけ抜きには生産要素としての機能を何ら発揮し得ないものである．しかし，であるならば同時に，物的資本財抜きに労働だけで何程の事が可能かも考えなければならない．多くの近代的工業生産物に関しては，労働だけでは生産するのはほぼ不可能である．資本財といえども過去の労働生産物である，という意味で，資本財を伴う近代的工業生産物の生産過程も労働だけを投入生産要素とする迂回的生産過程である，と解釈可能であるが，それ自体は「過去の労働生産物」が価値生成的機能を有さないという議論の論証にはならない．むしろ，その工業生産物の生産に適切な一連の資本財(=一連の過去の労働生産物)抜きには労働も生産要素として何ら

---

8) 置塩(1977)など．

9) Morishima(1973)など．

機能を発揮し得ない．単なる主体性の有無だけで労働のみに価値生成的生産要素としての特権的地位を与えるのには無理があると言える．

仮に人々が1日を生きる為に必要なある財4単位分を，生産要素が労働のみの場合でも生産可能であるとしよう．この場合，4単位の財の生産に8時間労働を要するとしよう．しかし，資本財が存在すれば，4単位の生産には4時間労働のみを要し，残りの4時間労働の成果である財4単位分は剰余生産物となる．この場合，追加的な財4単位の生成には明らかに資本財の生産過程への導入が関わっているのであり，この点を考えても，労働だけが価値生成的であると位置づけるのは説得的ではないと言える[10)]．

「唯一の価値生成的生産要素としての労働」論の前提に拠らずに，定義3.2で与えられた労働搾取の定式を改めて見直してみれば，1労働日と必要労働時間の格差が意味するものは「無償の剰余労働の掠め取り」に他ならないとする解釈だけが，この定式の唯一の可能な解釈ではない事が解る．例えば，正の労働搾取とは，社会が1単位の労働を労働者に供給させる為には，1未満の労働を投入すれば十分である——その1未満の労働とは，1単位の労働供給の為に労働者がエネルギー源として必要とする実質賃金ベクトルを生産するのに要した投下労働量の事である——という事態を記述するものである，と解釈する事も可能である．つまり，正の労働搾取とは技術的な意味での労働という生産要素の効率的利用の条件を表す，とも言えるのである．我々はここで，搾取の定義式は純粋にマルクス自身が『資本論I』で与えていたものを，そのまま踏襲しているに過ぎないことに注意したい．つまり同じ搾取の定義式であっても，「唯一の価値生成的生産要素としての労働」論という論証不能な見解とは全く別の含意を導き得るのである．

同様の理屈は，労働以外の生産要素についても適用する事ができる．我々は通常，電力やもしくは石油，原子力など，エネルギー資源の生産

10)　もっとも，このロジックは，通常，マルクス経済学では「相対的剰余価値の生産」として理解される状況の一例として位置づけ可能でもある．しかしながら，相対的剰余価値論ではすでに「唯一の価値生成的生産要素としての労働」論を真命題として前提にした論理の組み立てをしている点に注意する必要があろう．

効率を語るときに，エネルギー１単位の生産の為に１単位未満の当該エネルギー資源を社会的に投入すれば十分か否か，という議論をする．ここでいう１単位未満のエネルギー資源投入とは，当該エネルギーの供給活動に際して投入を要する様々な生産要素(資本財のみならず労働力も含む)が存在するが，そうした様々な生産要素自体の生産に際して必要な当該エネルギーの投下量の総和として，計上されるものに相当する．同様の理屈はエネルギー以外の任意の生産要素にも適用可能であって，ある生産要素 k の１単位生産の為に要する様々な投下生産要素の生産に，社会的に要した当該生産要素 k の投下量が１単位未満であるか否か，という測度は技術的な意味での生産効率性を測る一つの指標になり得るのである[11)]．

以上の議論より，我々は労働搾取の定式と全くパラレルに，任意の生産要素もしくは任意の財 k の「搾取」について定式化することが可能である事に気付かざるを得ない．任意の財 k の「正の搾取」とは，その財１単位の生産活動に際して投下される様々な生産要素の生産の際に要した，生産要素としての財 k の投下量の総和が１未満である事に他ならない．このシナリオを数学的に定式化すると以下の様になる．

任意の財 k の１単位の生産活動に必要な投入財ベクトル及び労働投入量のプロフィールが今，$\left(\underline{\boldsymbol{\alpha}}^{(k)}, \alpha_0\right) \in \mathbf{R}_+^{n+1}$ であるとしよう．このプロフィールを，財だけからなるベクトルに変換する為に，$\mathbf{c}^{(k)} \equiv \underline{\boldsymbol{\alpha}}^{(k)} + \alpha_0 \mathbf{b} \in \mathbf{R}_+^n$ としよう．財 k の１単位の生産活動に必要な投入財ベクトル $\mathbf{c}^{(k)}$ を純産出する生産計画の集合は

$$\phi\left(\mathbf{c}^{(k)}\right) = \left\{\boldsymbol{\alpha} = \left(-\alpha_0, -\left(\underline{\boldsymbol{\alpha}}_{-k}, \underline{\alpha}_k\right), \overline{\boldsymbol{\alpha}}\right) \in P \,\middle|\, \hat{\boldsymbol{\alpha}} \geq \mathbf{c}^{(k)}\right\}$$

によって与えられている事に注意されたい．このとき，財 k の１単位の生産活動に要する投入財ベクトル $\mathbf{c}^{(k)}$ の生産に必要な財 k の直接投入量は，

11）ここで「技術的な意味での生産効率性」という言い方をしたのは，通常，経済学における生産効率性とは，利潤もしくは貨幣的に評価された「社会的余剰」を最大化する事を意味するのであり，そうした意味での生産効率性とは明らかに異なる意味での「効率性」であるからだ．

$$k.v.\left(\mathbf{c}^{(k)}\right) \equiv \min\left\{\underline{\alpha}_k \in \mathbf{R}_+ \,\middle|\, \boldsymbol{\alpha} = \left(-\alpha_0, -\left(\underline{\boldsymbol{\alpha}}_{-k}, \underline{\alpha}_k\right), \overline{\boldsymbol{\alpha}}\right) \in \phi\left(\mathbf{c}^{(k)}\right)\right\}$$

によって定義される．これは，いわゆる投下労働価値のケースとパラレルに，財ベクトル $\mathbf{c}^{(k)}$ の投下 $\boldsymbol{k}$-価値と呼ぶ事ができる．この $k.v.\left(\mathbf{c}^{(k)}\right)$ を用いて，我々は財 k の「正の搾取」について，以下の様に定義できる：

定義 3. 3[Bowles & Gintis(1981); Roemer(1982)]：財 k の搾取率が正であるとは：

$$k.v.\left(\mathbf{c}^{(k)}\right) < 1.$$

上記の定式は，資本主義経済の生産技術体系が，一般的な $(P, \mathbf{b})$ で与えられている下でのものであり，定義の論理構造の見通しが鮮明になる反面，抽象的な表現に留まっている．よって，以下で，生産技術体系 $(P, \mathbf{b})$ がレオンチェフ体系として与えられる場合の，投下 k-価値の定式について論ずる．任意の財 $k\in\{1, \ldots, n\}$ を選び，労働力商品も含めて各財の 1 単位の生産活動に要する，投入財ベクトルの生産に必要な財 k の直接投入量を表記した $1\times(n+1)$ 型ベクトルを，$\boldsymbol{v}^{(k)}=\left(v_1^{(k)}, \ldots, v_k^{(k)}, \ldots, v_n^{(k)}, v_{n+1}^{(k)}\right)$ で表す．ここで $n+1$ は労働力商品の index とする．この $\boldsymbol{v}^{(k)}$ を投下 k-価値ベクトルといい，各財の k-価値は

$$v_j^{(k)} = a_{kj} + \sum_{i\neq k, n+1} v_i^{(k)} a_{ij} + v_{n+1}^{(k)} L_j \quad \forall j \in \{1, \ldots, n\} \tag{3.8}$$

$$v_{n+1}^{(k)} = b_k + \sum_{i\neq k, n+1} v_i^{(k)} b_i \tag{3.9}$$

で定義される．(3.8)に(3.9)を代入すると，

$$\begin{aligned} v_j^{(k)} &= a_{kj} + \sum_{i\neq k, n+1} v_i^{(k)} a_{ij} + b_k L_j + \sum_{i\neq k, n+1} v_i^{(k)} b_i L_j \\ &= \sum_{i=1}^{n} v_i^{(k)} \left(a_{ij} + b_i L_j\right) + \left(1 - v_k^{(k)}\right)\left(a_{kj} + b_k L_j\right) \end{aligned} \tag{3.10}$$

(3.10)をベクトル表示すると

$$\boldsymbol{v}^{(k)} = \boldsymbol{v}^{(k)}\left[A + \mathbf{b}L\right] + \left(1 - v_k^{(k)}\right)\left[A + \mathbf{b}L\right]_k$$

と整理される．但し，$\left[A+\mathbf{b}L\right]_k$ は $\left[A+\mathbf{b}L\right]$ の第 k 行ベクトルである．定

義3.3で与えられた財 k の正の搾取の条件式は，レオンチェフ生産体系の下では，

$$1-v_k^{(k)} > 0 \tag{3.11}$$

と表現される事になる．

以上の様に定義された任意の財の搾取概念を用いて，以下の様な思考演算を試みよう．すなわち，もし労働力以外の任意の財が価値生成機能を有する生産要素として仮定して，労働の場合と同じ様にその生産要素の正の搾取の存在で以って，正の利潤を説明できるだろうか，と．もし労働力以外の生産要素を考察した場合には，その財の正の搾取と資本主義経済における正の利潤の同値性を導く事ができなければ，「唯一の価値生成的生産要素としての労働」論自体を直接論証する事はできないとしても，「利潤の唯一の源泉としての労働搾取の存在」論に一定の説得性の余地を残す事が可能かもしれないからである．この思考演算の結果が以下に示すところの「**一般化された商品搾取定理**」(Generalized Commodity Exploitation Theorem: GCET)である．すなわち：

定理 3.7[Bowles & Gintis (1981), Roemer (1982), Samuelson (1982)]（**一般化された商品搾取定理：GCET**）：任意の資本主義経済 $\langle N, O; (P_{(A,L)}, \mathbf{b}); (\boldsymbol{\omega}^{\nu})_{\nu \in N} \rangle$ において，その生産技術体系が A1′ を満たすとしよう．このとき，任意の財 k に関して，以下の3つが同値である：

(a) 正の利潤を伴う正の価格ベクトル $(\mathbf{p}, w) \in \mathbf{R}_{++}^{n+1}$ が存在する；

(b) 正の労働価値体系 $\boldsymbol{\Lambda} \gg \mathbf{0}$ の下で $e(\mathbf{b}) > 0$；

(c) 正の投下 k-価値ベクトル $\boldsymbol{v}^{(k)} \gg \mathbf{0}$ の下で $1-v_k^{(k)} > 0$.

上記の一般化された商品搾取定理が導き出す結論は，「任意の生産要素の正の搾取の存在が資本主義経済における正の利潤の必要十分条件となる」という言明である．これは「唯一の価値生成的生産要素としての労働」論の不確かさと重ねて，事実上，剰余労働の掠め取りによって資本家の取得する利潤が生成するという「利潤の唯一の源泉としての労働搾取の存在」論を反証するものであると言って良い．しかし，労働以外の生産

要素の成果の「掠め取り」が利潤の源泉であるという結論になるかと言えば，そうではない．なぜならば，労働の場合と同様，いずれの生産要素も唯一の価値生成機能を有するとは論証できないからである．結局，いずれの生産要素の「搾取」にも，不当な「掠め取り」という含意を持たせることは不可能だという結論にならざるを得ない．

むしろ上述した様に，労働力も含めて，任意の生産要素の「搾取」の解釈として，その生産要素の技術的意味での効率的利用の条件式であると見なす事が可能である．従って，一般化された商品搾取定理の含意としては，労働力も含めて任意の一種類の財 k の1単位生産(供給)の為に投下を要する諸生産要素の生産の為に，社会的に必要な財 k の投入量が1未満で済むという意味で，財 k の生産活動(供給活動)が技術的に効率的である事が，資本主義経済全体としての正の利潤を保証する必要十分条件である，と整理できる．言い換えれば，任意の一種類の財 k の1単位生産の為に社会的に直接間接に要する財 k の投入量が1未満で済むという意味で，財 k は生産要素として，当該社会で技術的に効率的に利用されている．その結果として，資本主義経済の正の利潤が保証される，と解釈可能である．アナロジカルに，マルクスの基本定理とは，たまたま労働力という生産要素だけに焦点を当てて，その技術的な意味での効率的利用が資本主義経済の正の利潤を保証させる必要十分条件である事を明らかにしたものに過ぎない，と解釈可能であるわけで，「労働搾取の存在」は証明できても，そこに「無償労働の不当な「掠め取り」」という含意のみを読み込む事への十分な説得性はもはや存在しない，と言わざるを得ない．

この様に，一般化された商品搾取定理によって「利潤の唯一の源泉としての労働搾取」論は事実上，反証されたという理解が，一般化してきているものの，信念を持ってマルクス主義にコミットする立場からは依然として，マルクスの基本定理を以って「利潤の唯一の源泉としての労働搾取」論をサポートする見解が維持され続けている[12)]．こうした擁護論が採る典型的な見解の一つは，「労働以外の財の『搾取』という概念は無意味で

12)　例えば，磯谷・植村・海老塚(1998)，松尾(2004; 2007)など．

ある」という価値観に基づいて，定理としては数学的正しさを認めざるを得ない一般化された商品搾取定理の社会科学的命題としての意義を否定するものである．こうした見解の現在における代表的論者として松尾(2004; 2007)が挙げられるが，彼の「バナナの搾取=ナンセンス」論は，経済学が暗黙的に前提している価値観である「人間中心主義」と整合的な搾取概念は労働搾取のみであり，「バナナの搾取」は「バナナ中心主義」の価値観に基づいた概念であり，「人間中心主義」と相反する，と論ずる．磯谷・植村・海老塚(1998)もまた，高須賀(1992)の労働価値論擁護の議論を継承する形で，労働を他の生産要素とは根本的に区別されるべき本源的かつ主体的生産要素である点を強調し，経済学の理論的分析の展開に先行する思想的立場として「剰余アプローチ」(=利潤の源泉としての労働搾取論)を採用する．

この様な「価値観や思想的立場の違い」として，一般化された商品搾取定理による「利潤の唯一の源泉としての労働搾取」論批判を却下するのが，現代の擁護論の特色である．実際，一般化された商品搾取定理は，「正の利潤の存在の必要十分条件は，労働の搾取でもあるとも言えるし，鉄の搾取とも言えるし，バナナの搾取とも言える」というメッセージとして解釈可能[13]であったわけで，それ故に「労働以外の財について「搾取」を語っても無意味である」という，価値観に基づく「逃げ道」の余地も残されていたのである．いずれの生産要素もその「搾取」が正の利潤の同値条件であるならば，ではどの生産要素が一番，「搾取」について語るのが尤もらしいか考えましょう，という話になろう．そして「搾取」という用語の言語的意味に拘れば，労働以外の財の「搾取」は「生産への無償の貢献の不当な掠め取り」という意味にそぐわないという semantic な批判が出てくるのも自然である．松尾(2004)の「バナナの搾取」はバナナ中心主義の価値観に基づいた概念であるという議論は，こうした semantic な批判の精緻化された形態である．

これに対しては，以下の反論が可能であろう．「搾取」という言語は，

13) 実際，その様な解釈を採っているのが高増(2001)である．

上記のような不当性の意味合いで使用される以外にも，利用，開発などの意味合いとしても使われる事に留意してみよう．上述した様な「社会による生産要素の技術的に効率的利用」としての「搾取」という意味であれば，労働以外の財についても自然に適用可能であろう．エネルギー 1 単位供給のために社会的に必要なコストとしてのエネルギー投入量が 1 単位未満か否か，という議論は現実の社会でも取り扱われるトピックであり，決して社会科学的にも無意味な概念ではない．また，その意味でのエネルギー搾取概念には，松尾の言う様な「人間中心主義」と相反する要素は何もない．せいぜい，エネルギー資源を技術的に効率的に利用する為(=エネルギー資源の正の搾取を維持する為)には，我々の消費生活も十分に節約的でなければならない，という含意が出てくるだけであり，それ自体は長期に亘る人間社会の持続可能性という観点に立てば，人間中心主義的価値観と両立的な議論である．正の利潤の存在と同値条件の関係になるのは，この「技術的に効率的利用」という意味での任意の財の搾取なのである，というのは極めて自然な解釈であるに違いない．

第 3 章の数学付録

一般化された商品搾取定理の証明

今，労働者の実質賃金率を 1 に基準化して拡大投入産出行列を $M=A+\mathbf{b}L$ で定めれば，経済が剰余生産物を生産可能であるとは，$\mathbf{x}\gg M\mathbf{x}$ と成るようなベクトル $\mathbf{x}\gg\mathbf{0}$ が存在する事と定義される．

一般化された商品搾取定理は以下の 2 つのレンマを用いて証明される．

レンマ 3.4: 正の労働価値体系 $\boldsymbol{\Lambda}\gg\mathbf{0}$ の下で労働の搾取率が正である事と，経済が剰余生産物を生産可能である事とは同値である．

レンマ 3.5: 任意の商品 $k\in\{1,\ldots,n\}$ に関して，正の投下 k-価値ベクトル $\boldsymbol{v}^{(k)}\gg\mathbf{0}$ の下で商品 k の搾取率が正である事と，経済が剰余生産物を生産可能である事とは同値である．

レンマ **3.4** の証明：$e(\mathbf{b})>\mathbf{0}\Leftrightarrow 1-\mathbf{\Lambda b}>0$ である．$1-\mathbf{\Lambda b}$ にある正のスカラー $L\mathbf{x}^*>0$ を右から乗ずると，

$L\mathbf{x}^*-\mathbf{\Lambda b}L\mathbf{x}^*>0\Leftrightarrow L[I-A]^{-1}[I-A]\mathbf{x}^*-\mathbf{\Lambda b}L\mathbf{x}^*>0\Leftrightarrow\mathbf{\Lambda}[I-(A+\mathbf{b}L)]\mathbf{x}^*>0.$

次に，ある適当な $\mathbf{x}^*\gg\mathbf{0}$ に対して $[I-M]\mathbf{x}^*\gg\mathbf{0}$ とする．もし $\mathbf{\Lambda}\gg\mathbf{0}$ ならば，それを左に乗ずると $\mathbf{\Lambda}[I-(A+\mathbf{b}L)]\mathbf{x}^*>0$．先の議論より，これは $e(\mathbf{b})>0$ に同値である．また，$[I-M]\mathbf{x}^*\gg\mathbf{0}$ ならば $[I-A]\mathbf{x}^*\gg\mathbf{0}$ なので，$\mathbf{\Lambda}\gg\mathbf{0}$ も従う．

次に，$\mathbf{\Lambda}\gg\mathbf{0}$ かつ $e(\mathbf{b})>0$ ならば，マルクスの基本定理より，

$$\mathbf{p}=(1+\pi)\mathbf{p}M$$

となる $\mathbf{p}\gg\mathbf{0}$ 及び $\pi>0$ が存在する．ペロン＝フロベニウス定理より，

$$\mathbf{x}^*=(1+\pi)M\mathbf{x}^*$$

となる $\mathbf{x}^*\gg\mathbf{0}$ が存在する．このとき $\mathbf{x}^*\gg M\mathbf{x}^*$ である．　**Q.E.D.**

レンマ **3.5** の証明：任意の商品 $k\in\{1,\ldots,n\}$ を選び，労働力商品も含めて諸商品の 1 単位の生産のために直接間接に必要な商品 k の量を表記した $1\times(n+1)$ 型ベクトルを $\boldsymbol{v}^{(k)}=(v_1^{(k)},\ldots,v_k^{(k)},\ldots,v_n^{(k)},v_{n+1}^{(k)})$ で表す．ここで $n+1$ は労働力商品の index とする．この $\boldsymbol{v}^{(k)}$ を k 価値ベクトルといい，各商品の k 価値は

$$v_j^{(k)}=a_{kj}+\sum_{i\neq k,n+1}v_i^{(k)}a_{ij}+v_{n+1}^{(k)}L_j\quad\forall j\in\{1,\ldots,n\}\tag{3.12}$$

$$v_{n+1}^{(k)}=b_k+\sum_{i\neq k,n+1}v_i^{(k)}b_i\tag{3.13}$$

(3.12)に(3.13)を代入すると，

$$\begin{aligned}v_j^{(k)}&=a_{kj}+\sum_{i\neq k,n+1}v_i^{(k)}a_{ij}+b_kL_j+\sum_{i\neq k,n+1}v_i^{(k)}b_iL_i\\&=\sum_{i=1}^{n}v_i^{(k)}(a_{ij}+b_iL_j)+(1-v_k^{(k)})(a_{kj}+b_kL_j)\end{aligned}\tag{3.14}$$

(3.14)をベクトル表示すると

$$\boldsymbol{v}^{(k)}=\boldsymbol{v}^{(k)}[A+\mathbf{b}L]+(1-v_k^{(k)})[A+\mathbf{b}L]_k$$

但し，$[A+\mathbf{b}L]_k$ は $[A+\mathbf{b}L]$ の第 k 行ベクトル．これを変形すると

$$\boldsymbol{v}^{(k)}[I-(A+\mathbf{b}L)]=(1-v_k^{(k)})[A+\mathbf{b}L]_k\tag{3.15}$$

今，ある適当な $\mathbf{x}^*\gg\mathbf{0}$ に対して $[I-M]\mathbf{x}^*\gg\mathbf{0}$ とすると，M の分解不能性より，$[I-M]^{-1}\gg\mathbf{0}$ が存在．この逆行列を(3.15)式の両辺に右から乗ずれば，

$$\boldsymbol{v}^{(k)}=(1-v_k^{(k)})[A+\mathbf{b}L]_k[I-M]^{-1}\tag{3.16}$$

ここで，$[A+\mathbf{b}L]_k[I-M]^{-1}\gg\mathbf{0}$ である事に留意せよ．従って，(3.16)より，もし $v_k^{(k)}=1$ ならば，$\boldsymbol{v}^{(k)}=\mathbf{0}$ となり，これは $v_k^{(k)}=1$ に矛盾．$v_k^{(k)}>1$ ならば，

$\boldsymbol{v}^{(k)} \ll \mathbf{0}$ となり，これまた $v_k^{(k)} > 1$ に矛盾．よって $1 - v_k^{(k)} > 0$，$\boldsymbol{v}^{(k)} \gg \mathbf{0}$ が成立．$1 - v_k^{(k)} > 0$ は商品 k の正の搾取の存在を意味する．

逆に $1 - v_k^{(k)} > 0$，$\boldsymbol{v}^{(k)} \geq \mathbf{0}$ のとき，$[A + \mathbf{b}L]_k \gg \mathbf{0}$ であるから，(3.15)式より strong solvability と Hawkins-Simon 条件の同値性より，$[I - (A + \mathbf{b}L)]^{-1} \geq \mathbf{0}$ が存在する．このときある正のベクトル $\mathbf{c} \gg \mathbf{0}$ をとって左から乗ずると $[I - (A + \mathbf{b}L)]^{-1}\mathbf{c} \gg \mathbf{0}$ とならなければならない．もし $[I - (A + \mathbf{b}L)]^{-1}\mathbf{c}$ がゼロ成分を持つとすると，それは対応する $[I - (A + \mathbf{b}L)]^{-1}$ の行ベクトルがゼロベクトルである事を意味するが，それは $[I - (A + \mathbf{b}L)]^{-1}$ の行列式がゼロになる事を意味し，矛盾．ここで $\mathbf{x}^* = [I - (A + \mathbf{b}L)]^{-1}\mathbf{c}$ とすれば，$\mathbf{x}^* \gg \mathbf{0}$ に対して $[I - M]\mathbf{x}^* \gg \mathbf{0}$ となる．　**Q.E.D.**

定理 3.7 の証明：レンマ 3.4 とレンマ 3.5 より，正の労働搾取と任意の商品の正の搾取の存在とは同値である．かくして，マルクスの基本定理より，正の利潤の必要十分条件は任意の商品の正の搾取の存在である．　**Q.E.D.**

第4章　一般的凸錘生産経済における マルクスの基本定理

第3章では，レオンチェフ経済体系のモデルを前提した上で，マルクスの労働搾取理論を現代経済学の一般均衡理論の枠組みで論証するマルクスの基本定理について議論してきた．レオンチェフ経済体系の下でのマルクスの労働搾取概念は，置塩＝森嶋型の定式とダンカン・フォーリーやアラン・リピエッツ等のNew Interpretation派の定式の2つが存在する．そして，いずれの定式を採用しても，マルクスの基本定理は成立する[1)]．3.5節でも論じた様に，この定理は，労働搾取が正の利潤生成の唯一の源泉であるという古典的マルクス主義のテーゼを論証するものではないが，正の利潤の伴う市場均衡を，当該経済の生産過程における「剰余労働の存在」という意味での「労働搾取の存在」によって特徴付けるものである．

本章では，考察対象とする経済モデルをレオンチェフ経済体系を超えて，より一般的な凸錘生産経済に拡張した場合における，このマルクスの基本定理の頑健性について主に議論される．一般的な凸錘生産経済に拡張する事によって，第一に，各財の生産に際して生産工程は1つずつしか存在しない様なレオンチェフ経済体系とは異なり，代替的生産工程の存在が許容可能になる．その場合，3.3節でも論じた様に，労働価値体系の一意性に問題が生じる．その結果，労働価値体系を前提に定義される労働搾取の定式がいかなる修正を必要となるかを検証する必要がある．第二に，一般的な凸錘生産経済に拡張する事によって，結合生産の可能な生産可能性集合が分析の対象に入る．結合生産の存在が許容される場合，有名な森嶋－スティードマン論争で明らかにされた様に，従来の連立方程

1)　New Interpretation派の搾取の定式に基づく総計一致2命題を論証する定理3.6は，総利潤＝総剰余価値の証明を通じて，同時にこの派の労働搾取の定式の下でのマルクスの基本定理の成立をも意味する事に留意せよ．

式体系による労働搾取の定義(3.6)式の下では，負の搾取率と正の利潤率が両立するというマルクスの基本定理への反例が生じる[Steedman(1975), Morishima & Catephores(1978)].

これらの困難を解決する為に，代替的生産工程の存在も結合生産の存在も含めたより一般的なフォン・ノイマン経済体系の下で，マルクスの基本定理を拡張したのがMorishima(1974)である．Morishima(1974)では，ノイマン経済体系の均斉成長解における正の保証利潤率，及び正の潜在成長率の必要十分条件として，定義3.2で与えられる労働搾取率の正値性が証明される．Morishima(1974)はこれを以って，「一般化されたマルクスの基本定理」と称した．本章は，「一般化されたマルクスの基本定理」の議論から始まる．

「一般化されたマルクスの基本定理」によって，森嶋型労働搾取の定式(定義3.2)は，フォン・ノイマン経済体系の下での正の保証利潤率を伴う均斉成長解の特徴付けを与える．しかし，第2章で論じた様に，マルクス的一般均衡解としてより尤もらしいのは再生産可能解であった．従って，再生産可能解を解概念として前提した下で，一般的凸錘生産経済の下でマルクスの基本定理が頑健であり得るかを検証するのが本章の主な課題である．均斉成長解における保証利潤率とは，異なる生産工程間で成立する均等利潤率の最小値である．よって，保証利潤率がゼロである——従って，森嶋型労働搾取率もゼロである——ときに，当該経済の最大利潤率が正である可能性が存在し得る．均衡解概念が再生産可能解である場合には，均衡で実現される利潤率は最大利潤率であるので，こうした可能性を孕んでいるのである．4.1節では，そうした反例の存在(Petri-Roemerの反例)が議論される．

この反例への応答として，Morishima(1989)は「強い一般化されたマルクスの基本定理」を論証し，Petri-Roemerの反例は全ての資本家の消費性向が1という非マルクス的な資本主義的モデルの下でのみ生じるものであり，資本家の消費性向が1未満という，より現実的な資本主義的経済を想定する限り，彼等の反例は克服される，と論じた．4.1節では，Morishima(1989)のこの新しい定理は，Petri-Roemerの反例への解決法としては妥当でない事が論じられる．Petri-Roemer の反例の真の問題は，いわゆる劣位生産工程の存在にある．Roemer(1981)は，一般的凸錘生産経済における再生産可能解の下でマルクスの基本定理が成立する為の経済環境の定義域の必要十分条件は，その生産可能性集合が劣位生産工程を含まない事である，と論証した．これは事実上，一般に劣位生産工程が含まれるような，一般的凸錘生産経済におけるマルクスの基本定理の成立不可能性を意味する．

この不可能性の解決の為に，一般的凸錘生産経済の下で提唱された 2 つの代替的労働搾取の定式が，4.2 節及び 4.3 節で検証される．4.2 節では，森嶋型と同様に価格情報から独立に搾取の定義を与える松尾型の定式[松尾(1997), Matsuo(2006)]が検証される．また，4.3 節では，森嶋型とは異なり，価格依存的に搾取の定義を与える Roemer 型の定式[Roemer (1982, Chapter 5)]が検証される．結論的には，いずれの定式の場合も，劣位生産工程を含まない生産可能性集合の経済環境の下であっても，マルクスの基本定理への反例が生じてしまう．

以上の議論を踏まえ，4.7 節では Yoshihara(2006; 2007)による 2 つの新たな代替的労働搾取の定式が導入される．この 2 つの新しい定式いずれも，Roemer 型の定式と同様に，価格情報に依存的に搾取の定義が与えられる．Roemer 型との違いは，これらの新定義は所得依存的性質を持つという点である．すなわちそれらの定式では，各労働者の 1 労働日供給と，それへの見返りとしての所得を「生産」する為に社会的に必要な労働時間との格差として，労働搾取が定義される．この様な 2 つの定式の下では，劣位生産工程が含まれ得る一般的凸錘生産経済におけるマルクスの基本定理が成立する事が論証される．

以上の議論は，労働者階級の消費に関して，全ての労働者が同一の生存消費ベクトルを消費するという想定の下で，生産技術体系を一般化させる方向でのマルクスの基本定理の拡張可能性についてであった．これまで，数理マルクス経済学の分野において，労働者の消費選択の問題は明示的に扱われてこなかった．これは，そもそもマルクスの古典的世界では，労働者の消費は労働力の再生産の為に最低限必要な財のリストとして外生的に与えられる，という仮定に基づいている．しかしながら，伝統的マルクス主義が消費をこのように外生的に扱う2つの理由が考えられる．一つは，それがある程度，19世紀当時の産業資本主義の様式化された事実(stylized facts)であったという点である．もう一つは，労働価値説の理論的一貫性を維持する為にそれが必要であるという点である．ここでの文脈に従えば，労働価値説とは，商品の価値はその商品の再生産のために最低限必要な労働量で決まってくる事と主張する．マルクスは労働力をも商品であると解釈するから，当然，労働力商品にも価値が定義されなければならない．従って，労働力の価値とは労働力の再生産の為に最低限必要な労働量で決まってくる事になる．この場合の労働量とは労働力の再生産のために最低限必要な消費財バスケットに直接間接に投入された労働量である．マルクスにあっては，労働価値は市場価格を規定するものであったから，労働力の再生産の為に最低限必要な消費財バスケットが労働者の最適選択によって変動することは，労働価値と価格の論理的前後関係の一貫性に支障が出てくるだろう．しかしながら，今日の資本主義経済では労働者が個々人で異なる消費選択を行う事こそが，むしろ様式化された事実であり，また，労働価値が市場価格の動向を規定するという労働価値説が一般には成立し得ないことは，すでに明らかにされている．従って，消費選択の問題をマルクスモデルに導入する事は意味ある拡張なのである．

かくして，4.6節では，再び森嶋型労働搾取の定式に戻り，劣位生産工程を含まない生産可能性集合の想定の下で，同一労働の下で同一賃金収入を得ている労働者間での異なる消費選択が存在する経済環境における，マルクスの基本定理の頑健性が検証される．この設定の下では，均衡概念が再生産可能解であろうと均斉成長解であろうとに変わりなく，マルクスの基本定理は成立しない事が論証される．すなわち，市場均衡において正の利潤が生じているときには，労働者階級の平均的消費需要ベクトルに基づく森嶋型労働搾取率は必ず正になる．しかし，そのとき，同時に，労働者個人としては負の搾取率となる可能性を，一般的に排除できない．

この不可能性は，労働者の消費する財ベクトルの生産に要する社会的必要労働量を情報的基礎として搾取率を定義する，森嶋型を代表とする労働搾取の定式化に対する深刻な批判を含意する．この様な定式化の場合，選択される消費財ベクトルが労働者間で異なるならば，同一の労働条件で同一の労働供給量に対して同一の賃金収入を受け取る労働者間での搾取率が異なる事になる．なぜこれが批判の対象になるかと言えば，労働搾取とは，客観的な労働条件に関する指標であり，消費選択という個々人の主観的要因によって，その値が違い得るべきではない，と思われるからだ．対して，4.7 節で導入される，Yoshihara(2006; 2007)による 2 つの新たな代替的労働搾取の定式の場合は，こうした批判は適用されない．これらの定式の下では，消費選択が如何に異なろうと，同一の労働供給量で同一の賃金収入を受ける限り，その搾取率は同一になるからである．従って，これらの定式の下では，労働者間での異なる消費選択が存在する経済環境におけるマルクスの基本定理も，頑健である事が論証される．

以上の議論を通じて，第 4 章で明らかにされる事は，想定する経済環境のモデルを生産技術と消費選択それぞれに関して一般化するにつれ，森嶋型の定式に基づくマルクスの基本定理は頑健ではなくなるという困難である．他方で，所得依存的な労働搾取の新たな定式の下では，これらの困難は全て克服される．それらは，マルクス経済学が，「労働価値及び労働搾取概念の価格及び所得情報からの独立性」という伝統的な公理に拘泥する限り，正の利潤の背景に剰余労働の存在を見出すマルクス理論のエッセンスを放棄せざるを得ない事を示唆している．その事について，章末に簡単に言及される．

4.1　森嶋型労働搾取に基づくマルクスの基本定理

本節では森嶋型労働搾取の定義に基づいて，一般的凸錘生産経済におけるマルクスの基本定理の成立を巡る論争について議論する．2.4 節で議論したフォン・ノイマン経済体系における均斉成長解を前提にした議論から始めたい．最初に，定義 3.1 で与えた，一般的凸錘生産経済での森嶋型労働価値の定義を，フォン・ノイマン経済体系特殊な形式で既述し直す．

定義 4.1[Morishima(1974)]：任意の資本主義経済 $\left\langle N, O; \left(P_{(A,B,L)}, \mathbf{b}\right); \left(\boldsymbol{\omega}^{\nu}\right)_{\nu \in N}\right\rangle$ において，任意の非負財ベクトル $\mathbf{c} \in \mathbf{R}_{+}^{n}$ の**労働価値**(labor value of **c**)は以下の問題の解によって与えられる最小値である：

$$\min_{\mathbf{x} \geq \mathbf{0}} L\mathbf{x} \quad \text{s.t.} \quad [B-A]\mathbf{x} \geq \mathbf{c}. \tag{P4.1}$$

この問題の解を $\mathbf{x}^0$ で表す事にしよう．その様な解は確かに存在する．それは $L\mathbf{x} \geq 0$ によって，この問題の目的関数が下に有界である事，及び，仮定 A1$''$ より，制約条件を満たす $\mathbf{x} \geq \mathbf{0}$ の集合が非空である事から確認される．尚，上記の労働最小化問題は線形計画法の形式を持っているので，その双対問題

$$\max_{\boldsymbol{\Lambda} \geq \mathbf{0}} \boldsymbol{\Lambda}\mathbf{c} \quad \text{s.t.} \quad \boldsymbol{\Lambda}[B-A] \leq L, \tag{P4.2}$$

を考える事ができる．さらに，この双対問題の解を $\boldsymbol{\Lambda}^0$ と記せば，双対定理より，$L\mathbf{x}^0 = \boldsymbol{\Lambda}^0\mathbf{c}$ が従う．

かくして，フォン・ノイマン経済体系における森嶋型労働搾取率は以下の様に定義される：

定義 4.2[Morishima(1974)]：任意の資本主義経済 $\left\langle N, O; \left(P_{(A,B,L)}, \mathbf{b}\right); \left(\boldsymbol{\omega}^{\nu}\right)_{\nu \in N}\right\rangle$ において，所与の実質賃金ベクトル $\mathbf{b}$ における**労働の搾取率**(the rate of labor exploitation)は以下の様に与えられる：

$$e(\mathbf{b}) \equiv \frac{1 - L\mathbf{x}^0}{L\mathbf{x}^0}.$$

以上の搾取の定義の下で，フォン・ノイマン経済体系下の均斉成長解が，正の保証利潤率=正の潜在成長率を持つ為の必要十分条件が与えられる：

レンマ 4.1：任意の資本主義経済 $\left\langle N, O; \left(P_{(A,B,L)}, \mathbf{b}\right); \left(\boldsymbol{\omega}^{\nu}\right)_{\nu \in N}\right\rangle$ において，$(\mathbf{p}, \mathbf{x}, \pi) \in \Delta \times \mathbf{R}_{+}^{n} \times \mathbf{R}$ が均斉成長解である．このとき，$e(\mathbf{b}) > 0 \Rightarrow \pi > 0$ である．

証明：定義 2.3-(a) より，

$$\mathbf{p}B \leq (1+\pi)\mathbf{p}\,[A+\mathbf{b}L] \tag{4.1}$$

である．これに $\mathbf{x}^0$ を右から乗ずると，

$$\mathbf{p}B\mathbf{x}^0 \leq (1+\pi)\mathbf{p}\,[A+\mathbf{b}L]\,\mathbf{x}^0. \tag{4.2}$$

他方，定義 4.1 及び定義 4.2 より，

$$B\mathbf{x}^0 \geq [A+(1+e\,(\mathbf{b}))\,\mathbf{b}L]\,\mathbf{x}^0. \tag{4.3}$$

これに $\mathbf{p}$ を左から乗ずると，

$$\mathbf{p}B\mathbf{x}^0 \geq \mathbf{p}\,[A+(1+e\,(\mathbf{b}))\,\mathbf{b}L]\,\mathbf{x}^0. \tag{4.4}$$

(4.2),(4.4) より，

$$e\,(\mathbf{b})\,L\mathbf{x}^0 \leq \pi\,[\mathbf{p}A+L]\,\mathbf{x}^0. \tag{4.5}$$

$e\,(\mathbf{b})>0$ より，$e\,(\mathbf{b})\,L\mathbf{x}^0>0$ である．従って，$\pi\,[\mathbf{p}A+L]\,\mathbf{x}^0>0$．つまり，$\pi>0$． **Q.E.D.**

レンマ 4.2：任意の資本主義経済 $\left\langle N, O; \left(P_{(A,B,L)}, \mathbf{b}\right); (\boldsymbol{\omega}^\nu)_{\nu\in N}\right\rangle$ において，$(\mathbf{p}, \mathbf{x}, \pi)\in\Delta\times\mathbf{R}_+^n\times\mathbf{R}$ が均斉成長解である．このとき，$\pi>0\Rightarrow e\,(\mathbf{b})>0$ である．

証明：定義 2.3-(b) より，

$$B\mathbf{x} \geq (1+\pi)\,[A+\mathbf{b}L]\,\mathbf{x}$$

である．ここで定義 4.1 の双対問題(P4.2)の解 $\boldsymbol{\Lambda}^0$ を上式に左から乗ずると，

$$\boldsymbol{\Lambda}^0 B\mathbf{x} \geq (1+\pi)\boldsymbol{\Lambda}^0\,[A+\mathbf{b}L]\,\mathbf{x}. \tag{4.6}$$

一方，双対問題(P4.2)の制約式に左から $\mathbf{x}$ を乗ずると，

$$\boldsymbol{\Lambda}^0 B\mathbf{x} \leq \boldsymbol{\Lambda}^0 A\mathbf{x}+L\mathbf{x}. \tag{4.7}$$

従って，(4.6),(4.7) より，

$$\pi\boldsymbol{\Lambda}^0\,[A+\mathbf{b}L]\,\mathbf{x} \leq L\mathbf{x}-\boldsymbol{\Lambda}^0\mathbf{b}L\mathbf{x}. \tag{4.8}$$

ここで，双対定理より $L\mathbf{x}^0=\boldsymbol{\Lambda}^0\mathbf{b}$ である事を考慮すれば，(4.8) の右辺は

$$\pi\boldsymbol{\Lambda}^0\,[A+\mathbf{b}L]\,\mathbf{x} \leq \left(e\,(\mathbf{b})\,L\mathbf{x}^0\right)L\mathbf{x}. \tag{4.9}$$

ここで仮定 A1″ より，$L\mathbf{x}>0$ であるので，$\pi>0$ ならば(4.9)式の左辺は正の実数となり，従って右辺もそうなる．従って，$e\,(\mathbf{b})\,L\mathbf{x}^0>0$ である

が，これは $e(\mathbf{b})>0$ である事と同値である．　**Q.E.D.**

以上のレンマ 4.1 及びレンマ 4.2 より，以下の結論「**一般化されたマルクスの基本定理**」(**GFMT**)が従う：

定理 4.1［Morishima(1974)］(Generalized Fundamental Marxian Theorem: GFMT)：任意の資本主義経済 $\langle N, O; (P_{(A,B,L)}, \mathbf{b}); (\boldsymbol{\omega}^{\nu})_{\nu\in N}\rangle$ において，その生産技術体系が A1″ と A2″ を満たすフォン・ノイマン体系として特徴付けられるとしよう．そのとき，この経済での均斉成長解 $(\mathbf{p}, \mathbf{x}, \pi)\in\Delta\times\mathbf{R}_+^n\times\mathbf{R}$ が正の保証利潤率 $\pi>0$ を伴う為の必要十分条件は $e(\mathbf{b})>0$ である．

森嶋自身は，定義 2.3-(b)の不等式体系におけるスカラー π を g で表し，これを特に経済の**潜在成長率**(potential growth rate)と呼んでいた．すなわち，既存の生産技術体系 (A, B, L) と労働力の実質賃金ベクトル $\mathbf{b}$ 所与の下で，可能な比例的成長率の最大値を表したのが g である．従って，定理 4.1 は，正の労働搾取率の存在が当該経済の正の潜在成長率の存在の必要十分条件である事をも意味している．また，定理 4.1 の系として以下の結果を導く事も比較的容易なことである：

系 4.1：任意の資本主義経済 $\langle N, O; (P_{(A,B,L)}, \mathbf{b}); (\boldsymbol{\omega}^{\nu})_{\nu\in N}\rangle$ において，その生産技術体系が A1″ と A2″ を満たすフォン・ノイマン体系として特徴付けられるとしよう．そのとき，この経済での均斉成長解 $(\mathbf{p}, \mathbf{x}, \pi)\in\Delta\times\mathbf{R}_+^n\times\mathbf{R}$ がゼロの保証利潤率(潜在成長率) $\pi=0$ を伴う為の必要十分条件は $e(\mathbf{b})=0$ である．

この様に，結合生産や固定資本の存在を許容するフォン・ノイマン経済体系においても，均衡概念を均斉成長解で考える限り，レオンチェフ経済体系のときと同様，マルクスの基本定理は頑健である．フォン・ノイマン経済体系における均斉成長解は，生産工程間で保証利潤率が均等化し，工程間で潜在成長率が均一化する特徴を持っており，その特徴において，レオンチェフ経済体系での再生産可能解と同様の性質を保持している．しかしながら同時に，レオンチェフ経済体系での再生産可能解は，その均衡配分は市場価格の所与の下での，各資本家の資本制約下での利潤最大化という合理的意思決定によってミクロ的基礎付けを賦与されるものであったし，その結果，パレート効率的な性質を持つものでもあった．他方，定理 2.5 でも確認したように，フォン・ノイマン経済体系における均斉成長解は，そうした資本家の合理的意思決定というミクロ的基礎付けを持たないし，その配分はパレート効率的性質を必ずしも満たさないのであった．

従って，市場経済における資源配分メカニズムの均衡が，資本家の合理的意思決定を媒介にもたらされる性質を持つ場合には，労働搾取に関するこの均衡配分はいかなる性質を持つのであろうか？　この事を見る為に，我々はフォン・ノイマン経済体系における資本主義的市場均衡の解概念として，再生産可能解に再び戻り，その解の下でのマルクスの基本定理の頑健性を確認する事にしたい．

残念ながら，以下の例が示す様に，フォン・ノイマン経済体系における再生産可能解を前提とした場合，マルクスの基本定理は一般には成立しない：

例 4.1［Roemer (1980)］(再生産可能解の下での，マルクスの基本定理の不成立)：例 2.1 と同様のフォン・ノイマン経済の数値モデルを前提しよう．そのときの均斉成長解の集合は (2.2) 式で与えられるのに対して，再生産可能解の集合は (2.3) 式で与えられるのを確認できる．この数値モデルの下での森嶋型労働搾取の定義に基づき，搾取率を計算してみよう．

$$[B-A]\,\mathbf{x} \geq \mathbf{b} \Leftrightarrow \begin{bmatrix} 1 & 2 \\ 1 & 1 \end{bmatrix} \begin{bmatrix} x_1 \\ x_2 \end{bmatrix} \geq \begin{bmatrix} 1 \\ 1 \end{bmatrix} \Leftrightarrow \begin{cases} x_1+2x_2 \geq 1 \\ x_1+x_2 \geq 1 \end{cases} \tag{4.10}$$

この連立不等式の解の集合は不等式 $x_1+x_2 \geq 1$ の解の集合と一致する．その集合の中で

$$Lx = (1,1)\begin{bmatrix} x_1 \\ x_2 \end{bmatrix} = x_1+x_2$$

の最小値は1に他ならず，従って解の集合は $x_1+x_2=1$ を満たす非負のベクトルの集合となる．今，$\mathbf{x}^0$ をその様な解の一つとすると，$L\mathbf{x}^0=1$ が成立する．従って，定義4.2より搾取率 $e(\mathbf{b})=0$ となる．

ところで，例2.1での議論より，均斉成長解の下での保証利潤率は $\pi^*=0$ であった．これは系4.1の結果とも整合的であり，一般化されたマルクスの基本定理とも矛盾しない．他方，再生産可能解の集合の中で，非自明解——すなわち総生産点が原点ではない——を取り上げると，その場合，いずれも正の均衡利潤率

$$\pi^{**} = \frac{p_1^{**}}{p_1^{**}} > 0$$

を伴っている事を確認できる．すなわち，搾取率 $e(\mathbf{b})=0$ の下でも正の均衡利潤率 $\pi^{**}>0$ が存在している．これは，再生産可能解を前提にした場合，フォン・ノイマン経済体系においては，マルクスの基本定理は一般には成立しない事を意味する． **Q.E.D.**

(4.10)式より確認できる様に，例4.1におけるフォン・ノイマン経済体系では，第1工程の純産出ベクトル $B_1-A_1=\begin{bmatrix} 1 \\ 1 \end{bmatrix}$ を，第2工程の純産出ベクトル $B_2-A_2=\begin{bmatrix} 2 \\ 1 \end{bmatrix}$ が，ベクトルの不等号の意味で優越している．換言すれば，第1工程は第2工程に比して，劣位な生産工程である．この様な**劣位生産工程**(inferior production process)が存在する経済環境において，例4.1が示す様な，ゼロの搾取率の下での正の均衡利潤率の存在というマルクスの基本定理への反例が起こり得るのである．

上記の反例はRoemer(1980)によって提示されたが，類似の反例を，*Econometrica*誌の同号において，Petri(1980)も提示している．これに対して，Morishima(1989)では，Roemer(1980)やPetri(1980)の反例とは，全ての資本家はその全利潤を資本蓄積ではなく，個人消費に費やすという非マルクス的な状況でのみ得られる奇妙なもので，資本家の消費性向

を 1 より小とすれば回避できると反論している．そしてその様な立場から，以下の様な，「強い一般化されたマルクスの基本定理」(**SGFMT**)を示した．

定理 4. 2[Morishima (1989)] (Strong Generalized Fundamental Marxian Theorem: SGFMT)：任意の資本主義経済 $\left\langle N, O; \left(P_{(A,B,L)}, \mathbf{b}\right); \left(\boldsymbol{\omega}^{\nu}\right)_{\nu \in N}\right\rangle$ において，その生産技術体系が A1″ と A2″ を満たすフォン・ノイマン体系として特徴付けられるとしよう．そのとき，資本家の貯蓄が正であるときに，いかなる比例成長状態においても，対応する利潤率が正になる為の必要十分条件は $e(\mathbf{b})>0$ である．

この定理の証明に入る前に，任意の非負・非ゼロベクトル $\overline{\mathbf{x}}$ を前期の生産活動ベクトルを表すものとしよう．他方，$\mathbf{x} \geq \mathbf{0}$ を今期の生産活動ベクトルを表すものとしよう．また経済環境 $\left\langle N, O; \left(P_{(A,B,L)}, \mathbf{b}\right); \left(\boldsymbol{\omega}^{\nu}\right)_{\nu \in N}\right\rangle$ における潜在成長率 g^c を以下の問題の解として定義する：

$$\max_{g>-1} g$$

$$\text{s.t.} \quad B\overline{\mathbf{x}} \geq [A+\mathbf{b}L]\,\mathbf{x}+\mathbf{c}, \tag{4.11}$$

$$[A+\mathbf{b}L]\,\mathbf{x} \geq (1+g)\,[A+\mathbf{b}L]\,\overline{\mathbf{x}}. \tag{4.12}$$

この最大化問題の 2 つの制約式のうち，(4. 11)は前期の産出物の範囲内で，今期の資本財投資，労働者階級の実質賃金に相当する消費財ベクトル，資本家階級の総消費財消費ベクトル $\mathbf{c} \geq \mathbf{0}$ を賄わなければならないという，予算制約条件を表している．(4. 12)は，今期の資本財及び労働者の労働力再生産用の消費財からなる総資本投資は，少なくとも前期の総資本投資をある比率 $(1+g)$ で比例的に成長させた値でなければならない事を意味する．この問題の解 g^c の遂行によって，予算制約の範囲内で前期の生産物を今期の資本投資と資本家自身の個人消費に分ける事を許容した上で，今期の投資資本 $[A+\mathbf{b}L]\,\mathbf{x}$ は前期の投資資本 $[A+\mathbf{b}L]\,\overline{\mathbf{x}}$ からの最大比例成長より以上の財ベクトルとして決定されなければならない．

レンマ 4. 3：任意の資本主義経済 $\left\langle N, O; \left(P_{(A,B,L)}, \mathbf{b}\right); \left(\boldsymbol{\omega}^{\nu}\right)_{\nu \in N}\right\rangle$ におい

て，$L\mathbf{x}^0>0$, $L\overline{\mathbf{x}}>0$ であるとする．このとき，潜在成長率 g^c が正ならば，$e(\mathbf{b})>0$ である．

証明：(4.11)より，

$$B\overline{\mathbf{x}} \geq [A+\mathbf{b}L]\,\mathbf{x}+\mathbf{c}$$

である．ここで定義 4.1 の双対問題(P4.2)の解 $\mathbf{\Lambda}^0$ を上式に左から乗ずると，

$$\mathbf{\Lambda}^0 B\overline{\mathbf{x}} \geq \mathbf{\Lambda}^0 [A+\mathbf{b}L]\,\mathbf{x}+\mathbf{\Lambda}^0\mathbf{c}. \tag{4.13}$$

一方，双対問題(P4.2)の制約式に左から $\overline{\mathbf{x}}$ を乗ずると，

$$\mathbf{\Lambda}^0 B\overline{\mathbf{x}} \leq \mathbf{\Lambda}^0 A\overline{\mathbf{x}}+L\overline{\mathbf{x}}. \tag{4.14}$$

また，(4.12)に左から $\mathbf{\Lambda}^0$ を乗ずると，

$$\mathbf{\Lambda}^0 [A+\mathbf{b}L]\,\mathbf{x} \geq (1+g^c)\,\mathbf{\Lambda}^0 [A+\mathbf{b}L]\,\overline{\mathbf{x}}.$$

これを(4.13)と比べると，

$$\mathbf{\Lambda}^0 B\overline{\mathbf{x}} \geq (1+g^c)\,\mathbf{\Lambda}^0 [A+\mathbf{b}L]\,\overline{\mathbf{x}}+\mathbf{\Lambda}^0\mathbf{c}$$

となる．これと(4.14)式を合わせると，

$$L\overline{\mathbf{x}}\left(1-\mathbf{\Lambda}^0\mathbf{b}\right) \geq g^c\mathbf{\Lambda}^0 [A+\mathbf{b}L]\,\overline{\mathbf{x}}+\mathbf{\Lambda}^0\mathbf{c}. \tag{4.15}$$

ここで，双対定理より $L\mathbf{x}^0=\mathbf{\Lambda}^0\mathbf{b}$ である事を考慮すれば，(4.15)は

$$L\overline{\mathbf{x}}\left(e(\mathbf{b})\,L\mathbf{x}^0\right) \geq g^c\mathbf{\Lambda}^0 [A+\mathbf{b}L]\,\overline{\mathbf{x}}+\mathbf{\Lambda}^0\mathbf{c} = \left(g^c L\mathbf{x}^0\right) L\overline{\mathbf{x}}+g^c\mathbf{\Lambda}^0 A\overline{\mathbf{x}}+\mathbf{\Lambda}^0\mathbf{c}.$$

$L\mathbf{x}^0>0$, $L\overline{\mathbf{x}}>0$ である事より，$\left(g^c L\mathbf{x}^0\right) L\overline{\mathbf{x}}>0$ ならば $L\overline{\mathbf{x}}\left(e(\mathbf{b})\,L\mathbf{x}^0\right)>0$ である． **Q.E.D.**

レンマ **4.4**：任意の資本主義経済 $\left\langle N, O; \left(P_{(A,B,L)}, \mathbf{b}\right); \left(\boldsymbol{\omega}^\nu\right)_{\nu\in N}\right\rangle$ において，価格体系 $(\mathbf{p}, 1)$ の下で，資本成長率，利潤率，及び資本家の貯蓄性向を，それぞれ

$$g^K \equiv \frac{\mathbf{p}\,[A+\mathbf{b}L]\,(\mathbf{x}-\overline{\mathbf{x}})}{\mathbf{p}\,[A+\mathbf{b}L]\,\overline{\mathbf{x}}}, \quad \pi^K \equiv \frac{\mathbf{p}\,[B-(A+\mathbf{b}L)]\,\overline{\mathbf{x}}}{\mathbf{p}\,[A+\mathbf{b}L]\,\overline{\mathbf{x}}}, \quad s \equiv \frac{\mathbf{p}\,[B-(A+\mathbf{b}L)]\,\overline{\mathbf{x}}-\mathbf{pc}}{\mathbf{p}\,[B-(A+\mathbf{b}L)]\,\overline{\mathbf{x}}}$$

であるとする．このとき，$g^K=s\pi^K$ である．

証明：(4.11)式に，自由財のルールを適用させる様にして，左辺から $\mathbf{p}\in\Delta$ を乗ずると，

$$\mathbf{p}B\overline{\mathbf{x}} = \mathbf{p}\,[A+\mathbf{b}L]\,\mathbf{x}+\mathbf{pc}.$$

従って，これを変形すると，

$$\mathbf{p}\,[B-A-\mathbf{b}L]\,\overline{\mathbf{x}}-\mathbf{pc} = \mathbf{p}\,[A+\mathbf{b}L]\ \Delta\mathbf{x}, \qquad (4.16)$$

$$\text{但し}\ \ \Delta\mathbf{x} \equiv (\mathbf{x}-\overline{\mathbf{x}}).$$

この(4.16)式の左辺は「総利潤−資本家階級の総消費」で総貯蓄を表し，かつ，右辺は新資本投資額を表している．つまり，貯蓄と投資の均等式を表している．(4.16)式の両辺を前期の総資本価値額 $\mathbf{p}\,[A+\mathbf{b}L]\,\overline{\mathbf{x}}$ で割ると，左辺は資本貯蓄率 $s\pi^K$ に，右辺は資本成長率 g^K になる． **Q.E.D.**

定理 4.2 の証明: $e(\mathbf{b})>0$ ならば保証利潤率 π が正になる事は，レンマ 4.1 より従う．また，潜在成長率 g^c が正ならば $e(\mathbf{b})>0$ である事は，レンマ 4.3 より従う．最後に，保証利潤率 π は定義より，$\pi \leq \pi^K$．ここで資本家の貯蓄性向が正なので，$g^K = s\pi^K > 0$．また，比例的成長の前提の下では，対応する資本成長率 g^K が潜在成長率を超える事はないので，潜在成長率 g^c は正となる．かくしてレンマ 4.1 とレンマ 4.3 が繋がり，定理 4.2 の証明が完成する． **Q.E.D.**

上記の証明において，レンマ 4.4 の主張自体は，当該経済の資本蓄積が比例成長経路にあるか否かには関係なく成立する．しかし定理 4.2 の主張は，経済が均斉成長解の下にある事は要請していないものの，依然として資本蓄積が比例成長経路にある事が前提されている事に注意する必要がある．この前提がある限り，上記の定理の証明は正しいのであるが，そうでない場合，資本成長率 g^K 一般が潜在成長率 g^c より以下の数値を取るという保証はない事に留意しておくべきであろう．

「強い一般化されたマルクスの基本定理」は確かに正しい命題であるが，残念ながらこの定理で以ってしても，例 4.1 で提示された反例——再生産可能解の下での均衡利潤率が正である事と搾取率がゼロである事が並存するケース——への解決策としては無力なままである．すなわち，この反例に対しての Morishima(1989)における，資本家の消費性向を 1 より小とすれば回避できる，という反論は妥当とは言えない．それは，第一に，

「強い一般化されたマルクスの基本定理」は，正の労働搾取率との同値性が証明されるべき対象とする利潤率を，均斉成長解の下での保証利潤率に限定する必要が無く，あらゆる任意の比例的成長状態での対応する利潤率に関して同値定理が適用できるという意味で，確かに「一般化されたマルクスの基本定理」よりも，搾取と利潤の同値定理としての主張は「強められている」と言える．しかしながら，その定理は依然として，比例的成長状態を前提しているという点で限定的な主張に過ぎない．そして，例 4.1 の反例とは，比例成長状態にない様な再生産可能解の下で生じ得る事態について論じているものである．従って，「強い一般化されたマルクスの基本定理」の適用によっても，再生産可能解の下での均衡利潤率が正である事と搾取率がゼロである事が並存する問題を解決する事にはならない．第二に，例 4.1 の事態は，資本家の消費性向を 1 より小とすれば回避できる，という問題ではない．実際，以下で示す様に，我々は例 4.1 の事態を資本家の消費性向がゼロと解釈したとしても尚，問題の事態を解消する事ができない事を発見するだろう．真の問題は，経済が比例的成長状態にあるとする前提の下で議論をすべきか否か，という点にあり，この前提を外すや否や，例 4.1 のような事態が生じ得る事を示したのが，Roemer (1980) や Petri (1980) の反例だったのである．

例 **4.2**（再生産可能解の下での，マルクスの基本定理の不成立）：例 2.1 と同様のフォン・ノイマン経済の数値モデルを前提し，経済が非自明な再生産可能解の下にあるとしよう．再生産可能解の集合は (2.3) 式で与えられている．非自明な再生産可能解の一つを $(\mathbf{p}^{**}, \mathbf{x}^{**}, \pi^{**})$ で表し，このとき，$\mathbf{p}^{**}=(1,0)$ とし，$\mathbf{x}^{**}=\begin{bmatrix} 0 \\ 1 \end{bmatrix}$ であるとしよう．また，このとき均衡利潤率 π^{**} は必ず正である．今，資本家の消費性向はゼロであり，利潤の全てを新投資に費やす状況を仮定しよう．すると

$$\pi^{K} = \pi^{**} = \frac{\mathbf{p}^{**}\left[B-(A+\mathbf{b}L)\right]\mathbf{x}^{**}}{\mathbf{p}^{**}A\mathbf{x}^{**}} \quad \& \quad g^{K} = \frac{\mathbf{p}^{**}A\left(\mathbf{x}-\mathbf{x}^{**}\right)}{\mathbf{p}^{**}A\mathbf{x}^{**}}$$

となり，結局，資本家の消費がゼロより，

$$\mathbf{p}^{**}\left[B-(A+\mathbf{b}L)\right]\mathbf{x}^{**}=\mathbf{p}^{**}A\left(\mathbf{x}-\mathbf{x}^{**}\right)$$

である事より，$\pi^K=g^K>0$ が従う．実際，

$$\left[B-(A+\mathbf{b}L)\right]\mathbf{x}^{**}=A\mathbf{x}^{**}=\begin{bmatrix}1\\0\end{bmatrix}$$

より，$\pi^K=g^K=1$ である．また，$\mathbf{p}^{**}A\mathbf{x}=[\mathbf{p}^{**}B-L]\,\mathbf{x}^{**}=2$ である事より，$\mathbf{x}=\begin{bmatrix}0\\2\end{bmatrix}$ によって，資本の拡大成長が可能である．つまり，初期時点で $\boldsymbol{\omega}=\begin{bmatrix}1\\0\end{bmatrix}$ だった資本財ストックは，次期の生産においては $\boldsymbol{\omega}'=A\mathbf{x}=\begin{bmatrix}2\\0\end{bmatrix}$ まで利用可能に蓄積されている．

他方，例 4.1 で計算した様に，搾取率は依然として $e(\mathbf{b})=0$ である．かくして，資本家の消費性向が 1 より小さいと明示的に仮定したとしても尚，依然として正の利潤率とゼロの搾取率が並存する状況は消滅しない．

Q.E.D.

この数値例の経済モデルの場合，例 2.1 で示した様に均斉成長解における保証利潤率がゼロなので，これは潜在成長率 g^c がゼロである事を意味する．しかし，非自明な再生産可能解 $(\mathbf{p}^{**},\mathbf{x}^{**},\pi^{**})$ で実現される資本利潤率 g^K は正である．しかし，この再生産可能解は定義 2.3-(b)の条件も(4.11)-(4.12)式の条件も満たしていない．(4.11)-(4.12)式を満たしていないという点で，この解は定理 4.2 の比例的成長状態という前提条件を満たしていないのである．

この様に，森嶋による Roemer(1980)-Petri(1980)の反例問題への解決案は，結局，「一般化されたマルクスの基本定理」自体を「強める」事には，ある意味，成功していても，反例が想定する状況そのものを解消する様な提案ではなかった，と言うほか無い．そもそも反例の生じる事態を，資本家の消費性向が 1 であり，全く資本蓄積が行われ得ない状況であると解釈した点に，問題があったのである．

次に，Roemer(1980)自身による，この反例問題の処理について見てみ

よう．Roemer(1980)の解決案は，例 4.1 の生じる事態を，生産技術体系内に劣位生産工程が存在する点にその原因を見なし，そのような工程を排除する事で，マルクスの基本定理の主要なメッセージを救出するというものである．劣位生産工程を排除する為の条件として，Roemer(1980)は以下のような追加的仮定[生産の非付属性]を導入した：

A5[生産の非付属性](Independence of Production)：$\forall \boldsymbol{\alpha}=(-\boldsymbol{\alpha}_0, -\underline{\boldsymbol{\alpha}}, \overline{\boldsymbol{\alpha}})\in P$，$\hat{\boldsymbol{\alpha}}\geq\mathbf{0}$，$\mathbf{0}\leq\mathbf{c}<\hat{\boldsymbol{\alpha}}$，$\exists(-\alpha_0', -\underline{\boldsymbol{\alpha}}', \overline{\boldsymbol{\alpha}}')\in P$ s.t. $\overline{\boldsymbol{\alpha}}'-\underline{\boldsymbol{\alpha}}'\geq\mathbf{c}$ & $\alpha_0'<\alpha_0$.

この意味は，ある生産点 $\boldsymbol{\alpha}$ の下で $\hat{\boldsymbol{\alpha}}$ の純産出が得られるときには，この $\hat{\boldsymbol{\alpha}}$ よりも少なくとも 1 財だけは厳密により小である様な純産出ベクトル $\mathbf{c}$ を生産するのに際して，$\hat{\boldsymbol{\alpha}}$ を生産するときに要した労働量 α_0 よりも厳密に少ない労働量 α_0' で生産できる様な別の生産点 $(-\alpha_0', -\underline{\boldsymbol{\alpha}}', \overline{\boldsymbol{\alpha}}')$ $\in P$ が存在する，という事を生産可能性集合の性質として仮定するものである．これは，この生産可能性集合を基に導出される可能純産出集合の非負象限に関しては，所与の投下労働量の下である財の純産出を増やすときには，必ず，他に純産出を減らす財が存在する様な，従って非負象限における可能純産出フロンティア曲線の傾きが必ず負，ないしは右下がりになる事を要請している．容易に確認できる様に，例 2.1 で定義したフォン・ノイマン経済体系における生産可能性集合は，仮定 A5 を満たしていない．

Roemer(1980)は一般凸錘生産経済の下でマルクスの基本定理が成立する為の必要十分条件は，対応する生産可能性集合が仮定 A5 を満たしている事を証明した[2)]：

定理 4.3[Roemer(1980)](Fundamental Marxian Theorem in Convex Cone Economies: FMTCCE)：任意の資本主義経済 $\left\langle N, O; (P, \mathbf{b}); (\boldsymbol{\omega}^{\nu})_{\nu\in N}\right\rangle$ に

2) Roemer(1980; 1981)でのオリジナルの議論では，生産可能性集合は単に閉凸である事を要請されるのみであり，錘性すらも仮定されていない．その為に，対応するマルクスの基本定理もその証明も，もう少し複雑な構造を帯びるが，ここでは議論の見通しの良さを維持する為に，閉凸錘の仮定のままで議論を通したい．

おいて，その生産技術体系が A1, A2, A5 を満たすとしよう．そのとき，この経済での任意の再生産可能解 $((\mathbf{p},1),\boldsymbol{\alpha})$ が正の利潤を伴う為の必要十分条件は $e(\mathbf{b})>0$ である．

証明：再生産可能解 $((\mathbf{p},1),\boldsymbol{\alpha})$ の定義 2.1-(b) より，$\hat{\boldsymbol{\alpha}}-\alpha_0\mathbf{b}\geq\mathbf{0}$ である．

(⇒)：最初に，$e(\mathbf{b})\leq 0$ であるならば，この解の下での均衡利潤率が非正である，すなわち，$\mathbf{p}\hat{\boldsymbol{\alpha}}-\alpha_0=0$ である事を示す．$e(\mathbf{b})\leq 0$ より，$l.v.(\mathbf{b})\geq 1$ である．さらに，ある生産点 $\boldsymbol{\alpha}^*\in P$ の下で，$\alpha_0^*=l.v.(\mathbf{b})$ が成立する．生産可能性集合の凸錘性より，

$$\alpha_0\leq\alpha_0\alpha_0^*=\alpha_0 l.v.(\mathbf{b})=l.v.(\alpha_0\mathbf{b}). \tag{4.17}$$

今，$\hat{\boldsymbol{\alpha}}-\alpha_0\mathbf{b}>\mathbf{0}$ であるとしよう．すると A5 の適用によって，ある生産点 $(-\alpha_0',-\underline{\boldsymbol{\alpha}}',\overline{\boldsymbol{\alpha}}')\in P$ が存在して，$\overline{\boldsymbol{\alpha}}'-\underline{\boldsymbol{\alpha}}'\geq\alpha_0\mathbf{b}$ かつ $\alpha_0'<\alpha_0$ となる．しかしこれは，(4.17) より $\alpha_0'<l.v.(\alpha_0\mathbf{b})$ となり，$l.v.(\alpha_0\mathbf{b})$ がベクトル $\alpha_0\mathbf{b}$ の純産出に必要な最小労働量である事に矛盾する．従って，$\hat{\boldsymbol{\alpha}}-\alpha_0\mathbf{b}>\mathbf{0}$ とはならず，$\hat{\boldsymbol{\alpha}}-\alpha_0\mathbf{b}=\mathbf{0}$．それ故，$\mathbf{p}\hat{\boldsymbol{\alpha}}-\alpha_0=0$ である．

(⇐)：次に，$e(\mathbf{b})>0$ のときに，$\mathbf{p}\hat{\boldsymbol{\alpha}}-\alpha_0>0$ となる事を示す．$e(\mathbf{b})>0$ より，任意の $(-\alpha_0',-\underline{\boldsymbol{\alpha}}',\overline{\boldsymbol{\alpha}}')\in P$ に関して，$\hat{\boldsymbol{\alpha}}'\geq\alpha_0'\mathbf{b}$ であれば $\alpha_0'>l.v.(\alpha_0'\mathbf{b})$ である．従って，再生産可能解の総生産点に関しても，$\alpha_0>l.v.(\alpha_0\mathbf{b})$ である．また，定義より，ある生産点 $\boldsymbol{\alpha}^*\in P$ の下で，$\hat{\boldsymbol{\alpha}}^*\geq\mathbf{b}$ かつ $\alpha_0^*=l.v.(\mathbf{b})$ が成立する．今，再生産可能解 $((\mathbf{p},1),\boldsymbol{\alpha})$ の下で均衡利潤率がゼロと仮定しよう．従って，$\mathbf{p}\hat{\boldsymbol{\alpha}}-\alpha_0=0$ である．ここで代替的な生産点として

$$(-\alpha_0\alpha_0^*,-\alpha_0\underline{\boldsymbol{\alpha}}^*,\alpha_0\overline{\boldsymbol{\alpha}}^*)\in P$$

を考えよう．この生産点での利潤は $\alpha_0\hat{\boldsymbol{\alpha}}^*\geq\alpha_0\mathbf{b}$ である事，及び，$\alpha_0>l.v.(\alpha_0\mathbf{b})=\alpha_0\alpha_0^*$ である事から，$\mathbf{p}\alpha_0\hat{\boldsymbol{\alpha}}^*-\alpha_0\alpha_0^*>0$ となる．かくして，生産点 $\boldsymbol{\alpha}^*\in P$ の下で正の利潤が可能である．よって，ある適当な $\lambda>0$ の下で，$\mathbf{p}\lambda\underline{\boldsymbol{\alpha}}^*=\mathbf{p}\boldsymbol{\omega}$ となる様な生産点 $\lambda\boldsymbol{\alpha}^*\in P$ において，社会全体の総利潤は正となる．これは再生産可能解の総生産点 $\boldsymbol{\alpha}$ の下で，社会全体の総利潤が最大化されるという性質に矛盾する．よって，再生産可能解 $((\mathbf{p},1),\boldsymbol{\alpha})$ の下で均衡利潤率は正でなければならない．　**Q.E.D.**

定理 4.4[Roemer(1981)]：任意の資本主義経済 $\langle N, O; (P, \mathbf{b}); (\boldsymbol{\omega}^{\nu})_{\nu \in N} \rangle$ において，その生産技術体系が A1，A2，A3 を満たすとしよう．今，$\alpha_0(\boldsymbol{\omega}) \leq \# O$ かつ $\mathbf{b} \in \mathbf{R}^n_{++}$ とする．そのとき，この経済での任意の再生産可能解 $((\mathbf{p}, 1), \boldsymbol{\alpha})$ が正の利潤を伴う為の必要十分条件が $e(\mathbf{b}) > 0$ であるならば，生産技術体系は **A5** を満たす．

この定理の証明は，もし A5 が満たされない生産可能性集合であれば，それを生産技術体系として持つある経済環境の環境の下で，ある再生産可能解が存在して，そこではゼロの搾取率と正の均衡利潤が両立している事を示す事によって，完結できる．その為に，証明に先立って，A5 が満たされない状況を仮定として定式化しておこう：

$$\neg(\mathbf{A5})：\exists \boldsymbol{\alpha} \in P \;\&\; \exists \mathbf{c} > \mathbf{0} \text{ s.t. } \hat{\boldsymbol{\alpha}} > \mathbf{c} \;\&\; \forall \boldsymbol{\alpha}' \in P,\; [\hat{\boldsymbol{\alpha}}' \geq \mathbf{c} \Rightarrow \alpha'_0 \geq \alpha_0].$$

定理 4.4 の証明：今，$\neg$(A5)を仮定しよう．そのとき，$\neg$(A5)で存在が保証された $\mathbf{c}$ の純生産に関して必要な最小労働投入量を，$\neg$(A5)で存在が保証された $\boldsymbol{\alpha}$ が規定している．すなわち，$\alpha_0 = l.v.(\mathbf{c})$ である．ところで $\neg$(A5)で存在が保証された $\boldsymbol{\alpha}$ は，$l.v.(\mathbf{c})$ を規定するという点 $\boldsymbol{\alpha}^{\circ}$ で同じ様な性質を持つ他の生産点と比べても，常に純産出ベクトルに関して，$\neg(\hat{\boldsymbol{\alpha}} < \hat{\boldsymbol{\alpha}}^{\circ})$ である様なものとして，一般性を失う事無く，選出する事が可能である．ここで $\mathbf{b} \equiv \mathbf{c}/\alpha_0$ と置けば，このとき $\hat{\boldsymbol{\alpha}} > \alpha_0 \mathbf{b}$ である．また，生産可能性集合の凸錘性より，$l.v.(\mathbf{b}) = 1$ が従う．かくして $e(\mathbf{b}) = 0$ である．

ところで上段落で議論した $\boldsymbol{\alpha}$ の選出の仕方より，任意の $\boldsymbol{\alpha}' \in P$ に関して，$\hat{\boldsymbol{\alpha}}' \geq \alpha_0 \mathbf{b}$ ならば $\alpha'_0 \geq \alpha_0$ であるので，$\hat{\boldsymbol{\alpha}}' - \alpha'_0 \mathbf{b} > \hat{\boldsymbol{\alpha}} - \alpha_0 \mathbf{b}$ とは決してならない．すなわち，$\hat{\boldsymbol{\alpha}} - \alpha_0 \mathbf{b} \in \partial \tilde{P}$ である．ここで，資本財の初期賦存 $(\boldsymbol{\omega}^{\nu})_{\nu \in N}$ に関して，$\boldsymbol{\omega} \equiv \sum_{\nu \in N} \boldsymbol{\omega}^{\nu}$ と置くと，$\boldsymbol{\omega} = \underline{\boldsymbol{\alpha}}$ としよう．また，このとき $\alpha_0(\boldsymbol{\omega}) \leq \# O$ としよう．すると再生産可能解の存在を論ずるに十分な経済環境のデータが揃った．このとき $\boldsymbol{\omega} \in \mathbb{C}^*$ が言えるので，定理 2.2 より，この経済環境において再生産可能解 $((\mathbf{p}, 1), \boldsymbol{\alpha}')$ が存在する．

また，定理 2.4 より，この価格体系 $(\mathbf{p}, 1)$ の下で，効率的再生産可能解が存在し，それは上記の議論より $((\mathbf{p}, 1), \boldsymbol{\alpha})$ が，少なくともその一つである．

さらに $\hat{\boldsymbol{\alpha}} - \alpha_0 \mathbf{b} > \mathbf{0}$ より，ベクトル $\hat{\boldsymbol{\alpha}} - \alpha_0 \mathbf{b}$ と $\mathbf{R}^n_-$ とは，$\{\hat{\boldsymbol{\alpha}} - \alpha_0 \mathbf{b}\} \cap \mathbf{R}^n_- = \varnothing$ である．よって分離定理より，ある価格体系 $(\mathbf{p}^*, 1)$ の下で，$\mathbf{p}^* \mathbf{R}^n_- \leq 0$ かつ $\mathbf{p}^* \hat{\boldsymbol{\alpha}} - \alpha_0 > 0$ となる．ここで，$\hat{\boldsymbol{\alpha}} - \alpha_0 \mathbf{b} \in \partial \tilde{P}$ かつ，$\boldsymbol{\omega} = \underline{\boldsymbol{\alpha}}$ である事から，この価格体系は，一般性を失う事無く，$\boldsymbol{\alpha}$ を利潤率最大化点として支持するベクトルとして選出できる．以上の議論より，$((\mathbf{p}^*, 1), \boldsymbol{\alpha})$ は一つの効率的再生産可能解となり，このとき均衡利潤は正である．$e(\mathbf{b}) = 0$ である事はすでに確認済みなので，以上で求める結論が得られた．　**Q.E.D.**

以上の議論より，経済環境をレオンチェフ経済体系よりもより一般的な生産技術体系を持った環境に拡張し，その様な環境での再生産可能解を均衡概念として考える限り，森嶋型労働搾取の定義の下では，マルクスの基本定理は極めて限定的な状況でしか成立しない事が明らかにされた．すなわち，生産技術体系が「生産の非付属性」の性質を持つ様な経済環境において，そしてその様なケースにおいてのみ，マルクスの基本定理の成立が保証される．しかし，生産技術体系の「生産の非付属性」という仮定は，かなり強い仮定であり，かつ，その仮定を正当化ないしは擁護する様な積極的な経済学的理由は存在しない様に思える．その意味で，定理 4.3 と定理 4.4 による，マルクスの基本定理の成立のための必要十分条件の特徴付けは，マルクス的労働搾取の基本定理的な含意に関する事実上の不可能性定理として解釈可能であるかもしれない．

この様な不可能性に直面した際の我々の可能な有効戦略は，以下の 2 点のみになろう．第一は，均衡概念としての再生産可能解の採用を止め，均斉成長解その他の代替的均衡概念を用いて，その下で定義される利潤率と搾取率との同値関係の成立を分析する方向である．これは特に，均斉成長解の下では森嶋の「一般化されたマルクスの基本定理」が頑健である事からも，説得力がある方向性に思えるかもしれない．しかしながら，均斉成長解に内在する問題点，この解と比較しての再生産可能解の優れた性質などについては，第2章でも指摘してきた通りである．我々は，均斉成長解概念ではなく，再生産可能解概念を採用する十分な動機を揃えており，その動機の妥当性については，例2.1などでの議論を見ても明瞭であると思われる．

第二の戦略は，均衡概念は再生産可能解を保持したままで，労働搾取の定式を，森嶋型定式に拘泥する事無く，その代替的定式化の可能性について探求するという方向性である．実際，森嶋型以外の搾取の定式に関する代替案も，為されてきている．それ故に，こうした代替的定式の下で，再生産可能解下の均衡利潤の正値性の必要十分条件を論ずるのは，第一の戦略に比べてより有意味であると思われる．従って，以下の節では，森嶋型以外の搾取の定式に関してこれまで成されてきたいくつかの代替案について検討する．

4.2 代替的労働搾取の定式に基づくマルクスの基本定理の可能性：その1

以下ではまず，近年の松尾匡による，フォン・ノイマン経済体系での労働価値の再定義[松尾(1997)，Matsuo(2006)]を紹介する．その定義とは以下のように与えられる．今，労働者の財に関する消費選好を表す効用関数，もしくは労働者の厚生水準を評価する，$\mathbf{R}^n_+$ 上で定義された実数値関数を $u(\cdot)$ とする．これは各財について連続かつ単調増加な性質を持つものと仮定される．労働者の1労働日当たりの貨幣賃金1に対応する実質賃金ベクトルが $\mathbf{d}\in\mathbf{R}^n_+$ であるとしよう．この財ベクトル $\mathbf{d}$ と少なくとも無差別な効用を与える任意の財ベクトルのうち，最小の労働投入で純生産可能な財ベクトルの労働投入量を，財ベクトル $\mathbf{d}$ の労働価値とするのが，松尾(1997)[及び Matsuo(2006)]の労働価値の再定義である．すなわち，最小化問題

$$\min_{\mathbf{x}\in\mathbf{R}^m_+} L\mathbf{x} \quad \text{s.t.} \quad [B-A]\mathbf{x} \geq \mathbf{y},\ (\forall \mathbf{y} \in \mathbf{R}^n_+ :\ u(\mathbf{y}) \geq u(\mathbf{d})) \qquad \text{(P4.3)}$$

の解の最小値 $L\mathbf{x}^u$ が財ベクトル $\mathbf{d}$ の労働価値となる．従って，労働搾取は $1-L\mathbf{x}^u$ によって定義される事になる．

以下では，この労働価値の再定義それ自体の妥当性について検証する．松尾はこの再定義に基づく搾取の定義を前提にすれば，例 4.1 で論じた様な，劣等生産工程の存在によって生じる「搾取率ゼロの下での正の利潤の成立」という，フォン・ノイマン経済体系で生じる「マルクスの基本定理への反例」を解決する事ができると主張している．確かに例 4.1 における「搾取率ゼロの下での正の利潤の成立」に関しては，松尾の労働搾取の定義で解消される．しかしながら例 4.1 は，一般的凸錘生産経済において，再生産可能解の下でマルクスの基本定理が，少なくとも森嶋型の搾取の定式に基づく限り，成立しないという不可能性を示す為の一例に過ぎない．従って，真の問題は，松尾型労働搾取の定義の採用によって，一般的凸錘生産経済における再生産可能解の下で，マルクスの基本定理が成立するか否かにある．残念ながら，この点に関しては，依然として基本定理は成立しない事について，以下，確認する事になる．

最初に例 2.1 の数値モデルの下で，松尾型労働搾取の性質について，見ていく．

例 4.3：今，例 2.1 に類似のフォン・ノイマン生産技術体系 (A, B, L) であって，以下の様な数値例を考える：

$$B=\begin{bmatrix} 2 & 3 \\ 2 & 2 \end{bmatrix},\quad A=\begin{bmatrix} 1 & 1 \\ 1 & 1 \end{bmatrix},\quad L=(1,1).$$

かつ，労働者の厚生を評価する，$\mathbf{R}^2_+$ 上で定義された連続かつ強単調な実数値関数を，$u(\cdot)$ で表す事にしよう．この厚生関数 $u(\cdot)$ は必ずしも労働者個人の消費需要ベクトルを合理的に導出する様な，通常の新古典派が期待する役割を果たすものとは想定されていない事に留意せよ．従って，労働者の実質賃金ベクトル $\mathbf{d}$ は $\mathbf{b}=\begin{bmatrix} 1 \\ 1 \end{bmatrix}$ であると想定しよう．また，$\boldsymbol{\omega}=\begin{bmatrix} 1 \\ 1 \end{bmatrix}$ としよう．そのときの均斉成長解は例 2.1 の数値例と同様に，

$$(\mathbf{p}^*, \mathbf{x}^*, \pi^*) \in \left(\{(0,1)\} \times \left\{\mathbf{x} \in \mathbf{R}^2_+ \,|x_1 + x_2 = 1\right\} \times \{0\}\right). \tag{4.18}$$

また，この経済環境での再生産可能解の集合は

$$(\mathbf{p}^{**}, \mathbf{x}^{**}, \pi^{**}) \in \left((\Delta \backslash \{(0,1)\}) \times \left\{ \begin{bmatrix} 0 \\ 1 \end{bmatrix} \right\} \times \left\{ \frac{p_1}{1} \,|(p_1, p_2) = \mathbf{p}^{**} \right\} \right)$$
$$\cup \left(\{(0,1)\} \times \left\{\mathbf{x} \in \mathbf{R}^2_+ \,|x_1 + x_2 \leq 1\right\} \times \{0\}\right). \tag{4.19}$$

となる．

今，任意の非自明な再生産可能解 $(\mathbf{p}^{**}, \mathbf{x}^{**}, \pi^{**}) = \left((p_1, p_2), \begin{bmatrix} 0 \\ 1 \end{bmatrix}, \frac{p_1}{1} \right)$（但し，$p_1 \neq 0$）を取り上げると，このとき均衡利潤率 π^{**} は正である．他方，松尾型労働搾取率を計算しよう．ここで労働投入量 1 のときのこの経済の純産出可能集合 $\hat{P}_{(A,B,L)}(\alpha_0 = 1)$ は，

$$\hat{P}_{(A,B,L)}(\alpha_0 = 1) = \mathrm{con}\{(0,1), (2,1), (2,0), \mathbf{0}\}$$

で与えられている．但し，表記 $\mathrm{con}\, D$ は一般に，集合 D の凸包(convex hull)の意味で使う．労働者の実質賃金ベクトル $\mathbf{b}$ は $(1,1)$ であるので，この純産出可能集合の境界部分

$$\partial \hat{P}_{(A,B,L)}(\alpha_0 = 1) \equiv \left\{ \hat{\boldsymbol{\alpha}} \in \mathbf{R}^n \,\middle|\, \exists \boldsymbol{\alpha} = (-1, -\underline{\boldsymbol{\alpha}}, \overline{\boldsymbol{\alpha}}) \in \partial P_{(A,B,L)} : \overline{\boldsymbol{\alpha}} - \underline{\boldsymbol{\alpha}} = \hat{\boldsymbol{\alpha}} \right\}$$

に属している．つまり，労働者の実質賃金ベクトル $(1,1)$ の純産出に必要な最小労働量は 1 である．これは森嶋型労働搾取率がゼロである事を意味する．他方，集合 $\hat{P}_{(A,B,L)}(\alpha_0 = 1)$ の内部(interior)

$$\mathring{\hat{P}}_{(A,B,L)}(\alpha_0 = 1) \equiv \hat{P}_{(A,B,L)}(\alpha_0 = 1) \backslash \partial \hat{P}_{(A,B,L)}(\alpha_0 = 1)$$

に $u(\mathbf{y}) = u(\mathbf{b})$ となる様な財ベクトル $\mathbf{y} \in \mathbf{R}^n_{++}$ を見出す事ができる．それは関数 $u(\cdot)$ の強単調性より，ベクトル $\mathbf{b}$ を通る $u(\cdot)$ の無差別曲線が厳密に右下がりになる事から従う．

今，$\mathbf{y} \in \mathring{\hat{P}}_{(A,B,L)}(\alpha_0 = 1)$ であるならば，それは $\mathbf{y}$ の純産出に必要な最小労働量は 1 未満である事を意味する．従って，(P4.3)の定義より，財ベクトル $\mathbf{b}$ の労働価値 $L\mathbf{x}^u$ は 1 より厳密に小さい．すなわち，この数値モデルの世界では，松尾型労働搾取率は恒等的に正である事が言える．この様な帰結は，関数 $u(\cdot)$ が連続かつ強単調である限り，定性的に主張できる．従って，例 4.1 と同様に，生産可能性集合が A5 を満たさないモデルであるが，にも拘らず，松尾型労働搾取の定式下では，正の利潤に対し

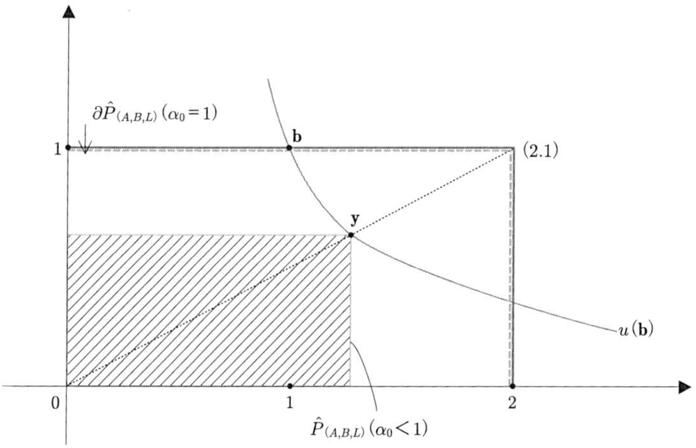

図 **4. 1**　松尾型労働力価値の決定

て正の搾取率が対応している．　**Q.E.D.**

以上の例 4.3 の結論は，そこでの数値モデルに固有な性質ではなく，以下の様に一般化できる．最初に問題(P4.3)はフォン・ノイマン経済体系にのみ限定される必要は無いので，一般的な閉凸錘生産経済の下での定式として書き改めよう．それは以下の様になる：

$$\min_{(-\alpha_0,-\underline{\boldsymbol{\alpha}},\overline{\boldsymbol{\alpha}})\in P} \alpha_0 \quad \text{s.t.} \quad \overline{\boldsymbol{\alpha}}-\underline{\boldsymbol{\alpha}} \geq \mathbf{c}, (\forall \mathbf{c} \in \mathbf{R}_+^n : \ u(\mathbf{c}) \geq u(\mathbf{d})) \quad \text{(P4.4)}$$

問題(P4.4)の解を $\boldsymbol{\alpha}^u$ で表す事にしよう．その対応する最小労働量を α_0^u で記述する．すると，松尾型労働搾取率は：

定義 4. 3[松尾(1997)]：労働者の消費に関する効用を評価する連続かつ強単調な実数値関数 $u(\cdot)$ が任意に与えられている．そのとき，所与の実質賃金ベクトル $\mathbf{d}\in\mathbf{R}_+^n$ における労働の搾取率(the rate of labor exploitation)は以下の様に与えられる：

$$e^u(\mathbf{d}) \equiv \frac{1-\alpha_0^u}{\alpha_0^u}. \qquad (4.20)$$

このとき，以下の事が導かれる：

定理 4.5：任意の資本主義経済 $\langle N, O; (P, \mathbf{b}); (\boldsymbol{\omega}^{\nu})_{\nu \in N} \rangle$ において，その生産技術体系が A1，A2，A3 を満たすとしよう．今，$\alpha_0(\boldsymbol{\omega}) \leq \# O$ かつ $\mathbf{b} \in \mathbf{R}^n_{++}$ とする．また，労働者の消費に関する効用を評価する連続かつ強単調な実数値関数 $u(\cdot)$ が任意に与えられている．そのとき，この経済での任意の再生産可能解 $((\mathbf{p}, 1), \boldsymbol{\alpha})$ が正の利潤を伴う為の必要条件は，$e^u(\mathbf{b}) > 0$ である．

証明：再生産可能解 $((\mathbf{p}, 1), \boldsymbol{\alpha})$ が正の利潤を伴うので，$\mathbf{p}\hat{\boldsymbol{\alpha}} - \alpha_0 > 0$．また，再生産可能解の定義 2.1-(b) より，$\hat{\boldsymbol{\alpha}} \geq \alpha_0 \mathbf{b}$ である．今，生産可能性集合の凸錘性より，一般性を損なう事無く，$\boldsymbol{\alpha}^* \equiv \boldsymbol{\alpha}/\alpha_0$ に関して，議論を進める．すると，$\mathbf{p}\hat{\boldsymbol{\alpha}}^* - 1 > 0$ であり，かつ，$\hat{\boldsymbol{\alpha}}^* \geq \mathbf{b}$．定義より，$\hat{\boldsymbol{\alpha}}^* \in \partial \hat{P}(\alpha_0 = 1)$ である．もしここで

$$\mathbf{b} \in \mathring{\hat{P}}(\alpha_0 = 1) \equiv \hat{P}(\alpha_0 = 1) \backslash \partial \hat{P}(\alpha_0 = 1)$$

であれば，直ちに $e^u(\mathbf{b}) > 0$ が従う．仮定 A3 より，$\mathbf{b} \in \hat{P}(\alpha_0 = 1)$ である事は $\hat{\boldsymbol{\alpha}}^* \geq \mathbf{b}$ より従うので，以下では $\mathbf{b} \in \partial \hat{P}(\alpha_0 = 1)$ のケースのみを考察すれば十分である．これは $\hat{\boldsymbol{\alpha}}^* > \mathbf{b}$ であっても $\hat{\boldsymbol{\alpha}}^* \gg \mathbf{b}$ ではない事を，A3 より，意味する．また，$\mathbf{p}\hat{\boldsymbol{\alpha}}^* - 1 > 0$ であるので，$\hat{\boldsymbol{\alpha}}^* = \mathbf{b}$ も有り得ない．

ここで，第 i 財に関して $\hat{\alpha}_i^* > b_i$ であるとしよう．このとき，第 i 成分だけ非常に小さな正数であり，あとの成分は全てゼロである様なベクトル $\boldsymbol{\varepsilon} > \mathbf{0}$ を取り上げ，$\mathbf{b} + \boldsymbol{\varepsilon}$ を考える．このとき，$\varepsilon_i > 0$ は十分に小さな値なので，$\hat{\boldsymbol{\alpha}}^* > \mathbf{b} + \boldsymbol{\varepsilon}$ である．ところで，労働者の効用関数 $u(\cdot)$ は強単調増加なので，$u(\mathbf{b} + \boldsymbol{\varepsilon}) > u(\mathbf{b})$ となる．従って，$u(\cdot)$ における $\mathbf{b}$ の upper contour set に $\mathbf{b} + \boldsymbol{\varepsilon}$ が属している．ここで，関数 $u(\cdot)$ の連続性より，この $\mathbf{b}$ の upper contour set は開集合である．従って，$\mathbf{b} + \boldsymbol{\varepsilon}$ のある適当な開近傍をとれば，この開近傍は $\mathbf{b}$ の upper contour set に含まれる．ところで $\mathbf{b} \in \partial \hat{P}(\alpha_0 = 1)$，$\hat{\boldsymbol{\alpha}}^* \in \partial \hat{P}(\alpha_0 = 1)$，$\hat{\boldsymbol{\alpha}}^* > \mathbf{b}$，かつ $\mathbf{b} + \boldsymbol{\varepsilon}$ の作り方から，$\mathbf{b} + \boldsymbol{\varepsilon} \in \partial \hat{P}(\alpha_0 = 1)$ が従う．よって，$\mathbf{b} + \boldsymbol{\varepsilon}$ の開近傍の中にある財ベクトル $\mathbf{c} \in \mathring{\hat{P}}(\alpha_0 = 1)$ が存在する．このとき，$\mathbf{b} + \boldsymbol{\varepsilon}$ の開近傍が $\mathbf{b}$ の upper contour setに含まれる事から，$u(\mathbf{c})>u(\mathbf{b})$ が従う．これは問題(P4.4)における制約条件を満たす財ベクトル $\mathbf{c}$ であって，その純産出に要する最小労働量が 1 未満である様なものが存在する事を意味する．よって，問題(P4.4)における解 $\boldsymbol{\alpha}^u$ においては，対応する最小労働量 α_0^u は必ず 1 未満である．すなわち，松尾型労働搾取率は正である事が従う．　**Q.E.D.**

上記の定理は，労働者の効用関数に関して，連続性と強単調性を満たす様な任意な関数を想定した下で成立している事に留意すべきだろう．すなわち，定理の言明は，特殊な効用関数のタイプに依存した特性ではないのである．

しかし，定理 4.5 は正の利潤の必要条件として，正の松尾型労働搾取について言及しているだけである．従って，この定理は，松尾型労働搾取の定式下でマルクスの基本定理が成立する事を意味はしていない．実際，以下で示す様に，労働者の効用関数が何であれ，松尾型労働搾取が正であっても，ゼロの均衡利潤を伴う再生産可能解しか存在しない経済を構成する事が可能である:

例 4.4: 今，例 4.3 に類似のフォン・ノイマン生産技術体系 (A,B,L) であって，以下の様な数値例を考える:

$$B=\begin{bmatrix}1 & 3\\ 2 & 2\end{bmatrix},\quad A=\begin{bmatrix}0 & 1\\ 1 & 1\end{bmatrix},\quad L=(1,1),\quad \boldsymbol{\omega}=\begin{bmatrix}0\\ 1\end{bmatrix}.$$

但し，労働者の実質賃金ベクトルは例 4.3 のケースと同様とする．この経済環境における非自明な再生産可能解は，唯一

$$(\mathbf{p}^{**},\mathbf{x}^{**},\pi^{**})=\left((0,1),\begin{bmatrix}1\\ 0\end{bmatrix},0\right) \tag{4.21}$$

だけである．それは以下の様にして，確認される:

第一に，

$$\mathbf{p}(B-A)-L=(p_1,p_2)\begin{bmatrix}1 & 2\\ 1 & 1\end{bmatrix}-(1,1)=(p_1+p_2,2p_1+p_2)-(1,1)=(0,p_1)$$

であるので，$p_1 \neq 0$ となる様な任意の $\mathbf{p} \in \Delta$ に対して，$\mathbf{x} = \begin{bmatrix} 0 \\ 1 \end{bmatrix}$ が唯一，利潤最大化を実現する．しかしながら，この $\mathbf{x}$ に関して，

$$A\mathbf{x} = \begin{bmatrix} 1 \\ 1 \end{bmatrix} > \begin{bmatrix} 0 \\ 1 \end{bmatrix} = \boldsymbol{\omega}$$

が成立している事から，$p_1 \neq 0$ となる様な任意の $\mathbf{p} \in \Delta$ は再生産可能解の均衡価格を構成し得ない．次に，$\mathbf{p} = (0, 1)$ の場合は，$x_1 + x_2 = 1$ となる任意の非負・非ゼロベクトル $\mathbf{x} > \mathbf{0}$ も $\mathbf{x} = \mathbf{0}$ も，いずれも最大利潤ゼロを実現する．しかしながら，$A\mathbf{x} \leq \boldsymbol{\omega}$ となる様な $\mathbf{x}$ であって，かつ，$\mathbf{p}A\mathbf{x} = \mathbf{p}\boldsymbol{\omega}$ となる様なものは，唯一，$\mathbf{x}^{**} = \begin{bmatrix} 1 \\ 0 \end{bmatrix}$ だけである．他方，この $\mathbf{x}^{**}$ によって，$[B-A]\,\mathbf{x}^{**} = \begin{bmatrix} 1 \\ 1 \end{bmatrix}$ となる為，定義 2.1-(b)が等号で満たされる．定義 2.1-(c)も問題ない．よって，(4.21)が唯一の非自明な再生産可能解となる．このとき，対応する均衡利潤率は $\pi^{**} = 0$ である．

ところで，この経済環境は，$[B-A]$ と L，及び，$\mathbf{d}$ のデータに関しては，例 4.3 と全く同じである．ここで松尾型労働搾取は，労働者の効用関数を所与とした下で，森嶋型労働搾取と同様に，$[B-A]$ と L，及び，$\mathbf{d}$ のデータのみで全て，搾取率が決定される．従って，この経済モデルでの搾取率 $e^u(\mathbf{b})$ に関しては，例 4.3 の議論を自動的に踏襲すればよい．すなわち，松尾型労働搾取率は，いかなる効用関数であれ，それが連続かつ強単調である限り，この経済環境において正である．かくして，搾取率が正であるにも拘らず，ゼロの利潤からなる再生産可能解しか存在しないケースがある．これは，再生産可能解の下で，松尾型労働搾取概念を使った場合の，マルクスの基本定理の不成立を意味する． **Q.E.D.**

以上の議論より，松尾型労働搾取を用いた場合，Petri-Roemer の反例を回避する事はできるが，逆にゼロ利潤の下で正の搾取という状況が生じる可能性を排除できない．すなわち，松尾型労働搾取の定式は，搾取概念として論理的に弱過ぎるのである．その結果，利潤が均衡において生じないような経済環境においても，搾取の存在を見出してしまう事になる．依

然として，再生産可能解の下でマルクスの基本定理を成立させる様な，労働搾取の定式に関する問題への説得的な解は，まだ登場していない．

ところで，松尾自身は，この労働搾取の定式を用いて，以下の定理「搾取理論の弱体系」を導いた：

定理 4.6［Matsuo (2006)］(Weak System of Exploitation Theory)：任意の資本主義経済 $\langle N, O; (P_{(A,B,L)}, \mathbf{b}); (\boldsymbol{\omega}^{\nu})_{\nu \in N} \rangle$ において，その生産技術体系が A1″ と A2″ を満たすフォン・ノイマン体系として特徴付けられるとしよう．このとき，以下の 3 つの条件は同値である：

(1) $\neg(\exists \mathbf{p} \gg \mathbf{0})$　s.t.　$\mathbf{p}[B-A-\mathbf{b}L] \leq \mathbf{0}$;

(2) $\exists \mathbf{x} \geq \mathbf{0}$　s.t.　$[B-A-\mathbf{b}L]\mathbf{x} \geq \mathbf{0}$;

(3) $\forall u \in \mathcal{U}$,　$e^u(\mathbf{b}) > 0$,

但し，$\mathcal{U}$ は $\mathbf{R}^n_+$ 上で定義される連続かつ強単調な実数値関数の普遍集合を表す．

レンマ 4.5［二階堂 (1961)］：任意の $m \times n$ 型行列 C に関して，もしも

$$C\mathbf{x} \geq \mathbf{0}, \quad \mathbf{x} \geq \mathbf{0}$$

が解を持たなければ，そのとき，

$$\mathbf{p}C \leq \mathbf{0}, \quad \mathbf{p} \gg \mathbf{0}$$

が解を持つ．

新たな記号として，$\partial S\hat{P}(\alpha_0=1) \equiv \{\hat{\boldsymbol{\alpha}} \in \hat{P}(\alpha_0=1) \mid \neg(\exists \hat{\boldsymbol{\alpha}}' \in \hat{P}(\alpha_0=1))$: $\hat{\boldsymbol{\alpha}}' > \hat{\boldsymbol{\alpha}}\}$ としよう．これは労働 1 単位投入による純産出可能集合の効率的フロンティアを構成するものである．

レンマ 4.6：$[\forall u \in \mathcal{U},\ e^u(\mathbf{b}) > 0] \Leftrightarrow \mathbf{b} \in \hat{P}(\alpha_0=1) \setminus \partial S\hat{P}(\alpha_0=1)$.

証明：(⇐) について．$\mathbf{b} \in \hat{P}(\alpha_0=1) \setminus \partial S\hat{P}(\alpha_0=1)$ であれば，$\hat{P}(\alpha_0=1)$ の定義より，$\mathbf{b}$ を純生産するのに必要な最小労働量は高々 1 以下である．また，$\mathbf{b} \in \hat{P}(\alpha_0=1) \setminus \partial S\hat{P}(\alpha_0=1)$ であれば，ある純産出 $\hat{\boldsymbol{\alpha}} \in \partial S\hat{P}(\alpha_0=1)$

が存在して，$\hat{\boldsymbol{\alpha}}>\mathbf{b}$ となる．すると全ての $u\in\mathcal{U}$ に関して，$u(\hat{\boldsymbol{\alpha}})>u(\mathbf{b})$ である．また，このとき $\mathbf{b}$ をわずかだけ増加させて，$\hat{\boldsymbol{\alpha}}>\mathbf{c}>\mathbf{b}$ となる様な $\mathbf{c}\in\hat{P}\,(\alpha_0=1)\setminus\partial S\hat{P}\,(\alpha_0=1)$ を見つける事ができる．すると，やはり全ての $u\in\mathcal{U}$ に関して，$u(\mathbf{c})>u(\mathbf{b})$ となる．つまり $\mathbf{c}$ は全ての $u\in\mathcal{U}$ に関する $\mathbf{b}$ の upper contour set に属している．各 $u\in\mathcal{U}$ に関する $\mathbf{b}$ の upper contour set は開集合なので，その共通部分も開集合である．従って，$\mathbf{c}$ の適当な開近傍をとれば，その開近傍は $\mathbf{b}$ の upper contour set の共通部分にやはり属する．$\mathbf{c}$ の開近傍の中に $\mathbf{c}'\in\mathring{\hat{P}}_{(A,B,L)}(\alpha_0=1)$ が存在する．この $\mathbf{c}'$ は全ての $u\in\mathcal{U}$ に関して，$u(\mathbf{c}')>u(\mathbf{b})$ となり，かつ，それを純生産するのに必要な最小労働量は 1 未満である．これは問題(P4.4)より，全ての $u\in\mathcal{U}$ に関して，$e^u(\mathbf{b})>0$ である事を意味する．

$(\Rightarrow)$ について．最初に $\mathbf{b}\in\partial S\hat{P}\,(\alpha_0=1)$ としよう．このとき，$u\in\mathcal{U}$ を適当に選択する事で，この u における $\mathbf{b}$ の upper contour set と，$\hat{P}(\alpha_0=1)$ との共通部分を，空集合にする事が可能である．これは u の連続性より，$e^u(\mathbf{b})=1$ を意味する．次に，$\mathbf{b}\notin\hat{P}\,(\alpha_0=1)$ と仮定しよう．このときも $u\in\mathcal{U}$ を適当に選択する事で，この u における $\mathbf{b}$ の upper contour set と，$\hat{P}\,(\alpha_0=1)$ との共通部分を，空集合にできるので，結局，$e^u(\mathbf{b})\geq 1$ となる． **Q.E.D.**

定理 4.6 の証明：(1) と (2) の同値性は，レンマ 4.5 も用いて容易に成立．(2) から (3) については，定理 4.5 の証明のロジックを適用する事によって，導ける．「(3) から (1) もしくは (2)」について．(1) の否定を前提しよう．すなわち，ある正ベクトル $\mathbf{p}\gg\mathbf{0}$ に関して，$\mathbf{p}\,[B-A-\mathbf{b}L]\leq\mathbf{0}$ である．このとき，$L\mathbf{x}=1$ となる任意の $\mathbf{x}\geq\mathbf{0}$ に関して，$\neg\,([B-A-\mathbf{b}L]\,\mathbf{x}\geq\mathbf{0})$ が (1) と (2) の同値性より従う．これは $\mathbf{b}\notin\hat{P}_{(A,B,L)}(\alpha_0=1)$ である事を意味する．また，$L\mathbf{x}=1$ となる $\mathbf{x}\geq\mathbf{0}$ であって，純産出生産に関して最も効率的な生産活動ベクトルを選べば，$[B-A]\,\mathbf{x}\in\partial S\hat{P}_{(A,B,L)}\,(\alpha_0=1)$ であり，かつ，

$$\neg\left([B-A-\mathbf{b}L]\,\mathbf{x} < [B-A-\mathbf{b}L]\,\mathbf{x}'\right) \quad \left(\forall\mathbf{x}'\in\mathbf{R}^m_+ : L\mathbf{x}'=1\right)$$

である．その様な $\mathbf{x}$ であっても，(1) の否定の想定より，

$$\mathbf{p}[B-A-\mathbf{b}L]\mathbf{x}=\mathbf{p}[B-A]\mathbf{x}-\mathbf{p}\mathbf{b}\leq 0.$$

ここで，$u \in \mathcal{U}$ として，

$$u(\mathbf{c})=\mathbf{p}\mathbf{c}\quad(\forall \mathbf{c}\in\mathbf{R}_{+}^{n})$$

を選ぶと，$[B-A]\mathbf{x}$ は労働投入 1 に対応する純産出量であり，$u \in \mathcal{U}$ の定義から

$$u([B-A]\mathbf{x})\leq u(\mathbf{b}).$$

これは労働投入 1 の純産出である $[B-A]\mathbf{x}$ の weakly upper contour set に財ベクトル $\mathbf{b}$ が属している事を意味する．ここで，$[B-A]\mathbf{x} \in \partial S\hat{P}_{(A,B,L)}(\alpha_0=1)$ であるので，レンマ 4.6 から，$e^u([B-A]\mathbf{x}) \leq 0$ である．この事は，$u([B-A]\mathbf{x}) \leq u(\mathbf{b})$ である事から，$e^u(\mathbf{b}) \leq 0$ でなければならない事を意味する．実際，もし $e^u(\mathbf{b})>0$ ならば，$u([B-A]\mathbf{x}) \leq u(\mathbf{b})$ である事から，$e^u([B-A]\mathbf{x})>0$ となり矛盾するのである．かくして(3)の否定が導かれた．　**Q.E.D.**

この「搾取理論の弱体系」定理自体は，労働搾取理論としての有意義な視角をもたらす様な分析結果とは思えない．例えば，定理 4.6-(1)は財の任意の正価格ベクトルの下では，全ての工程に関して非正の利潤をもたらす事はできない事を意味している．従って，正の利潤をもたらす工程での生産に特化する事で，利潤を実現する可能性がある，その意味で，正の搾取との対応が成立している，というのが「搾取理論の弱体系」定理の含意であろう．しかしながら第一に，議論をなぜに正価格ベクトルだけに限定するのだろうか？　例えば，例 4.4 において我々が構築した再生産可能解は，半正な価格ベクトルを均衡価格として持ち，その価格の下での利潤最大化の結果として，均衡利潤ゼロが実現されている．正価格ベクトルだけを価格の集合として見るならば，市場均衡の存在は保証できない．我々が構築した例 4.4 の数値例がまさにそうしたケースである．例 4.4 の数値例でも正の価格ベクトルに議論を限定すれば，確かに第 2 財生産での正の利潤が実現可能である．しかしながら，そうした状態は市場均衡として実現できないのである．均衡解概念を均斉成長解で考えても，例 4.3 の議論では，均衡価格は半正となっている．そのときの保証利潤率がゼロ

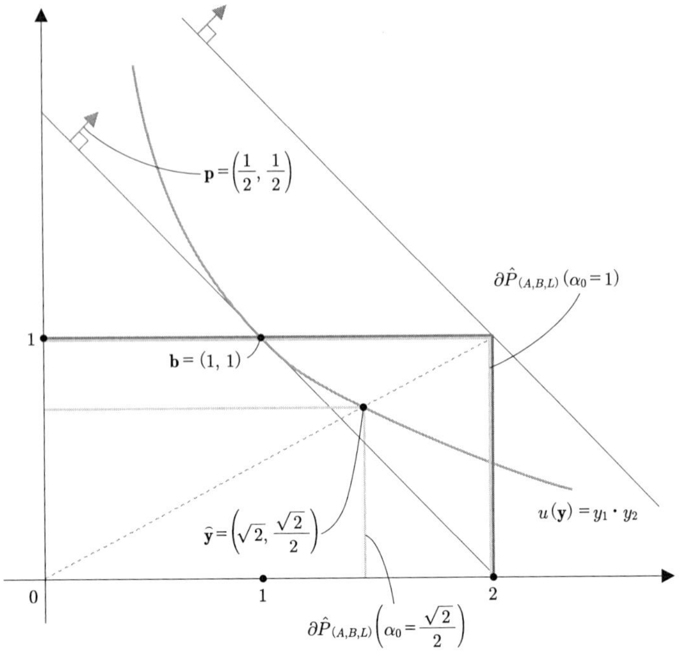

図 **4.2**　労働者の予算制約下での効用最大化によって決まる搾取率

であり，しかしながら松尾型搾取率は正となるので，「搾取理論の弱体系」定理は成立しても，「一般化されたマルクスの基本定理」すら成立しない．第二に，定理 4.6-(3)は全ての連続かつ強単調な効用関数で評価して，そのいずれの場合であっても搾取率が正でなければならない事を要請している．これは搾取の定式化条件としてはかなり弱い．多くの場合，ある効用関数で評価したら搾取率は非正であったものの，他の効用関数で評価したら搾取率は正になるというケースが生じ得る．そういう場合には，当該社会において正の搾取が存在すると言明できるのか否か，確定できないわけであり，クリアカットな概念ではない，という問題がある．

以上の議論は，松尾型労働搾取の定式を受容したとしても喚起される問題点に関するものであった．以下では，この搾取概念自体の問題点について指摘しておきたい．ミクロ経済学で最も標準的な設定の下では，松尾の労働価値の再定義はマルクスの搾取理論の定式として問題があることを確認できる．その為に以下の例を取り上げよう（図 4. 2 参照）：

例 4. 5：今，例 2. 1 と同様のフォン・ノイマン生産技術体系であって，かつ，全ての労働者が同一の効用関数

$$u(\mathbf{y}) = (y_1)\cdot(y_2)$$

を持つ経済環境を考えよう．このとき，

$$\mathbf{p} = \left(\frac{1}{2}, \frac{1}{2}\right), \quad \mathbf{x} = \begin{bmatrix} 0 \\ 1 \end{bmatrix}, \quad \pi > 0$$

は，労働者の実質賃金ベクトル $\mathbf{b}$ を，1 労働日当たりの賃金収入 1 の予算制約下での効用最大化解である消費需要ベクトルとして，実現する唯一の再生産可能解を構成する．ここで $u(\mathbf{b})=1$ である事に注意せよ．

以上の設定の下で，実質賃金ベクトル $\mathbf{b}$ の松尾型労働価値は以下の様にして求められる．ベクトル $\mathbf{b}$ そのものを労働投入を最小化する様にして純生産物として生産する際には，劣位生産工程である工程 1 のみが活動水準 $x_1=1$ で稼働される．しかし，$u(\mathbf{b})=1$ と無差別な財ベクトルを純生産物として生産する為には，我々は優位生産工程である工程 2 のみを稼働させることでより効率的に生産活動を行うことが可能である．例えば，条件

$$(B-A)\begin{bmatrix} 0 \\ x_2 \end{bmatrix} = \begin{bmatrix} 1 & 2 \\ 1 & 1 \end{bmatrix}\begin{bmatrix} 0 \\ x_2 \end{bmatrix} = \begin{bmatrix} 2x_2 \\ x_2 \end{bmatrix} \quad \&$$

$$u(2x_2, x_2) = (2x_2)\cdot(x_2) = 1$$

を満たす $\widehat{x}_2=\dfrac{\sqrt{2}}{2}$ を取れば，このときの対応する労働投入量 $L_2\widehat{x}_2=\dfrac{\sqrt{2}}{2}$ こそ，松尾型労働価値の再定義に基づく，実質賃金ベクトル $\mathbf{b}$ の労働価値に他ならないのである．このとき，$L_2\widehat{x}_2<1$ であるから，松尾型労働価値の再定義に基づく労働搾取率は正値となる．　**Q.E.D.**

マルクスの搾取理論と整合的な労働価値の再定義であるためには，マルクスの剰余価値論に基づけば，労働者が受け取る労働価値量とは彼の 1 労働日当たりの支払い労働量として解釈されるものでなければならない．それは労働者の賃金収入の下で購入可能な消費財ベクトルに基づい

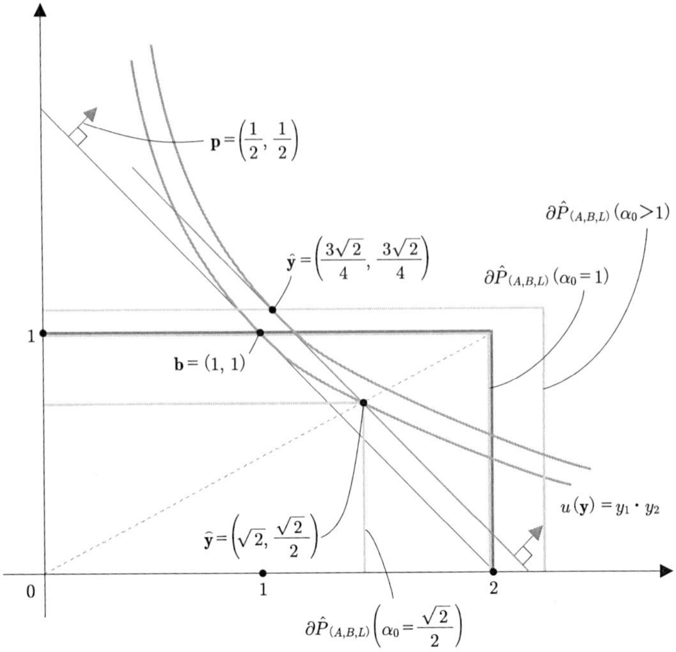

図 **4.3**　購入不可能な消費財ベクトルに基づく松尾型労働価値

て，その財ベクトル生産に必要な労働量として定義されるべきである．例 4.5 で言うところの実質賃金ベクトル $\mathbf{b}$ とはそういう性質を満たすものである．しかし，松尾の労働価値の再定義では，労働者の主観的消費選好に基づいて，実質賃金ベクトル $\mathbf{b}$ と無差別な別の財ベクトルを使って，ベクトル $\mathbf{b}$ の必要労働量と定義するが故に，労働者の賃金収入では本来購入できない消費財ベクトルに基づいて労働者が受け取る労働価値量が計算され得るのである．その点を具体的に見てみよう．

労働者の効用関数が準凹であり，かつ実質賃金ベクトル $\mathbf{b}$ が所得制約下での効用最大化解である様な状況を考えてみよう．言うまでも無く，これはミクロ経済学で最も標準的なモデルの設定を意味する．例 4.5 で想定した様な労働者の効用関数もこの状況を満たす一例である．その場合，ベクトル $\mathbf{b}$ と無差別であって，第 2 生産工程だけを稼働する事で純生産物として生産可能な財ベクトルは $\widehat{\mathbf{y}}=\left(\sqrt{2}, \sqrt{2}/2\right)$ であり，これを

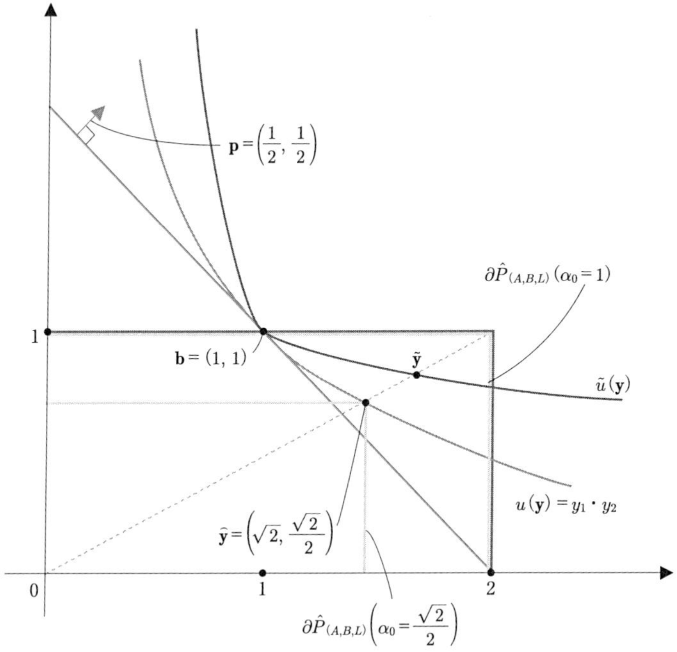

図 **4.4**　松尾型労働価値の主観的性格

純生産する最小労働量がベクトル $\mathbf{b}$ の労働価値 $L\widehat{\mathbf{x}}=\sqrt{2}/2$ となるのであった．ところで，労働量 $L\widehat{\mathbf{x}}=\sqrt{2}/2$ が体化されている財ベクトル $\widehat{\mathbf{y}}=(\sqrt{2},\sqrt{2}/2)$ は，労働者の賃金収入の下では購入不可能である．実際，労働者の 1 労働日当たり貨幣賃金は 1 であるが，他方，競争均衡価格 $\mathbf{p}=(1/2,1/2)$ の下でベクトル $\widehat{\mathbf{y}}$ を購入するためには，既存の彼の所得よりも多い $\mathbf{p}\widehat{\mathbf{y}}=\frac{3\sqrt{2}}{4}>1$ だけの所得が必要である．さらに，一度，労働者にベクトル $\widehat{\mathbf{y}}$ を購入可能とする所得が保証されるならば，そのときには労働者は競争均衡価格 $\mathbf{p}$ の下ではベクトル $\widehat{\mathbf{y}}$ を選択はせず，ベクトル $\hat{\mathbf{y}}=\left(\frac{3\sqrt{2}}{4},\frac{3\sqrt{2}}{4}\right)$ を選択するであろう．ベクトル $\hat{\mathbf{y}}$ を純産出するために必要な最小投下労働量は明らかに 1 よりも大きくなる（図 4.3 参照）．

この様に，松尾流労働価値の定義では，労働者の賃金収入を超えた収入でなければ購入不可能な消費財ベクトル $\widehat{\mathbf{y}}$ を純産出するために必要な最小投下労働量で以って，労働者の賃金収入に対応する支払い労働量と見なす事になる．しかし，その様な「労働者への支払い労働量」を，マルクス主義的に正当化できるかは疑わしい様に思う．こうした労働価値の再定義に基づく搾取概念はマルクス主義の理念に整合的とは言い難いであろう．

松尾流労働価値の再定義が含むもう一つの概念的問題がある．労働搾取とは労働者の客観的労働条件に関する特性を述べるものである．それ故，労働スキルや労働強度が全ての労働者で同一である下で，同じ1労働日当たりの同じ実質賃金ベクトルを受け取る労働者であれば，その客観的労働条件は同一であるから，その搾取率は同一であるべきと考えるのが自然だろう．しかし松尾流労働価値の再定義に基づけば，労働者の効用関数の形状が変わるに連れて，同じ1労働日当たりの同じ実質賃金ベクトルを前提したとしても，搾取率の値が変わってくるのである．

例えば，今，労働者の効用関数が $u(\mathbf{y})=(y_1)\cdot(y_2)$ から，以下のような条件を満たす強単調増加かつ強凹な関数 $\tilde{u}(\mathbf{y})$ に変化したとしよう（図 4.4 参照）：

$$\frac{\partial \tilde{u}(\mathbf{b})}{\partial d_1} \Big/ \frac{\partial \tilde{u}(\mathbf{b})}{\partial d_2} = 1 \ \& \ \forall \mathbf{y}'(\neq \mathbf{b}) \quad \text{s.t.} \quad u(\mathbf{y}') = u(\mathbf{b}), \quad \tilde{u}(\mathbf{y}') < \tilde{u}(\mathbf{b}).$$

この場合も依然として，価格 $\mathbf{p}=(1/2,1/2)$ の下でベクトル $\mathbf{b}$ は所得制約下の効用最大化解であるので，競争均衡解は以前と変わらない．しかし，今やベクトル $\mathbf{b}$ の労働価値を決定する，$\tilde{u}$ の下で $\mathbf{b}$ と無差別な財ベクトル $\tilde{\mathbf{y}}$ は

$$\tilde{\mathbf{y}} \gg \widehat{\mathbf{y}} = \left(\sqrt{2}, \sqrt{2}/2\right)$$

となる事を確認できる．従って，対応するベクトル $\tilde{\mathbf{y}}$ を純生産可能とする最小労働量 $L\tilde{x}$ は依然として1より小さい値であるものの，それは $L\widehat{x}$ $=\sqrt{2}/2$ よりは大きい値になる．従って，効用関数が $\tilde{u}$ へと変化する結果，以前と同じ労働時間であり，かつ，同じ賃金収入と同じ価格体系でかつ，同じ消費需要ベクトルであるにも関わらず，労働者の搾取率は低下するのである．客観的に全く同一の労働条件でありながら，その労働条件を評価する客観的指標である筈の労働搾取率が，労働者の主観的な財への選好次第で変わり得る事を，この事態は意味している．そのような性質を持ってしまう「労働搾取率」が，マルクスの搾取理論の概念を発展させた

ものであると見なすのには疑問がある．となれば，問題は松尾流労働価値の再定義自体の妥当性が疑問視されざるを得ない．

松尾(2002)は，労働者の効用関数に労働の不効用を入れたより一般的な状況を想定し，その様な定義域を持つ全ての連続かつ強単調な効用関数に関して，松尾型労働搾取率が正になる事と，その様な定義域を持つ全ての連続かつ強単調な効用関数に関して，労働者の 1 労働日と実質賃金ベクトルの組み合わせからなる配分が，所与の生産技術条件の下での労働者の効用最大化解にはならない事とが同値である事を証明している．この命題自体はかなり自明な結論である．一つの任意に与えられた連続かつ強単調な効用関数を前提して，所与の生産技術条件の下での労働者の効用最大化解を考えるならば，それは必ずこの経済の効率的生産可能性集合に属するある配分――ある財ベクトルと労働供給の組み合わせ――となる．従って，あらゆる全ての連続かつ強単調な効用関数に関して，所与の生産技術条件の下での労働者の効用最大化解とはならない労働者への配分は，決してこの経済の効率的生産可能性集合に属する事は無い．その様な配分の集合が，強単調かつ連続な全ての効用関数に関して松尾(1997)の搾取率が全て正となる状況をもたらす配分の集合と一致する事については，すでにレンマ 4.6 で証明した通りである．

ところで，この松尾(2002)命題の含意について松尾自身は，労働者の 1 労働日と実質賃金ベクトルの組み合わせに関する効用が所与の生産技術条件の下での労働者の効用最大化解にはならない事を以って，資本主義における労働疎外の数学的定式化との解釈を与えている．しかし，松尾が定義する様な意味での労働者の効用最大化の不実現とは，労働者の消費財と労働供給に関する配分ベクトルがこの経済における非効率的生産可能性集合に属する事であるので，いわば，社会の総生産物の全てが労働者には帰属していない状態を意味するに他ならない．しかしこの様な事態は，要するに社会の中に生産過程への貢献なしに剰余生産物の分配によって生きていく人々――例えば，重度の身障者，ルンペン，老人，病人，等々――が存在する限り，いかなる社会構成体であれ――社会主義や共産主義でさえ――，常に生じていると言えよう．その意味で，所与の生産技術条件の下での労働者の効用最大化の不実現でもって，資本主義における労働疎外の含意を直ちに導き出す事はできないだろう．「労働疎外」という概念を，単なる生産技術制約下の効用最大化問題として定式化するのは安易に過ぎるのではないか？

さらに言えば，「生産技術条件下の労働者の効用最大化」を，事実上望ましい資源配分のファーストベスト基準として設定する松尾の議論は，規範理論的にも問題があろう．これは社会的選択理論の表現を使えば，「労働者の独裁制」の要請に他ならない．この様なファーストベスト基準に基づくオールタナティヴ社会の構想は，現代においてはもはや説得性を持たないと言える．また，「生産技術条件下の労働者の効用最大化」の要請は，現代的規範理論の観点から見れば，暗黙的にロック主義的自己所有権の立場に基づいているとも言え，何らかのハンディキャップの為に社会的生産活動に貢献できない人々を不遇なままに放置する議論でもある．従って，労働貢献とは無関連に全ての市民に「基本所得」の保証を要請する，Van Parijs(1992; 1995)に代表される現代左翼の現代福祉国家戦略[3]とも相容れない議論でもある．

4.3 代替的労働搾取の定式に基づくマルクスの基本定理の可能性：その2

前節で論じた松尾型労働搾取の定式は，搾取の存在が主観的な消費選好の性質に左右される[4]という点で極めて主観的な概念であり，労働の客観的条件についての厚生尺度を与えるべき筈の本来の搾取概念の意図とは外れている．その点において，松尾型労働搾取は伝統的な森嶋型労働搾取とは性質を異にするが，他方で，労働価値及び労働搾取率が，当該資本主義経済の市場価格に関する情報とは独立に決定されるという点で，伝統的な搾取の定式が有する性質を踏襲している．

---

3) Van Parijs に基づく「基本所得」構想については，後藤・吉原(2004)を参照せよ．

4) 例えば，効用関数のクラスを少し拡張して，レオンチェフ型の効用関数を許容すれば，正の価格ベクトルの下で利潤率が正であっても，松尾型労働搾取率がゼロになるケースが容易に構成可能である．

他方，労働の客観的条件についての厚生尺度としての搾取率という点ではむしろ伝統的な森嶋型定式と同じカテゴリーに入ると見なせるが，他方で，労働価値及び労働搾取率が，当該資本主義経済の市場価格に関する情報に，むしろ依存して決定される構造を持つという点で，伝統的な正統派マルクス主義の公理とは異なる定式を試みたのが，Roemer（1982, Chapter 5）である．この節では，Roemer（1982, Chapter 5）で提示された価格依存的労働搾取の定式について論じる事としたい．

Roemer（1982, Chapter 5）の価格依存的労働搾取の定式は以下の様に与えられる．任意の一般的凸錘生産経済 $\left\langle N, O; (P, \mathbf{b}); (\boldsymbol{\omega}^{\nu})_{\nu \in N} \right\rangle$ の下で，価格体系が $(\mathbf{p}, w) \in \mathbf{R}_{+}^{n} \times \mathbf{R}_{+}$ であるとしよう．このとき，生産点 $\boldsymbol{\alpha} \in P$ の実行による，価格 $(\mathbf{p}, w)$ の下での利潤率は

$$\pi(\boldsymbol{\alpha}; (\mathbf{p}, w)) \equiv \frac{\mathbf{p}\hat{\boldsymbol{\alpha}} - w\alpha_0}{\mathbf{p}\underline{\boldsymbol{\alpha}}} \tag{4.22}$$

で与えられる．ここで価格 $(\mathbf{p}, w)$ の下での利潤率を最大化させる生産点の集合を

$$\overline{P}(\mathbf{p}, w) \equiv \left\{ \boldsymbol{\alpha} \in P \,\middle|\, \boldsymbol{\alpha} \in \arg\max_{\boldsymbol{\alpha}' \in P} \pi(\boldsymbol{\alpha}'; (\mathbf{p}, w)) \right\} \tag{4.23}$$

で定義する．また，任意の財ベクトル $\mathbf{c} \in \mathbf{R}_{+}^{n}$ を，価格 $(\mathbf{p}, w)$ の下での利潤率最大化生産可能性集合 $\overline{P}(\mathbf{p}, w)$ の下で純産出可能とする生産点の集合を，

$$\phi(\mathbf{c}; (\mathbf{p}, w)) \equiv \left\{ \boldsymbol{\alpha} = (-\alpha_0, -\underline{\boldsymbol{\alpha}}, \overline{\boldsymbol{\alpha}}) \in \overline{P}(\mathbf{p}, w) \,|\, \hat{\boldsymbol{\alpha}} \geq \mathbf{c} \right\} \tag{4.24}$$

と記す．このとき，$\mathbf{c}$ を純産出する利潤率最大化的生産点の中で，直接労働投入量が最小となるようなものを見出す事ができれば，その生産計画の下での直接労働投入量こそが，財ベクトル $\mathbf{c}$ の生産の為の社会的必要労働量に他ならない，と考えるのが Roemer（1982, Chapter 5）の議論である．そして，財ベクトル $\mathbf{c}$ が労働者の実質賃金ベクトルを構成するならば，この $\mathbf{c}$ の生産の為の社会的必要労働量が 1 労働日より少ない事こそ，Roemer（1982, Chapter 5）における搾取の定義である：

定義 4.4［Roemer（1982, Chapter 5）］：価格 $(\mathbf{p}, w)$ の下で，任意の非負財ベクトル $\mathbf{c} \in \mathbf{R}_{+}^{n}$ の**労働価値**（labor value of $\mathbf{c}$）は以下の様に与えられる：

$$l.v.\left(\mathbf{c};(\mathbf{p},w)\right) \equiv \min\left\{\alpha_0 \,|\, \boldsymbol{\alpha} = (-\alpha_0, -\underline{\boldsymbol{\alpha}}, \overline{\boldsymbol{\alpha}}) \in \phi\left(\mathbf{c};(\mathbf{p},w)\right)\right\}. \tag{4.25}$$

定義 4.5[Roemer(1982, Chapter 5)]：価格 $(\mathbf{p},w)$ の下で，所与の実質賃金ベクトル $\mathbf{d}\in\mathbf{R}^n_+$ における**労働の搾取率**(the rate of labor exploitation)は以下の様に与えられる：

$$e\left(\mathbf{d};(\mathbf{p},w)\right) \equiv \frac{1-l.v.\left(\mathbf{d};(\mathbf{p},w)\right)}{l.v.\left(\mathbf{d};(\mathbf{p},w)\right)}. \tag{4.26}$$

Roemer(1982, Chapter 5)は，なぜこの様な価格情報に依存して決定される労働搾取概念を提起したのであろうか？　その直接の動機は，本書の第5章以降で議論する「階級-搾取対応原理」が，森嶋的な労働搾取の定義では，一般的凸錘生産経済の下では，もはや成立しなくなるという困難(第5章の例5.2の1)を参照の事)への解決の探求にある．Roemer(1982, Chapter 5)は，定義4.5の様な価格依存的搾取の定式であれば，森嶋型搾取の定式において生じた困難――「階級-搾取対応原理」が成立しない――は解決できる，と信じたのである．

以上は，理論的・数理分析的な理由であるが，他方，Roemer(1982, Chapter 5)型の労働搾取の定式を提起する概念的な理由も存在する．森嶋型労働搾取の定式では，確かに価格情報に独立に定義可能という意味で，労働価値の価格への論理的先行性を主張する伝統的なマルクス経済学の理論に整合的であるかもしれない．しかしながら，その定式で決定される労働者の実質賃金ベクトルの労働価値は，それらの財ベクトルの生産に実際に社会的に投下された労働時間ではない．それは，仮想的な生産計画の下で導かれた理想的な労働投下量，という性質をむしろ持っている．幸いにして，レオンチェフ経済体系の下では，レンマ3.1が示す様に，その様な仮想的生産計画の下での最小労働支出量が偶々，それらの財ベクトルの生産に実際に社会的に支出された直接・間接投下の労働時間という特性を伴っていた．しかしながら，そうした望ましい性質は，フォン・ノイマン経済体系以上になると，もはや一般に満たされなくなる．

森嶋自身はこの定式について，Morishima & and Catephores(1978)に見られるように，マルクスの『哲学の貧困』におけるある一節を引用する形で，正当化を試みている．しかし『哲学の貧困』による引用それ自体が，むしろ森嶋型搾取の定式化への批判にもなり得る事に留意すべきだろう．実際，Morishima & Catephores(1978)にて引用されたマルクス『哲学の貧困』の中の一節は以下の様に言っている[5]．

> 価値を決定するのは一つのものの生産に要した時間ではなく，この物が生産されうる時間の最小限であり，この最小限は競争によって確定される，ということが，とくに強調されなければならない．

この引用部分を論拠に，真の労働価値はその物の生産に要した時間ではない，その物の生産に要する最小労働時間である，と森嶋は主張する．しかし，その最小値とは，生産技術的に決定されるものではなく，競争によって確定される，と書かれている事に留意すべきだろう．「競争によって確定」の引用箇所の適切な解釈は，競争を媒介とする技術革新や技術選択過程を経て，商品の価値は，その生産の際に現実に費やされた労働時間ではなく，他の資本家によって採用され得る，労働支出をより低減できるという意味で最も「先端的」な技術の下で，確定される労働時間である，という事だろう．つまり，最大利潤率を実現しないという意味で市場競争力はないものの，純粋に技術的な意味で労働支出を最小化させる様な生産技術体系の下で，労働価値を確定できるという森嶋流の定式を正当化する様な論理を，かの引用箇所から読み取る事はむしろ困難である．そもそも，価値の価格からの論理的独立性を主張するマルクス経済学の伝統的・標準的な見解は，市場競争を反映した産業循環的な価格の運動を媒介しながらも，長期的には何らかの理想的平均状態として，あるいは価格運動の重心点的なものとして抽象されるのが生産価格であり，かつそれと総計で一致する労働価値である，という解釈である[6]．森嶋的な，価格情報抜きに純粋に生産技術的情報のみに依存した最小労働支出量としての労働価値の決定論が，そうしたマルクス経済学の伝統的・標準的な見解に整合的か否か

---

5)　Marx(1963), p. 63.
6)　例えば，高須賀(1992).

自体，かなり論争含みであろう．

他方，第3章で論じた様に，労働価値がその論理的転化によって価格を説明するという理論構成が可能なのは，レオンチェフ経済体系を前提した場合に限られるのであって，そもそも労働価値の定式は，交換価値としての機能を期待する事無く行われるべきである，という見解が現在ではむしろ普遍化している[7]．であれば，むしろ価値の価格からの論理的独立性を積極的に支持する論拠はむしろ，稀薄化していると言えよう．逆に，利潤最大化をもたらさないという意味で市場競争力が無い故に利用されない様な，あるいは知識としては極めて労働節約的な技術としてその存在が理解されていても，実際にそれを利用するには現状の社会の資本ストック水準では蓄積量が不十分であるが故にアクセスできない様な，その意味で仮想的な生産技術の行使によって導かれる最小労働支出量が1労働日未満である事を根拠に，「(現実の)労働者たちは搾取されている」と言明したとして，それがどれ程に説得的であろうか？

Roemer(1982, Chapter 5)型の労働搾取の定式は，必ずしも現実に利用された生産技術で以って，現実にその物の生産のために費やした労働時間によって労働価値を定義するアプローチではないが，しかしこの定式においてアクセスの対象となる生産技術は，利潤率最大化をもたらすという意味で市場競争力があり，従って現状の世界において利用され得る技術である．そうした技術のオプション集合からの選択を通じて最小労働時間を確定する定式である，という点において，Roemer(1982, Chapter 5)型の労働搾取の定式は，森嶋型に比して，より説得的である様に思われる．

では，その様な価格依存的な労働搾取の定式によって，果たして例4.1で見たような，一般的凸錘生産経済における再生産可能解の下での，マルクスの基本定理の不成立という困難を解消する事が可能であろうか？　答

7)　Morishima(1973)，Steedman(1977)がそうした見解の提示を意味する初期の文献に相当するであろうし，Roemer(1981; 1982)もそうした見解の現代における代表になろう．また，正統派マルクス主義の系列に連なる置塩信雄の弟子の中でも，松尾匡は労働価値の交換価値的機能を放棄する事に対して，積極的に肯定する立場である．また，いわゆるNew Interpretation派[Foley(1982)，Lipietz(1982)，etc.]も，転化論の再構成の議論を通じて批判しているのは，結局，森嶋型の，生産技術の情報のみで労働搾取を決定するアプローチである．

えは，以下の定理が示す様に，依然として「否」である．

定理 4. 7［Yoshihara (2006)］：今，$\alpha_0(\boldsymbol{\omega}) \leq \# O$ かつ $\mathbf{b} \in \mathbf{R}^n_{++}$ とする．生産技術体系が A1, A2, A3, A5 を満たす様なある資本主義経済 $\langle N, O; (P, \mathbf{b}); (\boldsymbol{\omega}^{\nu})_{\nu \in N} \rangle$ が存在し，そこでは全ての再生産可能解において，正の利潤と定義 4. 5 に基づく労働搾取率ゼロが実現している．

証明：労働者の生存消費ベクトルを $\mathbf{b}=(1,1)$，資本財の社会的賦存量を $\boldsymbol{\omega}=(1,0)$ とする．また，今，3 つの生産点として，以下を考えよう：

$$\boldsymbol{\alpha}^1 = \left(-\alpha_0^1, -\underline{\boldsymbol{\alpha}}^1, \overline{\boldsymbol{\alpha}}^1\right) = (-1, (-2, -1), (2, 3));$$

$$\boldsymbol{\alpha}^2 = \left(-\alpha_0^2, -\underline{\boldsymbol{\alpha}}^2, \overline{\boldsymbol{\alpha}}^2\right) = (-1, (-1, 0), (3, 1));$$

$$\boldsymbol{\alpha}^3 = \left(-\alpha_0^3, -\underline{\boldsymbol{\alpha}}^3, \overline{\boldsymbol{\alpha}}^3\right) = (-1, (-1, -1), (4, 1)).$$

ここで生産可能性集合 P として，$\mathbf{0} \in P$ であり，かつ $P(\alpha_0=1)=\mathrm{con}\left\{\boldsymbol{\alpha}^1, \boldsymbol{\alpha}^2, \boldsymbol{\alpha}^3\right\}$ である様な任意の $\mathbf{R}_- \times \mathbf{R}^2_- \times \mathbf{R}^2_+$ 上の閉凸錘な部分集合を考える．この様な集合 P は確かに A1, A2, A3, A5 を満たす．ここで

$$\forall \mathbf{p} \in \Delta \backslash \{(1,0)\}, \quad \mathbf{p}\boldsymbol{\omega} \ll \mathbf{p}\underline{\boldsymbol{\alpha}}' \quad \left(\forall \underline{\boldsymbol{\alpha}}' \in \mathrm{con}\left\{\underline{\boldsymbol{\alpha}}^1, \underline{\boldsymbol{\alpha}}^2, \underline{\boldsymbol{\alpha}}^3\right\} \backslash \left\{\underline{\boldsymbol{\alpha}}^2\right\}\right). \tag{4.27}$$

他方，$\mathbf{p}=(1,0)$ に関しては，$\mathbf{p}\boldsymbol{\omega}=\mathbf{p}\underline{\boldsymbol{\alpha}}'$　$\left(\forall \underline{\boldsymbol{\alpha}}' \in \mathrm{con}\left\{\underline{\boldsymbol{\alpha}}^2, \underline{\boldsymbol{\alpha}}^3\right\}\right)$．かくして，定義 2. 1-(d) より，もし $((\mathbf{p},1), \boldsymbol{\alpha})$ が再生産可能解であり，かつこのとき $\boldsymbol{\alpha} \neq \boldsymbol{\alpha}^2$ であれば，そのとき $\alpha_0 < 1$ である．次に，ここで $\boldsymbol{\alpha}^{12} \equiv \frac{1}{2}\boldsymbol{\alpha}^1 + \frac{1}{2}\boldsymbol{\alpha}^2$ としよう．そのとき，

$$\mathrm{con}\left\{\boldsymbol{\alpha}^{12}, \boldsymbol{\alpha}^2\right\} = \left\{\boldsymbol{\alpha}' \in P(\alpha_0 = 1) \middle| \hat{\boldsymbol{\alpha}}' \geq \mathbf{b}\right\}.$$

かくして，P の凸錘性より，$((\mathbf{p},1), \boldsymbol{\alpha})$ が再生産可能解であるならば，定義 2. 1-(b) の条件ゆえに，ある $t \in (0,1]$ と $\boldsymbol{\alpha}' \in \mathrm{con}\left\{\boldsymbol{\alpha}^{12}, \boldsymbol{\alpha}^2\right\}$ が存在して，$\boldsymbol{\alpha}=t\boldsymbol{\alpha}'$ となる．

さて，ここでもし $\mathbf{p}=\left(\frac{1}{3}, \frac{2}{3}\right)$ であるならば，そのとき

$$\forall \boldsymbol{\alpha}' \in \mathrm{con}\left\{\boldsymbol{\alpha}^1, \boldsymbol{\alpha}^2\right\} \quad \& \quad \forall \boldsymbol{\alpha}'' \in \mathrm{con}\left\{\boldsymbol{\alpha}^2, \boldsymbol{\alpha}^3\right\},$$

$$\mathbf{p}\hat{\boldsymbol{\alpha}}^1 - \alpha_0^1 = \mathbf{p}\hat{\boldsymbol{\alpha}}^2 - \alpha_0^2 = \mathbf{p}\hat{\boldsymbol{\alpha}}' - \alpha_0' > \mathbf{p}\hat{\boldsymbol{\alpha}}'' - \alpha_0''.$$

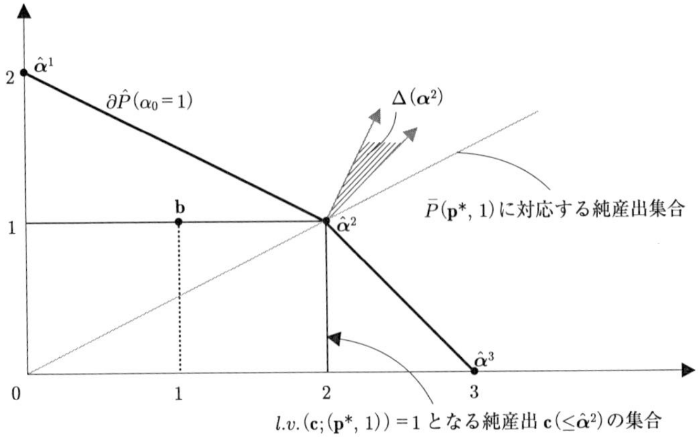

図 **4.5** Roemer(1982, Chapter 5)型労働搾取の下でのマルクスの基本定理の不成立

しかしながら(4.27)式の資本制約条件の性質より，この価格体系のときは $\boldsymbol{\alpha}^2$ が唯一の利潤最大化解になる．

次に，もし $\mathbf{p}=\left(\frac{1}{2}, \frac{1}{2}\right)$ であるならば，そのとき

$$\forall \boldsymbol{\alpha}' \in \text{con}\left\{\boldsymbol{\alpha}^1, \boldsymbol{\alpha}^2\right\} \ \& \ \forall \boldsymbol{\alpha}'' \in \text{con}\left\{\boldsymbol{\alpha}^2, \boldsymbol{\alpha}^3\right\},$$

$$\mathbf{p}\hat{\boldsymbol{\alpha}}^2 - \alpha_0^2 = \mathbf{p}\hat{\boldsymbol{\alpha}}'' - \alpha'' > \mathbf{p}\hat{\boldsymbol{\alpha}}' - \alpha_0'.$$

そのとき，同様に(4.27)式の資本制約条件の性質より，この価格体系のときは $\boldsymbol{\alpha}^2$ が唯一の利潤最大化解になる．

次に $\mathbf{p}$ が，$\frac{1}{2}<p_1<\frac{2}{3}$ かつ $\frac{1}{2}>p_2>\frac{1}{3}$ という性質を持つときには，$\boldsymbol{\alpha}^2$ が唯一の利潤最大化解になる．さらに，これ以外のいかなる価格ベクトルに関しても，適当な $t\in(0,1]$ を選ぶことで，$t\boldsymbol{\alpha}'$ を利潤最大化解とするような，$\boldsymbol{\alpha}'\in\text{con}\left\{\boldsymbol{\alpha}^{12}, \boldsymbol{\alpha}^2\right\}$ は存在しない．

以上を総括すれば，もし $((\mathbf{p},1),\boldsymbol{\alpha})$ が再生産可能解であるならば，そのときには $\boldsymbol{\alpha}=\boldsymbol{\alpha}^2$ でなければならない．実際に，任意の

$$\mathbf{p}^* \in \Delta\left(\boldsymbol{\alpha}^2\right) \equiv \left\{\mathbf{p}\in\Delta \,\middle|\, \frac{1}{2} \leq p_1 \leq \frac{2}{3}, \frac{1}{2} \geq p_2 \geq \frac{1}{3}\right\}$$

に関して，$\left((\mathbf{p}^*,1),\boldsymbol{\alpha}^2\right)$ は一つの再生産可能解を構成する．さらに，そのとき $\pi\left(\boldsymbol{\alpha}^2;(\mathbf{p}^*,1)\right)>0$ である．

最後に，任意の再生産可能解 $\left((\mathbf{p}^*,1),\boldsymbol{\alpha}^2\right)$ において，$e\left(\mathbf{b};(\mathbf{p}^*,1)\right)=0$ となる．なぜならば，このとき任意の $\mathbf{p}^*\in\Delta\left(\boldsymbol{\alpha}^2\right)$ に関して，$\boldsymbol{\alpha}^2$ だけが利潤率を最大化する生産点である．すなわち，$\overline{P}(\mathbf{p}^*,1)=\left\{\boldsymbol{\alpha}^2\right\}$ であるから，$\phi\left(\alpha_0^2\mathbf{b};(\mathbf{p}^*,1)\right)=\left\{\boldsymbol{\alpha}^2\right\}$ となり，その結果，$l.v.\left(\alpha_0^2\mathbf{b};(\mathbf{p}^*,1)\right)=\alpha_0^2$ となる．これは $l.v.(\mathbf{b};(\mathbf{p}^*,1))=1$ を意味し，従って，$e\left(\mathbf{b};(\mathbf{p}^*,1)\right)=0$ が，任意の $\mathbf{p}^*\in\Delta\left(\boldsymbol{\alpha}^2\right)$ に関して成立する．　　**Q.E.D.**

この不可能性定理は，生産可能性集合に関して仮定 A5(生産の非付属性)を課した下で，成立している事に留意せよ．すなわち，森嶋型労働搾取の定式とは異なり，Roemer(1982, Chapter 5)型労働搾取の定式の場合，「生産の非付属性」を仮定しても尚，マルクスの基本定理は成立しないのである．その意味で，上記の定理 4.7 は不可能性として，非常に強い定理であると言える．もちろん，この不可能性定理は仮定 A5 を満たさない生産可能性集合のクラスに限定した場合でも，やはり成立する．その場合には単に，例 4.1 の経済環境を取り上げれば十分である．例 4.1 の経済環境では，森嶋型労働搾取率がゼロになるばかりでなく，Roemer(1982, Chapter 5)型労働搾取率も恒等的にゼロになるからである．

以上の議論は，実質賃金ベクトルの労働価値を価格情報依存的に定義する搾取の定式化では，依然として，一般的凸錘経済における再生産可能解の下でのマルクスの基本定理を保証させる事が不可能である事を意味しているように思える．定式に関するさらなる修正が必要である．

4.4　労働者階級内の異なる消費選好の存在する経済でのマルクスの基本定理の可能性

本節では，2.6 節で論じた，労働者たちの間での，消費需要の差異が存在する様な経済環境におけるマルクスの基本定理についての議論に言及したい．4.1 節で見てきた様に，一般的な凸錘生産経済の下では，均衡解として再生産可能解を採用した場合，森嶋型の労働搾取の定式の下では，一般に，マルクスの基本定理は成立しない．そして，その様な環境においてもマルクスの基本定理が頑健であり続ける為の必要十分条件が，生産可能性集合が劣位生産工程を含まない事——すなわち仮定 A5——であった．そして 4.2 節，4.3 節では，森嶋型に代替的な労働搾取の定式として，松尾型と Roemer (1982, Chapter 5) 型を取り上げたが，結局，いずれの定式も，仮定 A5 を満たす経済環境を想定したとしても尚，マルクスの基本定理が成立しない事を確認した．以上の議論を受けた上で，本節では改めて森嶋型労働搾取の定式に戻り，この定式においても，労働者たちの間での，消費需要の差異が存在する様な経済環境を想定するや否や，A5 を仮定したとしても，もはやマルクスの基本定理が成立しなくなる事を，確認する事になる．しかも，この場合は再生産可能解の下で定理の不成立が生じるばかりでなく，均斉成長解を想定したとしても，もはや一般化されたマルクスの基本定理が成立しなくなる事を見ていく．

最初に再生産可能解のケースを見ていこう．今，経済環境が

$$\left\langle N, O; \left(P, \left(\mathbf{d}^{o}\left(\cdot\right)\right)_{o\in O}\right); \left(\boldsymbol{\omega}^{\nu}\right)_{\nu\in N}\right\rangle$$

で与えられているとしよう．このときの労働者階級の平均的消費需要は 2.6 節の (2.11) 式で与えられている．この平均的消費需要ベクトルに基づいて労働搾取率を定義する限り，仮定 A5 を課した下ではマルクスの基本定理に問題は生じない事が確認できる：

定理 4.8 [Yoshihara (2006)]：任意の資本主義経済 $\left\langle N, O; \left(P, \left(\mathbf{d}^{o}\left(\cdot\right)\right)_{o\in O}\right); \left(\boldsymbol{\omega}^{\nu}\right)_{\nu\in N}\right\rangle$ において，その生産技術体系が A1, A2, A5 を満たすとしよう．そのとき，この経済での任意の再生産可能解 $((\mathbf{p}, 1), \boldsymbol{\alpha})$ が正の利潤を伴う為の必要十分条件は $e\left(\mathbf{d}\left(\mathbf{p}; \left(\alpha_0^o\right)_{o\in O}\right)\right)>0$ である．

証明：再生産可能解 $((\mathbf{p}, 1), \boldsymbol{\alpha})$ の定義 2.7-(b) より，

$$\hat{\boldsymbol{\alpha}} \geq \alpha_0 \mathbf{d}\left(\mathbf{p}; (\alpha_0^o)_{o\in O}\right)$$

である．

(⇒)：最初に，$e\left(\mathbf{d}\left(\mathbf{p}; \left(\alpha_0^o\right)_{o\in O}\right)\right)\leq 0$ であるならば，この解の下での均衡利潤率が非正である，すなわち，$\mathbf{p}\hat{\boldsymbol{\alpha}}-\alpha_0=0$ である事を示す．$e\left(\mathbf{d}\left(\mathbf{p}; \left(\alpha_0^o\right)_{o\in O}\right)\right)\leq 0$ より，$l.v.\left(\mathbf{d}\left(\mathbf{p}; \left(\alpha_0^o\right)_{o\in O}\right)\right)\geq 1$ である．さらに，あ

る生産点 $\boldsymbol{\alpha}^*\in P$ の下で，$\alpha_0^*=l.v.\left(\mathbf{d}\left(\mathbf{p};(\alpha_0^o)_{o\in O}\right)\right)$ が成立する．生産可能性集合の凸錘性より，

$$\alpha_0 \leq \alpha_0\alpha_0^* = \alpha_0 l.v.\left(\mathbf{d}\left(\mathbf{p};(\alpha_0^o)_{o\in O}\right)\right) = l.v.\left(\alpha_0\mathbf{d}\left(\mathbf{p};(\alpha_0^o)_{o\in O}\right)\right). \tag{4.28}$$

今，$\hat{\boldsymbol{\alpha}}>\alpha_0\mathbf{d}\left(\mathbf{p};(\alpha_0^o)_{o\in O}\right)$ であるとしよう．すると A5 の適用によって，ある生産点 $(-\alpha_0',-\underline{\boldsymbol{\alpha}}',\overline{\boldsymbol{\alpha}}')\in P$ が存在して，$\overline{\boldsymbol{\alpha}}'-\underline{\boldsymbol{\alpha}}'\geq\alpha_0\mathbf{d}\left(\mathbf{p};(\alpha_0^o)_{o\in O}\right)$ かつ $\alpha_0'<\alpha_0$ となる．しかしこれは，(4.28) より $\alpha_0'<l.v.\left(\alpha_0\mathbf{d}\left(\mathbf{p};(\alpha_0^o)_{o\in O}\right)\right)$ となり，$l.v.\left(\alpha_0\mathbf{d}\left(\mathbf{p};(\alpha_0^o)_{o\in O}\right)\right)$ がベクトル $\alpha_0\mathbf{d}\left(\mathbf{p};(\alpha_0^o)_{o\in O}\right)$ の純産出に必要な最小労働量である事に矛盾する．従って，$\hat{\boldsymbol{\alpha}}>\alpha_0\mathbf{d}(\mathbf{p};(\alpha_0^o)_{o\in O})$ とはならず，$\hat{\boldsymbol{\alpha}}=\alpha_0\mathbf{d}\left(\mathbf{p};(\alpha_0^o)_{o\in O}\right)$．それ故，$\mathbf{p}\hat{\boldsymbol{\alpha}}-\alpha_0=0$ である．

(⇐)：次に，$e\left(\mathbf{d}\left(\mathbf{p};(\alpha_0^o)_{o\in O}\right)\right)>0$ のときに $\mathbf{p}\hat{\boldsymbol{\alpha}}-\alpha_0>0$ となる事を示す．$e\left(\mathbf{d}\left(\mathbf{p};(\alpha_0^o)_{o\in O}\right)\right)>0$ より，任意の $(-\alpha_0',-\underline{\boldsymbol{\alpha}}',\overline{\boldsymbol{\alpha}}')\in P$ に関して，$\hat{\boldsymbol{\alpha}}'\geq\alpha_0'\mathbf{d}\left(\mathbf{p};(\alpha_0^o)_{o\in O}\right)$ であれば $\alpha_0'>l.v.\left(\alpha_0'\mathbf{d}\left(\mathbf{p};(\alpha_0^o)_{o\in O}\right)\right)$ である．従って，再生産可能解の総生産点に関しても，$\alpha_0>l.v.\left(\alpha_0\mathbf{d}\left(\mathbf{p};(\alpha_0^o)_{o\in O}\right)\right)$ である．また，定義より，ある生産点 $\boldsymbol{\alpha}^*\in P$ の下で，$\hat{\boldsymbol{\alpha}}^*\geq\mathbf{d}\left(\mathbf{p};(\alpha_0^o)_{o\in O}\right)$ かつ $\alpha_0^*=l.v.\left(\mathbf{d}\left(\mathbf{p};(\alpha_0^o)_{o\in O}\right)\right)$ が成立する．今，再生産可能解 $((\mathbf{p},1),\boldsymbol{\alpha})$ の下で均衡利潤率がゼロと仮定しよう．従って，$\mathbf{p}\hat{\boldsymbol{\alpha}}-\alpha_0=0$ である．ここで代替的な生産点として $(-\alpha_0\alpha_0^*,-\alpha_0\underline{\boldsymbol{\alpha}}^*,\alpha_0\overline{\boldsymbol{\alpha}}^*)\in P$ を考えよう．この生産点での利潤は $\alpha_0\hat{\boldsymbol{\alpha}}^*\geq\alpha_0\mathbf{d}\left(\mathbf{p};(\alpha_0^o)_{o\in O}\right)$ である事，及び，$\alpha_0>l.v.\left(\alpha_0\mathbf{d}\left(\mathbf{p};(\alpha_0^o)_{o\in O}\right)\right)=\alpha_0\alpha_0^*$ である事から，$\mathbf{p}\alpha_0\hat{\boldsymbol{\alpha}}^*-\alpha_0\alpha_0^*>0$ となる．かくして，生産点 $\boldsymbol{\alpha}^*\in P$ の下で正の利潤が可能である．よって，ある適当な $\lambda>0$ の下で，$\mathbf{p}\lambda\underline{\boldsymbol{\alpha}}^*=\mathbf{p}\boldsymbol{\omega}$ となる様な生産点 $\lambda\boldsymbol{\alpha}^*\in P$ において，社会全体の総利潤は正となる．これは再生産可能解の総生産点 $\boldsymbol{\alpha}$ の下で，社会全体の総利潤が最大化されるという性質に矛盾する．よって，再生産可能解 $((\mathbf{p},1),\boldsymbol{\alpha})$ の下で均衡利潤率は正でなければならない．　**Q.E.D.**

上述の定理は，労働者個々人で相異なる消費需要を持ち得る一般的凸錘生産経済における再生産可能解が正の利潤を持つための必要十分条件とは，消費財への総需要ベクトルに基づく労働者階級総体としての森嶋型労働搾取率が正であることを明らかにしている．しかし，この定理では個々

の労働者の搾取率が経済全体での利潤率とどう関わり合うかについては，何も言及していない．実際，以下で論証される様に，再生産可能解が正の利潤を持つ，従って，労働者階級総体としての森嶋型労働搾取率が正である状況と，ある労働者たちの森嶋型労働搾取率は負であるという状況とは，両立可能なのである．すなわち：

定理 4. 9［Yoshihara (2006)］：任意の資本主義経済 $\langle N, O; (P, (\mathbf{d}^o(\cdot))_{o\in O}); (\boldsymbol{\omega}^\nu)_{\nu\in N}\rangle$ において，その生産技術体系が A1, A2, A3 を満たすとしよう．そのとき，この経済での任意の再生産可能解 $((\mathbf{p},1),\boldsymbol{\alpha})$ に関して，以下の 2 つの条件は同値である：

(I) 再生産可能解 $((\mathbf{p},1),\boldsymbol{\alpha})$ の総利潤が正である事の必要十分条件は，全ての労働者 $o\in O$ に関して $e(\mathbf{d}^o(\mathbf{p}))>0$ である；

(II) 全ての労働者 $o\in O$ に関して，$\mathbf{d}^o(\mathbf{p})\in\mathring{\hat{P}}(\alpha_0=1)$.

証明：［(II)⇒(I)］．全ての労働者 $o\in O$ に関して，$\mathbf{d}^o(\mathbf{p})\in\mathring{\hat{P}}(\alpha_0=1)$ であるとしよう．これは，各労働者 $o\in O$ に関して，$\hat{\boldsymbol{\alpha}}\gg\mathbf{d}^o(\mathbf{p})$ となるような $\hat{\boldsymbol{\alpha}}\in\partial\hat{P}(\alpha_0=1)$ が存在する事を意味する．P が閉凸錘である事と A3 より，ある適当な $\boldsymbol{\alpha}^*\in P$ において，$\hat{\boldsymbol{\alpha}}^*>\mathbf{d}^o(\mathbf{p})$ かつ $\alpha_0^*<1$ とできる．すなわち，各労働者 $o\in O$ に関して，$e(\mathbf{d}^o(\mathbf{p}))>0$ となる．逆に，ある労働者 $o\in O$ に関して，$\mathbf{d}^o(\mathbf{p})\notin\mathring{\hat{P}}(\alpha_0=1)$ としよう．そのとき A3 より，任意の $\boldsymbol{\alpha}'\in P(\alpha_0=1)$ に関して，$\hat{\boldsymbol{\alpha}}'=\mathbf{d}^o(\mathbf{p})$ となるか，もしくは $\neg(\hat{\boldsymbol{\alpha}}'\geq\mathbf{d}^o(\mathbf{p}))$ となるかのいずれかである．これはこの労働者 $o\in O$ に関して，$e(\mathbf{d}^o(\mathbf{p}))\leq 0$ である事を意味する．かくして，条件(II)と，全ての労働者 $o\in O$ に関して $e(\mathbf{d}^o(\mathbf{p}))>0$ となる事とは同値である．

次に，条件(II)であるならば，全ての労働者 $o\in O$ に関して $e(\mathbf{d}^o(\mathbf{p}))>0$ であるが故に，$e\left(\mathbf{d}\left(\mathbf{p};(\alpha_0^o)_{o\in O}\right)\right)>0$ でもある．従って，定理 4.8 より，この再生産可能解 $((\mathbf{p},1),\boldsymbol{\alpha})$ において総利潤が正である．次に，条件(II)の前提の下で，再生産可能解 $((\mathbf{p},1),\boldsymbol{\alpha})$ の総利潤が正であるならば，上の議論より全ての労働者 $o\in O$ に関して $e(\mathbf{d}^o(\mathbf{p}))>0$ である事が自明に従う．以上より，［(II)⇒(I)］が証明された．

［(I)⇒(II)］．今，再生産可能解 $((\mathbf{p},1),\boldsymbol{\alpha})$ の総利潤が正であるにも関わらず，(II)が満たされていないと仮定する．すると，ある労働者 $o\in O$ に関して，$\mathbf{d}^o(\mathbf{p})\notin\mathring{\hat{P}}(\alpha_0=1)$．すると，すでに上で示した様に，条件(II)と，全ての労働者 $o\in O$ に関して $e(\mathbf{d}^o(\mathbf{p}))>0$ となる事とは同値であるが故に，この労働者の個人的搾取率は $e(\mathbf{d}^o(\mathbf{p}))\leq 0$ である．これは条件(I)に矛盾する．　**Q.E.D.**

この定理 4.9 は，全ての労働者個人の搾取の存在が正の利潤の必要十分条件になる様な経済環境の特徴付けをしている．つまり，全ての労働者個人の消費需要が $\mathbf{d}^o(\mathbf{p})\in\mathring{\hat{P}}(\alpha_0=1)$ である様な経済環境でしか，全ての労働者個人の搾取の存在が正の利潤の必要十分条件になるという意味での，「マルクスの基本定理」を維持できないのである．ここで，$\mathbf{d}^o(\mathbf{p})\in\mathring{\hat{P}}(\alpha_0=1)$ であるとは，価格 $\mathbf{p}$ の下で，所得 1 を有する労働者 o が選択する消費ベクトルは，偶々，その財ベクトルの純産出の為に必要な労働投入量が 1 未満となる性質を持っている事を意味する．この様なケースは，まさに経済の生産技術条件と個人の消費選好の特性とが相まって，偶々，成立する様な状況でしかない．従って，その意味で，条件(II)が労働者の消費選好の異なる経済環境での「マルクスの基本定理」を成立させる定義域条件であるという事は，事実上，その様な環境での「マルクスの基本定理」の不可能性を意味すると言って良いだろう．実際，互いに異なる多様な消費選好を持つ社会であれば，再生産可能解である以上，平均消費需要ベクトル $\mathbf{d}\left(\mathbf{p};(\alpha_0^o)_{o\in O}\right)$ は仮定 A5 の下では $\mathring{\hat{P}}(\alpha_0=1)$ の要素でなければならないが，個々の労働者に関しては何らの制約も課されないからである．従って，定理 4.9 の条件(II)が成立するのは極めて偶然的な状況であり，逆に言えば，条件(II)が成立しない場合には，正の利潤率の下で非正の搾取率の労働者が存在することを意味するのである．

定理 4.9 の結果を応用する形で，我々は実際，以下の様に，正の利潤の下で負の搾取率を享受する労働者の存在を発見できる：

系 4.2：今，$\alpha_0(\boldsymbol{\omega})\leq\#O$ とする．生産技術体系が A1, A2, A3, A5 を満

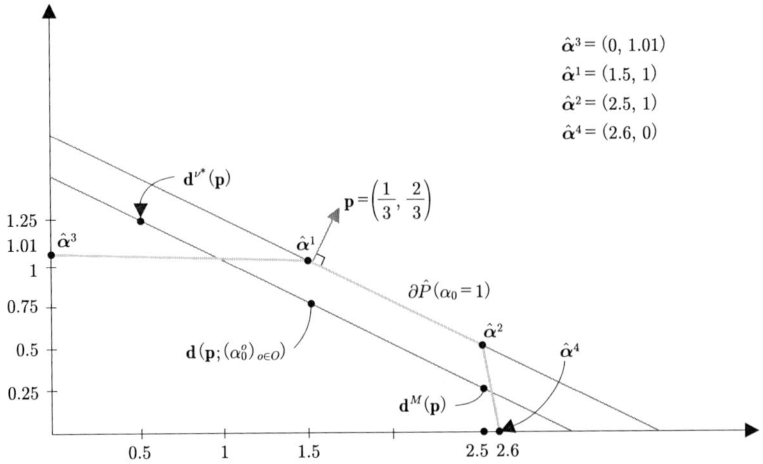

図 **4. 6**　労働者の異なる消費選好のある経済でのマルクスの基本定理の不成立

たす様なある資本主義経済 $\left\langle N, O; \left(P, (\mathbf{d}^o(\cdot))_{o\in O}\right); (\boldsymbol{\omega}^\nu)_{\nu\in N}\right\rangle$ が存在し，そこではある再生産可能解 $((\mathbf{p}, 1), \boldsymbol{\alpha})$ において，正の総利潤とある労働者個人 $o\in O$ に関して，$e(\mathbf{d}^o(\mathbf{p}))<0$ が両立する．

証明：以下の様な生産点を選ぶ：

$$\boldsymbol{\alpha}^1 = \left(-\alpha_0^1, -\underline{\boldsymbol{\alpha}}^1, \overline{\boldsymbol{\alpha}}^1\right) = (-1, (-1, 0), (2.5, 1));$$
$$\boldsymbol{\alpha}^2 = \left(-\alpha_0^2, -\underline{\boldsymbol{\alpha}}^2, \overline{\boldsymbol{\alpha}}^2\right) = (-1, (0, -1), (2.5, 1.5));$$
$$\boldsymbol{\alpha}^3 = \left(-\alpha_0^3, -\underline{\boldsymbol{\alpha}}^3, \overline{\boldsymbol{\alpha}}^3\right) = (-1, (-1.5, 0), (1.5, 1.01));$$
$$\boldsymbol{\alpha}^4 = \left(-\alpha_0^4, -\underline{\boldsymbol{\alpha}}^4, \overline{\boldsymbol{\alpha}}^4\right) = (-1, (0, -1.5), (2.6, 1.5)).$$

以上の 4 点をベースにして，生産可能性集合と P して，$\mathbf{0}\in P$ であり，かつ $\hat{P}(\alpha_0=1)=\text{con}\left\{\hat{\boldsymbol{\alpha}}^1, \hat{\boldsymbol{\alpha}}^2, \hat{\boldsymbol{\alpha}}^3, \hat{\boldsymbol{\alpha}}^4, \mathbf{0}\right\}$ である様な任意の $\mathbf{R}_- \times \mathbf{R}_-^2 \times \mathbf{R}_+^2$ 上の閉凸錘な部分集合を考える．この様な集合 P は確かに A1, A2, A3, A5 を満たす．この社会の総資本財賦存は $\boldsymbol{\omega}=(1, 0)$ である．他方，各自 1 単位労働を雇用された 2 人の労働者 $\nu^*, M\in O$ が存在し，

$$\mathbf{p} = (1/3, 2/3) \text{ に対して，} \mathbf{d}^{\nu^*}(\mathbf{p}) = (0.5, 1.25),\ \mathbf{d}^M(\mathbf{p}) = (2.5, 0.25).$$

この経済において，$((\mathbf{p}, 1), \boldsymbol{\alpha}^1)$ が唯一の再生産可能解である事を確認しよう．第一に，$\mathbf{d}(\mathbf{p}; (\alpha_0^o)_{o\in O}) = \frac{1}{2}\mathbf{d}^{\nu^*}(\mathbf{p}) + \frac{1}{2}\mathbf{d}^M(\mathbf{p}) = (1.5, 0.75)$ より，$\hat{\boldsymbol{\alpha}}^1 = (1.5, 1) \geq \alpha_0^1 \mathbf{d}(\mathbf{p}; (\alpha_0^o)_{o\in O})$．これは定義 2. 7-(b) を満たす．また，定

義より $\underline{\boldsymbol{\alpha}}^1=\boldsymbol{\omega}$. また，$\mathbf{pd}\left(\mathbf{p};\left(\alpha_0^o\right)_{o\in O}\right)=1$. さらに，この価格 $\mathbf{p}$ の下で，任意の $\hat{\boldsymbol{\alpha}}\in\mathrm{con}\left\{\hat{\boldsymbol{\alpha}}^1,\hat{\boldsymbol{\alpha}}^2,\hat{\boldsymbol{\alpha}}^3,\hat{\boldsymbol{\alpha}}^4,\mathbf{0}\right\}$ に対して，$\mathbf{p}\hat{\boldsymbol{\alpha}}^1-1\geq\mathbf{p}\hat{\boldsymbol{\alpha}}-1$. 他方，任意の $\underline{\boldsymbol{\alpha}}^i\in\left\{\underline{\boldsymbol{\alpha}}^2,\underline{\boldsymbol{\alpha}}^3,\underline{\boldsymbol{\alpha}}^4\right\}$ に対して，$\mathbf{p}\underline{\boldsymbol{\alpha}}^1<\mathbf{p}\underline{\boldsymbol{\alpha}}^i$ であるので，結局，$\boldsymbol{\alpha}^1$ は唯一の利潤率最大化解である．以上より，$\left((\mathbf{p},1),\boldsymbol{\alpha}^1\right)$ が唯一の再生産可能解である．

上記の図 4.6 よりも確認できる様に，この再生産可能解の下で，総利潤は $\mathbf{p}\hat{\boldsymbol{\alpha}}^1-1>0$ である．また，このとき，$\mathbf{d}\left(\mathbf{p};\left(\alpha_0^o\right)_{o\in O}\right)\in\mathring{\hat{P}}\left(\alpha_0=1\right)$ より，$l.v.\left(\mathbf{d}\left(\mathbf{p};\left(\alpha_0^o\right)_{o\in O}\right)\right)<1$ である．他方，$\mathbf{d}^{\nu^*}\left(\mathbf{p}\right)\notin\mathring{\hat{P}}\left(\alpha_0=1\right)$ である．これは $\mathbf{d}^{\nu^*}(\mathbf{p})\gg\hat{\boldsymbol{\alpha}}^3$ であり，$\alpha_0^3=1$ であり，かつ A5 である事から従う．すなわち，$l.v.\left(\mathbf{d}^{\nu^*}\left(\mathbf{p}\right)\right)>1$ である．　**Q.E.D.**

以上の「正の利潤の再生産可能解の存在可能性と任意の労働者個人の正の搾取率の同値関係の不可能性命題」の議論に対して，搾取率というのは資本家階級総体と労働者階級総体との間の階級的分配関係を表すマクロ的指標であって，個々の特定の労働者がどれだけ搾取されているかについてのミクロ的データに意味を与えるものではない，という反論が予想されよう．また，実際，階級全体として平均的労働が搾取されていようとも，個々の労働者の中には搾取の程度が極めて低い個人なり，場合によっては，むしろ搾取されているとは言えないような個人が存在していても，特にそのこと自体はマルクスの搾取論を何ら害するものではない，という見解は，一般的には説得的である．

しかし，本書で我々が論じている状況では，個々の労働者間での搾取率が正であるか負であるかの違いは，純粋に彼等の消費需要の違いによって生じているのであり，その事こそが問題なのである．この状況では，個々の労働者は消費選好を除けば，彼等の労働スキルも労働強度も労働時間も，貨幣賃金率も，互いの違いは存在しない．つまり全ての個人は同一の客観的労働条件の下で雇用され，同一の賃金収入を得ているにも関わらず，個々人の消費選好の違いを反映した消費需要ベクトルの違いがあるが故に，労働者階級全体としては搾取率が正でありながら，ある個人の搾取率は負にも正にもなり得る．この事は，森嶋型労働搾取の定式の下では，搾取率の決定要因は，労働者階級にとって客観的な資本主義的生産様式なり労働条件ばかりでなく，個々の労働者の主観的な消費財への嗜好の違いをも含むことを意味しよう．この様な性質を孕んでいる森嶋型の定式においては，労働者たちの労働の成果の資本家たちによる取得の程度を表すと従来理解されてきた搾取率指標そのものの頑健性が疑われると言わざるを得ないであろう．

尚，上記の不可能性定理は，再生産可能解が均衡概念である事には依存していない．実際，以下の例が示す様に，フォン・ノイマン経済体系を想定し，均衡概念を均斉成長解としたとしても尚，同様の不可能性が導出されるのである[8]：

定理 4.10 [吉原(2005)][9]：任意の資本主義経済 $\langle N, O; \left(P_{(A,B,L)}, \left(\mathbf{d}^{o}(\cdot)\right)_{o\in O}\right); \left(\boldsymbol{\omega}^{\nu}\right)_{\nu\in N}\rangle$ を考える．今，$\alpha_0(\boldsymbol{\omega}) \leq \#O$ とする．このとき，均等利潤率 $\pi > -1$ を持つ均斉成長解 $((\mathbf{p}, 1), \mathbf{x})$ に関して，以下の２つの言明は同値である：

(I) 均斉成長解 $((\mathbf{p}, 1), \mathbf{x})$ の均等利潤率が正である事の必要十分条件は，全ての労働者 $o\in O$ に関して $e(\mathbf{d}^{o}(\mathbf{p})) > 0$ である；

(II) 全ての労働者 $o\in O$ に関して，$\mathbf{d}^{o}(\mathbf{p}) \in \mathring{\hat{P}}_{(A,B,L)}(\alpha_0 = 1)$.

例 4.6 [吉原(2005)]（**均斉成長解が正の利潤率を持つときに個人的には負の搾取率をもつ労働者が存在する例**）：フォン・ノイマン生産技術体系が $B = \begin{bmatrix} 4 & 1 \\ 1 & 5/2 \end{bmatrix}$，$A = \begin{bmatrix} 3/2 & 0 \\ 0 & 3/4 \end{bmatrix}$，$L = (1, 1)$ とする．今，この社会にはタイプ ν^{*} とタイプ M の２種類の互いに相異なる消費需要関数を持つ労働者たちが存在し，その総労働賦存量の比率は，タイプ ν 労働者たちが $1/3$，タイプ M 労働者たちが $2/3$ であるとする．価格が $\mathbf{p} = (1/3, 2/3)$ の

8) 尚，この不可能性帰結に対して，松尾(2007)は「諸個人に拡張された搾取」の定義による解決を提案している．しかし，この提案は，事実上，労働者階級の平均的消費需要に基づく搾取率を，各個人の搾取率と再解釈したものに過ぎない．平均的消費需要に基づく搾取率に関して，マルクスの基本定理が頑健であるのは，すでに定理 4.8 が示した通りである．

9) 証明は定理 4.9 のそれに倣う形で，容易に確認できる．

ときのタイプ ν^* 労働者たちとタイプ M 労働者たちの，所得 1 の下でのそれぞれの消費需要ベクトルを $\mathbf{d}^{\nu^*}(\mathbf{p})=\begin{bmatrix} 3 \\ 0 \end{bmatrix}$，$\mathbf{d}^{M}(\mathbf{p})=\begin{bmatrix} 0 \\ 3/2 \end{bmatrix}$とする．

今，工程 1 の雇用労働はタイプ ν^* 労働者たちのみからなっているとしよう．同様に，工程 2 の雇用労働はタイプ M 労働者たちのみからなっているとしよう．そのとき，工程 1 と工程 2 の生産比率が 1 対 2 である場合の，社会の総雇用労働の平均的消費需要ベクトルは，

$$\mathbf{d}\left(\mathbf{p};(\alpha_0^o)_{o\in O}\right)=\frac{1}{3}\mathbf{d}^{\nu^*}(\mathbf{p})+\frac{2}{3}\mathbf{d}^{M}(\mathbf{p})=\begin{bmatrix} 1 \\ 1 \end{bmatrix}$$

となる．従って，

$$\mathbf{x}=\begin{bmatrix} 1/3 \\ 2/3 \end{bmatrix},\quad \mathbf{p}=(1/3,2/3)\quad \text{及び}\quad \pi=1/3$$

が一つの均斉成長解を構成する．そのことを確認しよう．第一に，

$$\mathbf{p}\,[B-A]=(1/3,2/3)\begin{bmatrix} 5/2 & 1 \\ 1 & 7/4 \end{bmatrix}=(3/2,3/2)$$

かつ，

$$\pi\mathbf{p}A+(1+\pi)\,L=\frac{1}{3}\,(1/3,2/3)\begin{bmatrix} 3/2 & 0 \\ 0 & 3/4 \end{bmatrix}+\frac{4}{3}\,(1,1)=(3/2,3/2)$$

より，均斉成長解の定義 2. 9-(a) が等式で満たされている．よって定義 2. 9-(d) も，自動的に満たされる．次に，

$$B\mathbf{x}=\begin{bmatrix} 4 & 1 \\ 1 & 5/2 \end{bmatrix}\begin{bmatrix} 1/3 \\ 2/3 \end{bmatrix}=\begin{bmatrix} 2 \\ 2 \end{bmatrix}$$

かつ，

$$(1+\pi)\left[A+\mathbf{d}\left(\mathbf{p};(\mathbf{x}^o)_{o\in O}\right)L\right]\mathbf{x}$$
$$=\frac{4}{3}\left\{\begin{bmatrix} 3/2 & 0 \\ 0 & 3/4 \end{bmatrix}\begin{bmatrix} 1/3 \\ 2/3 \end{bmatrix}+\begin{bmatrix} 1 & 1 \\ 1 & 1 \end{bmatrix}\begin{bmatrix} 1/3 \\ 2/3 \end{bmatrix}\right\}=\begin{bmatrix} 2 \\ 2 \end{bmatrix}$$

より，均斉成長解の定義 2. 9-(b) が等式で満たされている．さらに均斉成長解の定義 2. 9-(c), (e) が満たされている事も容易に確認できる．以上より，$(\mathbf{p},\mathbf{x},\pi)$ は均斉成長解を構成する．

また，この経済では $[B-A]^{-1}$ が存在して，

$$[B-A]^{-1}=\begin{bmatrix}14/27 & -8/27\\ -8/27 & 20/27\end{bmatrix}$$

となる．従って，

$$[B-A]^{-1}\,\mathbf{d}\left(\mathbf{p};(\mathbf{x}^{o})_{o\in O}\right)=\begin{bmatrix}14/27 & -8/27\\ -8/27 & 20/27\end{bmatrix}\begin{bmatrix}1\\ 1\end{bmatrix}=\begin{bmatrix}6/27\\ 12/27\end{bmatrix}\leq\mathbf{x}^{0}$$

より，$L\mathbf{x}^0=2/3$．かくして，$1-L\mathbf{x}^0>0$ より，確かに $e>0$ であり，これはマルクスの基本定理と整合的な結論である．

他方，工程 1 に雇用されているタイプ ν 労働者の搾取率について見てみよう．タイプ ν^* 労働者の 1 労働日当たりの必要労働時間を導出する事は，以下の

$$[B-A]\,\mathbf{x}^{\nu^*}=\begin{bmatrix}5/2 & 1\\ 1 & 7/4\end{bmatrix}\begin{bmatrix}x_1^{\nu^*}\\ x_2^{\nu^*}\end{bmatrix}\geq\mathbf{d}^{\nu^*}(\mathbf{p})=\begin{bmatrix}3\\ 0\end{bmatrix}$$

を満たす $\mathbf{x}^{\nu^*}\geq\mathbf{0}$ の中で，$x_1^{\nu^*}+x_2^{\nu^*}$ が最小値となるベクトルを選ぶことに等しい．今，タイプ ν^* 労働者の搾取率が非負になることとは，最小値に関して $x_1^{\nu^*}+x_2^{\nu^*}\leq 1$ が成立することに他ならない．従って，$x_2^{\nu^*}\leq 1-x_1^{\nu^*}$ とならねばならない事を考慮して，上記不等式を整理すれば，$4/3\leq\hat{x}_1^{\nu}$ となる．これは，$x_1^{\nu^*}+x_2^{\nu^*}\leq 1$ が成立しない事を意味する．すなわち，$x_1^{\nu^*}+x_2^{\nu^*}>1$ とならねばならない．これは $L\mathbf{x}^{\nu^*}>1$ を意味する．　　**Q.E.D.**

4.5　所得依存的労働搾取の定式の下でのマルクスの基本定理の可能性

これまでの議論を通じて，レオンチェフ経済体系を超えてより一般的な凸錘生産経済を想定して議論するならば，フォン・ノイマン経済体系の下での定式として提唱された労働搾取の定義として森嶋型，松尾型，Roemer 型のいずれも，マルクスの基本定理を再生産可能解の均衡概念の下で成立させる事ができない事を確認してきた[10]．以上の不可能性の諸

10)　New Interpretation 派の Lipietz(1982)等の労働搾取の定式については，3.4 節で議論しているが，基本的にレオンチェフ経済体系のモデルを前提した定式であり，フォン・ノイマン経済体系以上の経済環境に一般化したときに，この定式がいかに拡張されるかについては不明瞭である．

帰結を踏まえ，この節では一般的な凸錘生産経済で定義される新たな搾取の 2 つの定式を提唱する．

この新たな搾取の定義は，その定式の為に価格情報を要するという点で，Roemer(1982, Chapter 5)による定式と共通の特性を持つ．しかしながら，Roemer(1982, Chapter 5)による定式では，財ベクトルの労働価値の決定が，再生産可能解の均衡価格の情報を必要とする点で，森嶋型や松尾型と異なる立場に立っているが，労働者が賃金を通じて消費する財ベクトルの労働価値の大きさが必要労働量を決定し，それが 1 労働日に相当するか否かで搾取の決定をするという点では森嶋型と同じ構造を踏襲している．他方，新しい搾取の定式においては，消費財ベクトルの労働価値に基づく必要労働量という定式化自体ももはや，事実上踏襲していない．財ベクトルの労働価値というよりもむしろ，労働者の現状の賃金所得を国民経済が創出する為にはどれだけの労働が社会的に最低限，支出されなければならないか，という観点で必要労働量を導出する．つまり労働者 1 人当たりに賦与する現状の 1 日当たり賃金所得を生産する為に，社会的にはどれだけの労働量が最低限，投下されなければならないかに関心を持ち，その値が 1 労働日未満であるときに労働搾取の存在を読み取るのである．

最初の定式は，以下の様に与えられる．まず，$B(\mathbf{p}, w) \equiv \{\mathbf{c} \in \mathbf{R}^n_+ \mid \mathbf{pc} = w\}$ によって，労働者の与えられた賃金所得 w の下での予算集合を表すとしよう．そのとき：

定義 4.6[Yoshihara(2006)]：価格 $(\mathbf{p}, w)$ の下で，所与の賃金所得 $w>0$ における**労働の搾取率**(the rate of labor exploitation)は以下の様に与えられる：

$$e(w; (\mathbf{p}, w)) \equiv \frac{1 - \min_{\mathbf{d} \in B(\mathbf{p}, w)} l.v.(\mathbf{d}; (\mathbf{p}, w))}{\min_{\mathbf{d} \in B(\mathbf{p}, w)} l.v.(\mathbf{d}; (\mathbf{p}, w))}. \tag{4.29}$$

この定義において，$\min_{\mathbf{d} \in B(\mathbf{p}, w)} l.v.(\mathbf{d}; (\mathbf{p}, w))$ は，各労働者の 1 労働日当たりの賃金所得 $w>0$ の下で購入可能な財ベクトルの Roemer(1982, Chapter

5)型労働価値の最小値である．これは定義 4.6 における，いわゆる必要労働量とは各労働者の消費財ベクトルに関するものではなく，むしろ彼の稼得する賃金所得に関するものであると見なす事ができる．すなわち，彼に賃金所得 w 分の収入を保証する為には，社会的にどれだけの労働量がこの収入分をもたらす為の生産活動に，最低限投下されなければならないかに関心を払っているのである．この様な，$\min_{\mathbf{d}\in B(\mathbf{p},w)} l.v.(\mathbf{d};(\mathbf{p},w))$ に関する解釈は，標準的なミクロ経済学の消費者行動理論における支出最小化問題の概念，すなわち，所与の効用水準に達する為に最小限要する富の支出額の決定問題のアナロジーとして，与える事ができるだろう．

第二の定義は再生産可能解 $((\mathbf{p},w),\boldsymbol{\alpha}^{\mathbf{p},w})$ の価格情報 $(\mathbf{p},w)$ のみならず，総生産点 $\boldsymbol{\alpha}^{\mathbf{p},w}$ の情報にも依存した定式である．今，$\hat{\boldsymbol{\alpha}}_0^{\mathbf{p},w}\equiv\frac{\hat{\boldsymbol{\alpha}}^{\mathbf{p},w}}{\alpha_0^{\mathbf{p},w}}$ と定義すると，$\hat{\boldsymbol{\alpha}}_0^{\mathbf{p},w}$ はこの経済で 1 労働日当たりに純生産された財ベクトルである．さらに，$\mathbf{p}\hat{\boldsymbol{\alpha}}_0^{\mathbf{p},w}$ は 1 労働日投下によって生産された国民所得である．ここで $t((\mathbf{p},w),\boldsymbol{\alpha}^{\mathbf{p},w})\equiv\frac{w}{\mathbf{p}\hat{\boldsymbol{\alpha}}_0^{\mathbf{p},w}}$ とする．この $t((\mathbf{p},w),\boldsymbol{\alpha}^{\mathbf{p},w})$ は当該経済での均衡において実際に行使された生産計画 $\boldsymbol{\alpha}^{\mathbf{p},w}$ の下で，賃金収入 w を生産するのに必要な労働量である．この必要労働量に基づいて，搾取率は以下の様に与えられる：

定義 4.7[Yoshihara(2007)]：再生産可能解 $((\mathbf{p},w),\boldsymbol{\alpha}^{\mathbf{p},w})$ の下で，所与の**賃金所得** $w>0$ **における労働の搾取率**(the rate of labor exploitation)は以下の様に与えられる：

$$e(w;(\mathbf{p},w),\boldsymbol{\alpha}^{\mathbf{p},w})\equiv\frac{1-t((\mathbf{p},w),\boldsymbol{\alpha}^{\mathbf{p},w})}{t((\mathbf{p},w),\boldsymbol{\alpha}^{\mathbf{p},w})}. \tag{4.30}$$

この定義 4.7 の労働搾取の定式もまた，定義 4.6 の場合と同様に，労働者 1 個人に賃金所得 w 分の収入を保証する為には，社会的にどれだけの労働量がこの収入分をもたらす為の生産活動に，最低限投下されなければならないかに関心を払っている．定義 4.6 との違いは，定義 4.7 では，労働者 1 個人に賃金所得 w 分の収入を賦与するのに社会的に要する最小投下労働量を，実際に当該経済が均衡においてアクセスする生産経路のみを利用する形で，導出している点である．

この種の定式は，ある意味，New Interpretation 派における Dumenil-Foley-Lipietz 的労働搾取の定式の一般的凸錘生産経済への拡張という解釈も可能であろう．しかし，そのそれぞれの定式の背景にある概念は，かなり違うものと考えられる．また，この定義 4.7 においては，**総雇用労働量と国民所得の労働価値との間の等値関係**——これをマクロ経済的恒等式と呼ぶ事もある——が成立している[11)]．その種の等値関係は，レオンチェフ経済体系の下では森嶋型の定式であっても尚，自然と導出されるものであるが，一般的凸錘生産経済においては，むしろ一般的には成立しない．

以上2つの労働搾取の定式では，同一労働時間で同一賃金という意味で，客観的な労働条件が全く同一の労働者同士の間での，搾取率の値が全く同一になる．こうした性質は従来の搾取の定義では満たされなかったものであり，従って，これらの定式の場合，労働者の主観的な消費需要の違いが各労働者の搾取率の違いや，搾取関係のポジションの違いになって現れるという事は有り得ない．その意味で，この2つの労働搾取の定式は，労働者間の消費選好が同一であろうと異なる経済環境であろうとも，そのマルクスの基本定理に関する性能に違いは生じない．よって，以下ではより一般的なケースを想定して，労働者間の消費選好が異なる経済環境のモデルで議論する事としよう．

我々は以下の様な結果を得る事ができる：

定理 4.11[Yoshihara(2006)]：任意の資本主義経済 $\left\langle N, O; \left(P, \left(\mathbf{d}^{o}\left(\cdot\right)\right)_{o\in O}\right); \left(\boldsymbol{\omega}^{\nu}\right)_{\nu\in N}\right\rangle$ において，その生産技術体系が A1, A2, A3 を満たすとしよう．そのとき，この経済での任意の再生産可能解 $\left(\left(\mathbf{p}, 1\right), \boldsymbol{\alpha}\right)$ に関して，その総利潤が正である事の必要十分条件は，$e\left(1; \left(\mathbf{p}, 1\right)\right) > 0$ である．

定理 4.12[Yoshihara(2007)]：任意の資本主義経済 $\left\langle N, O; \left(P, \left(\mathbf{d}^{o}\left(\cdot\right)\right)_{o\in O}\right);\right.$

11)　その性質に関して，この定式は Flaschel(1983)と共有する．

$\left(\boldsymbol{\omega}^{\nu}\right)_{\nu\in N}\rangle$ において，その生産技術体系が A1, A2, A3 を満たすとしよう．そのとき，この経済での任意の再生産可能解 $\left((\mathbf{p},1),\boldsymbol{\alpha}^{\mathbf{p},1}\right)$ に関して，その総利潤が正である事の必要十分条件は，$e\left(1;(\mathbf{p},1),\boldsymbol{\alpha}^{\mathbf{p},1}\right)>0$ である．

ここで定義 4.6 と定義 4.7 より，任意の再生産可能解 $((\mathbf{p},1),\boldsymbol{\alpha})$ に関して，恒等的に

$$t\left((\mathbf{p},1),\boldsymbol{\alpha}\right)\geq\min_{\mathbf{d}\in B(\mathbf{p},1)} l.v.\left(\mathbf{d};(\mathbf{p},1)\right) \tag{4.31}$$

である．よって，マルクスの基本定理は，定理 4.12 に関して成立すれば，定理 4.11 に関してもその見通しが高くなる．それ故，以下では定理 4.12 の証明から始める事としたい．

定理 4.12 の証明：(⇒)．再生産可能解の下での総利潤が $\mathbf{p}\hat{\boldsymbol{\alpha}}^{\mathbf{p},1}-\alpha_0^{\mathbf{p},1}>0$ であるとしよう．すなわち，$\mathbf{p}\hat{\boldsymbol{\alpha}}^{\mathbf{p},1}>\alpha_0^{\mathbf{p},1}$ であり，よって $\mathbf{p}\hat{\boldsymbol{\alpha}}_0^{\mathbf{p},1}>1$．ところで，$t\left((\mathbf{p},1),\boldsymbol{\alpha}^{\mathbf{p},1}\right)=\dfrac{1}{\mathbf{p}\hat{\boldsymbol{\alpha}}_0^{\mathbf{p},1}}<1$ となるので，結局(4.30)式より，$e\left(1;(\mathbf{p},1),\boldsymbol{\alpha}^{\mathbf{p},1}\right)>0$ が従う．

(⇐)．再生産可能解 $\left((\mathbf{p},1),\boldsymbol{\alpha}^{\mathbf{p},1}\right)$ の下で，$e\left(1;(\mathbf{p},1),\boldsymbol{\alpha}^{\mathbf{p},1}\right)>0$ であるとしよう．すなわち，$t\left((\mathbf{p},1),\boldsymbol{\alpha}^{\mathbf{p},1}\right)=\dfrac{1}{\mathbf{p}\hat{\boldsymbol{\alpha}}_0^{\mathbf{p},1}}<1$．これは $\mathbf{p}\hat{\boldsymbol{\alpha}}_0^{\mathbf{p},1}>1$ であり，従って，$\mathbf{p}\hat{\boldsymbol{\alpha}}^{\mathbf{p},1}-\alpha_0^{\mathbf{p},1}>0$ となり，総利潤が正となる．　**Q.E.D.**

定理 4.11 の証明：(⇒)．これは(4.31)の関係から，定理 4.12 の成立より自動的に従う．

(⇐)．再生産可能解 $\left((\mathbf{p},1),\boldsymbol{\alpha}^{\mathbf{p},1}\right)$ の下で，$\mathbf{p}\hat{\boldsymbol{\alpha}}^{\mathbf{p},1}-\alpha_0^{\mathbf{p},1}=0$ としよう．再生産可能解の定義 2.7-(b) より，$\hat{\boldsymbol{\alpha}}_0^{\mathbf{p},1}\geq\mathbf{d}\left(\mathbf{p};(\alpha_0^o)_{o\in O}\right)$．ここで $\mathbf{p}\cdot\left(\hat{\boldsymbol{\alpha}}_0^{\mathbf{p},1}-\mathbf{d}\left(\mathbf{p};(\alpha_0^o)_{o\in O}\right)\right)=0$ である事により，$\mathbf{p}\gg\mathbf{0}$ であるならば $\hat{\boldsymbol{\alpha}}_0^{\mathbf{p},1}=\mathbf{d}\left(\mathbf{p};(\alpha_0^o)_{o\in O}\right)$ となる．この $\left((\mathbf{p},1),\boldsymbol{\alpha}^{\mathbf{p},1}\right)$ に関して，いずれの利潤率最大化純生産物 $\hat{\boldsymbol{\alpha}}'\in\overline{P}(\mathbf{p},1)\cap\partial\hat{P}(\alpha_0=1)$ においても，$\mathbf{p}\hat{\boldsymbol{\alpha}}'-1=0$．かくして，任意の $\hat{\boldsymbol{\alpha}}'\in\overline{P}(\mathbf{p},1)\cap\partial\hat{P}(\alpha_0=1)$ に関して，$\mathbf{p}\hat{\boldsymbol{\alpha}}'=\mathbf{pd}\left(\mathbf{p};(\alpha_0^o)_{o\in O}\right)$．これは $\mathbf{pc}=\mathbf{pd}\left(\mathbf{p};(\alpha_0^o)_{o\in O}\right)$ となる任意の消費財ベクトル $\mathbf{c}\in\mathbf{R}_+^n$ に関して，$l.v.\left(\mathbf{c};(\mathbf{p},1)\right)\geq 1$ である．従って，

$$\min_{\mathbf{c}\in B(\mathbf{p},1)} l.v.(\mathbf{c};(\mathbf{p},1))=1$$

となり，$e(1;(\mathbf{p},1))=0$ が従う．

次に $\mathbf{p}>\mathbf{0}$ の場合，$\hat{\boldsymbol{\alpha}}_0^{\mathbf{p},1}>\mathbf{d}\left(\mathbf{p};(\alpha_0^o)_{o\in O}\right)$ の可能性がある．しかし，$\mathbf{p}\cdot\left(\hat{\boldsymbol{\alpha}}_0^{\mathbf{p},1}-\mathbf{d}\left(\mathbf{p};(\alpha_0^o)_{o\in O}\right)\right)=0$ であるので，$\mathbf{d}\left(\mathbf{p};(\alpha_0^o)_{o\in O}\right)\in\partial\hat{P}(\alpha_0=1)$ となる．かくして，任意の $\hat{\boldsymbol{\alpha}}'\in\overline{P}(\mathbf{p},1)\cap\partial\hat{P}(\alpha_0=1)$ に関して，$\mathbf{p}\hat{\boldsymbol{\alpha}}'=\mathbf{pd}\left(\mathbf{p};(\alpha_0^o)_{o\in O}\right)$．これは $\mathbf{pc}=\mathbf{pd}\left(\mathbf{p};(\alpha_0^o)_{o\in O}\right)$ となる任意の消費財ベクトル $\mathbf{c}\in\mathbf{R}_+^n$ に関して，$l.v.(\mathbf{c};(\mathbf{p},1))\geq 1$ である．従って，

$$\min_{\mathbf{c}\in B(\mathbf{p},1)} l.v.(\mathbf{c};(\mathbf{p},1))=1$$

となり，$e(1;(\mathbf{p},1))=0$ が従う．　**Q.E.D.**

この様に，上記の 2 つの所得情報依存的労働搾取の定式によって，我々はマルクスの基本定理の成立を，一般的凸錘生産経済において，再生産可能解の特徴付けとして導き出す事ができた．ここでは仮定 A5(生産の非付属性)も課していないし，また定理はこの場合，労働者個々人の消費選好が同じであろうと異なろうとに関わりなく成立する．また，上記の 2 つの定理はいずれも労働者の賃金率を生存賃金水準である 1 に設定して議論しているが，$w>1$ のケースでも定理は変わりなく成立する．

これらの結論に対して，労働価値の価格情報からの独立性に拘泥する，伝統的なマルクス経済学の観点からは，この新しい 2 つの定式に対して異論も少なくないであろう．また，これまで論じてきた様に，森嶋型や松尾型の様な定式の場合，マルクスの基本定理の成立に失敗しているものの，依然として，これらとは別の代替的な，価格独立的労働搾取の定式化を探求するべしとの立場もあるであろう．しかし，残念ながら，これらの戦略は必然的に失敗せざるを得ないのである．後の第 7 章で見る様に，我々は労働搾取の定義が最低限満たすべき必要条件を，労働搾取の公理(Axiom for Labor Exploitation)として定式化できる．そしてその公理を満たす任意の労働搾取の定式の下で，マルクスの基本定理が成立する為の必要十分条件を特徴付ける事ができる．この必要十分条件は，労働搾取の公

理を満たす様な搾取の定式に関する条件である．そして，この必要十分条件より導ける事は，いかなる価格独立的な労働搾取の定式といえども，一般的凸錘生産経済における任意の再生産可能解に関して，マルクスの基本定理を成立させる事はできない，という不可能性命題なのである．

4.6 結論に代えて

我々は第3章に引き続き，第4章においてもマルクスの基本定理について論じてきた．最も単純なレオンチェフ経済体系に限定して議論を進めてきた第3章と異なり，第4章では一般的な凸錘生産経済におけるマルクスの基本定理の頑健性を確認する事が主な課題であった．最終的に我々は，所得依存的な労働搾取の新しい定式を提唱する事によって，このより一般的な経済環境でのマルクスの基本定理の頑健性を保証したわけだが，この定理の含意については，基本的に第3章の3.5節で展開した議論がここでも依然として適用され得る事に留意する必要があろう．4.5節における労働搾取の新しい定式を受容する限り，我々は今や，マルクスの基本定理は，新古典派経済学において示された，完全競争解に関する代表的な特徴付け定理である「厚生経済学の基本定理」に匹敵する程に十分に頑健な，資本主義経済における均衡解の特徴付け定理である事を確認できる．しかしながら，この定理の厚生的含意については，依然として大きな留保が必要である．

第一に，この定理によって，資本主義経済における正の利潤生成の唯一の源泉は労働搾取の存在であるというメッセージを引き出す事はできない．これについては，3.5節での一般化された商品搾取定理を用いた議論が想起されれば十分である．また，この事は，利潤生成の背景に，一般的に労働搾取が存在する事までをも否定するわけではない事も，留意が必要である．我々は，労働力という生産要素に「唯一の価値形成的機能」を押し付ける様な古典的マルクス主義の解釈の正当性確保の為に，マルクスの基本定理が利用できない事を明らかにしてきたが，その問題と労働搾取の存在問題とはまた別である．

第二に，しかしながら，マルクスの基本定理の論脈で扱われている労働搾取とは，依然として，対象とする資本主義社会において「剰余」の存在する事の，労働をニュメレールとした表現に過ぎない．その意味での「搾取」であれば当然ながら，理想的な社会主義経済体制であっても存在するだろう．しかし，マルクスにおいて労働搾取とは，単に生産的な経済における「剰余」の存在に還元されるものではなかった事は確かであり，それは一つの社会関係の指標であり，とりわけ所有的関係や生産関係を特徴付ける一つの指標であったと言える．その側面での搾取概念を定式化した理論分析においてこそ，労働搾取の厚生的含意とは何かについてのより積極的な議論の展開が可能となるだろう．対して，マルクスの基本定理とは，こうした意味での「剰余」の存在によって，市場経済における正の利潤の伴う均衡解に関する一つの特徴付けを与えるものに過ぎない．

第5章　搾取と階級の一般理論

第3章での結論として明らかにした様に，マルクスの労働搾取概念は，資本主義経済における正の利潤の生成のメカニズムを説明する上では，不十分な機能しか果たし得ない．資本主義経済における正の利潤の生成と資本の蓄積は資本家による労働者への搾取が存在する故に可能，という議論の論証によって，マルクス経済学の資本主義経済体制批判を正当化するのが，マルクスの基本定理の意義であると考えられていたが，もはやそうした位置づけも不可能な事が明らかである．

では，資本主義経済における正の利潤の生成はどの様に説明されるであろうか？　一般化された商品搾取定理は，労働を含めた全ての生産要素が社会全体を通して，技術的に効率的に利用される事によって，剰余生産物の生産可能性を保証する事を明らかにしている[1)]．では，この剰余生産物が利潤として資本家に帰属するのは，いかなるメカニズムによって説明されるだろうか？　それは，労働者からの剰余労働の掠め取りではなく，むしろ生産手段の不均等な私的所有と市場における資本の労働に対する相対的稀少性ゆえに，その資本財の所有主体である資本家に帰属すべく派生するレント(rent=賃料)が，正の利潤であるという説明で十分である．以下の例の考察より，その事を見ていこう．1人の生産者が1日の生存のために最低限必要な消費財バスケットが $\mathbf{b}\in\mathbf{R}_+^n$ であるとする．これらの財ベクトルは彼の労働の投入だけで生産可能で，その技術関係は労働投入ベクトル L で表されるとする．今，彼の1労働日の労働によってちょうど $\mathbf{b}\in\mathbf{R}_+^n$ だけの生産が可能であるとする．すなわち，$L\mathbf{x}=1$ となる $\mathbf{x}\in\mathbf{R}_+^n$ に関して $\mathbf{x}=\mathbf{b}$ である．ところでこの消費財バスケットはある物的資本財を導入する事によっても生産可能であるとしよう．この資本財は流

1)　一般化された商品搾取定理は，任意に選出された商品の搾取が正である事と正の利潤の同値性を論証するが，その定理の自明な系として結果的に，労働を含めた全ての商品の正の搾取と正の利潤の同値関係が容易に確認される．

動資本財のバスケットであって，その技術力は投入産出行列 A で表せるとしよう．ところでこの資本財はある資本家の所有物であって，彼は $\boldsymbol{\omega}\in\mathbf{R}_{+}^{n}$ の資本財を持っている．その大きさは生産者の 1 労働日の労働によってちょうど使い切る様なものであるとしよう．すなわち，$L^{*}\mathbf{x}=1$ となる $\mathbf{x}\in\mathbf{R}_{+}^{n}$ に関して $A\mathbf{x}=\boldsymbol{\omega}$ となる．生産技術体系が (A,L^{*}) の下では，純生産物は 1 労働日において $\mathbf{x}-A\mathbf{x}$ で表せるが，このとき，$\mathbf{x}-A\mathbf{x}\gg\mathbf{b}$ であるとしよう．従って，この生産者は同じ 1 労働日で生存ぎりぎり以上の財を生産できる技術体系 (A,L^{*}) の方を良しと見なして資本家に $\boldsymbol{\omega}$ のレンタルを要請するだろう．ところで $\boldsymbol{\omega}$ のレンタルの見返りに資本家が何も得られなければ，彼はこの生産者にレンタルしようとはしないだろう．なぜならば，この生産者と同じ境遇にいる生産者は他に大勢おり，彼等は資本家にもっといい条件でのレンタルを申し出る誘因があるからである．つまり，$\mathbf{y}=\mathbf{x}-A\mathbf{x}-\mathbf{b}\gg\mathbf{0}$ の一部を資本家にレンタルの見返りとして支払うという契約を条件で提示する事で彼等は資本財をレンタルしてもらうことができ，それによって尚，生存ぎりぎり以上の財を手に入れることができるからである．他方，資本家はレンタルの条件として $\mathbf{y}=\mathbf{x}-A\mathbf{x}-\mathbf{b}$ を上回る支払いを要求しはしないであろう．そのような要求をすれば，生産者のいずれも自分の労働だけで生産する方が良くなってしまうので，誰もこの資本財のレンタルを需要しないからである．結局，資本家のレンタルの条件は $[0,\mathbf{y}]$ の間でのどこかの点 $\mathbf{y}^{*}$ で財の支払い水準が決まる形になるだろう．それは資本財の需要者と供給者の間での需給調整を反映した資本市場での均衡として決定されよう．このとき財の価格体系が $\mathbf{p}$ であったとすれば，$\mathbf{p}\mathbf{y}^{*}$ こそが資本家の獲得する利潤である．

以上の議論は Roemer(1988)によって成された議論に基づいたもので，私的所有関係を前提にする限り，資本家の利潤請求権を正当と見なし得る事を示している．この例の場合でも，資本財をレンタルして生産活動を行う各生産者に関して搾取率を定義する事はでき，この体系の下では資本家がレンタルへの対価として正の利潤を受け取る限り，正の搾取率が存在する事を見ることができよう．しかしながら，この場合の「労働搾取の存在」は何ら資本家の利潤収入の不当性を意味しないであろう．なぜならば，この例は利潤の源泉が労働者の剰余労働の搾り取りにあるというよりも，明らかに資本財の生産過程への導入による生産性の上昇にこそあり，また，資本レンタルの需要に比して供給し得る資本レンタルが稀少である事こそに資本家の利潤獲得の根拠がある事を示している．実際，この種の資本財が生産者たちにとってあり余る程に豊潤に存在すれば誰も正のレンタル価格を支払ってまで資本家から借りようとはしないであろう．他方，全ての生産者たちの 1 労働日を雇うに等しい程の資本レンタルの供給がなされない限り，資本家は生産者たちの 1 日の生存に最低限必要な消費財バスケットを保証する範囲内でレンタル価格を釣り上げることができるであろう．以上の話は，資本主義経済における相対的過剰人口によって，資本の労働に対する相対的稀少性を作り出し，それが資本家の収益性を保証する上での役割の重要性を示している．

資本の労働に対する相対的稀少性は，マルクスの『資本論』が考察対象にしていた 19 世紀自由主義時代の資本主義社会では，相対的過剰人口の「恒常的」存在[2)]としていわば「様式化された事実」であったと言っても良いかもしれない．これは逆に言えば，労働が資本に対して相対的に稀少である場合には，労働にレントが帰属する可能性も市場メカニズム自体は許容する事を意味している．実際に，稀少性の強いある種の知識労働者や技能労働者などが莫大な高収入を得ている現実を現代社会においても見出す事ができる[3)]．

生産手段の不均等私的所有が隠れた重要なファクターである事は，資本財所有が均等化された仮想的市場経済を考えれば，レオンチェフ生産技術体系の下であれ，正の利潤が存在しつつも労働の搾取が存在しないケースが生じ得る事に容易に気付く筈である．なぜならば，この仮想的市場経済では全ての雇用労働者は均等な資本財ストックをも所有しているからであ

2)　ここでいう「恒常的」とは，長期的な傾向としての意味で使っており，いわゆる景気循環の短期的局面における過剰人口の枯渇の可能性を排除するものではない事に注意すべきであろう．

3)　マルクス経済学では，にも拘らず資本の労働に対する長期的な相対的稀少性が，いわゆる産業予備軍のメカニズムによって保証され得ると位置づけているものの，このいわゆる「相対的過剰人口の累積的蓄積」論が資本主義経済の長期的傾向として一般化できるか否かについては，資本蓄積理論の本格的研究を要する．

る．従って，彼等の所得の源泉は賃金と利潤収入の2つからなり，そのようにして増加した所得の下で購入する消費財ベクトルの生産に要する労働投入量が労働1単位に相当するケースが生じ得るであろう．マルクスの基本定理を考察する際の資本主義経済モデルでは，資本財は全て資本家たちに独占的に所有されており，労働者たちは労働力以外何も所有しないという前提であったが故に，こうした可能性の考察がオミットされていたのである．

では，改めて，利潤源泉論とは別の意味での，資本主義経済の特徴を説明する上での労働搾取概念の有効性は存在するだろうか？　マルクスの基本定理の論脈では，残念ながら，労働搾取概念とは生産要素としての労働の技術的に効率的利用についての条件と解釈するのが妥当とされてしまったが，本来の労働搾取概念の意図は，何らかの意味での不公正(unjust)な資源配分を表す指標(Index)として機能することである．すなわち，労働搾取の存在とは，資本主義経済における何らかの意味での不公正な資源配分(unjust allocation)の存在を反映するべき性質を持っているべきなのであり，そのような性質を有さないとすれば，労働搾取概念に資本主義経済体制批判としての機能を期待する事は不可能である．この問題を探求したものと位置づけられるのが，ジョン・ローマー[Roemer(1982)]による「搾取と階級の一般理論」である．

Roemer(1982; 1982a; 1986)による「搾取と階級の一般理論」は，個々人の階級分化を通じて，資本主義経済における好機(advantage)に対する機会の不平等を評価する為に，労働搾取の概念が一定の程度で有効である事を明らかにしたものである．個人が当該社会においていかなる階級に属しているか，あるいは属する可能性があるかという事は，その個人に開かれている様々な生き方の選択及びその実現の為の実質的機会の大きさを規定する．そして，その大きさはその個人に開かれている人生の豊かさを規定するものである．資本主義社会は，人々を様々な階級に分解する事によって，仮に人々の間に才能や努力の違いがほとんど問題にならない環境においてさえ，この実質的機会の不均等を生み出す可能性を持っているが，その場合に誰が不遇な状態におかれているかを，マルクスの意味で搾取された個人であるか，搾取する個人であるかという事の確認を通じて一定，評価できる．これがローマーの「搾取と階級の一般理論」が明らかにした事である[4]．その議論を要約すれば，全ての個人がその所得と余暇に関する選好においても労働能力においても同一の特性を持った資本主義経済において，個々人の市場における最適化行動の結果として，階級分化という事態が生じ，その際に，労働者階級に属する個人はマルクスの搾取概念に基づけば，被搾取者であり，資本家階級に属する個人は搾取者である事が示される．つまり，搾取関係と階級関係の対応性が市場均衡の一つの特徴として内生的に説明される事を論じている．さらに，この対応関係が導出される為の必要十分条件が，人々のある尤もらしい消費選好を前提にする限り，物的資本財の不均等な私的所有状態である事を明らかにしている．これらの命題は，マルクス主義的な命題を当為と見なす人々にとっては当たり前の事を言っているだけのように聞こえるだろうが，標準的な現代経済学における一般均衡フレームワークの中で，こうした命題が数理的手法に基づいて，理論的に証明されてこそ，それらの命題も現代の社会科学理論としての生命力を維持できると言えよう．

5.1　基本的生産経済モデルと再生産可能解

以下，前提する経済モデルは，その生産技術条件などに関しては 2.1 節のモデルと全く同一であるとしよう．すなわち，n 種類の私的財が存在していて，それは $\mathbf{R}_+ \times \mathbf{R}^n_- \times \mathbf{R}^n_+$ における閉凸錘(closed convex-cone)集合である生産可能性集合 P の下で生産される．この P は，2.1 節と同様に A1, A2, 及び A3 を満たし，$\mathbf{0} \in P$ である．

他方，当該社会の人口は集合 N からなり，この人口の任意の構成員 $\nu \in N$ は一般に，非負の財初期賦存ベクトル $\boldsymbol{\omega}^\nu \in \mathbf{R}^n_+$ と 1 労働日に 1 単位の労働を提供する能力(労働力)を有している．個々人の間で労働能力と消費選好に関する差異は存在しないものの，財初期賦存の私的所有に関して

4)　ローマー自身のマルクス派搾取理論に対する近年の評価はもう少し悲観的なものである様に思える．例えば，Roemer(1985; 1988; 1994, Part I; 1996)等を参照の事．

は，一般に個人間で格差が存在する可能性があり，ある個人たちは財の初期賦存が $\mathbf{0}\in\mathbf{R}^n_+$ である可能性も排除していない．社会全体での財の初期賦存量は依然として，$\boldsymbol{\omega}\equiv\sum_{\nu\in N}\boldsymbol{\omega}^\nu$ であり，その私的所有状態は $(\boldsymbol{\omega}^\nu)_{\nu\in N}$ である．

さらに，2.1 節と同様に，任意の個人 $\nu\in N$ は 1 労働日に 1 単位の労働を提供する為には，少なくとも $\mathbf{b}\in\mathbf{R}^n_+$ の消費財ベクトルを消費する必要があると仮定する．すなわち，1 日 1 単位労働を行使する為の労働力を再生産する為には，最低限 $\mathbf{b}\in\mathbf{R}^n_+$ の消費財ベクトルを購入できるだけの所得が確保されなければならない．以上より，**一つの資本主義経済**(a capitalist economy)は，この節ではリスト $\langle N;(P,\mathbf{b});(\boldsymbol{\omega}^\nu)_{\nu\in N}\rangle$ で表される．

このように定義された資本主義経済において，全ての個人は等しく当該社会の生産技術 P に直面しているが，彼等の所有する資本財初期賦存の貨幣価値額は異なり得る．その様な環境において，任意の個人 $\nu\in N$ は第 2 章のモデルと異なり，以下の様な 3 つの形態で経済活動に参加する可能性を持っている．一つは，彼の所有する資本ストックを使って自ら働いて生産するという活動である．その様な形での生産活動水準を

$$\boldsymbol{\alpha}^\nu=(-\alpha_0^\nu,-\underline{\boldsymbol{\alpha}}^\nu,\overline{\boldsymbol{\alpha}}^\nu)\in P \tag{5.1}$$

で表す事にする．第二に，彼は自分の所有する資本ストックを使って，他人の労働を雇用して生産活動に関与するという可能性がある．その様な形での生産活動水準を

$$\boldsymbol{\beta}^\nu=\left(-\beta_0^\nu,-\underline{\boldsymbol{\beta}}^\nu,\overline{\boldsymbol{\beta}}^\nu\right)\in P \tag{5.1a}$$

で表す事にする．最後に，彼は他人に雇われて，他人の資本ストックの下で労働する形で生産活動に関与する可能性がある．彼が他人に雇われている下での労働量を $\gamma_0^\nu\in[0,1]$ で表す事にする．任意の個人 $\nu\in N$ は，所与の市場価格体系 $(\mathbf{p},w)\in\mathbf{R}^{n+1}_+$ の下，自分の所有する資本ストックの貨幣価値額 $\mathbf{p}\boldsymbol{\omega}^\nu$ と 1 日 1 単位の労働賦存とをうまく上記の 3 つの形態の生産活動に配分して，自らの収入最大化を図ろうとするであろう．すなわち，任意の個人 $\nu\in N$ は，所与の市場価格体系 $(\mathbf{p},w)\in\mathbf{R}^{n+1}_+$ の下，以下の様な**予算制約下の収入最大化問題**(P2)

$$\max_{(\boldsymbol{\alpha}^\nu, \boldsymbol{\beta}^\nu, \gamma_0^\nu) \in P \times P \times [0,1]} \mathbf{p}\left(\overline{\boldsymbol{\alpha}}^\nu - \underline{\boldsymbol{\alpha}}^\nu\right) + \left[\mathbf{p}\left(\overline{\boldsymbol{\beta}}^\nu - \underline{\boldsymbol{\beta}}^\nu\right) - w\beta_0^\nu\right] + w\gamma_0^\nu \qquad \text{(P2)}$$

$$\text{s.t.} \quad \mathbf{p}\left(\underline{\boldsymbol{\alpha}}^\nu + \underline{\boldsymbol{\beta}}^\nu\right) \leq \mathbf{p}\boldsymbol{\omega}^\nu \equiv W^\nu, \quad \alpha_0^\nu + \gamma_0^\nu \leq 1,$$

の解となる様な経済活動計画 $(\boldsymbol{\alpha}^\nu, \boldsymbol{\beta}^\nu, \gamma_0^\nu) \in P \times P \times [0,1]$ を選択する[5)]．価格体系 $(\mathbf{p}, w)$ の下での問題(P2)の解の集合を，$\mathrm{A}^\nu(\mathbf{p}, w)$ で表す事とする．

以下では，以下のような記号を適時，用いる：

$$\hat{\boldsymbol{\alpha}} \equiv \sum_{\nu \in N} \overline{\boldsymbol{\alpha}}^\nu - \sum_{\nu \in N} \underline{\boldsymbol{\alpha}}^\nu \quad \& \quad \alpha_0 \equiv \sum_{\nu \in N} \alpha_0^\nu;$$

$$\hat{\boldsymbol{\beta}} \equiv \sum_{\nu \in N} \overline{\boldsymbol{\beta}}^\nu - \sum_{\nu \in N} \underline{\boldsymbol{\beta}}^\nu \quad \& \quad \beta_0 \equiv \sum_{\nu \in N} \beta_0^\nu;$$

$$\underline{\boldsymbol{\alpha}} \equiv \sum_{\nu \in N} \underline{\boldsymbol{\alpha}}^\nu \quad \& \quad \underline{\boldsymbol{\beta}} \equiv \sum_{\nu \in N} \underline{\boldsymbol{\beta}}^\nu \quad \& \quad \gamma_0 \equiv \sum_{\nu \in N} \gamma_0^\nu.$$

この経済における均衡概念は以下の様に定義される：

定義 5.1[Roemer(1982, Chapter 5)]：任意の資本主義経済 $\langle N; (P, \mathbf{b}); (\boldsymbol{\omega}^\nu)_{\nu \in N} \rangle$ に対して，あるプロフィール $\left((\mathbf{p}, w), (\boldsymbol{\alpha}^\nu, \boldsymbol{\beta}^\nu, \gamma_0^\nu)_{\nu \in N}\right) \in \mathbf{R}_+^{n+1} \times (P \times P \times [0,1])^{\# N}$ が一つの**再生産可能解**(a reproducible solution)と呼ばれるのは，それが以下の条件を満たすとき，そのときのみである：

(a) $\forall \nu \in N$，$(\boldsymbol{\alpha}^\nu, \boldsymbol{\beta}^\nu, \gamma_0^\nu) \in \mathrm{A}^\nu(\mathbf{p}, w)$（収入最大化条件）;

(b) $\hat{\boldsymbol{\alpha}} + \hat{\boldsymbol{\beta}} \geq (\alpha_0 + \beta_0)\,\mathbf{b}$（再生産可能条件）;

(c) $\beta_0 \leq \gamma_0$（労働市場均衡条件）; &

(d) $\underline{\boldsymbol{\alpha}} + \underline{\boldsymbol{\beta}} \leq \boldsymbol{\omega}$（社会的実行可能性条件）.

定義の各条件の意味は，2.2 節の定義 2.1 で与えた再生産可能解の説明と基本的には同じである．定義 2.1 では条件(a)の意味が資本家の利潤最大化の実現であったが，ここでは単なる経済主体の収入最大化となっている事に注意せよ．しかしいずれにせよ，集合 N に属する経済主体の制約下での最適化の実現が再生産可能解の条件である事に変わりはない．

5) すなわち，この経済では全ての個人は余暇への選好を持たない．

他方，条件(c)が，集合 N の外部から労働を雇用するという形式であった定義 2.1 の再生産可能解と異なり，ここでは集合 N の内部の中で雇用労働をうまく調達しなければならない．ここで不等式 $\beta_0 \leq \gamma_0$ が成立しているのは，賃金率が $w \geq \mathbf{pb}$ を満たしている場合に限る事に注意すべきである．もし，$w < \mathbf{pb}$ の場合には，誰も雇用された下で労働を供給しようとは思わないので $\gamma_0 = 0$ となる．他方，雇用するサイドは，賃金率が低下しているので，β_0 の値をより増やすであろう．従って，$w < \mathbf{pb}$ の場合には労働市場均衡条件が成立しなくなるのである．

5.2　階級-富対応関係

以下では，経済は再生産可能解の下にあると想定する．ローマーは資本主義経済における階級構成をモデル化するに当たって，各個人が再生産可能解の下で選択する生産活動 $(\boldsymbol{\alpha}^{\nu}, \boldsymbol{\beta}^{\nu}, \gamma_0^{\nu})$ に注目した．すなわち，均衡状態において，自分の労働を他人に売る事無く，他人の労働を雇用して生産活動に関与する個人の集団を資本家階級，逆に他人の労働を雇用する事無く，また，専ら自分の労働が他人に雇用される事によって生産に関わる個人の集団を労働者階級，自営，すなわち，自分の労働と自分の所有資本だけで生産を行う個人の集団を小市民階層，等々と見なし，それを以下の様に形式化した．

定義 5.2[Roemer(1982)]：任意の資本主義経済 $\langle N; (P, \mathbf{b}); (\boldsymbol{\omega}^{\nu})_{\nu \in N} \rangle$ が，正の利潤率の伴う再生産可能解 $\left((\mathbf{p}, w), (\boldsymbol{\alpha}^{\nu}, \boldsymbol{\beta}^{\nu}, \gamma_0^{\nu})_{\nu \in N}\right)$ の下にあるとしよう．このとき，資本主義社会における階級構造は，集合 N の直和分割として定義される以下の 4 つの部分集合 C^H, C^{PB}, C^S, C^P によって与えられる：

$$\nu \in C^H \Leftrightarrow (+,+,0) \in \mathrm{A}^{\nu}(\mathbf{p}, w);$$
$$\nu \in C^{PB} \Leftrightarrow (+,0,0) \in \mathrm{A}^{\nu}(\mathbf{p}, w) \setminus (+,+,0), (+,0,+);$$
$$\nu \in C^S \Leftrightarrow (+,0,+) \in \mathrm{A}^{\nu}(\mathbf{p}, w);$$
$$\nu \in C^P \Leftrightarrow (0,0,+) \in \mathrm{A}^{\nu}(\mathbf{p}, w) \quad \text{if} \quad \nu \in N \text{ is employed.}$$

但し，$(+, +, 0)$ は $\alpha_0^\nu>0$, $\beta_0^\nu>0$, $\gamma_0^\nu=0$ と読む．他も同様．

ここで，集合 C^H に属する諸個人は資本家階級に属する，と解釈するに相応しい．なぜならば，彼等は再生産可能解において自分の所有する資本を生かして自分で働くのみならず，他者を雇用して働かせて生産活動に関与しているからである．他方，集合 C^{PB} に属する諸個人は中産階級に属する，と解釈するに相応しい．なぜならば，彼等は再生産可能解において自分の所有する資本を生かして専ら自分で働くという自営業者として，生産活動に関与しているからである．また，集合 C^S に属する諸個人は兼業労働者階級に属する，と解釈するに相応しい．なぜならば，彼等は再生産可能解において自己所有資本の下で自己労働する以外に，他者に雇用されてその指揮下で労働するという形態で生産活動に従事しているからである．最後に集合 C^P に属する諸個人は労働者階級に属する，と解釈するに相応しい．なぜならば，彼等は再生産可能解において，専ら他者に雇用されてその指揮下で労働するという形態で生産活動に従事しているからである．ここで C^P の定義のときだけ，“if $\nu \in N$ is employed” の条件が付くのは，このタイプの個人は労働市場の状態によっては，全く雇用される時間がゼロとなる可能性も排除し得ないからである．しかしながら，そのような意味での「完全失業者」であっても，彼がもし少しでも雇用される機会を見出すならば，やはり収入最大化の為に雇用労働者として働くであろう．その意味で，「完全失業者」も労働者階級に所属すると解釈するのが自然である．

以下では，定義 5.2 で与えられた資本主義社会における階級構成が，資本財の貨幣価値額，すなわち富の不均等初期賦存ゆえに，再生産可能解において人々の合理的意思決定の結果として再生産されるメカニズムを見ていく．議論の見通しやすさの為に，第 2 章でしばしば用いた 2 財のレオンチェフ生産経済を再び想定する．

図 5.1 は図 3.1 までと同様のレオンチェフ生産経済を描いている．この図の縦軸の原点からの長さは，再生産可能解における個々人の所得水準を表す事が可能である事に気付かれたい．今，労働の賃金率を前章と

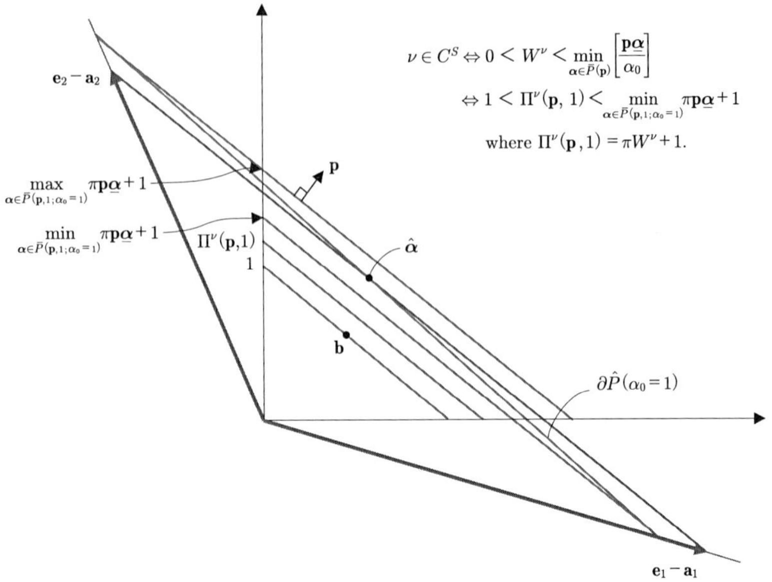

図 **5.1**　再生産可能解における各個人の収入水準の決定

同様に 1 であると仮定し，再生産可能解の下での当該経済の均等利潤率が $\pi>0$ で与えられているとしよう．また，再生産可能解の定義 5.1-(c) は等号で成立している——すなわち，労働市場は完全雇用で均衡している——と仮定しよう．すると，1 単位の労働賦存と非負の資本財初期賦存 $\boldsymbol{\omega}^\nu \in \mathbf{R}^n_+$ とを持つ任意の個人 $\nu \in N$ が，再生産可能解の価格体系 $(\mathbf{p}, 1)$ の下で獲得できる収入の最大値は $\Pi^\nu(\mathbf{p}, 1) \equiv \pi W^\nu + 1$（但し，$W^\nu \equiv \mathbf{p}\boldsymbol{\omega}^\nu$）となる[6)]．収入 1 の所得曲線は点 $\mathbf{b}$ を通る $B(\mathbf{p}, 1)$ であった．この曲線と図 5.1 の縦軸との交点がちょうど所得水準 1 を意味する．従って，もし

6)　この帰結は，完全雇用の想定が無い場合には，成立しない．すなわち，1 労働日を完全に失業する個人も存在する可能性があるのみならず，雇用機会を得ても，1 労働日をフルに稼働できる様な機会である保証もないからである．そうした失業，並びに半失業状態に陥るのは何よりもまず，資本所有量がゼロの個人であろう．また，資本所有量がゼロではない個人であっても，その資本額によって，自分の 1 労働日を完全に稼働させる事はできない場合には，やはり労働市場に参入して，雇用先を確保しなければならない．そして，ひとたび労働市場に参入すれば，そこで働き口をどの程度の時間，確保できるかは，確定的ではないだろう．しかしこうした完全失業，半失業状態の個人たちも，仮に 1 労働日を完全に働く機会が得られれば，そうしたであろうから，その意味で彼等の最適化の結果としての全収入を，あたかも完全雇用であるかの如き状態を仮想的に設定して計算する事は，我々の本節での目的に基づけば，妥当と言える．

$W^{\nu}>0$ の個人であれば，直線 $B(\mathbf{p},1)$ と平行な，しかしその上方に位置する直線として，彼の所得曲線 $B(\mathbf{p},\Pi^{\nu}(\mathbf{p},1))$ を描く事ができ，それと図5.1の縦軸との交点が彼の所得水準 $\Pi^{\nu}(\mathbf{p},1)>1$ を表すものとなる．明らかに，諸個人の所得の違いは縦軸でのその高さの違いとして表され，その違いは所有する資本財価値額 W^{ν} の大きさを反映している．

ところで，第4章において，再生産可能解の価格体系 $(\mathbf{p},1)$ の下で最大利潤率 $\pi>0$ を保証する生産計画の集合は，$\overline{P}(\mathbf{p},1)\subseteq P$ で表していた．幸いにして，レオンチェフ経済体系を前提する限り，$\overline{P}(\mathbf{p},1)=\partial P$ である．すなわち，レオンチェフ経済体系における再生産可能解の価格体系 $(\mathbf{p},1)$ はフロベニウス正固有ベクトルとして決まるので，全ての生産活動が均等利潤率を保証するのであった．この集合 $\overline{P}(\mathbf{p},1)$ のうち，直接労働投入が1に相当する生産計画を集めた部分集合を $\overline{P}(\mathbf{p},1{:}\alpha_0=1)\equiv\left\{\boldsymbol{\alpha}\in\overline{P}(\mathbf{p},1)\,|\alpha_0=1\right\}$ としよう．これはレオンチェフ経済体系の下では $\partial\hat{P}_{(A,L)}(\alpha_0=1)$ に属する純産出ベクトルを生産する生産計画の集合と一致する．この様にして定義された $\overline{P}(\mathbf{p},1{:}\alpha_0=1)$ の各生産計画 $\boldsymbol{\alpha}=(-1,-\underline{\boldsymbol{\alpha}},\overline{\boldsymbol{\alpha}})\in\overline{P}(\mathbf{p},1{:}\alpha_0=1)$ に対応して，価値額 $\pi\mathbf{p}\underline{\boldsymbol{\alpha}}$ が一意に定まる．従って，価値額 $\pi\mathbf{p}\underline{\boldsymbol{\alpha}}$ が最小になる生産計画と最大になる生産計画とが存在する．図5.1で描かれるレオンチェフ生産体系の場合，$\pi\mathbf{p}\underline{\boldsymbol{\alpha}}$ が最小になる生産計画はベクトル線分 $(\mathbf{e}_1-\mathbf{a}_1)$ と直線 $\partial\hat{P}_{(A,L)}(\alpha_0=1)$ との交点をちょうど純生産するものである．同様に，$\pi\mathbf{p}\underline{\boldsymbol{\alpha}}$ が最大になる生産計画は，ベクトル線分 $(\mathbf{e}_2-\mathbf{a}_2)$ と直線 $\partial\hat{P}_{(A,L)}(\alpha_0=1)$ との交点をちょうど純生産するものである．図5.1より明らかに，$\pi\mathbf{p}\underline{\boldsymbol{\alpha}}$ が最小になる生産計画は純産出 $\eta(\mathbf{e}_1-\mathbf{a}_1)$ に帰結し（但し，$0<\eta<1$），$\pi\mathbf{p}\underline{\boldsymbol{\alpha}}$ が最大になる生産計画は純産出 $\eta'(\mathbf{e}_2-\mathbf{a}_2)$ に帰結する（但し，$\eta'>1$）．

ここで，再生産可能解の価格体系 $(\mathbf{p},1)$ の下で獲得できる収入の最大値 $\Pi^{\nu}(\mathbf{p},1)$ が，

$$1<\Pi^{\nu}(\mathbf{p},1)<\min_{\overline{P}(\mathbf{p},1:\alpha_0=1)}\pi\mathbf{p}\underline{\boldsymbol{\alpha}}+1 \qquad (5.2)$$

である任意の個人 $\nu\in N$ の生産活動について見てみよう．彼は所得が1より大きいので，何らかの大きさの価値額のある資本財を所有している．し

かしその富の大きさは十分なものではなく，労働1単位投入に比して最も資本投入額が小さくて済む生産計画である $\arg\min_{\overline{P}(\mathbf{p},1:\alpha_0=1)} \mathbf{p}\underline{\boldsymbol{\alpha}}$ を採用しても尚，労働1単位を使い切る事ができない程度のものでしかない．つまり，彼は自分の資本 W^{ν} でもって自分の1日1単位労働量を完全雇用することすらできない．従って，労働供給によって得られる賃金収入を最大化するためには，彼は余った労働時間を他者に雇ってもらって，その指揮下で働くしかないのである．こうして彼は収入最大化行動の結果，最善でも $(+,0,+)\in \mathrm{A}^{\nu}(\mathbf{p},1)$ という形態で活動するしかない．つまり $\nu\in C^S$ である．つまり(5.2)式の成立する様な所得水準の個人は全て兼業労働者階級に属する事が帰結するが，この様な所得水準の個人の初期賦存の資本価値額の大きさは

$$0 < W^{\nu} < \min_{\boldsymbol{\alpha}\in\overline{P}(\mathbf{p},1:\alpha_0=1)} \left[\frac{\mathbf{p}\underline{\boldsymbol{\alpha}}}{\alpha_0}\right] \tag{5.2a}$$

となる事を確認できる．それは(5.2)式の変形によって容易に導く事ができる．

次に，再生産可能解の価格体系 $(\mathbf{p},1)$ の下で獲得できる収入の最大値 $\Pi^{\nu}(\mathbf{p},1)$ が，

$$\min_{\overline{P}(\mathbf{p},1:\alpha_0=1)} \pi\mathbf{p}\underline{\boldsymbol{\alpha}}+1 \leq \Pi^{\nu}(\mathbf{p},1) \leq \max_{\overline{P}(\mathbf{p},1:\alpha_0=1)} \pi\mathbf{p}\underline{\boldsymbol{\alpha}}+1 \tag{5.3}$$

である任意の個人 $\nu\in N$ の生産活動について見てみよう．彼の場合，対応する所有資本価値額の大きさは

$$\min_{\boldsymbol{\alpha}\in\overline{P}(\mathbf{p},1:\alpha_0=1)} \left[\frac{\mathbf{p}\underline{\boldsymbol{\alpha}}}{\alpha_0}\right] \leq W^{\nu} \leq \max_{\boldsymbol{\alpha}\in\overline{P}(\mathbf{p},1:\alpha_0=1)} \left[\frac{\mathbf{p}\underline{\boldsymbol{\alpha}}}{\alpha_0}\right] \tag{5.3a}$$

である．$\alpha_0=1$ である事を考慮すれば，上の不等式が意味する事は，彼は適当な生産計画を選ぶ事で，ちょうど彼自身の労働1単位を完全雇用する事ができる事を意味する．そのことによって，彼は労働による賃金収入を最大化できるし，また，その結果としてそれ以上の労働を雇用するだけの資本を有してはいない．すなわち，彼は収入最大化行動の結果，最善で $(+,0,0)\in \mathrm{A}^{\nu}(\mathbf{p},w)\setminus(+,+,0),(+,0,+)$ という形態で活動する．つま

り $\nu \in C^{PB}$ である．

また，再生産可能解の価格体系 $(\mathbf{p}, 1)$ の下で獲得できる収入の最大値 $\Pi^{\nu}(\mathbf{p}, 1)$ が，

$$\max_{\overline{P}(\mathbf{p},1:\alpha_0=1)} \pi\mathbf{p}\underline{\boldsymbol{\alpha}}+1 < \Pi^{\nu}(\mathbf{p}, 1) \tag{5.4}$$

である任意の個人 $\nu \in N$ はどうなるであろうか？　彼の場合は，富の大きさはかなりのものであって，労働 1 単位投入に比して最も資本投入額が大きくなる生産計画である $\arg \max_{\overline{P}(\mathbf{p},1:\alpha_0=1)} \mathbf{p}\underline{\boldsymbol{\alpha}}$ を採用しても尚，労働 1 単位の雇用のみでは資本を完全稼働できない．従って，労働収入の最大化の為に，自己労働を自分の資本で雇用しつつも，資本利潤の収入最大化のためには，資本を完全稼働するまで他人を雇用して労働させるしかない．つまり彼は，収入最大化の結果として $(+,+,0) \in \mathrm{A}^{\nu}(\mathbf{p}, w)$ となる．すなわち，$\nu \in C^{H}$ である．この場合，彼の富の大きさは(5. 4)式を変形する事より以下の様になる：

$$\max_{\boldsymbol{\alpha} \in \overline{P}(\mathbf{p},1:\alpha_0=1)} \left[\frac{\mathbf{p}\underline{\boldsymbol{\alpha}}}{\alpha_0}\right] < W^{\nu}. \tag{5.4a}$$

最後に $W^{\nu}=0$ の個人は，明らかに $(0,0,+) \in \mathrm{A}^{\nu}(\mathbf{p}, w)$ によって収入の最善化を得るしかない．つまり，$\nu \in C^{P}$ である．

このようにして，我々はレオンチェフ経済体系を仮定した下で，図 5. 2 を導く事ができるのである．他方，一般的な定理としては，以下の結論を導く事ができる：

定理 5. 1 [Roemer (1982)] (Class-Wealth Correspondence)：任意の資本主義経済 $\langle N; (P, \mathbf{b}); (\boldsymbol{\omega}^{\nu})_{\nu \in N}\rangle$ において，その生産技術体系が A1, A2, A3 を満たすとしよう．この経済が，正の利潤の伴う再生産可能解 $\big((\mathbf{p}, 1), (\boldsymbol{\alpha}^{\nu}, \boldsymbol{\beta}^{\nu}, \gamma_0^{\nu})_{\nu \in N}\big)$ の下にあるとしよう．このとき，

$\nu \in C^{H} \Leftrightarrow$ (5. 4a)；　$\nu \in C^{PB} \Leftrightarrow$ (5. 3a)；　$\nu \in C^{S} \Leftrightarrow$ (5. 2a)；　&
$\nu \in C^{P} \Leftrightarrow W^{\nu} = 0$.

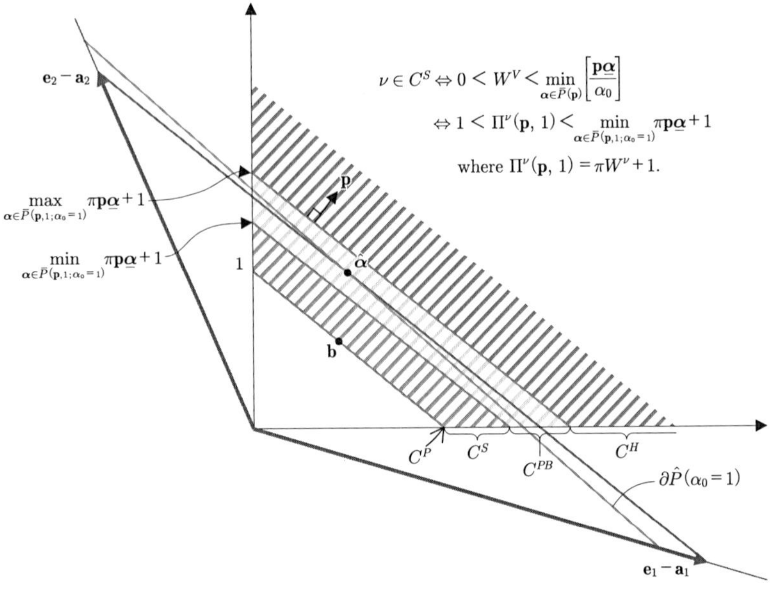

図 **5.2**　階級-富対応関係

前述した様に，図 5.2 の縦軸の位置は所得水準を表している．そして所得の大きさはそのままその個人の所有する資本価値額=富の大きさに比例している．従って，図 5.2 が示しているのは，レオンチェフ経済体系を仮定した下での，まさに定理 5.1 が主張する階級-富の対応関係である．つまり最も富の水準の高い個人たちが，収入最大化の結果として，資本家階級を構成し，順次，所有する富の大きさに基づいて，中産階級，兼業労働者階級が構成されるのである．そして，マルクスが主張した様に，富が無所有の個人たちが労働者階級を構成する．

ここで注目すべきは，いずれの個人も経済活動における合理的選択の結果として，それぞれの所属先の階級が決まっているものの，その選択のプロセスにおける機会の大きさには大きな違いがあるという点である．資本家階級 C^H に属する個人は，それ以外にも，自営業者として活動する事も可能であるし，兼業労働者や，プロレタリアートそのものとして活動する事も可能である．その上で，収入最大化の結果として資本家になっているのであって，それ以外の生き方が不可能であったというわけではない．

他方，労働者階級 C^P に属する諸個人は，それしか選択肢が無かったという人々である．資本家や自営業者として生きる事も可能であったが，責任の重い経済生活を嫌って気楽なプロレタリアートの道を選んだ，というわけでは決してない．資本主義社会における人々の階級分解とは，こうした人生選択における機会の不均等の存在の下で生じ得る事を，上記の定理 5.1 は含意している．特にそうした機会の不均等は，仮に能力に関する人々の間の格差がそれほど有意でないような経済環境であっても，資産の格差さえあれば直ちに生じてしまう事，その結果として階級分解とその世代を超えた再生産のメカニズムが容易に成立してしまう事を，含意している．

5.3　富-搾取対応関係

引き続き，正の利潤率の伴う再生産可能解の下に経済があるとしよう．ここで，労働搾取の観点から，人々を搾取者と被搾取者とに分類し，そうした搾取関係と富の不均等所有関係について，以下では論じる事にしたい．

この課題を論じるには，労働搾取をどのように定式化するか，という問題が関わる．とりわけ，想定する経済モデルが一般的凸錐生産経済である場合には，第 4 章で見た様に，そもそもマルクスの基本定理を成立させる労働搾取の定式化は重要な論争的課題である．同様の事が，搾取と階級の一般理論を展開する場合にも関わってくるであろう．しかしながら，対象とするモデルをレオンチェフ経済体系に絞るならば，基本的に森嶋型の労働搾取の定式化で議論を進めても問題はない．なぜならば，第 4 章で紹介した松尾型労働搾取の定式にせよ，Roemer(1982, Chapter 5)型労働搾取の定式にせよ，いずれもレオンチェフ経済体系の下では，森嶋型定式に還元されるからである．また，定義 4.6 及び定義 4.7 のそれぞれの搾取の定式の下であっても，以下展開する，森嶋型労働搾取の定式に基づいた結果は全てそのまま成立する．従って，以下では，森嶋型の定式に絞って議論を展開する．

かくして，労働搾取者と労働被搾取者は以下の様に定義される：

定義 5.3[Roemer(1982, Chapter 4)]：任意の資本主義経済 $\langle N;(P,\mathbf{b});(\boldsymbol{\omega}^{\nu})_{\nu\in N}\rangle$ が，正の利潤率の伴う再生産可能解 $\left((\mathbf{p},1),(\boldsymbol{\alpha}^{\nu},\boldsymbol{\beta}^{\nu},\gamma_0^{\nu})_{\nu\in N}\right)$ の下にあるとしよう．このとき任意の個人 $\nu\in N$ に関して：

$$\nu \text{ は被搾取者である} \Leftrightarrow \max_{\mathbf{c}\in B(\mathbf{p},\Pi^{\nu}(\mathbf{p},1))} l.v.(\mathbf{c})<1;$$

$$\nu \text{ は搾取者である} \Leftrightarrow \min_{\mathbf{c}\in B(\mathbf{p},\Pi^{\nu}(\mathbf{p},1))} l.v.(\mathbf{c})>1.$$

すなわち，自分の所得で購入可能な消費財ベクトルのうち，その森嶋型労働価値が最も大きいものを選んだとしても，それが尚，1 単位労働に達しない個人は，当該資本主義経済において搾取されている，とされる．他方，自分の所得で購入可能な消費財ベクトルのうち，その森嶋型労働価値が最も小さいものを選んだとしても，それが尚，1 単位労働を超える個人は，当該資本主義経済において搾取している，とされる．いずれの個人も最大限 1 単位の労働を供給する形で当該経済の生産活動に関与している．しかしそうした関与の結果として受け取る所得で購入可能な財の生産に社会的に必要な労働投入量が彼の供給した労働量に及ばないならば，彼の提供労働の一部は彼自身の所得獲得の為ではなく，他の誰かの為に利用されている事を意味する．その意味で彼はその労働を搾取されている，と理解される．他方，彼の所得で購入可能な財の生産に社会的に必要な労働投入量が彼の供給した労働量を超過しているならば，彼の所得の一部は，彼以外の他の誰かの労働が投下された故に可能となったと言える．その意味で彼はその労働を搾取している，と理解される．

以上の労働搾取の定義は，置塩＝森嶋の搾取の定義を，賃金以外の収入源を持つ個人にも適用可能に拡張したものと言える．置塩＝森嶋型の搾取の定義 3.2 では，生産要素としての労働の技術的に効率的な利用としての解釈の余地が大きかったが，ローマー型の定義 5.3 の場合，供給労働と取得労働との格差として定義される事によって，労働配分と成果配分の間の不均等としての搾取関係の構造がより見通しやすいものとなってい

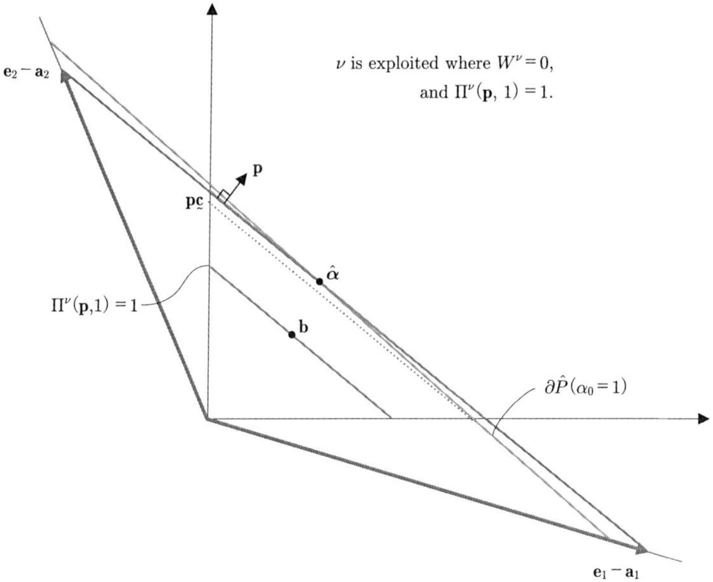

図 **5. 3**　$\Pi^{\nu}(\mathbf{p}, 1)=1$ の個人は被搾取者である

る．また，定義 5.3 の場合，搾取の定義に際して諸個人の消費財ベクトルに依存する形式にはなっていない．諸個人がいかなる消費財ベクトルを実際に購入・消費するかに関わり無く，被搾取者の取得労働は彼の所得の下で獲得可能な最大労働量として，他方，搾取者の取得労働は彼の所得の下で獲得可能な最小労働量として定義されている．

以上の考察の下で富の所有関係と搾取関係の対応性について見てみよう．最初に労働価値額がちょうど 1 単位労働となる様な非負消費財ベクトルについて考えてみよう．その様な消費財ベクトルは，それを純産出する為に社会的に要した労働投入量がちょうど 1 労働単位であったのだから，それは我々が幾何的に考察してきた 2 財レオンチェフ生産経済モデルにおける $\partial\hat{P}_{(A,L)}(\alpha_0{=}1)\cap\mathbf{R}^2_+$ に一致する．この集合 $\partial\hat{P}_{(A,L)}(\alpha_0{=}1)\cap\mathbf{R}^2_+$ に属する非負消費財ベクトルのうち，再生産可能解の価格体系 $(\mathbf{p}, 1)$ で評価して最も その価値額が低いものを $\underset{\sim}{\mathbf{c}}$ と記す．逆に，最もその価値額が高いものを $\tilde{\mathbf{c}}$ と記す．ベクトル $\underset{\sim}{\mathbf{c}}$ を価格 $\mathbf{p}$ で評価した価値額 $\mathbf{p}\underset{\sim}{\mathbf{c}}$ が図 5.3 の縦軸上の点として描くことができる．

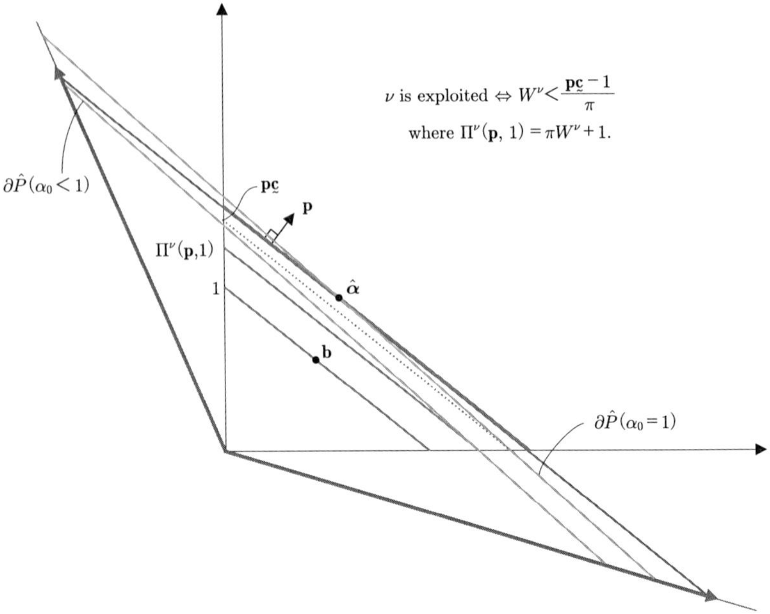

図 **5.4**　$1<\Pi^{\nu}(\mathbf{p},1)<\mathbf{p}\underset{\sim}{\mathbf{c}}$ となる個人も被搾取者

ここで，もしある個人の $\nu \in N$ の所得 $\Pi^{\nu}(\mathbf{p},1)$ が $\mathbf{p}\underset{\sim}{\mathbf{c}}$ の高さに及ばないのであれば，彼は自分の所得の範囲内でいかなる消費財ベクトルを選択しようとも，それを通じて獲得できる労働量は 1 に満たない事が解る．従って，彼は定義 7 に基づけば被搾取者であるということになる．図 5.3 では，$W^{\nu}=0$ の個人の所得水準 1 よりも価値額 $\mathbf{p}\underset{\sim}{\mathbf{c}}$ が高く描かれている．もしこの図の位置関係 $1<\mathbf{p}\underset{\sim}{\mathbf{c}}$ が正しいのであれば，$W^{\nu}=0$ の個人は確かに被搾取者であるという事になろう．また，図 5.4 では所得水準が 1 よりも大きいものの，$\mathbf{p}\underset{\sim}{\mathbf{c}}$ よりも低い個人が描かれている．彼もまた，被搾取者ということになる．

逆に図 5.5 が示すように，価値額 $\mathbf{p}\tilde{\mathbf{c}}$ よりも高い水準の所得を得ている個人は搾取者と言える．なぜならば，図 5.5 で示されている様に，予算曲線 $\mathbf{p}\tilde{\mathbf{c}}$ 上で選択可能な非負の消費財ベクトルの中で，最もその労働価値額が低いものが $\tilde{\mathbf{c}}$ になっているからだ．$\tilde{\mathbf{c}}$ の労働価値は 1 単位労働であったから，$\mathbf{p}\tilde{\mathbf{c}}$ よりも高い所得を得ている個人であれば，その所得を通じて

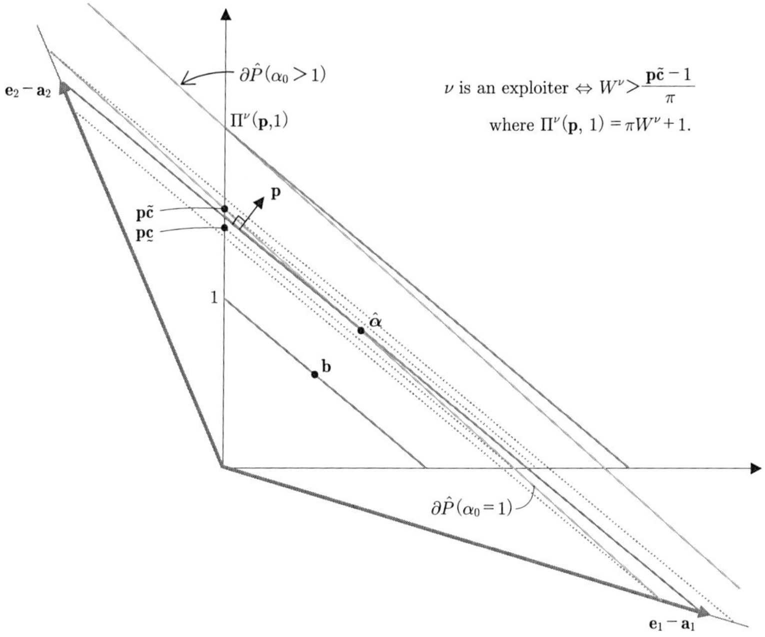

図 **5. 5**　$\Pi^\nu(\mathbf{p},1)>\mathbf{p}\tilde{\mathbf{c}}$ となる個人は搾取者

購入可能な消費財ベクトルの中で，労働価値額が最も低いベクトルを選んだとしても尚，その値は1よりも大きくなるからである．

この様にして見てくると，所得水準が $\mathbf{p}\underset{\sim}{\mathbf{c}}$ 未満の個人は全て被搾取者であることが解る．同様に，所得水準が $\mathbf{p}\tilde{\mathbf{c}}$ よりも高い個人は全て搾取者である事が解る．前節でも確認した様に，このモデルの経済では，所得の大小は資本の初期保有価値額(=富)の大小関係をそのまま反映しているから，以上の結果は，富のより大きい個人が搾取者となり，富のより小さい個人が被搾取者となる関係を意味している．以上を幾何的に表しているのが図5.6である．

また，以上の議論をまとめると以下の様な定理として整理できる：

定理 5. 2[Roemer(1982, Chapter 4)](Wealth-Exploitation Correspondence)：任意の資本主義経済 $\langle N;(P_{(A,L)},\mathbf{b});(\boldsymbol{\omega}^\nu)_{\nu\in N}\rangle$ において，その生産技術体系が A1′ と A2′ を満たすレオンチェフ体系として特徴付けられると

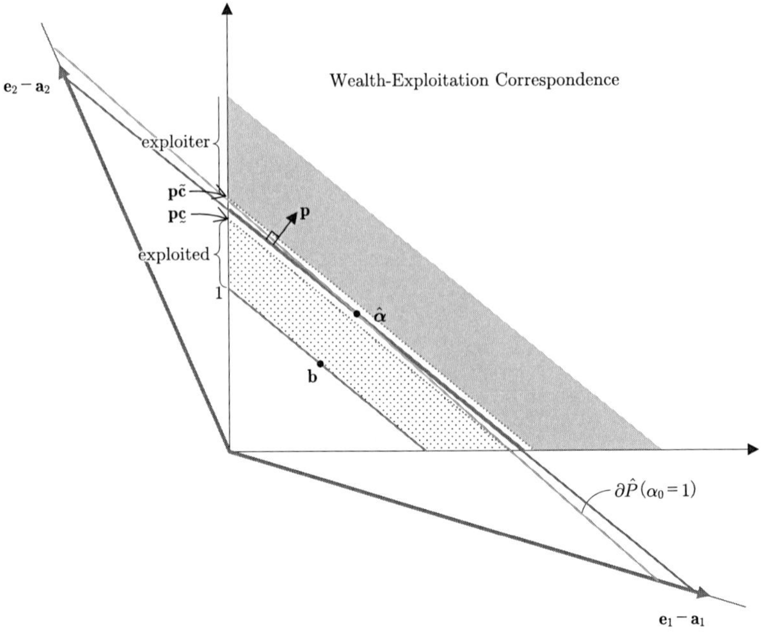

図 **5. 6**　富-搾取対応関係

しよう．この経済が，正の利潤率の伴う再生産可能解 $\big((\mathbf{p},1),(\boldsymbol{\alpha}^{\nu},\boldsymbol{\beta}^{\nu},\gamma_0^{\nu})_{\nu\in N}\big)$ の下にあるとしよう．このとき，

$$\nu\in N \text{ は被搾取者である} \Leftrightarrow W^{\nu}<(\mathbf{p}\underset{\sim}{\mathbf{c}}-1)/\pi;$$
$$\nu\in N \text{ は搾取者である} \Leftrightarrow W^{\nu}>(\mathbf{p}\tilde{\mathbf{c}}-1)/\pi.$$

ここで一般に $(\mathbf{p}\tilde{\mathbf{c}}-1)/\pi\geq(\mathbf{p}\underset{\sim}{\mathbf{c}}-1)/\pi$ である事から，人々の搾取関係における地位は，彼等の所有する富の大小関係をそのまま反映する事が明瞭である．すなわち，資本所有の不均等が十分に大きくて，ある個人たちは彼等の所有する富が $(\mathbf{p}\tilde{\mathbf{c}}-1)/\pi$ よりも大きく，また，他の個人たちは彼等の所有する富が $(\mathbf{p}\underset{\sim}{\mathbf{c}}-1)/\pi$ よりも小さくなっている，という格差関係が存在するとき，搾取-被搾取の関係も生成する事が，この定理によって明らかにされている．すなわち，搾取関係の存在は資本所有の不均等性によって生じる事が示されており，資本所有の不均等性が十分に大きくなく，全ての個人の富が $(\mathbf{p}\underset{\sim}{\mathbf{c}}-1)/\pi$ より以上で $(\mathbf{p}\tilde{\mathbf{c}}-1)/\pi$ より以下になる様な

より平等的な世界では，市場経済であっても搾取関係は生じないとも言えるのである．

こうした視角は，置塩＝森嶋のマルクスの基本定理に関する分析からは見出されなかったものである．置塩＝森嶋のモデルは，2 大階級モデルとなっており，富の無所有な労働者たちと富を独占的に所有する資本家たちだけからなる世界で搾取の問題を論じていた．そのため，富の所有制と搾取の存在との内生的関係が問われないままであった．従って富-搾取対応関係の定理が示す様な，搾取関係の存在の有無は富の不均等所有状態についての一つの指標であるという含意は，本章のローマーモデルにおいて初めて明らかにする事ができたのである．

5.4　階級-搾取対応原理

定理 5.1 と定理 5.2 の議論から，搾取関係と階級関係に関しても対応関係が見出される事が予想されよう．実際，資本家階級は搾取者から構成され，兼業労働者階級と労働者階級は被搾取者から構成される事を内生的に示す事ができる．これを**搾取-階級対応原理**と称し，以下の様にまとめられる：

定理 5.3［Roemer（1982,　Chapter　4）］（Class-Exploitation Correspondence Principle）：任意の資本主義経済 $\left\langle N; (P_{(A,L)}, \mathbf{b}); (\boldsymbol{\omega}^{\nu})_{\nu\in N}\right\rangle$ において，その生産技術体系が A1′ と A2′ を満たすレオンチェフ体系として特徴付けられるとしよう．この経済が，正の利潤率の伴う再生産可能解 $\left((\mathbf{p}, 1), (\boldsymbol{\alpha}^{\nu}, \boldsymbol{\beta}^{\nu}, \gamma_0^{\nu})_{\nu\in N}\right)$ の下にあるとしよう．このとき，

$$\nu \in C^H \Rightarrow \nu \in N \text{ は搾取者である;}$$
$$\nu \in C^S \cup C^P \Rightarrow \nu \in N \text{ は被搾取者である.}$$

定理 5.3 の証明：定理の証明は，図 5.7 を用いて幾何的に与えられ得る．図 5.7 は，図 5.2 と図 5.6 とを重ね合わせたものである．例えば資本家階級に属する任意の個人が搾取者である事を示す為には，

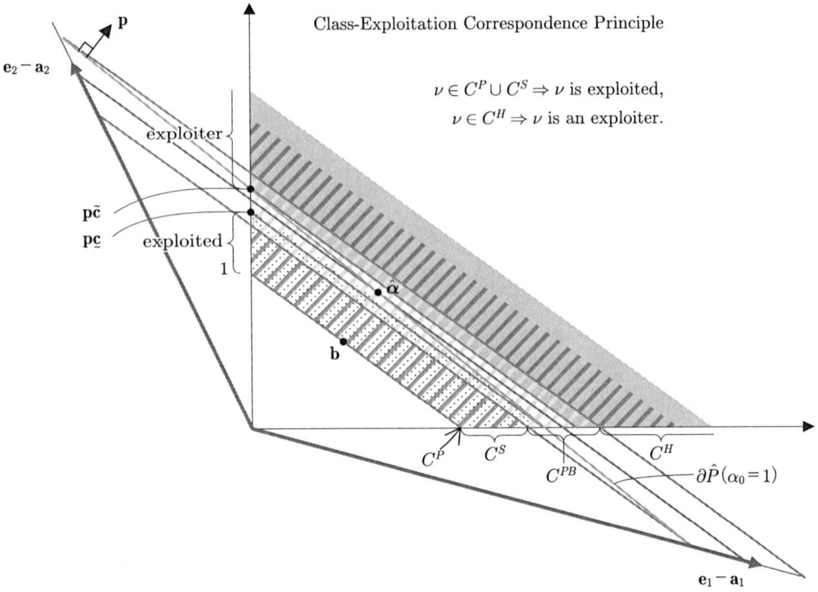

図 **5.7**　階級-搾取対応原理

$$\max_{\overline{P}(\mathbf{p},1:\alpha_0=1)} \pi\mathbf{p}\underline{\boldsymbol{\alpha}}+1 > \mathbf{p}\tilde{\mathbf{c}} \tag{5.5}$$

が普遍的に成立する事を示せれば十分である．(5.5)式の両辺のいずれも法線ベクトル $\mathbf{p}$ によって傾きが与えられた右下がりの直線であるから，この2つの直線が交差する可能性はない．$\max_{\overline{P}(\mathbf{p},1:\alpha_0=1)} \pi\mathbf{p}\underline{\boldsymbol{\alpha}}+1$ か $\mathbf{p}\tilde{\mathbf{c}}$ かのいずれかが大きいかもしくは等しいかを確定する事ができる．ところで $\max_{\overline{P}(\mathbf{p},1:\alpha_0=1)} \pi\mathbf{p}\underline{\boldsymbol{\alpha}}+1$ は直線 $\partial\hat{P}_{(A,L)}(\alpha_0=1)$ とベクトル $\eta'(\mathbf{e}_2-\mathbf{a}_2)$（但し，$\eta'>1$）との交点を通り，法線ベクトル $\mathbf{p}$ によって定まる直線と縦軸との交差点によってその大きさが表現される．すなわちそれは，ベクトル $\eta'(\mathbf{e}_2-\mathbf{a}_2)$ の価格 $\mathbf{p}$ による評価額であった．他方，$\mathbf{p}\tilde{\mathbf{c}}$ は直線 $\partial\hat{P}_{(A,L)}(\alpha_0=1)$ と縦軸との交差点によってその大きさが表現される．それはベクトル $\tilde{\mathbf{c}}$ の価格 $\mathbf{p}$ による評価額であった．ところで同じ右下がりの直線 $\partial\hat{P}_{(A,L)}(\alpha_0=1)$ 上の点でありながら，ベクトル $\eta'(\mathbf{e}_2-\mathbf{a}_2)$ が縦軸の左側に位置し，ベクトル $\tilde{\mathbf{c}}$ が縦軸上に位置する以上，同じ法線ベクト

ル $\mathbf{p}$ で評価すれば，$\eta'(\mathbf{e}_2-\mathbf{a}_2)$ がベクトル $\tilde{\mathbf{c}}$ より高い評価額になるのは幾何的性質上，明らかである．従って，(5.5)式が普遍的に成立する．

同様の議論は，兼業労働者及び労働者階級の個人が被搾取者である事を示す場合にも適用される．その場合は，

$$\min_{\overline{P}(\mathbf{p},1:\alpha_0=1)} \pi\mathbf{p}\underline{\boldsymbol{\alpha}}+1 < \mathbf{p}\underset{\sim}{\mathbf{c}} \tag{5.6}$$

を示せばよい．その証明は(5.5)式の証明方法にアナロジカルに行われる．　**Q.E.D.**

以上の定理 5.1, 5.2, 及び 5.3 より，富を豊かに所有する諸個人は資本家階級に属する搾取者となり，富の所有があまり豊かではない，ないしは無所有な諸個人は兼業労働者階級ないしは労働者階級に属する被搾取者となる社会関係が内生的に生成するのは，物的資本財の不均等な私的所有が存在するとき，そのときのみである事が明らかにされた．搾取関係と階級関係，及び富の所有関係とが鮮明に対応するのは，マルクス主義の想定する資本主義的世界像そのものであるわけで，この対応原理は，こうしたマルクス的資本主義の世界が，私的所有制の確立した市場経済における諸個人の合理的選択の均衡帰結として導出されるという意味で，安定性を有することを確証するものである．

そもそも，マルクス派にとって，階級–搾取対応原理が述べる事，すなわち資本家階級が搾取者階級であり，労働者階級が被搾取者階級である，という言明は，資本主義社会に関する公理そのものであって，他の諸公理から導出される様な定理として位置づけられる様なものではなかった．対して，階級–搾取対応原理の定理はマルクス派のこの「公理」の合理的基礎付けを与えるものとして位置づけられるのである．ここで想定した資本主義経済のモデルは，レオンチェフ生産体系という単純なモデルであるとは言え，基本的には極めて標準的な私的所有制の市場経済のモデルそのものである．その様な標準的な設定から，極めてマルクス主義的な資本主義世界像が内生的に導出され得る事を示した点にこれらの貢献の意義があると言える．

また，搾取者であるか被搾取者であるかという分類は，搾取-階級対応原理に基づけば，それぞれの個人の人生選択に関する実質的機会集合の不均等を意味するのである．すでに言及した様に，富の大きい搾取者は労働者としても自営業者としても生きる事は可能であるが，合理的意思決定の結果として資本家として生きる道を選んでいるのに対して，富を持たない被搾取者はそもそも労働者として生きる可能性しか選択肢にないのである．ここで，全ての個人は等しく収入最大化を目的に合理的に行動しているので，この2人の境遇の違いは彼等の間での主体的な努力の違い等に基づくものでない事は明瞭である．そして，富-階級対応関係の定理に基づけば，2人の実質的機会の不均等は富の初期保有の違いに起因している事が解る．現代的な分配的正義の観点から見れば，個人間の生き方の選択に関する機会集合の不均等が彼等の主体的努力の違いには基づかず，それ故に彼等の責任性を問う事ができない様なある客観的要因に基づく限り，その様な不均等をもたらす制度は正義の基準を満たさないと判断される[7)]．資本主義経済はまさにこの様な意味での不公正な社会的帰結をもたらし得る点に批判されるべきポイントがあり，上記の定理5.1, 5.2, 及び5.3はその問題を明らかにしたと位置づける事ができるのである．

5.5　一般的凸錘生産経済における「階級-搾取対応原理」の成立の困難性

前節までは，主にレオンチェフ経済体系を想定し，労働搾取の定式として森嶋型を採用した下で，Roemer(1982, Chapter 4)による階級-搾取対応原理の成立のメカニズムについて，説明してきた．これらの結果は，しかしながら，経済モデルをレオンチェフ体系からより一般的な凸錘生産経済に拡張するや，大きな変更を迫られる事になる．階級-搾取対応原理とは，資本主義経済が正の利潤を伴う再生産可能解の状態にあるときに，労

7)　この様な観点からの現代的分配的正義の議論として，Rawls(1971)，Dworkin(1981)，Sen(1980; 1985)，Arneson(1989)，Cohen(1989; 1993)等が挙げられる．彼等の哲学的議論を数理経済学的手法で検討した研究としてRoemer(1996)は有益である．

働者階級及び準労働者階級に属する諸個人は被搾取者となり，かつ，資本家階級に属する諸個人が搾取者になるという社会関係の内生的生成を説明するものである．他方，第 4 章で検討したように，一般的凸錘生産経済の下では，再生産可能解が正の利潤を伴いつつ，搾取率が非正となるというマルクスの基本定理への反例が，森嶋型搾取の定式の下でも Roemer (1982, Chapter 5) 型搾取の定式の下でも生じた．ここで，マルクスの基本定理の論脈における正の搾取率とは，本章において労働者階級 C^P が被搾取者となる事に他ならない．また，定義 5.3 より解る様に，そこでの被搾取者の定義は，マルクスの基本定理の論脈での正の搾取率の定義より，強い．定義 5.3 の意味で被搾取者となる労働者たちが被搾取者であれば，例えば，定義 4.2 の意味での搾取率は正となる．それは一般に

$$l.v.(\mathbf{b}) \leq \max_{\mathbf{c} \in B(\mathbf{p},1)} l.v.(\mathbf{c})$$

である事からも明らかである．マルクスの基本定理の論脈で，正の利潤の下で非正の搾取率となる，すなわち $l.v.(\mathbf{b}) \geq 1$ となれば，当然 $\max_{\mathbf{c} \in B(\mathbf{p},1)} l.v.(\mathbf{c}) \geq 1$ であるので，労働者階級に属する諸個人は被搾取者でなくなる．すなわち，第 4 章で検討した，一般的凸錘生産経済の下でのマルクスの基本定理への反例は，森嶋型労働搾取の前提の下での階級–搾取対応原理の不成立を意味するのである．

以上の議論を踏まえ，本節では改めて，経済モデルをレオンチェフ体系から一般的凸錘生産経済に拡張した場合の，代替的労働搾取の定式の下での階級–搾取対応原理の成立可能性について，検討してみたい．最初に，階級–搾取対応原理の論脈での，搾取者–被搾取者の定式について，森嶋型の定義は定義 5.3 で与えられているので，Roemer (1982, Chapter 5) 型と松尾型について，それぞれ定義を与える事としよう．以下の定義は，Roemer (1982, Chapter 5) 型の定式である：

定義 5.4 [Roemer (1982, Chapter 5)]：任意の資本主義経済 $\langle N; (P, \mathbf{b}); (\boldsymbol{\omega}^\nu)_{\nu \in N} \rangle$ が，正の利潤率の伴う再生産可能解 $((\mathbf{p}, 1), (\boldsymbol{\alpha}^\nu, \boldsymbol{\beta}^\nu, \gamma_0^\nu)_{\nu \in N})$ の下にあるとしよう．このとき任意の個人 $\nu \in N$ に関して：

$$\nu \text{ は被搾取者である} \Leftrightarrow \max_{\mathbf{c}\in B(\mathbf{p},\Pi^{\nu}(\mathbf{p},1))} l.v.(\mathbf{c};(\mathbf{p},1)) < 1;$$

$$\nu \text{ は搾取者である} \Leftrightarrow \min_{\mathbf{c}\in B(\mathbf{p},\Pi^{\nu}(\mathbf{p},1))} l.v.(\mathbf{c};(\mathbf{p},1)) > 1.$$

明らかに定義 5.4 の定義 5.3 との違いは，財ベクトルの労働価値の定義が価格依存的であるか否かにある．定義 5.3 の森嶋型は価格情報から独立的に財ベクトルの労働価値が決定されるのに対して，定義 5.4 の Roemer (1982, Chapter 5) 型では，再生産可能解の下での均衡価格情報に依存して，労働価値の値は変わり得る構造になっている．しかしながら，この 2 つの定義は，レオンチェフ経済体系の範囲内では同値である．それは，生産可能性集合がレオンチェフ体系の場合，$\overline{P}(\mathbf{p},1)=\partial P$ である事から，$\phi(\mathbf{c};(\mathbf{p},1))=\phi(\mathbf{c})$ となるからである．

次に，松尾型の労働価値の定式に基づいた，搾取者-被搾取者の定式は以下の様になろう．生産者たちの厚生関数として，任意に $u\in\mathfrak{U}$ を選ぶ．この厚生関数 u に関して，$\partial\hat{P}(\alpha_0=1)\cap\mathbf{R}^n_+$ 上での効用最大化消費財ベクトルを $\mathbf{c}^{\max}_u\in\partial\hat{P}(\alpha_0=1)\cap\mathbf{R}^n_+$ と記す．すなわち，これは各生産者が 1 単位労働供給によって純産出可能な消費財であって，彼等の厚生を最大化させる財ベクトルを意味する．このとき：

定義 5.5 [Yoshihara (2007)]：任意の資本主義経済 $\langle N;(P,\mathbf{b});(\boldsymbol{\omega}^{\nu})_{\nu\in N}\rangle$ が，正の利潤率の伴う再生産可能解 $\left((\mathbf{p},1),(\boldsymbol{\alpha}^{\nu},\boldsymbol{\beta}^{\nu},\gamma^{\nu}_0)_{\nu\in N}\right)$ の下にあるとしよう．このとき任意の個人 $\nu\in N$ に関して：

$$\nu \text{ は被搾取者である} \Leftrightarrow \Pi^{\nu}(\mathbf{p},1) < \mathbf{p}\mathbf{c}^{\max}_u;$$

$$\nu \text{ は搾取者である} \Leftrightarrow \Pi^{\nu}(\mathbf{p},1) > \mathbf{p}\mathbf{c}^{\max}_u.$$

なぜ，1 単位労働供給によって純産出可能な，厚生最大化消費財ベクトル $\mathbf{c}^{\max}_u$ よりも低い所得の個人を，松尾型労働搾取の定式の意味での被搾取者と呼べるのであろうか？　厚生関数 u の強単調性より，$\mathbf{c}^{\max}_u\in\partial S\hat{P}(\alpha_0=1)\cap\mathbf{R}^n_+$ が必ず従う．松尾型の搾取の定式に基づけば，レンマ 4.6 より，$\left[\hat{P}(\alpha_0=1)\cap\mathbf{R}^n_+\right]\setminus\left[\partial S\hat{P}(\alpha_0=1)\cap\mathbf{R}^n_+\right]$ に属する財ベクトルを消

費する個人は被搾取者と呼ぶに相応しい事になる．逆に言えば，松尾型労働搾取の定式の含意とは，もしこの個人が，1単位労働供給の結果，それによって純産出可能な，厚生最大化消費財ベクトル $\mathbf{c}_u^{\max}$ を購入して消費できないならば，その個人は被搾取者である．$\Pi^\nu(\mathbf{p},1)<\mathbf{p}\mathbf{c}_u^{\max}$ であるという事は，再生産可能解の下でこの個人は財ベクトル $\mathbf{c}_u^{\max}$ を購入できない事を意味するので，松尾型労働搾取の定式の含意より，この個人は被搾取者と呼ばれるべきである．

以上，2つの代替的な搾取者-被搾取者の定式それぞれに基づいて，一般的凸錘生産経済における階級-搾取対応原理の成立可能性を，以下の例を使って検証する：

例 5.1：以下のようなフォン・ノイマン経済体系を考える：

$$B=\begin{bmatrix} 5 & 3 & 9.8 & 0 \\ 5.25 & 4.5 & 0 & 5.25 \end{bmatrix},\quad A=\begin{bmatrix} 3.5 & 2 & 8 & 0 \\ 4.5 & 3 & 0 & 3.5 \end{bmatrix},$$

$$L=\begin{pmatrix} 0.75 & 1 & 0.6 & 1 \end{pmatrix},\quad \mathbf{b}=\begin{bmatrix} 1 \\ 1 \end{bmatrix},\quad \boldsymbol{\omega}=\begin{bmatrix} 2N \\ 3N \end{bmatrix}.$$

ここで $\mathbf{e}_j\in\mathbf{R}_+^4$ を第 j 成分が1であり，それ以外の成分は全てゼロである様な4次元単位ベクトルを表すものとする．そのとき，

$$\boldsymbol{\alpha}^1\equiv(-L\mathbf{e}_1,-A\mathbf{e}_1,B\mathbf{e}_1);\quad \boldsymbol{\alpha}^2\equiv(-L\mathbf{e}_2,-A\mathbf{e}_2,B\mathbf{e}_2);$$
$$\boldsymbol{\alpha}^3\equiv(-L\mathbf{e}_3,-A\mathbf{e}_3,B\mathbf{e}_3);\quad \boldsymbol{\alpha}^4\equiv(-L\mathbf{e}_4,-A\mathbf{e}_4,B\mathbf{e}_4),$$

と定義する．その結果，

$$\hat{\boldsymbol{\alpha}}^1\equiv[B-A]\,\mathbf{e}_1=\begin{bmatrix} 1.5 \\ 0.75 \end{bmatrix};\quad \hat{\boldsymbol{\alpha}}^2\equiv[B-A]\,\mathbf{e}_2=\begin{bmatrix} 1 \\ 1.5 \end{bmatrix};$$
$$\hat{\boldsymbol{\alpha}}^3\equiv[B-A]\,\mathbf{e}_3=\begin{bmatrix} 1.8 \\ 0 \end{bmatrix};\quad \hat{\boldsymbol{\alpha}}^4\equiv[B-A]\,\mathbf{e}_4=\begin{bmatrix} 0 \\ 1.75 \end{bmatrix}.$$

よって $\hat{P}(\alpha_0=1)=\mathrm{con}\{(2,1),(1,1.5),(3,0),(0,1.75),\mathbf{0}\}$ となる．

この様な経済環境 $\langle N;(P_{(A,B,L)},\mathbf{b});(\boldsymbol{\omega}^\nu)_{\nu\in N}\rangle$ において，

$$((\mathbf{p},1),\boldsymbol{\alpha})\equiv\left(\left(\left(\frac{1}{2},\frac{1}{2}\right),1\right),N\boldsymbol{\alpha}^2\right) \tag{5.7}$$

が再生産可能解を構成する．実際，価格 $\mathbf{p}=\left(\frac{1}{2},\frac{1}{2}\right)$ において，

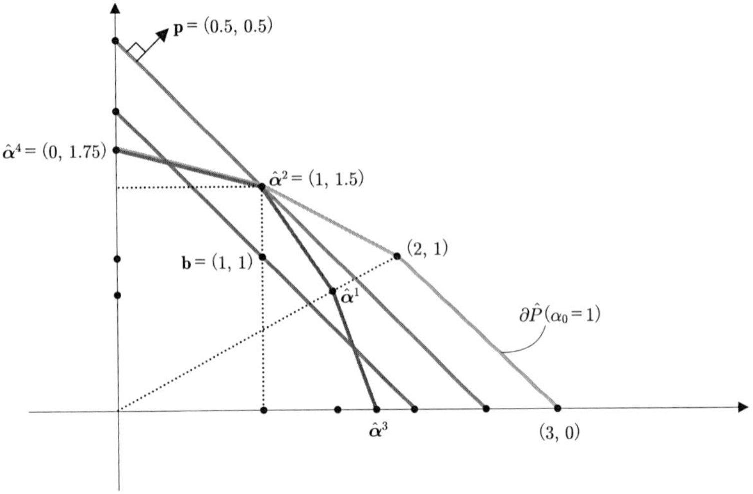

図 **5.8**　例 5.1

$$\frac{[\mathbf{p}(B-A)-L]\,\mathbf{e}_1}{\mathbf{p}A\mathbf{e}_1}=\frac{3}{32};\quad \frac{[\mathbf{p}(B-A)-L]\,\mathbf{e}_2}{\mathbf{p}A\mathbf{e}_2}=\frac{1}{10};$$
$$\frac{[\mathbf{p}(B-A)-L]\,\mathbf{e}_3}{\mathbf{p}A\mathbf{e}_3}=\frac{3}{40};\quad \frac{[\mathbf{p}(B-A)-L]\,\mathbf{e}_4}{\mathbf{p}A\mathbf{e}_4}=\frac{-1}{14}.$$

より，また，$A(N\mathbf{e}_2)=\boldsymbol{\omega}$ より，(5.7)式が確かに再生産可能解を構成する事を確認できる．

ここで，$\{\boldsymbol{\alpha}^2\}=\overline{P}(\mathbf{p},1{:}\alpha_0{=}1)$ である事より，

$$\min_{\boldsymbol{\alpha}\in\overline{P}(\mathbf{p},1)}\left[\frac{\mathbf{p}\underline{\boldsymbol{\alpha}}}{\alpha_0}\right]=\min_{\boldsymbol{\alpha}\in\overline{P}(\mathbf{p},1:\alpha_0=1)}\mathbf{p}\underline{\boldsymbol{\alpha}}=\max_{\boldsymbol{\alpha}\in\overline{P}(\mathbf{p},1:\alpha_0=1)}\mathbf{p}\underline{\boldsymbol{\alpha}}=\max_{\boldsymbol{\alpha}\in\overline{P}(\mathbf{p},1)}\left[\frac{\mathbf{p}\underline{\boldsymbol{\alpha}}}{\alpha_0}\right]=\mathbf{p}\underline{\boldsymbol{\alpha}}^2$$

となる．その結果，定理 5.1 の適用より，この経済モデルの上では

$$C^H=\left\{\nu\in N\,\middle|\,\Pi^\nu(\mathbf{p},1)>\pi\mathbf{p}\underline{\boldsymbol{\alpha}}^2+1\right\};$$
$$C^{PB}=\left\{\nu\in N\,\middle|\,\Pi^\nu(\mathbf{p},1)=\pi\mathbf{p}\underline{\boldsymbol{\alpha}}^2+1\right\};$$
$$C^S=\left\{\nu\in N\,\middle|\,1<\Pi^\nu(\mathbf{p},1)<\pi\mathbf{p}\underline{\boldsymbol{\alpha}}^2+1\right\};$$
$$C^P=\left\{\nu\in N\,\middle|\,\Pi^\nu(\mathbf{p},1)=1\right\}.$$

この階級分化の結果を描いているのが図 5.9 である．　**Q.E.D.**

例 **5.2**(例 **5.1** のフォン・ノイマン経済体系における階級–搾取対応原理の不可能

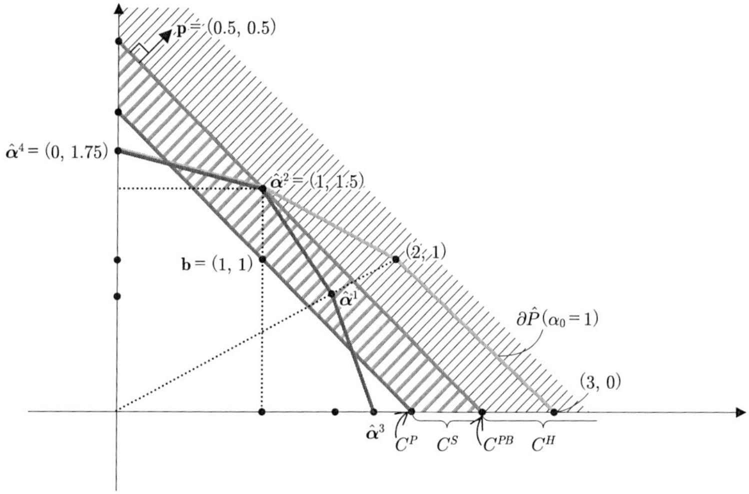

図 **5.9**　例 5.1 における階級分化

性の確認)：

1）最初に森嶋型の定義 5.3 に基づいて，階級–搾取対応原理の確認を行う．労働者階級に属する任意の個人の $\max_{\mathbf{c}\in B(\mathbf{p},1)} l.v.(\mathbf{c})$ を計算する．ここで図 5.9 の検証より，

$$(0,2) = \arg\max_{\mathbf{c}\in B(\mathbf{p},1)} l.v.(\mathbf{c})$$

である事を確認できる．そして，$\max_{\mathbf{c}\in B(\mathbf{p},1)} l.v.(\mathbf{c})=\frac{8}{7}>1$ であるので，労働者階級は被搾取者ではない．よって，階級–搾取対応原理は成立していない．

2）次に Roemer 型の定義 5.4 に基づいて，階級–搾取対応原理の確認を行う．ここで

$$\max_{\mathbf{c}\in B(\mathbf{p},1)} l.v.(\mathbf{c};(\mathbf{p},1)) \geq l.v.(\mathbf{b};(\mathbf{p},1))$$

である事に留意．さらに，例 5.1 のフォン・ノイマン経済体系では，$l.v.(\mathbf{b};(\mathbf{p},1))=1$ が成立する．よって，$\max_{\mathbf{c}\in B(\mathbf{p},1)} l.v.(\mathbf{c};(\mathbf{p},1))\geq 1$ であるので，労働者階級は被搾取者ではない．

3）最後に松尾型の定義 5.5 に基づいて，階級–搾取対応原理の確認を

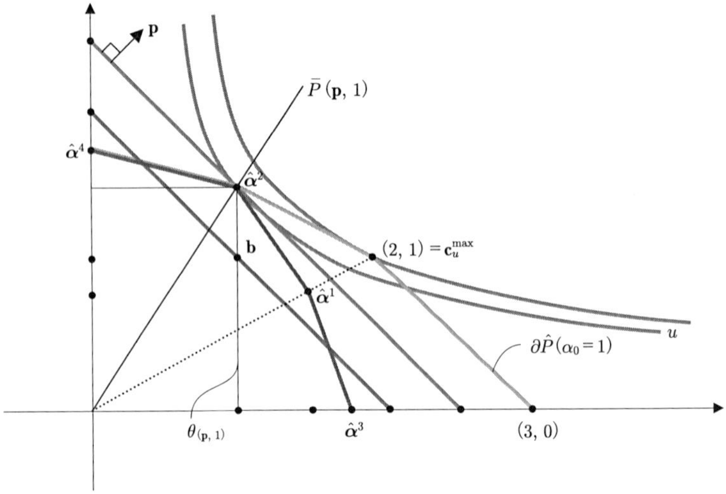

図 **5. 10**　定義 5.5 の下での階級–搾取対応原理の不成立

行う．このとき，個人の厚生関数が以下の図のような状況を考えよう．この図 5.10 の状況では，$\mathbf{c}_u^{\max}=(2,1)$ である．つまり，収入が $\mathbf{p}\mathbf{c}_u^{\max}$ 未満の諸個人は全て被搾取者という事になる．ここで，

$$\mathbf{p}\hat{\boldsymbol{\alpha}}^2 = 1.25 < 1.5 = \mathbf{p}\mathbf{c}_u^{\max}$$

である事に留意．すると図 5.9 と重ね合わせると，資本家階級でさえ，その一部に被搾取者がいる事が解る．なぜなら，$\mathbf{p}\hat{\boldsymbol{\alpha}}^2 < \Pi^{\nu}(\mathbf{p}, 1) < \mathbf{p}\mathbf{c}_u^{\max}$ となる任意の個人 ν は図 5.9 より，資本家階級に属するが，他方，図 5.10 より，この個人は定義 5.5 に基づけば，被搾取者である事が解る．かくして，階級–搾取対応原理はこの場合も成立しない．　**Q.E.D.**

例 5.1 の経済モデルは仮定 A5 を満たす数値例である事に注意せよ．つまり，仮定 A5 を要請したとしても尚，上記 3 つの搾取の定義の下で階級–搾取対応原理の成立を保証する事はできない．この意味で，階級–搾取対応原理の不成立は，マルクスの基本定理の不成立よりもより深刻な不可能性を意味しよう．

こうしたより強い不可能性が生じる一つの理由は，階級–搾取対応原理の論脈における搾取者–被搾取者の定義が，各個人の消費選択の違いによって左右される様な構造を持っていない事が挙げられよう．第 4 章の 4.4 節で論じた様に，マルクスの基本定理の論脈では，各個人の消費選択の多様性を導入するや，同じ賃金率で同じ労働時間で同じ労働強度で働いている労働者同士であっても，それぞれの選択する消費財ベクトルの違いによって，搾取率に違いが生じたり，場合によっては搾取率が正の個人と負の個人が両立的に存在し得る．これは，労働の客観的条件に関する一つの価値判断指標である搾取率が，同じ客観的労働条件でありながらその値が違い得るという事であり，パラドキシカルな状況に他ならない．そうした構造は，本節での定義 5.3，5.4，5.5 には内包されていない．いずれの定式においても，同じ労働供給量で同じ所得条件にある個人同士は，その搾取関係のポジションにおいて違いが生じる事はないし，また，その搾取率も同一である．そうした追加的特性が導入された分，定理の成立はより困難になっているとも言える．

5.6　新しい労働搾取の定式下での階級–搾取対応原理の成立

本節では，4.5 節で導入した所得依存的搾取の 2 つの定義に基づき，それらを階級–搾取対応原理の論脈における搾取者–被搾取者の定式へと発展させる．最初に，定義 4.6 を階級–搾取対応原理の論脈での搾取者–被搾取者の定式へと発展させたのが以下の定義である：

定義 5.6[Yoshihara(2006)]：任意の資本主義経済 $\langle N;(P,\mathbf{b});(\boldsymbol{\omega}^{\nu})_{\nu\in N}\rangle$ が，正の利潤率の伴う再生産可能解 $\left((\mathbf{p},1),(\boldsymbol{\alpha}^{\nu},\boldsymbol{\beta}^{\nu},\gamma_0^{\nu})_{\nu\in N}\right)$ の下にあるとしよう．このとき任意の個人 $\nu\in N$ に関して：

$$\nu \text{ は被搾取者である} \Leftrightarrow \min_{\mathbf{c}\in B(\mathbf{p},\Pi^{\nu}(\mathbf{p},1))} l.v.(\mathbf{c};(\mathbf{p},1))<1; \tag{5.8}$$

$$\nu \text{ は搾取者である} \Leftrightarrow \min_{\mathbf{c}\in B(\mathbf{p},\Pi^{\nu}(\mathbf{p},1))} l.v.(\mathbf{c};(\mathbf{p},1))>1. \tag{5.9}$$

4.5 節でも論じたように，$\min_{\mathbf{c}\in B(\mathbf{p},\Pi^{\nu}(\mathbf{p},1))} l.v.(\mathbf{c};(\mathbf{p},1))$ は，この個人が所

得 $\Pi^{\nu}(\mathbf{p},1)$ を通じて獲得できる最小労働量である．これは，この所得 $\Pi^{\nu}(\mathbf{p},1)$ 分を「生産する」為に社会的に $\min_{\mathbf{c}\in B(\mathbf{p},\Pi^{\nu}(\mathbf{p},1))} l.v.(\mathbf{c};(\mathbf{p},1))$ だけの労働量が少なくとも支出されなければならない，という意味で，所得 $\Pi^{\nu}(\mathbf{p},1)$ を得る為の必要労働量なのである．この必要労働量が個人の1労働日よりも少ない個人が被搾取者であり，多い個人は搾取者として位置づけられる．

次に，定義 4.7 を階級-搾取対応原理の論脈での搾取者-被搾取者の定式へと発展させたのが以下の定義である．記号 $\hat{\boldsymbol{\alpha}}_0^N+\hat{\boldsymbol{\beta}}_0^N\equiv\frac{\hat{\boldsymbol{\alpha}}+\hat{\boldsymbol{\beta}}}{\alpha_0+\beta_0}$，かつ $t^{\nu}((\mathbf{p},1),\boldsymbol{\alpha}+\boldsymbol{\beta})\equiv\frac{\Pi^{\nu}(\mathbf{p},1)}{\mathbf{p}\hat{\boldsymbol{\alpha}}_0^N+\mathbf{p}\hat{\boldsymbol{\beta}}_0^N}$ を導入する．そのとき：

定義 5.7［Yoshihara (2007)］：任意の資本主義経済 $\langle N;(P,\mathbf{b});(\boldsymbol{\omega}^{\nu})_{\nu\in N}\rangle$ が，正の利潤率の伴う再生産可能解 $\left((\mathbf{p},1),(\boldsymbol{\alpha}^{\nu},\boldsymbol{\beta}^{\nu},\gamma_0^{\nu})_{\nu\in N}\right)$ の下にあるとしよう．このとき任意の個人 $\nu\in N$ に関して：

$$\nu \text{ は被搾取者である} \Leftrightarrow t^{\nu}((\mathbf{p},1),\boldsymbol{\alpha}+\boldsymbol{\beta})<1; \tag{5.10}$$

$$\nu \text{ は搾取者である} \Leftrightarrow t^{\nu}((\mathbf{p},1),\boldsymbol{\alpha}+\boldsymbol{\beta})>1, \tag{5.11}$$

但し，$\boldsymbol{\alpha}\equiv\sum_{\nu\in N}\boldsymbol{\alpha}^{\nu}$ & $\boldsymbol{\beta}\equiv\sum_{\nu\in N}\boldsymbol{\beta}^{\nu}$.

4.5 節でも論じた様に，$t^{\nu}((\mathbf{p},1),\boldsymbol{\alpha}+\boldsymbol{\beta})$ は，所得 $\Pi^{\nu}(\mathbf{p},1)$ を「生産する」為に，再生産可能解において現実に実行された生産計画の下で，現実に社会的に支出された労働量である．この現実に支出された労働量を，所得 $\Pi^{\nu}(\mathbf{p},1)$ を得る為に社会的に必要な労働量と見なすのが定義 5.7 である．この必要労働量が個人の1労働日よりも少ない個人が被搾取者であり，多い個人は搾取者として位置づけられる．

我々は，上記2つの定義，定義 5.6 と定義 5.7 に基づいて，諸個人の搾取的地位を評価する場合には，その評価は彼等の階級的地位と正確に対応することを確認できる：

定理 5.4［Yoshihara (2006)］(Class-Exploitation Correspondence Principle)：任意の資本主義経済 $\langle N;(P,\mathbf{b});(\boldsymbol{\omega}^{\nu})_{\nu\in N}\rangle$ において，その生産技術体系が A1, A2, A3 を満たすとしよう．この経済が，正の利潤率の伴う再生産可

能解 $\left((\mathbf{p},1),(\boldsymbol{\alpha}^{\nu},\boldsymbol{\beta}^{\nu},\gamma_0^{\nu})_{\nu\in N}\right)$ の下にあるとしよう．このとき，定義5.6の労働搾取の定式に基づけば，

(A) $\nu\in C^H\Rightarrow\nu\in N$ は搾取者である；

(B) $\nu\in C^S\cup C^P\Rightarrow\nu\in N$ は被搾取者である．

定理5.5[Yoshihara(2007)](Class-Exploitation Correspondence Principle)：任意の資本主義経済 $\langle N;(P,\mathbf{b});(\boldsymbol{\omega}^{\nu})_{\nu\in N}\rangle$ において，その生産技術体系がA1, A2, A3を満たすとしよう．この経済が，正の利潤率の伴う再生産可能解 $\left((\mathbf{p},1),(\boldsymbol{\alpha}^{\nu},\boldsymbol{\beta}^{\nu},\gamma_0^{\nu})_{\nu\in N}\right)$ の下にあるとしよう．このとき，定義5.7の労働搾取の定式に基づけば，

(A) $\nu\in C^H\Rightarrow\nu\in N$ は搾取者である；

(B) $\nu\in C^S\cup C^P\Rightarrow\nu\in N$ は被搾取者である．

これらの定理に関して，以下では定理5.4の証明に焦点を当てて，議論する．定理5.5の証明に関しても，同じ様な方法を辿る事で，証明を完成させる事ができる．従って，それは読者のエクソサイスに委ねたい．

記号 $\hat{\overline{P}}(\mathbf{p},1{:}\alpha_0=1)\equiv\left\{\hat{\boldsymbol{\alpha}}\in\partial\hat{P}(\alpha_0=1)\,\middle|\,\boldsymbol{\alpha}\in\overline{P}(\mathbf{p},1)\right\}$ を導入しよう．これは，価格 $(\mathbf{p},1)$ の下での利潤率最大化生産点の一つでもって純生産可能な財ベクトルであって，その労働投入量がちょうど1で最小化されるようなものの集合となっている．そのとき：

定理5.4の証明：(B)について証明する．今，$\tilde{\mathbf{c}}\equiv\arg\max_{\mathbf{c}\in\hat{\overline{P}}(\mathbf{p},1:\alpha_0=1)\cap\mathbf{R}_+^n}\mathbf{pc}$ としよう．ところで，(5.8)式の右辺とは，この財ベクトル $\tilde{\mathbf{c}}$ を，所得 $\Pi^{\nu}(\mathbf{p},1)$ を持つ個人 $\nu\in N$ は購入不可能である事を意味する．なぜならば，今，$\mathbf{c}^{l.v.}_{\Pi^{\nu}(\mathbf{p},1)}\equiv\arg\min_{\mathbf{c}\in B(\mathbf{p},\Pi^{\nu}(\mathbf{p},1))}l.v.(\mathbf{c};(\mathbf{p},1))$ と置けば，$\mathbf{pc}^{l.v.}_{\Pi^{\nu}(\mathbf{p},1)}=\Pi^{\nu}(\mathbf{p},1)$．ここでもし，$\nu$ が $\tilde{\mathbf{c}}$ を購入可能であれば，$\mathbf{pc}^{l.v.}_{\Pi^{\nu}(\mathbf{p},1)}=\Pi^{\nu}(\mathbf{p},1)\geq\mathbf{p}\tilde{\mathbf{c}}$ となる．ところで，$l.v.\left(\mathbf{c}^{l.v.}_{\Pi^{\nu}(\mathbf{p},1)};(\mathbf{p},1)\right)<1$ であるので，$\mathbf{c}^{l.v.}_{\Pi^{\nu}(\mathbf{p},1)}\in\left\{\hat{\boldsymbol{\alpha}}\in\mathring{\hat{P}}(\alpha_0=1)\,\middle|\,\boldsymbol{\alpha}\in\overline{P}(\mathbf{p},1)\right\}$ である．すると，適当な $\lambda>1$ に関して，$\lambda\mathbf{c}^{l.v.}_{\Pi^{\nu}(\mathbf{p},1)}\in\left\{\hat{\boldsymbol{\alpha}}\in\partial\hat{P}(\alpha_0=1)\,\middle|\,\boldsymbol{\alpha}\in\overline{P}(\mathbf{p},1)\right\}$ となる．つまり，$\lambda\mathbf{c}^{l.v.}_{\Pi^{\nu}(\mathbf{p},1)}\in$

$\hat{\overline{P}}(\mathbf{p},1{:}\alpha_0{=}1)$ であるが，$\lambda\mathbf{pc}^{l.v.}_{\Pi^\nu(\mathbf{p},1)}>\mathbf{p}\tilde{\mathbf{c}}$ であるので，これは $\tilde{\mathbf{c}}$ の定義に矛盾する．よって，$\Pi^\nu(\mathbf{p},1)<\mathbf{p}\tilde{\mathbf{c}}$ が成り立つ．逆に，$\Pi^\nu(\mathbf{p},1)<\mathbf{p}\tilde{\mathbf{c}}$ ならば，$\mathbf{pc}^{l.v.}_{\Pi^\nu(\mathbf{p},1)}<\mathbf{p}\tilde{\mathbf{c}}$．もし，$l.v.\left(\mathbf{c}^{l.v.}_{\Pi^\nu(\mathbf{p},1)};(\mathbf{p},1)\right)\geq 1$ であれば，ある $0<\mu<1$ に関して，$\mu\mathbf{p}\tilde{\mathbf{c}}=\Pi^\nu(\mathbf{p},1)$ とできるので，$l.v.(\tilde{\mathbf{c}};(\mathbf{p},1))=1$ より，$l.v.(\mu\tilde{\mathbf{c}};(\mathbf{p},1))<1$ となる．よって，$l.v.(\mu\tilde{\mathbf{c}};(\mathbf{p},1))<l.v.\left(\mathbf{c}^{l.v.}_{\Pi^\nu(\mathbf{p},1)};(\mathbf{p},1)\right)$ が従うが，これは $\mathbf{c}^{l.v.}_{\Pi^\nu(\mathbf{p},1)}$ の定義に反する．従って，$l.v.\left(\mathbf{c}^{l.v.}_{\Pi^\nu(\mathbf{p},1)};(\mathbf{p},1)\right)$ <1 でなければならない．以上で被搾取者の特徴付けが完成した．他方，搾取者のケースも類似の方法で示す事ができる．かくして，以上を整理すると，

$$\Pi^\nu(\mathbf{p},1)<\mathbf{p}\tilde{\mathbf{c}}\Leftrightarrow\nu\in N \text{ は被搾取者である;}$$
$$\Pi^\nu(\mathbf{p},1)>\mathbf{p}\tilde{\mathbf{c}}\Leftrightarrow\nu\in N \text{ は搾取者である.}$$

従って，$\nu\in C^S\cup C^P$ に関して，ν が被搾取者である事を示す為には，

$$\min_{\boldsymbol{\alpha}\in\overline{P}(\mathbf{p},1:\alpha_0=1)}\pi\mathbf{p}\underline{\boldsymbol{\alpha}}+1\leq\mathbf{p}\tilde{\mathbf{c}} \tag{5.12}$$

の成立を示せば十分である．ここで $\theta^*\equiv\left\{\boldsymbol{\alpha}'\in\overline{P}(\mathbf{p},1)\,\middle|\,\hat{\boldsymbol{\alpha}}'\in\hat{\overline{P}}(\mathbf{p},1{:}\alpha_0{=}1)\cap\mathbf{R}^n_+\right\}$ と置けば，

$$\min_{\boldsymbol{\alpha}\in\overline{P}(\mathbf{p},1:\alpha_0=1)}\pi\mathbf{p}\underline{\boldsymbol{\alpha}}\leq\min_{\boldsymbol{\alpha}\in\theta^*}\pi\mathbf{p}\underline{\boldsymbol{\alpha}}$$

である．よって，

$$\min_{\boldsymbol{\alpha}\in\theta^*}\pi\mathbf{p}\underline{\boldsymbol{\alpha}}+1\leq\mathbf{p}\tilde{\mathbf{c}} \tag{5.13}$$

を示せれば十分である．ここで任意の $\boldsymbol{\alpha}'\in\overline{P}(\mathbf{p},1)$ に対して，$\pi\mathbf{p}\underline{\boldsymbol{\alpha}}'=\mathbf{p}\hat{\boldsymbol{\alpha}}'-1$ である事に留意すれば，

$$\min_{\boldsymbol{\alpha}\in\theta^*}\pi\mathbf{p}\underline{\boldsymbol{\alpha}}=\min_{\hat{\boldsymbol{\alpha}}\in\hat{\overline{P}}(\mathbf{p},1:\alpha_0=1)\cap\mathbf{R}^n_+}\mathbf{p}\hat{\boldsymbol{\alpha}}-1. \tag{5.14}$$

すると定義より，$\min_{\hat{\boldsymbol{\alpha}}\in\hat{\overline{P}}(\mathbf{p},1:\alpha_0=1)\cap\mathbf{R}^n_+}\mathbf{p}\hat{\boldsymbol{\alpha}}\leq\mathbf{p}\tilde{\mathbf{c}}$．この最後の不等式は，(5.14)式を考慮すれば，(5.13)から(5.12)が導ける．以上で(B)について証明された．

(A)についても，類似の方法で証明することができる．　**Q.E.D.**

上記の 2 つの定理はいずれも，正の利潤の伴う再生産可能解の特徴付け定理として，位置づける事が可能である．我々は，定義 5.6 及び定義 5.7 を労働搾取概念の定式として妥当であると見なせるならば，定理 5.4 及び定理 5.5 によって，正の利潤の伴う再生産可能解とは，私的所有制度の下，富の不均等的初期賦存に起因した，社会の階級分解とその階級間での搾取–被搾取関係を内生的に生成する市場均衡でもある，という含意を導き出す事ができる．しかしこの含意はあくまで，再生産可能解が正の利潤を持つ場合の特徴付けであって，階級生成や階級間の搾取的関係と正の利潤の生成との論理的関係がいかなるものであるかについての完全な解答を与えるものではない．しかしながら，階級–搾取対応原理に関する，以上の 2 つの所得依存的労働搾取の定義に基づいた，2 つの可能性定理と，4.5 節で議論した定理 4.11 及び定理 4.12 とを結合させる事によって，我々は以下の帰結を導き出す事ができる．

定理 5.6［Yoshihara (2007)］(Class-Exploitation-Profit Correspondence Principle)：任意の資本主義経済 $\langle N; (P, \mathbf{b}); (\boldsymbol{\omega}^{\nu})_{\nu \in N} \rangle$ において，その生産技術体系が A1, A2, A3 を満たすとしよう．この経済が，再生産可能解 $\left((\mathbf{p}, 1), (\boldsymbol{\alpha}^{\nu}, \boldsymbol{\beta}^{\nu}, \gamma_0^{\nu})_{\nu \in N}\right)$ の下にあるとしよう．このとき，定義 5.6 の労働搾取の定式に基づけば，以下の 3 条件は同値である：

(1) この再生産可能解は正の利潤を生成している;

(2) 階級–搾取対応原理が成立している;

(3) 労働者階級 C^P に属する任意の個人は被搾取者である.

定理 5.7［Yoshihara (2007)］(Class-Exploitation-Profit Correspondence Principle)：任意の資本主義経済 $\langle N; (P, \mathbf{b}); (\boldsymbol{\omega}^{\nu})_{\nu \in N} \rangle$ において，その生産技術体系が A1, A2, A3 を満たすとしよう．この経済が，再生産可能解 $\left((\mathbf{p}, 1), (\boldsymbol{\alpha}^{\nu}, \boldsymbol{\beta}^{\nu}, \gamma_0^{\nu})_{\nu \in N}\right)$ の下にあるとしよう．このとき，定義 5.7 の労働搾取の定式に基づけば，以下の 3 条件は同値である：

(1) この再生産可能解は正の利潤を生成している;

(2) 階級–搾取対応原理が成立している;

(3) 労働者階級 C^P に属する任意の個人は被搾取者である．

これも，定理5.6に関してのみ，簡単に証明のシナリオを説明しよう．まず，(1)⇒(2)は定理5.4より従う．また，(2)⇒(3)は，定義より自明．最後に(3)⇒(1)は，定理4.11の適用によって導く事ができる．

このように，4.5節に引き続き，2つの所得依存的労働搾取の定式によって，我々はマルクスの基本定理及び階級–搾取対応原理の同値関係を，一般的凸錘生産経済において，再生産可能解の特徴付けとして導き出した．再び，この定理5.6も定理5.7も，仮定A5(生産の非付属性)も課していないし，またこれらの定理は労働者個々人の消費選好の特性からは独立に成立する．また，本節の諸定理はいずれも労働者の賃金率を生存賃金水準である1に設定して議論しているが，$w>1$ のケースでもこれらの定理は変わりなく成立する．

これらの結論に対して，伝統的なマルクス経済学からは，4.5節へのときと同様の反応が示されるかもしれない．所得依存的労働搾取概念は，価格独立的労働搾取の定式が含意として持っていた，物象化された社会システムとしての資本制への批判的視座を完全に放棄したものである，と．伝統的なマルクス経済学の観点からは，価格システムというのは物象化されたシステムに他ならないわけなので，価格システムの成立に依存した概念としての労働搾取の定式化は，その定式自体が批判されるべしという事になろう．また，森嶋型や松尾型とは別の代替的な，価格独立的労働搾取の定式化を探求するべしとの立場もあろう．しかしながら，これらの戦略は必然的に失敗せざるを得ないのである．後の第7章で見る様に，我々は労働搾取の定義が最低限満たすべき必要条件を，**労働搾取の公理**(Axiom for Labor Exploitation)として定式化できる．そしてその公理を満たす任意の労働搾取の定式の下で，階級–搾取対応原理が成立する為の必要十分条件を特徴付ける事ができる．この必要十分条件より導ける事は，価格情報に依存しない如何なる労働搾取の定式といえども，一般的凸錘生産経済における任意の再生産可能解に関して，階級–搾取対応原理を成立させる事はできない，という不可能性命題なのである．

5.7　所得と余暇に対する選好を持つ経済環境での搾取と階級の一般理論[8]

これまでの議論は，全ての生産者の目的は収入最大化であるという設定の下で議論を進めてきた．こうした設定は，必ずしも現実の市場経済の様式的事実のモデル化とは言えないかもしれないが，後で論ずる様に，この設定はそれで固有の意義がある．しかし，他方で，では各個人の目的関数が単なる収入関数ではなく，余暇と所得に対する選好を表す効用関数であるという，より現実の市場経済のモデルとして尤もらしい設定の下で，これまで展開してきた「搾取と階級の一般理論」が果たしていかに頑健であるか，ないしはいかなる修正を要請されるのかを確認する事も，意義があろう．従って，以下では，再びレオンチェフ経済体系モデルに戻り，しかしながら各個人は収入最大化を目的とするのではなく，余暇と所得に関する共通の効用関数を持ち，それを資本賦存制約及び労働賦存制約の下で最大化する事を目的とする様な経済環境を考察する．

今，全ての個人が共通に持つ効用関数を，$u{:}\mathbf{R}_+\times[0,1]\to\mathbf{R}$ で表す．但し，任意の $(\Pi^\nu, l^\nu)\in\mathbf{R}_+\times[0,1]$ に関して，$u(\Pi^\nu, l^\nu)\in\mathbf{R}$ であり，u は $\mathbf{R}_+\times[0,1]$ 上で連続，準凹であり，そして収入 Π^ν に関して単調増加，労働供給 l^ν に関して単調減少であると仮定する．ここでは一つの経済環境はリスト $\left\langle N;(P_{(A,L)},\mathbf{b});u;(\boldsymbol{\omega}^\nu)_{\nu\in N}\right\rangle$ で定義される．前節までの議論と同様に，この経済には労働市場が存在するが，資本市場が存在しないと仮定する．すなわち，人々の間で雇用契約は結ばれ得るが，資本財の貸借契約は有り得ないものとする．生産活動はある企業が存在して，その企業に組織されて行われるというよりも，人々は自由にテクノロジー (A,L) をオペレートできるものとしよう[9]．

任意の個人 ν は，上述の経済環境 $\left\langle N;(P_{(A,L)},\mathbf{b});u;(\boldsymbol{\omega}^\nu)_{\nu\in N}\right\rangle$ において，以下の様な経済問題に直面している：$\mathbf{x}^\nu$ を個人 ν が自分の資本財と

8)　本節及び次節の議論は，吉原(1998)及び吉原(1999)に基づく．

9)　この経済モデルの様に収穫一定を想定する限り，生産活動が企業を通じて為されるか否かは本質的な問題ではない．

自己労働によって生産を行った場合の操業水準，$\mathbf{y}^\nu$ を個人 ν が他人の労働を雇用して生産を行った場合の操業水準，z^ν を他人に雇用された場合の労働量を表すものとする．今，価格-賃金体系 $(\mathbf{p},1)$ に直面し，個人 ν は，収入関数 $\Pi^\nu(\mathbf{p},1)=[\mathbf{p}-\mathbf{p}A]\,\mathbf{x}^\nu+[\mathbf{p}-(\mathbf{p}A+L)]\,\mathbf{y}^\nu+z^\nu$ と資本制約 $\mathbf{p}A\,(\mathbf{x}^\nu+\mathbf{y}^\nu)\leq\mathbf{p}\boldsymbol{\omega}^\nu$ 及び，労働制約 $L\mathbf{x}^\nu+z^\nu\leq 1$ を所与として，彼の効用を最大にするように $\mathbf{x}^\nu\geq\mathbf{0}$，$\mathbf{y}^\nu\geq\mathbf{0}$，$z^\nu\geq 0$ を決定する．すなわち，

$$\max_{\mathbf{x}^\nu,\mathbf{y}^\nu,z^\nu} u\,(\Pi^\nu, l^\nu) \tag{P3}$$

$$\text{s.t.}\quad \Pi^\nu\,(\mathbf{p},1)=[\mathbf{p}-\mathbf{p}A]\,\mathbf{x}^\nu+[\mathbf{p}-(\mathbf{p}A+L)]\,\mathbf{y}^\nu+z^\nu,$$

$$\mathbf{p}A\,(\mathbf{x}^\nu+\mathbf{y}^\nu)\leq\mathbf{p}\boldsymbol{\omega}^\nu,\quad L\mathbf{x}^\nu+z^\nu\leq 1,\quad l^\nu\leq 1.$$

今，価格体系 $(\mathbf{p},1)$ の下での，個人 ν の上述の問題(P3)の最適解の集合を $A^\nu(\mathbf{p},1)$ と置き，その任意の要素の一つを特に $(\mathbf{x}^{*\nu},\mathbf{y}^{*\nu},z^{*\nu})$ で表す事にしよう．

定義 5.8[Roemer (1986)]：経済環境 $\langle N;(P_{(A,L)},\mathbf{b});u;(\boldsymbol{\omega}^\nu)_{\nu\in N}\rangle$ において，プロフィール $\left((\mathbf{p},1);(\mathbf{x}^{*\nu},\mathbf{y}^{*\nu},z^{*\nu})_{\nu\in N}\right)$ が以下の条件を満たすとき，**再生産可能解**であると言う：

(a) $(\forall\nu\in N)$, $(\mathbf{x}^{*\nu},\mathbf{y}^{*\nu},z^{*\nu})\in A^\nu(\mathbf{p},1)$（効用最大化条件）;

(b) $\sum_{\nu\in N}[I-A]\,(\mathbf{x}^{*\nu}+\mathbf{y}^{*\nu})\geq\sum_{\nu\in N}\mathbf{b}L\,(\mathbf{x}^{*\nu}+\mathbf{y}^{*\nu})$（再生産可能条件）;

(c) $\sum_{\nu\in N}L\mathbf{y}^{*\nu}\leq\sum_{\nu\in N}z^{*\nu}$（労働市場均衡条件）; &

(d) $\sum_{\nu\in N}A\,(\mathbf{x}^{*\nu}+\mathbf{y}^{*\nu})\leq\sum_{\nu\in N}\boldsymbol{\omega}^\nu$（社会的実行可能条件）.

この定義のうち，条件(b)，(c)，(d)は定義 5.1 の対応するぞれぞれの条件と同一である．定義 5.1 との違いは，条件(a)が収入最大化条件から効用最大化条件に置き換えられた点だけである．しかしこの条件は，実は個人の効用最大化を意味するばかりでなく，その個人を一企業と見立てたときの企業の利潤最大化を意味してもいる．実際，全ての個人にとって，もし期待される利潤率が非負である限り，効用最大化を目的とする個人は自分の所有資本を完全稼働するまで他人を雇用してでも生産活動を続けようと

するだろう．それはこのモデルの様な線形な生産技術の下では，利潤最大化を意味する．すなわち，効用最大化の結果は同時に利潤最大化を意味しているのである．従って，条件(a)，(c)，(b)＋(d)で依然として，それは競争均衡解の定義をも構成する．つまり，定義 5.8 における再生産可能解も依然として，競争均衡解のリファインメントになっている．

5.7.1　階級と富の対応関係

経済環境 $\left\langle N; (P_{(A,L)}, \mathbf{b}); u; (\boldsymbol{\omega}^{\nu})_{\nu \in N} \right\rangle$ においても，階級構成は定義 5.2 と同様の形式で，与えられる．すなわち，この経済の再生産可能解 $\left((\mathbf{p}, 1); (\mathbf{x}^{*\nu}, \mathbf{y}^{*\nu}, z^{*\nu})_{\nu \in N}\right)$ において，各個人が選択する $(\mathbf{x}^{*\nu}, \mathbf{y}^{*\nu}, z^{*\nu})$ に注目する．すなわち，均衡状態において，自分の労働を他人に売る事無く，他人の労働を雇用して生産活動に関与する個人の集団を資本家階級，逆に他人の労働を雇用する事無く，また，専ら自分の労働が他人に雇用される事によって生産に関わる個人の集団を労働者階級，自営，すなわち，自分の労働と自分の所有資本だけで生産を行う個人の集団を小市民階層，等々と見なし，それを以下の様に形式化した．

定義 5.9[Roemer(1982)]：任意の資本主義経済 $\left\langle N; (P_{(A,L)}, \mathbf{b}); u; (\boldsymbol{\omega}^{\nu})_{\nu \in N} \right\rangle$ が，正の利潤率の伴う再生産可能解 $\left((\mathbf{p}, 1); (\mathbf{x}^{*\nu}, \mathbf{y}^{*\nu}, z^{*\nu})_{\nu \in N}\right)$ の下にあるとしよう．このとき，資本主義社会における階級構造は，集合 N の直和分割として定義される以下の 4 つの部分集合 C^H, C^{PB}, C^S, C^P によって与えられる：

$$\nu \in C^H \Leftrightarrow (+, +, 0) \in \mathrm{A}^{\nu}(\mathbf{p}, w);$$
$$\nu \in C^{PB} \Leftrightarrow (+, 0, 0) \in \mathrm{A}^{\nu}(\mathbf{p}, w) \setminus (+, +, 0), (+, 0, +);$$
$$\nu \in C^S \Leftrightarrow (+, 0, +) \in \mathrm{A}^{\nu}(\mathbf{p}, w);$$
$$\nu \in C^P \Leftrightarrow (0, 0, +) \in \mathrm{A}^{\nu}(\mathbf{p}, w) \text{ if } \nu \in N \text{ is employed.}$$

但し，$(+, +, 0)$ は $L\mathbf{x}^{*\nu}>0$, $L\mathbf{y}^{*\nu}>0$, $z^{*\nu}=0$ と読む．他も同様．

ここで，正の物的資本財を持つ個人は常に，再生産可能解において (0, +, +) というタイプの最適解を持っている．実際，任意の個人の最適解

が $(\mathbf{x}^{*\nu}, \mathbf{y}^{*\nu}, z^{*\nu})$ であるときには，常に，$\overline{\mathbf{x}}^{\nu}=\mathbf{0}$, $\overline{\mathbf{y}}^{\nu}=\mathbf{x}^{*\nu}+\mathbf{y}^{*\nu}$ 及び $\overline{z}^{\nu}=z^{*\nu}+L\mathbf{x}^{*\nu}$ によって定められる $(\overline{\mathbf{x}}^{\nu}, \overline{\mathbf{y}}^{\nu}, \overline{z}^{\nu})$ は実行可能であり，かつ $(\mathbf{x}^{*\nu}, \mathbf{y}^{*\nu}, z^{*\nu})$ の場合と同じ収入，同じ労働量に帰結するから，結局，最適解になる．また，物的資本財を所有しない個人は (0, 0, +) というタイプの最適解のみを持つ事になる．以上より，利潤率が非負の生産部門があれば，正の貨幣資本 $\mathbf{p}\boldsymbol{\omega}^{\nu}$ を持つ個人はそれを他人の労働によって完全稼働する事で収入を増やせるので，任意の個人 ν の均衡下の収入は $\pi\mathbf{p}\boldsymbol{\omega}^{\nu}+l^{*\nu}$ (但し，$l^{*\nu}=\overline{z}^{\nu}$) となる．

各個人は再生産可能解の下で，定義 5.9 における階級構成のいずれに所属する事になるのであろうか？　今，再生産可能解において，$\mathbf{p}A\mathbf{x}^{*\nu}=\mathbf{p}\boldsymbol{\omega}^{\nu}$ かつ，$L\mathbf{x}^{*\nu}=l^{*\nu}$ となる個人 ν がいたとしよう．明らかにこの個人は (+, 0, 0) というタイプの最適解を持っている事になるので，彼はプチブルジョア階級 C^{PB} の一員である．同様に，もし $\mathbf{p}A(\mathbf{x}^{*\nu}+\mathbf{y}^{*\nu})=\mathbf{p}\boldsymbol{\omega}^{\nu}$ かつ，$L\mathbf{x}^{*\nu}=l^{*\nu}$ となっている個人 ν はブルジョア階級 C^{H} の一員であり，$\mathbf{p}A\mathbf{x}^{*\nu}=\mathbf{p}\boldsymbol{\omega}^{\nu}$ かつ $L\mathbf{x}^{*\nu}+z^{*\nu}=l^{*\nu}$ である個人は準プロレタリア階級 C^{S} の一員である事を確認できる．今の議論はそれぞれ $L\mathbf{y}^{*\nu}>0$, $z^{*\nu}>0$ である個人について議論されてきた事に留意すると，以下の補題を得る：

レンマ 5.1 [Roemer (1986)]：任意の資本主義経済 $\langle N; (P_{(A,L)}, \mathbf{b}); u; (\boldsymbol{\omega}^{\nu})_{\nu\in N}\rangle$ が，正の利潤率の伴う再生産可能解 $\left((\mathbf{p}, 1); (\mathbf{x}^{*\nu}, \mathbf{y}^{*\nu}, z^{*\nu})_{\nu\in N}\right)$ の下にあるとしよう．そのとき，

$$\nu \in C^{H}\backslash C^{PB} \Leftrightarrow \frac{\mathbf{p}\boldsymbol{\omega}^{\nu}}{l^{*\nu}} > \max_{i=1,\dots,n}\left(\frac{\mathbf{p}A}{L}\right)_i;$$

$$\nu \in C^{PB} \Leftrightarrow \min_{i=1,\dots,n}\left(\frac{\mathbf{p}A}{L}\right)_i \leq \frac{\mathbf{p}\boldsymbol{\omega}^{\nu}}{l^{*\nu}} \leq \max_{i=1,\dots,n}\left(\frac{\mathbf{p}A}{L}\right)_i;$$

$$\nu \in C^{S}\backslash C^{PB} \Leftrightarrow \frac{\mathbf{p}\boldsymbol{\omega}^{\nu}}{l^{*\nu}} < \min_{i=1,\dots,n}\left(\frac{\mathbf{p}A}{L}\right)_i; \ \& \ \nu \in C^{P} \Leftrightarrow \frac{\mathbf{p}\boldsymbol{\omega}^{\nu}}{l^{*\nu}} = 0,$$

但し，$\left(\frac{\mathbf{p}A}{L}\right)_i$ はベクトル $\mathbf{p}A$ の第 i 成分を分子に，ベクトル L の第 i 成分を分母に持つ分数である．

以下では，各個人が所有する貨幣資本 $\mathbf{p}\boldsymbol{\omega}^{\nu}$ を彼の持つ富(wealth)と呼ぶ事にしよう．レンマ 5.1 は，個人間の富-労働供給量比率の大小関係が彼等の富の大きさに関する大小関係と 1 対 1 に対応するならば，階級関係と富の大小関係に 1 対 1 の対応関係が成立する事を意味している．実際，任意の個人の均衡下における労働供給量が彼の富の大きさに対して非弾力的に単調変化するようなケースでは富と階級の対応関係が成立する．かくして：

定理 5.8(富-階級対応[Roemer(1986)])：任意の資本主義経済 $\langle N; (P_{(A,L)}, \mathbf{b}); u; (\boldsymbol{\omega}^{\nu})_{\nu\in N}\rangle$ が，正の利潤率の伴う再生産可能解 $((\mathbf{p},1); (\mathbf{x}^{*\nu}, \mathbf{y}^{*\nu}, z^{*\nu})_{\nu\in N})$ の下にあるとしよう．また，全ての個人の効用関数は $\dfrac{\mathrm{d}\, l^{*\nu}}{l^{*\nu}} \Big/ \dfrac{\mathrm{d}\, \mathbf{p}\boldsymbol{\omega}^{\nu}}{\mathbf{p}\boldsymbol{\omega}^{\nu}} < 1$ を満たすとしよう．そのとき，そしてそのときのみ，上述の意味での富の大小関係と階級関係との 1 対 1 の対応関係が成立する．

5.7.2　搾取と富の対応関係

この節では再びレオンチェフ経済体系を想定しているので，労働搾取の定式は，森嶋型の定義で十分である．しかしながら，5.4 節での議論と異なり，ここでは余暇の選択の可能性より，個々人の効用最大化解における労働供給量は必ずしも 1 に等しいとは限らない．従って，搾取者-被搾取者の定義もそれに応じて，若干の変更を要する事となる：

定義 5.10[Roemer(1982, Chapter 6)]：任意の資本主義経済 $\langle N; (P_{(A,L)}, \mathbf{b}); u; (\boldsymbol{\omega}^{\nu})_{\nu\in N}\rangle$ が，正の利潤率の伴う再生産可能解 $((\mathbf{p},1); (\mathbf{x}^{*\nu}, \mathbf{y}^{*\nu}, z^{*\nu})_{\nu\in N})$ の下にあるとしよう．このとき任意の個人 $\nu\in N$ に関して：

$$\nu \text{ は被搾取者である} \Leftrightarrow \max_{\mathbf{c}\in B(\mathbf{p},\Pi^{\nu}(\mathbf{p},1))} l.v.(\mathbf{c}) < l^{*\nu};$$

$$\nu \text{ は搾取者である} \Leftrightarrow \min_{\mathbf{c}\in B(\mathbf{p},\Pi^{\nu}(\mathbf{p},1))} l.v.(\mathbf{c}) > l^{*\nu}.$$

ここで定義 5.10 の条件式を展開する事によって，

$$\max_{\mathbf{c}\in B(\mathbf{p},\Pi^{\nu}(\mathbf{p},1))} l.v.(\mathbf{c}) < l^{*\nu} \Leftrightarrow \max_{i=1,\ldots,n}\left(\frac{\mathbf{\Lambda}}{\mathbf{p}}\right)_i (\pi\mathbf{p}\boldsymbol{\omega}^{\nu}+l^{*\nu}) < l^{*\nu}$$

であり，他方，

$$\min_{\mathbf{c}\in B(\mathbf{p},\Pi^{\nu}(\mathbf{p},1))} l.v.(\mathbf{c}) > l^{*\nu} \Leftrightarrow \min_{i=1,\ldots,n}\left(\frac{\mathbf{\Lambda}}{\mathbf{p}}\right)_i (\pi\mathbf{p}\boldsymbol{\omega}^{\nu}+l^{*\nu}) > l^{*\nu}$$

である事が解る．但し，$\left(\frac{\mathbf{\Lambda}}{\mathbf{p}}\right)_i$ はベクトル $\mathbf{\Lambda}$ の第 i 成分を分子に，ベクトル $\mathbf{p}$ の第 i 成分を分母に持つ分数である．この関係を用いて以下の補題を得る：

レンマ 5. 2[Roemer (1986)]：任意の資本主義経済 $\left\langle N; (P_{(A,L)}, \mathbf{b}); u; (\boldsymbol{\omega}^{\nu})_{\nu\in N}\right\rangle$ が，正の利潤率の伴う再生産可能解 $\left((\mathbf{p},1); (\mathbf{x}^{*\nu}, \mathbf{y}^{*\nu}, z^{*\nu})_{\nu\in N}\right)$ の下にあるとしよう．そのとき，

$$\nu \text{ は被搾取者} \Leftrightarrow \frac{\mathbf{p}\boldsymbol{\omega}^{\nu}}{l^{*\nu}} < \frac{1-\max_{i=1,\ldots,n}\left(\frac{\mathbf{\Lambda}}{\mathbf{p}}\right)_i}{\pi\max_{i=1,\ldots,n}\left(\frac{\mathbf{\Lambda}}{\mathbf{p}}\right)_i},$$

$$\nu \text{ は搾取者} \Leftrightarrow \frac{\mathbf{p}\boldsymbol{\omega}^{\nu}}{l^{*\nu}} > \frac{1-\min_{i=1,\ldots,n}\left(\frac{\mathbf{\Lambda}}{\mathbf{p}}\right)_i}{\pi\min_{i=1,\ldots,n}\left(\frac{\mathbf{\Lambda}}{\mathbf{p}}\right)_i}.$$

レンマ 5. 2 は，個人間の富-労働供給量比率の大小関係が彼等の富の大きさに関する大小関係と 1 対 1 に対応するならば，搾取関係と富の大小関係に 1 対 1 の対応関係が成立する事を意味している．すなわち，搾取者は被搾取者よりも必ずより大きな富を所有している，という関係である．レンマ 5. 1 の場合と同様，富-労働供給量比率の大小関係が富の大きさに関する大小関係と 1 対 1 に対応する条件として，均衡下における労働供給量が個人の富の大きさに対する非弾力的な単調変化関数として決定される事が挙げられる．かくして：

定理 5.9（富-搾取対応[Roemer(1986)]）: 任意の資本主義経済 $\left\langle N; (P_{(A,L)}, \mathbf{b}); u; (\boldsymbol{\omega}^{\nu})_{\nu \in N}\right\rangle$ が，正の利潤率の伴う再生産可能解 $\left((\mathbf{p}, 1); (\mathbf{x}^{*\nu}, \mathbf{y}^{*\nu}, z^{*\nu})_{\nu \in N}\right)$ の下にあるとしよう．また，全ての個人の効用関数は $\dfrac{\mathrm{d}\, l^{*\nu}}{l^{*\nu}} \Big/ \dfrac{\mathrm{d}\, \mathbf{p}\boldsymbol{\omega}^{\nu}}{\mathbf{p}\boldsymbol{\omega}^{\nu}} < 1$ を満たすとしよう．そのとき，そしてそのときのみ，任意の搾取者は任意の被搾取者よりも必ずより大きな富を所有している．

5.7.3　搾取と階級の対応関係

定理 5.8 と定理 5.9 の議論を下に，余暇選択のある経済環境においても，階級-搾取対応原理を導く事ができる．

定理 5.10（階級-搾取対応原理[Roemer(1982; 1986)]）: 任意の資本主義経済 $\left\langle N; (P_{(A,L)}, \mathbf{b}); u; (\boldsymbol{\omega}^{\nu})_{\nu \in N}\right\rangle$ が，正の利潤率の伴う再生産可能解 $\left((\mathbf{p}, 1); (\mathbf{x}^{*\nu}, \mathbf{y}^{*\nu}, z^{*\nu})_{\nu \in N}\right)$ の下にあるとしよう．そのとき，

$$\nu \in C^{H} \Rightarrow \nu \in N \text{ は搾取者である;}$$
$$\nu \in C^{S} \cup C^{P} \Rightarrow \nu \in N \text{ は被搾取者である.}$$

定理 5.10 は労働供給関数の弾力性条件 $\dfrac{\mathrm{d}\, l^{*\nu}}{l^{*\nu}} \Big/ \dfrac{\mathrm{d}\, \mathbf{p}\boldsymbol{\omega}^{\nu}}{\mathbf{p}\boldsymbol{\omega}^{\nu}} < 1$ に依存せず，成立する事に留意されたい．その証明は，定理 5.3 や定理 5.4 の証明などと同様の手法でできる．ここでは特に，

$$\min_{i=1,\ldots,n}\left(\frac{\mathbf{p}A}{L}\right)_i \leq \frac{1 - \max_{i=1,\ldots,n}\left(\dfrac{\boldsymbol{\Lambda}}{\mathbf{p}}\right)_i}{\pi \max_{i=1,\ldots,n}\left(\dfrac{\boldsymbol{\Lambda}}{\mathbf{p}}\right)_i} \ \& \ \max_{i=1,\ldots,n}\left(\frac{\mathbf{p}A}{L}\right)_i \geq \frac{1 - \min_{i=1,\ldots,n}\left(\dfrac{\boldsymbol{\Lambda}}{\mathbf{p}}\right)_i}{\pi \min_{i=1,\ldots,n}\left(\dfrac{\boldsymbol{\Lambda}}{\mathbf{p}}\right)_i}$$

の 2 つの不等式の成立を示せば定理 5.10 の証明となる事が，レンマ 5.1 及びレンマ 5.2 より従う[10]．

この様に，階級-搾取対応原理は，余暇の選択の可能性を許容した経済環境であっても，個々人の持つ労働供給関数の性質に依存する事無く，成立する．その意味で，この定理は，資本主義経済に関する一般的原理とし

10)　この 2 本の不等式の証明は，読者のエクソサイスに委ねる．

て確立されると言ってもよい様に思える．この定理は，古典的マルクス主義が単純に仮定していた階級と搾取の相関性を証明する事によって，「資本家階級が搾取者であり，労働者階級が被搾取者である」というマルクス主義の基本的公理へのミクロ的基礎付けを与えているのである．

しかしながら先に論じた様に，既存の私的所有関係を前提とする限り，搾取の存在は資本主義経済の不当性を必ずしも含意するとは言えないかもしれない．従って，資本家階級が労働者階級を搾取しているという関係を内生的に導出したところで，それに何の意味があるのかという疑問があるかもしれない．とりわけ，その関係が所有する富の，従ってまた，獲得する収入の大小関係との相関性が発見されない場合においてはそうである．以下の節では，ローマーの搾取と階級に関する理論的分析の持つ意義及び含意について見ていきたい．

5.8　マルクス的労働搾取概念の意義 ——ジョン・ローマーの位置づけ

資本家階級が労働者階級を搾取しているという関係を内生的に導出したところで，「搾取」それ自体に経済システムの不当性を評価する指標としての意義がなければ，この結論にも資本主義経済に対する批判的含意は何も導き出せない．マルクス自身は，『資本論 I』の転変論に見られる様に，資本主義経済における資本家階級の富の蓄積が，彼等にとっての無償の他人労働によって生み出された成果である事を明らかにする事に，搾取概念の有効性を見ていた．この議論はいわゆる「マルクスの基本定理」によって論証されたと言われてきたが，3.5 節で論じたように，「一般化された商品搾取定理」はマルクス自身の議論が理論的に支持され得ない事を明らかにしてきた．

マルクス派搾取概念の意義について，ローマー自身は，なぜマルクス主義は労働搾取に関心を寄せるのか，その理由を 4 つの観点に分類した［Roemer(1985; 1986)］．第一は，労働搾取が資本主義における正の利潤の生成と資本蓄積を説明するから，という理由である．第二は，労働搾取が資本主義的生産過程における資本家と労働者の支配関係と密接に関わり合っているから，という理由である．第三は，労働搾取は，資本主義の下で人々の疎外される程度を測定するから，という理由である．第四は，労働搾取は分配的不公正の状況を意味するから，という理由である．

第一の理由への批判は，これまで述べてきた様に，「一般化された商品搾取定理」によって与えることができる．第二の理由についてはどうであろうか？　資本主義的生産過程における資本家と労働者の支配関係は，確かに労働搾取の存在についての十分条件にはなるかもしれないが，必要条件ではない，とローマーは論じている．従って，もしマルクス主義者が生産過程における資本-労働の支配関係を非民主主義的なものとして批判的に捉えており，その関係の存在や支配の強度を確かめる為に労働搾取概念が有効であると考えるならば，それは正しくないという話になる．資本-労働の支配関係が労働搾取の必要条件ではない点については，階級-搾取対応原理を成立させる必要十分条件には，資本-労働の支配関係という要因は関わっていない事から確認できる．すなわち，労働搾取の存在とは，取得労働量と供給労働量の格差の存在に他ならないが，これ自体は生産過程における支配的関係抜きでも成立し得る．

例として，労働市場が存在せず，しかしながら財市場と資本市場が存在する経済環境を考えればよい[11)]．そこでは資本貸与階級，純粋自営業階級，半自営業半資本借用階級，純粋資本借用階級などの階級形成が見出される．この社会では，全ての個人は自己労働 1 単位を働く事で，収入最大化を行う．自己労働 1 単位を稼働させるだけの貨幣資本を自己所有していない個人は，他者から資本を借用して 1 単位労働稼働分の生産を行い，かつ利子を支払う様な，半自営半資本借用階級や純粋資本借用階級に属する事になる．他方，自己労働 1 単位を稼働させる以上に豊富な貨幣資本を自己所有している個人は余った資本を他者に貸与して利子収入を得る資本貸与階級に属する事となる．この場合，資本貸与階級に属する個人は労働搾取者となり，半自営半資本借用階級や純粋資本借用階級に属する

11)　この市場経済モデルの検討に関する詳細については，Roemer (1986, Section 7.3) を参照の事．

個人は労働被搾取者となる事が確認できる．この意味での階級–搾取対応原理が成立するのであるが，今の議論には生産過程における資本–労働の支配関係は一切，労働搾取の生成に関与していない事が解る．

第三の理由について．労働搾取は疎外の存在を説明するであろうか？疎外というのは，一般的には，本来人々が主体的に行使している協働的な営みの帰結が，まるで人々自身の意思とは独立な，制御不可能な外的な力として現れ，逆に人々を支配し振り回す事態を言う．例えば，直接的生産過程における労働者たちの協業と分業は，彼等自身によって創造された社会的力である筈が，資本主義経済システムの下ではその社会的力が資本の力として，労働者たちにとっては外的支配的な力として現れる．すなわち，資本主義経済システムの下での労働者たちの直接的生産過程における協業と分業は，資本家による指揮・監督の下で互いにバラバラに切り離された「強制された労働」という形態で現れる．あるいは，諸個人の自己労働による成果としての使用価値の社会的交換関係も，広い意味で人々の社会的協働・社会的分業の関係に他ならないが，市場経済システムの下ではそれは貨幣獲得を目的に人々が互いに競合しあう，相克的人間関係として現れ，いわば貨幣が人々の意思や行動のあり方を支配するかのごとく機能する．これも疎外の一形態である．

ローマーは，直接的生産過程における労働者たちの協業と分業の強制労働への疎外と労働搾取との関係は，資本–労働の支配関係と労働搾取との関係のアナロジーで議論できると考えている．つまり，一般に，搾取関係の確認によって，生産過程における疎外の存在を証明する事はできないと論ずる．他方，人々の協働的社会関係の貨幣的社会関係への疎外は，本来，労働搾取が存在しない状況でも生じ得る．つまり，ロビンソン・クルーソーの世界ではなく，人々の社会的分業が十分に発達した協働社会を前提するならば，そうした社会的分業が市場の価格メカニズムによって媒介される限り，この種の疎外は本質的に克服不可能であろう．しかし，労働搾取の関係は，富–搾取の対応関係についての定理 5.3 が含意する様に，物的資本財が均等に所有される市場経済であれば，存在しない．

第四の理由に関して．富者と貧者を分類する指標として搾取概念が有効であるか否かについてであるが，これは定理5.9の富-搾取対応関係が示す様に，全ての個人がある特定の効用関数(富に対して労働供給が非弾力的に対応する)を持つ社会においては有効である事が主張できる．しかしながら，個人間で余暇と所得に関する選好が異なる場合，一般に富-搾取対応関係は成立しない．とは言え，この種の反例に関しては，個人の選好はその客観的境遇が規定するとのマルクス主義的見解に基づけば，自由裁量に個々バラバラな選好を持つ社会を構成する形で反例を作ったとしても，あまり説得的でないかもしれない．しかしながら，選好の内生的生成に関するマルクス主義的見解と整合的であると見なせる状況であっても，富-搾取対応関係が成立しないケースが有り得る．例えば，全ての個人が等しい労働能力と等しい消費選好を持っていても，富に対して労働供給が非弾力的でない場合，つまり非弾力性条件

$$\frac{\mathrm{d}\, l^{*\nu}}{l^{*\nu}} \Big/ \frac{\mathrm{d}\, \mathbf{p}\boldsymbol{\omega}^{\nu}}{\mathbf{p}\boldsymbol{\omega}^{\nu}} < 1$$

が，任意の富の水準 $\mathbf{p}\boldsymbol{\omega}^{\nu}$ に関して成立しない様な労働供給関数 $l\,(\mathbf{p}\boldsymbol{\omega}^{\nu}) = l^{*\nu}$ を描く場合[12]には，物的資本財所有のより豊かな個人が被搾取者で，物的資本財所有のより貧しい個人が搾取者になるという，マルクス主義にとってはパラドキシカルな状況が生じ得る．ローマーは，この反例の成立を以って，労働搾取概念に関心を寄せるべき第四の理由も，説得的ではないと結論付けている．なぜならば，この反例はマルクス的搾取概念が分配の公正性の指標として機能しない事を意味する，と解釈されたからである[13]．

Roemer(1982)は，上述の結果を受けて，分配の公正性の指標として，マルクス的労働搾取概念に代わる，新たな搾取の定義を提唱した．それが「搾取への所有関係アプローチ」である．経済環境 $\langle N; (P_{(A,L)}, \mathbf{b});$

12)　すなわち，富の変化に対応して労働供給が変化する際に，富の増加率よりも労働供給の増加率が大きくなる場合がある様な労働供給関数のときのことを言う．

13)　もちろん，労働供給が富の変化に対して非弾力的であるという条件は歴史的事実から見てリーズナブルであるという論拠によって，貧者が富者を搾取する様な事態は現実的でないと主張する事はできよう．しかし，理論的には，搾取で分配の公正性を指標化できないという議論を覆せはしない．

$(\boldsymbol{\omega}^{\nu})_{\nu\in N};(s^{\nu})_{\nu\in N}\rangle$ を想定しよう．但しここで，s^{ν} は個人 ν の労働スキル水準，すなわち，単位時間当たり労働量を表す．今，総人口 N に対する任意の部分集合を $S\subseteq N$ で記し，S から構成される社会における仮想的配分が $\mathbf{z}_H^S\equiv(\mathbf{z}_H^{\nu})_{\nu\in S}$ であるとしよう．これは，社会 S において公正的分配と判断されるある基準を満たすコーンと労働の配分である．他方，社会 N の下での資源配分は $\mathbf{z}^N\equiv(\mathbf{z}^{\nu})_{\nu\in N}$ であり，そのうち，S に属するメンバーだけで構成される配分を $\mathbf{z}^S$ としよう．このとき，任意の $\nu\in S$ において，$\mathbf{z}_H^S$ の方が $\mathbf{z}^S$ よりも好ましい結果をもたらすならば，そして任意の $\nu\in N\backslash S$ において，$\mathbf{z}^{N\backslash S}$ の方が $\mathbf{z}_H^{N\backslash S}$ よりも好ましい結果をもたらすならば，結託 S は社会 N の下での**被搾取者結託**と言う．逆に，結託 $N\backslash S$ は社会 N の下での**搾取者結託**と言う．

この定義は，ある仮想的な理想的配分を設定し，その基準に照らして実際の経済の下で状態が悪化している集団を被搾取者階級，状態が実際の経済の下での方が好ましい集団を搾取者階級と見なそうというものである．これを協力ゲームの理論に関連させて論ずれば，一人の被搾取者も，従って搾取者も存在しない様な配分が配分ゲームのコアに属する事を示す事ができる［Roemer(1982)］．ローマーはこの様な搾取の定義がマルクス的搾取の定義を一般化したものである事を論じている．実際，全ての個人の労働スキルレベルが等しく１に基準化でき，全員が等しい効用関数を持っている経済を想定し，さらに仮想的配分は全員が等しい資本財の賦存を与えられたときの競争均衡配分であると置けば，そのときのローマーの意味での搾取概念はマルクス的労働搾取概念に一致する．その際，仮想的配分 $\mathbf{z}_H^S$ は現存の経済 $\langle N;(P_{(A,L)},\mathbf{b});(\boldsymbol{\omega}^{\nu})_{\nu\in N};(s^{\nu})_{\nu\in N}\rangle$ とは異なる資本財の初期賦存を想定して導出されるものであるが故に，搾取関係の存在は，その仮想的配分が前提する分配基準に基づく限り，現存の私的所有関係の不公正性を意味する事になる．それ故にこの様な搾取の定義は所有関係的搾取の定義と言われる．

所有関係的搾取の定義は，マルクス的労働搾取を一つの特殊ケースとして含むから，逆に言えば，マルクス的搾取では分配の公正さについての判断がつかないケースにおいても，この新しい定義に基づけば言及する事ができる．すなわち，個人間で労働スキルや消費選好が異なる様なケースにおいても(所有関係的意味での)搾取が存在しているかどうか，従って，その仮想的配分が前提する分配基準に基づいて公正な配分が為されているかどうかを常に判定する事ができる．その意味で，分配の不公正性を測る指標としての意義を持つ事にもなる[14]．それ故に，この議論は，資本主義の分配関係の不公正性を示す為に，あえてマルクス的な剰余労働価値の概念を採用する根拠はないという結論になる．以降，ローマーの関心は，マルクス的搾取理論のさらなる理論的展開も自らの搾取論の理論的展開もほとんど行う事無く，むしろ公正な分配基準とは何かという問題に移行したのである．

5.9　マルクス的労働搾取論の限界？

前節で論じた様に，階級–搾取対応原理によって階級関係及び搾取関係の生成を生産手段の不均等私的所有の存在から説明できるのは，一般に個人間で労働スキルが等しく，かつ所得や余暇への選好が等しい状況であり，さらにその選好も，労働供給の富の増加に対する非弾力性を満たす状況に限定される．しかしながら，これらの点を以って，マルクス的搾取概念は公正な分配基準として機能しない，とするローマーの批判及び搾取理論の棄却という方向性は，やや性急に過ぎるように思われる．

第一に，個人間で労働スキルや所得や余暇への選好が等しいケースだけの分析であっても，マルクス的搾取概念には一定の，資本主義社会批判装置としての有効性はあると思われる．先に論じた様に，搾取者であるか被搾取者であるかという問題は階級–搾取対応原理に基づけば，それぞれの個人の生き方の選択に関する実質的機会集合の不均等を意味する．ローマーの階級生成の議論より解る様に，富の大きい搾取者はプロレタリアートとしてもプチブルジョアとしても生きる事は可能であるが，合理的意思決定の結果としてブルジョアとして生きる道を選んでいるのに対して，富

14)　もちろん，この様なより一般的なケースも考察に入る場合，何をもって公正な分配と見なすかの基準の設定自体の困難さという問題は存在している．

を持たない被搾取者はそもそもプロレタリアートとして生きる可能性しか選択肢になかった．ここで，全ての個人は所得や余暇への同一の選好を持っている社会である故に，この2人の境遇の違いは彼等の主体的な努力の違いに基づくものではない事は，明瞭である．そして，富-搾取対応関係の定理に基づけば，2人の実質的機会の不均等は彼等の主体的努力の結果に基づかない，富の初期保有の違いに起因している事が解る．5.4節でも言及した様に，現代的な分配的正義の観点から見れば，個人間の生き方の選択に関する機会集合の不均等が彼等の主体的努力の違いには基づかず，それ故に彼等の責任性を問う事ができない様なある客観的環境要因に基づく限り，その様な不均等をもたらす制度は正義の基準を満たさないと判断される．資本主義経済はまさに，この様な意味での不公正な社会的帰結をもたらし得る点に批判されるべきポイントがあり，ローマーの富-搾取対応及び，階級-搾取対応原理はその問題を明らかにしたと位置づける事ができる．

もっとも，全ての個人の労働スキルと選好が等しいケースであっても，労働供給の富の増加に対する非弾力性が満たされない場合には，一般に富-階級-搾取対応原理が成立しないから，上記の様な議論によるマルクス的搾取概念の擁護は困難な事業となる様に見える．しかしながら，労働供給の富の増加に対する非弾力性という性質は，豊かになればなる程，さらなる所得の増加よりも余暇の増加への選好が増すという事であり，比較的自然な仮定であると言えるかもしれない．一部にワーカホリックな資本家がいる事はあり得ても，全体として資本主義社会の大雑把な特徴として富-階級-搾取対応原理を主張する際に，労働供給の富の増加に対する非弾力性という条件はそれ程，強い制約とは言えないかもしれない．また，労働供給のこの非弾力性条件は，資本主義経済の基本モデルとして，新古典派的な労働市場を想定する限り，その条件が満たされるか否かは，純粋に所得と余暇に関する選好の性質に依存する．つまり，制度的な要因によって，非弾力性条件を内生的に導出する事は不可能である．しかしながら，第6章で論ずる様に，資本主義経済の様式化された事実をより反映するモデルとして，抗争的交換としての労働市場を想定するならば，労働供給の富の増加に対する非弾力性はむしろ内生的に導く事ができる．従って，その様なモデルの想定の下では，富-階級-搾取対応原理が成立するのである．

第二に，全個人が所得と余暇に関する選好を持つのは市場経済モデルの尤もらしい想定ではあるが，我々の当面の研究課題から照らせば，その様な想定の下での分析結果が，5.1 節から 5.6 節までの，全個人が収入最大化を目的とする市場経済モデルの下での分析結果に比して，より優れていると断言できる根拠は必ずしも明瞭とは思えない．現実の市場経済を見ても，人よりもより多く努力し働く事で，労働者階級から資本家階級へと「出世」していく個人の存在は，まま見られるわけであり，そうした個人が収入を増大させるプロセスにおいて，むしろ取得労働以上の供給労働を提供している可能性も大いに考えられる事である．しかし，それらがむしろ稀なケースである事は，近年の実証的計量社会学における階層移動研究の成果[15)]からも，伺い知る事ができる．むしろ一部の個人たちの稀な，超人的努力の成果としては説明し得ない，市場経済メカニズムの主要な傾向的特性を説明する上で，全個人が収入最大化を目的とする市場経済モデルの設定は，事柄の本質をより明晰に把握する上でも有益であると思われる．マルクスにせよ，我々自身にせよ，あるがままの資本主義経済をあるがままに受け止め，その説明を試みる事は不可能であり，何らかの仮想的設定の導入による「現実」の理論的加工は必要不可欠である．その意味で，全個人が収入最大化を目的とする市場経済モデルの下で成立する富-階級-搾取対応原理は，現実のあるがままの市場経済を描写したものではないものの，社会関係の再生産に関しての市場経済メカニズムが内在する一特性を明瞭にしたものであると位置づけられよう．

実際，例えば，新古典派経済学の一般均衡理論であっても，完全競争市場というある種の仮想的設定の下で，「厚生経済学の基本定理」を導いている．この定理は，完全競争市場とか完全予見可能な合理的個人の設定など，その前提条件の「非現実性」にも関わらず，市場経済の資源配分メカ

15)　例えば，佐藤(2008)，橋本(2008)などでその成果の一端を垣間見る事ができる．

ニズムとしての原理的特性のある一側面を明らかにした分析結果として，今尚，ミクロ経済理論において高い位置づけを与えられ続けている．モデルの前提の「非現実性」故に，直ちに「現実の市場経済に関する理論ではない」という評価には決して結びつかないのである．同様の理屈が，マルクス的搾取理論のモデル設定に関しても当てはまる筈である．全個人が収入最大化を目的とする市場経済モデルの設定は，言い換えれば，各個人が自己の経済条件の制約下で実現可能な最大限の所得を獲得するとして，その想定下で尚，存続し続ける市場経済の原理的特性として，階級所属に関する機会の不均等と搾取者–被搾取者の社会関係の再生産メカニズムの存在を抽出して見せているのである．つまり，市場経済はその原理的特性として，資源配分の効率性を達成するメカニズムとしての側面を有していると共に，階級関係と搾取関係を再生産するメカニズムとしての側面を有している．その事を明らかにできるという意味で，収入最大化モデルの設定は正当化され得ると言えよう．

第6章　搾取・富・労働規律の対応理論

80年代以降の数理マルクス経済学における，ジョン・ローマーの「搾取と階級の一般理論」以外のもう一つの代表的な議論として，Bowles & Gintis(1988; 1990)の「抗争的交換の理論」(Theory of Contested Exchange)が挙げられる．彼等の議論は，資本主義経済における本質的な問題は労働搾取の存在ではなく，企業内の労資の権力関係にこそある事を強調するものであった．彼等は資本主義経済における労働市場(及び資本市場)は新古典派的な完全競争市場ではなく，抗争的交換として特徴付けられるものである事を論じた．労働市場が抗争的交換となるのは，第一に，雇用主は被雇用者に実行させたい労働パフォーマンスを正確に契約書に記述することができず，また，被雇用者の労働パフォーマンスを完全に監視する事は莫大なコストを要する故に不可能であるという為であり，第二に，不完全な監視活動の下で確率的に発見される，悪質な労働パフォーマンスに対して，解雇という手段で罰則する一方，良質な労働パフォーマンスに対しては，雇用を保証し，かつその賃金は被雇用者が解雇された場合に可能な期待所得に比して高く設定されるというメカニズムを用いる事で，雇用主が被雇用者から良質な労働パフォーマンスを抽出せんとする為である．この様な状況で決定される均衡賃金は，新古典派的労働市場とは異なり，必ずしも完全雇用と両立するとは限らない．

抗争的交換による労資の権力関係の存在を強調する立場から，ボールズ＝ギンティスは，ローマーの様に不均等な富の私的所有の条件下で階級と搾取を説明するのは，ある特殊な仮想的経済システム，すなわち労働市場が抗争的でないワルラス的世界，の下での搾取の理論であって，現実の資本主義経済――すなわちそこでは労働市場は抗争的交換の特徴を持つ――に関する搾取の理論ではない，という批判を展開した．彼等は，資本主義経済の特徴付けとして重要なのは，搾取の存在ばかりでなく，資本と労働の支配関係の存在である事を強調し，それらを分析し，資本主義の理解を深めるのに抗争的交換はキーポイントであるとした．

ボールズ＝ギンティスの議論に対するローマーの立場は，資本主義経済における搾取と階級分化が生成する必要十分条件は，富の不均等所有であり，労資の権力関係，すなわち資本家がいかにして労働者から良い労働パフォーマンスを抽出するかという関係，には依存しないという議論である．実際，ローマーの議論は，雇用者が彼の望む労働パフォーマンスを契約として完全描写でき，コストの掛からない完全監視が可能な新古典派的労働市場を想定しながら，尚，正の利潤率が存在する経済均衡の特徴として搾取と階級の存在を証明して見せるものである．ローマー自身，現実の資本主義における労働市場はむしろ新古典派的というよりも抗争的交換市場である事を認めているが，搾取と階級の理論的存在条件としては抗争的交換市場という側面には依存しないというのがポイントである．

ボールズ＝ギンティスと同様の批判的議論は，Devine & Dymski (1991; 1992)や Foley (1989)，Housten (1989)等によってもなされている．その中でも最も精力的な批判を展開した Devine & Dymski (1991; 1992)の議論について簡単に触れておこう．彼等は，ローマーの搾取と階級を生成させる議論は静学的なワルラシアン均衡における正の利潤率の成立を仮定している事に着目し，動学的な世界においてはワルラシアンモデルと正の利潤率の存続とは両立し得ず，正の利潤率の存続を保証させる為には労資の権力関係の分析を考慮せざるを得ないのではないのか，と論ずる．富の不均等所有が正の利潤率の存続の十分条件にならない以上，ローマーの，「富の不均等所有が存在するならば，搾取と階級が存在する」という命題は成立しなくなる，というのが彼等の結論である．ローマー自身はワルラシアン均衡における正の利潤率の成立の背景として，総労働供給に比して総資本賦存が稀少である世界を想定しているが，そのような想定は動学的な資本蓄積が存在する場合には，容易に利潤率ゼロの世界に移行してしまうというのが，ディヴィン＝ディムスキーの主張である．彼等はマルクスの資本蓄積論こそが，そのような動学的な文脈で正の利潤率が存続する仕組みを描いていた事を強調し，ローマーの議論がその点に言及していない事を批判している．

ディヴィン＝ディムスキーのこの主張は，後に妥当である事がSkillman(1995)やVeneziani(2007)等によって，論証されている．彼等はより動学的な資本蓄積モデルにおいて，階級と搾取の構造が長期的に存続可能か否かという問題を取り上げた．彼等の議論は，通時的モデルにおいて貯蓄を明示的に導入するならば，正の利潤は，従って正の搾取率もまた，長期的には消滅する傾向にある，というものである．その理屈は容易に理解可能である．すなわち，人口成長の無い資本蓄積経済モデルにおいて貯蓄を導入すれば，それによる資本蓄積の進行と共に，資本の労働に対する稀少性を減滅させていく．その結果，正の利潤率及び正の搾取率は，長期的にはゼロに収束する事になる，というものである．Veneziani(2007)はさらに，各生産者自身が資本蓄積自体を目的とする経済モデルではなく，複数の生産期間に跨って，一定の生存消費ベクトルの純産出に要する労働支出の最小化を目的とする諸個人からなる動学的経済を想定し，この想定の下でも，貯蓄行動の導入によって正の利潤率及び正の搾取率は，長期的にゼロに収束する事を論証している．この経済環境では，各個人の目的は総生産期間における総労働支出量の最小化であるが，この場合でも，期間の初期における生産活動の成果の一部を貯蓄して，次期以降の生産活動の為の資本蓄積に費やす事によって，同じ生存消費ベクトルを純生産する為の生産活動により多くの資本を以って臨める様になる．それは一方で，その個人の労働支出量を以前より減らしても生存消費ベクトルの確保に十分となる可能性を拡げると同時に，他方で，固定された人口の想定の下では資本の労働に対する稀少性を減少させる効果を持つ．その様な貯蓄と資本蓄積の行動が結果的に，総生産期間における総労働支出量の最小化を実現するが故に動学的均衡において各個人はその様に行動する一方，それらは資本の稀少性の低下によって長期的に利潤率をゼロへと収束させるのである．

ここで注意すべき点は，以上の議論を以って，ローマー的な階級-搾取対応原理が支持されないと評価するのは早計であるという事である．ローマーの階級-搾取対応原理は市場経済における階級関係及び搾取関係の生成(emergence)のメカニズムを論ずるものであり，他方，Skillman

(1995)や Veneziani(2007)の議論は，階級関係及び搾取関係の継続性(persistence)について論じたものである．さらに，彼等の議論の意図は，資本主義経済においては階級関係及び搾取関係が生成したとしても，それは長期的には自然に消滅してしまうのだ，と主張する事ではない．むしろ，Skillman(1995)や Veneziani(2007)においても指摘されている様に，搾取関係の継続性を本格的に論ずるためには，人口成長要因の存在しない，貯蓄行動の要因だけが導入された通時的モデルでは不適切である，という点を明らかにしている，と言えよう．現代の新古典派における標準的な最適成長理論にある様な，人口成長の契機を考察から外し，人口1人当たりの資本ストックの成長に関心を集中させるモデルを前提にして，資本主義経済における搾取関係の継続性に関する何らかの一般的言明を行う事は適切でない[1)]，という主旨で解釈する事が肝心であろう．こうした展望自体は，ローマーも共有するものであるばかりでなく，相対的過剰人口の累積的生産論におけるマルクス自身の議論とも両立可能な視点である．そして，こうした資本蓄積の動学的論脈で正の利潤率維持のメカニズムを分析する為の本格的議論は，Roemer(1992)も言う様に，難解であり，本書の課題を超えている問題である．この論点に関しては，また改めて別の機会に論じる事としたい．

ディヴィン＝ディムスキーのもう一つの主要な論点についての議論に転じよう．彼等は，総資本賦存の稀少性が正の利潤率の条件であるというローマーの議論の背景には，生産性の絶対的不変性がある事を指摘する．

---

1) 大西広とその研究集団によって最近，推進されている「マルクス派最適成長論」の議論は，まさにこの点においてスキルマンやヴェネティアーニとは反対の立場に位置づけられよう．彼等のフレームワークは，大西(2005)，山下(2005)に見出される様に，まさに新古典派の標準的な最適成長理論を適用し，その様なモデルにおいて，初期時点における1人当たり資本ストックが正である限りその水準が何であれ，長期的には最適な資本-労働比率に対応する同一の資本蓄積量に収束する性質を用いて，長期における資産格差の消滅＝搾取関係の消滅を論ずるものである．これらのモデルが市場経済のモデル化になっているか否かという点には大きな留保を要するが，その点を差し引いても，大西(2005)に見られる様な，限りなく階級格差自動消滅論的な含意を定理の帰結として導き出すのは，早計に思われる．例えば，山下(2005)では全ての個人の時間選好率は同一と仮定されているが，富の貧富の格差に応じて時間選好率が違う(貧しい個人ほど時間選好率が大きい)という尤もらしい仮定――Lawrance(1991)はこの仮定を支持する実証分析を提供している――の下での資本蓄積の結果として，富の格差が拡がるという理論分析も少なくない[例えば，Ryder(1985)を参照の事]．

すなわち，労働コスト1単位当たりに投下されている労働量が技術的に決まっている議論なのであり，それは契約内容を完全描写でき，コストの掛からない完全監視の労働市場の仮定があって成立するものであり，その仮定無しには正の利潤率も保証されない，というのが彼等の議論のもう一つのポイントである．彼等の議論は，様々な資本-労働の支配関係を支える装置(ボールズ＝ギンティス流の抗争的労働市場をその一つに含む)が，十分に高い生産性と資本の稀少性を維持し，従って，正の利潤率の存続を保証するが故に，搾取と階級の存在の条件として，富の不均等所有だけでなく，労資の権力関係も挙げられなければならないというものである．確かに労資の権力関係が存在しない資本主義経済でも，正の利潤率の伴う経済均衡が存在すれば，ローマーが示した様に，搾取と階級が生成するだろうが，それは非現実的な仮想上の特殊ワルラス的資本主義世界においてのみ成立する議論である，というわけである．このディヴィン＝ディムスキーの議論に対しては，Skillman(1995)が，労資の支配関係・権力関係の存在は搾取が存在する為の十分条件ではなく，搾取率の強度を決定する要因である，という反論を行っている．

以上の論争に対して，一つの結論を与える役割を果たすと思われるのが，この章で，以下に紹介されるYoshihara(1998)の議論である．そこでは，抗争的労働市場を伴うレオンチェフ型資本主義経済モデルを構築し，ローマーの富-階級-搾取対応原理の頑健性を確認している．ローマーの，労働市場が抗争的交換であろうとなかろうと，富の不均等所有が搾取と階級の存在を説明するという命題は，労働供給の富に関する非弾力性条件に依存していた．もし，労働市場が新古典派的であるとし，このとき，この条件が満たされていたとしても，市場を抗争的交換に置き換えるや同じ効用関数の下であれ，非弾力性の条件を満たすとは限らないという問題がある．もしこの条件が満たされなければ，「労働市場が抗争的交換であろうとなかろうと」という言及は説得力を失うであろう．本章の以下の議論では，資本主義経済における特徴として十分にリーズナブルな抗争的労働市場を想定する限り，上記の非弾力性条件は満たされ，従って，ローマーの富-搾取対応関係の頑健性も保証される事を示す．また，富を多く所有している個人も，仮に無所有な個人と同様に，労働市場に参入するならば，富のより少ない個人ほど，均衡において単位賃金当たりに行使する労働強度水準はより高くなるという，「富-労働規律度対応関係」について議論される．この定理は，労資の権力関係が資本主義経済の収益性を保証するという，ディヴィン＝ディムスキーの議論への有力な反論を含意している．注意すべきは，資本主義経済の収益性に関連するのは労資の権力関係の存在，すなわち抗争的交換のメカニズムの存在ではなく，権力関係の強度，すなわち，労働規律度がどれだけ高いかである．「富-労働規律度対応関係」は，個々人の労働規律度が彼等の所有する富の大きさに依存する事を示しているので，結局，資本主義の収益性の保証という観点からも，富の不均等所有の存在は重要な決定要因である事が解る．もちろん，以上の議論は，富の不均等所有の存在が直ちに資本主義の収益性を含意する事を導き出したものではないが，資本主義経済の特徴付けに際して富の不均等所有という要因の果たす基本的役割を強調するに十分な論拠を与えていると思われるのである．

6.1　基本的生産経済モデルと再生産可能解

本章では以下の様な経済環境を考えよう．$|\overline{N}|$ 人の個人と同質な企業からなる社会を考える．5.1 節の設定と同様に，この人口の任意の構成員 $\nu \in \overline{N}$ は一般に，非負の財初期賦存ベクトル $\boldsymbol{\omega}^{\nu} \in \mathbf{R}_{+}^{n}$ と 1 労働日に 1 単位の労働を提供する能力(労働力)を有している．個々人の間で労働能力と選好に関する差異は存在しない．社会全体での財の初期賦存量は依然として，$\boldsymbol{\omega} \equiv \sum_{\nu \in \overline{N}} \boldsymbol{\omega}^{\nu}$ であり，その私的所有状態は $(\boldsymbol{\omega}^{\nu})_{\nu \in \overline{N}}$ である．各個人はその所有資本を企業に投資し，他方で彼の労働力を企業に売る．全ての企業はレオンチェフ生産技術 (A, L) に自由にアクセス可能である．

この経済の生産技術的構造は $\left\{A, L, \mathbf{b}, \boldsymbol{\omega}^{1}, \ldots, \boldsymbol{\omega}^{|\overline{N}|}\right\}$ で与えられる．ここで $\mathbf{b}$ はこれまでと同様に，$n \times 1$ の正ベクトルであって，実質賃金ベクトルを表す．この経済において，各個人と各企業は 1 生産期間におい

て，2 段階の意思決定問題に直面する．第 1 段階においては，各企業が各個人に労働契約を提供する．この生産期間において $|N|$ $\left(\leq|\overline{N}|\right)$ 人の個人が雇用されているとしよう．被雇用者の集合 N は，前生産期間の末期において決定される．この経済では，労働市場は遂時的な条件付更新市場として組織される．新雇用は解雇された従業員の穴埋めの為に行うか，もしくは生産の拡大故の新しい労働需要を満たす為に行うものと想定される．

ある個人 ν に対する労働契約は 2 つの変数からなる．一つは企業が彼に対して支払う予定の実質賃金率 Ω^{ν} であり[2)]，もう一つは監視計画 f^{ν} である．この監視計画によって，企業はその雇用労働者たちに対して，もし彼等のうちの一部で，その労働パフォーマンスが彼の提供された賃金率に比して十分ではないものとして発見された場合には，彼はこの生産期間の末期において，次期以降の雇用の更新中止を宣言されるだろう，と告知する．その様にして企業によって提供される労働契約が，$\{\Omega^{\nu}, f^{\nu}\}_{\nu\in N}$ という 1 リストで与えられる事になる．各企業は他方で，金融資本を投資してくれるであろう諸個人に，期待利潤率に関する情報を提供する．それに基づいて，各個人は，もし投資可能な資本を保有している場合には，いずれの企業ないしは産業に投資すべきかの意思決定を行う．

意思決定の第 2 段階は生産過程にあり，そこでは各被雇用者たちが労働努力水準の決定を行う．この段階では各個人の努力水準に関して，彼等と企業との間の基本的な情報の非対称性が存在する．すなわち，各個人の努力水準は工場内の生産者同士で互いに完全に認知する事ができるが，他方で企業がそれを知るのはコストの要する監視活動を通じてのみである．すなわち，企業のその従業員についての知識は，監視強度水準を上げたときのみ，増大させる事が可能である．1 生産期間の期末に，各企業は各被雇用者の労働パフォーマンスを比較し，同じ賃金で雇用されている同僚と比較して，そのパフォーマンスが劣ると発見された従業員を解雇する．従って，もし各個人にとって次期の雇用更新に利益があるならば，この様な

---

2)　貨幣賃金率はこのとき $w^{\nu}\equiv\Omega^{\nu}\mathbf{pb}$ と定義される．ここで $\mathbf{b}$ はニュメレール財ベクトルとしても機能するとすれば $w^{\nu}=\Omega^{\nu}$ なので，Ω^{ν} でもって，貨幣賃金率の意味でも使う事ができる．

システムは労働努力を誘導する機能を果たすだろう．

この経済では，任意の企業の目的は，その企業の資本所有者の代理人として利潤を最大化する事である．その目的は，生産における労働抽出過程と市場における他企業との競争を通じて達成される．2種類の企業間競争が存在する．第一に，企業は労働契約のリストに関して競争する．今，全ての企業は同一であるので，均衡においてそれらは同一の労働契約のリストを採用し，そこでは同一のタイプの個人たちは同一の賃金率を提供される．第二に，企業は商品の売買の数量に関して競争し，均衡では異なる産業間で均等な利潤率が普及している——レオンチェフ経済体系の想定より——．かくして，我々の設定の下では，産業内及び産業間に跨る企業間の競争状態は同一の労働契約のリストと均等利潤率によって特徴付けられるだろう[3)]．その様な競争過程を明示的に記述する事はこの章の課題を超える話であるので，以下ではむしろ議論の単純化の為に，企業の数は代表的企業1つであるとして話を進める事としたい．すなわち，記号 N はこの代表的企業の被雇用者の集合を表すものと考える．

以下で使われる記号法として，$n\times 1$ 型ベクトル $\mathbf{x}^{\nu}$ は個人 ν の生産活動水準を表す．$n\times 1$ 型ベクトル $\mathbf{x}\equiv\sum_{\nu\in N}\mathbf{x}^{\nu}$ は，各個人の生産活動水準の集計ベクトルである．また，e^{ν} は個人 ν の単位時間当たりの労働努力水準を表す．l は $(0\leq l\leq 1)$ の範囲で選ばれる変数であって，企業が決める労働時間を表す．最後に，$\mathbf{y}^{\nu}$ は，各個人 ν の投資する資本を通じて稼働可能な生産活動水準を表す $n\times 1$ 型ベクトルである．

以上の設定の下で企業の問題は以下の様に定義される：失業者の集合 $\overline{N}-N$ と市場価格 $\mathbf{p}$ が所与の下で，

$$\max_{\left(\{\mathbf{x}^{\nu}\}_{\nu\in N},\{\Omega^{\nu},f^{\nu}\}_{\nu\in N}\right)}\sum_{\nu\in N}\left[(\mathbf{p}-\mathbf{p}A)\,\mathbf{x}^{\nu}-(\Omega^{\nu}+s\,(f^{\nu}))\,l\right] \tag{P4}$$

$$\text{s.t.}\quad e^{\nu}l=L\mathbf{x}^{\nu}\geq 0\quad(\forall\nu\in N),$$

$$\sum_{\nu\in N}\mathbf{p}A\mathbf{x}^{\nu}\leq\sum_{\eta\in\overline{N}}\mathbf{p}A\mathbf{y}^{\eta},\quad 0\leq l\leq 1,$$

3) この利潤率の均等化の動学的プロセスが部門間の資本移動によって特徴付けられるのであれば，均等利潤率を伴う価格ベクトルへの収束は，一般には保証されない．

但し，$s(f)$ は監視強度 $f\in\mathbf{R}_+$ に対応する，被雇用者1人当たりの監視費用を表す．この関数 $s(f)$ は連続微分可能であって，$f>0$ ならば $s(f)>0$，及び $s(0)=0$，$s'(\cdot)>0$ かつ $s''(\cdot)\geq 0$ であると仮定する．ここで $e^{\nu}l=L\mathbf{x}^{\nu}\ (\forall\nu\in N)$ を考慮しつつ，問題(P4)の目的関数を変形すると，

$$\sum_{\nu\in N}\left[(\mathbf{p}-\mathbf{p}A)\,\mathbf{x}^{\nu}-(\Omega^{\nu}+s\,(f^{\nu}))\,l\right]=\sum_{\nu\in N}\left[\mathbf{p}-\mathbf{p}A-\frac{(\Omega^{\nu}+s\,(f^{\nu}))}{e^{\nu}}L\right]\mathbf{x}^{\nu}$$
$$=\left[\mathbf{p}-\mathbf{p}A-\left(\frac{\sum_{\nu\in N}(\Omega^{\nu}+s\,(f^{\nu}))}{\sum_{\nu\in N}e^{\nu}}\right)L\right]\mathbf{x}.$$

この式の展開より，問題(P4)において，利潤最大化の為には，各個人の労働努力1単位当たりの労働コスト(賃金費用+監視費用)が，最小化されるべき事が解る．

企業はまた，問題(P4)を遂行する為に，労働契約のリスト $\{\Omega^{\nu},f^{\nu}\}_{\nu\in N}$ 及び資本契約のリスト $[\pi_i]=[\pi_1,\ldots,\pi_n]$——但し，これは各産業部門 i における期待利潤率 π_i のプロフィールであり，π_i は

$$\pi_i=\frac{\left[p_i-\mathbf{p}A_i-\left(\frac{\sum_{\nu\in N}(\Omega^{\nu}+s\,(f^{\nu}))}{\sum_{\nu\in N}e^{\nu}}\right)L_i\right]x_i}{p_i\omega_i}$$

と定義される——を提供する．但し A_i は行列 A の第 i 列ベクトルを表す．そのとき被雇用者集合 N 上の，もしくは失業者の集合 $\overline{N}-N$ 上の各個人 ν は，労働努力の供給に関する最適問題と，資本投資に関する最適問題に直面している．

再び，記号の定義として，$(e\,|_{\Omega^{\nu},f^{\nu}})^{-\nu}$ を，個人 ν と同内容の労働契約を提供されている，他の被雇用者たちの労働努力リストであるとしよう．また，α で，任意の失業者にとっての，次期の生産期間で雇用される確率を表し，$\delta\geq 0$ を人口成長の要素，r で時間選好率を表すとしよう．さらに，市場価格が $\mathbf{p}$，個人 ν の実質賃金率が Ω^{ν} であり，さらに労働時間が l である場合の個人 ν の収入を $\Pi\,(\mathbf{p}\boldsymbol{\omega}^{\nu},\Omega^{\nu}l)$ で表す．また，個人 ν の被雇用による効用の現在割引価値を V_E^{ν} で，失業による効用の現在割引価値を V_U^{ν} で表す．また，個人 ν の解雇される確率を d^{ν} で表す．最後に，監

視計画が $f=\left[f^1,\ldots,f^{|N|}\right]$ であるときに怠業を発見される被雇用者の割合を $\beta(f)$ で表す．

任意の個人 ν の選好は，収入 $\Pi(\mathbf{p}\boldsymbol{\omega}^\nu,\Omega^\nu l)$ と労働供給 $e^\nu l$ を変数とする効用関数 $u(\Pi(\mathbf{p}\boldsymbol{\omega}^\nu,\Omega^\nu l),e^\nu l)$ によって表される．この関数 u は2階連続微分可能であって，以下の仮定を満たす：任意の $l>0$ に対して，$u_e\equiv u_{el}\cdot l<0$ であり，かつ $u_\Pi>0$，$u_{ee}\leq 0$，$u_{\Pi\Pi}\leq 0$，かつ $u_{\Pi e}=0$ である．さらに，$U(\Pi^\nu)\equiv -u_{\Pi\Pi}/u_\Pi$ と置けば，関数 $U(\Pi^\nu)$ は収入 Π^ν に関して，単調非増加である．

関数 u の2階の偏微係数 $u_{\Pi e}$ に関する仮定は，この論脈では理に適っている．なぜならば，労働契約の性格より，雇用された各個人は彼の真の労働パフォーマンス如何に関わりなく，約束された賃金並びに利潤を受け取る事ができるからである[4)]．2階の偏微係数 $u_{\Pi\Pi}$ と関数 $U(\Pi^\nu)$ に関する仮定は，諸個人のリスクへの態度に関連している．$u_{\Pi\Pi}$ が非正である事は，全ての個人がリスク愛好者ではない事を意味し，また，$U(\Pi^\nu)$ の単調非増加性は，全ての個人がリスク中立的であるかもしくは非増加的リスク回避者である事を意味する．Kreps(1990)によれば，これらの設定は不確実性の下での自然な仮定と想定されているものである．

この生産期間において個人 ν が失業しているならば，彼の問題は単に資本の制約 $\mathbf{p}A\mathbf{y}^\nu\leq\mathbf{p}\boldsymbol{\omega}^\nu$ と収入制約式 $\Pi(\mathbf{p}\boldsymbol{\omega}^\nu,\hat{w})=[\pi_i\mathbf{p}A_i]\,\mathbf{y}^\nu+\hat{w}$ の下で，$u(\Pi(\mathbf{p}\boldsymbol{\omega}^\nu,\hat{w}),0)$ を最大化する様に資本投資計画 $\mathbf{y}^\nu$ を決める事だけである．但し，ここで $\hat{w}$ は，非資本主義セクターにおいて外生的に供給される留保賃金を表している．しかし以下では，単純化の為に，$\hat{w}=0$ と仮定しよう[5)]．

この生産期間において個人 ν が雇用されているのであれば，彼の問題は以下の様になる[6)]：所与の $\left(\Omega^\nu,l,f^\nu,\alpha,\left(e\,|_{\Omega^\nu,f^\nu}\right)^{-\nu},[\pi_i],\mathbf{p}\right)$ と所与の失業期待効用 V_U^ν の下で，

4）実際，Shapiro & Stigliz(1984)や Gintis & Ishikawa(1987)等，この労働契約モデルと同様の効率賃金モデルにおいては，同様の仮定が課されている．

5）この仮定の有無は，以下の諸定理の帰結には何ら影響を及ぼさない．

$$\max_{e^\nu \mathbf{y}^\nu} V_E^\nu = \left(\frac{u\left(\Pi\left(\mathbf{p}\boldsymbol{\omega}^\nu, \Omega^\nu l\right), e^\nu l\right) + d\left(f^\nu, e^\nu, \left(e\left|_{\Omega^\nu, f^\nu}\right.\right)^{-\nu}\right) V_U^\nu}{r + d\left(f^\nu, e^\nu, \left(e\left|_{\Omega^\nu, f^\nu}\right.\right)^{-\nu}\right)} \right) \quad \text{(P5)}$$

$$\text{s.t.} \quad \Pi\left(\mathbf{p}\boldsymbol{\omega}^\nu, \Omega^\nu l\right) = \left[\pi_i \mathbf{p} A_i\right] \mathbf{y}^\nu + \Omega^\nu l, \ \ \mathbf{p} A \mathbf{y}^\nu \leq \mathbf{p}\boldsymbol{\omega}^\nu,$$

但し，$V_U^\nu = \dfrac{1-\alpha}{r+\alpha} u(\Pi\left(\mathbf{p}\boldsymbol{\omega}^\nu, 0\right), 0) + \dfrac{\alpha(1+r)}{r+\alpha} V_E^\nu$ & $\alpha = \dfrac{\beta\left|N\right|}{\delta\left|\bar{N}\right| - (1-\beta)\left|N\right|}$.

注記すべき事は，全ての個人は，同一の選好と同一の労働スキルを持つ個人であるが故に，馘首について共通の主観的確率関数 $d(\cdot,\cdot,\cdot)$ を持っている点である．以下ではこの $d(\cdot,\cdot,\cdot)$ は連続微分可能な関数であって，任意の個人 ν にとって，他者の任意の努力水準 $e^{-\nu}$ に関して，

$$d_e < 0, \quad d_{ee} > 0, \quad d_f > 0, \quad d_{fe} < 0, \quad \& \quad d(0,\cdot,\cdot) = 0 \qquad (6.1)$$

であると仮定しよう．さらに，以下の議論では主観確率関数 $d(\cdot,\cdot,\cdot)$ を以下の様に特定化しよう：

$$d\left(f^\nu, e^\nu, \left(e\left|_{\Omega^\nu, f^\nu}\right.\right)^{-\nu}\right) = \min\left[\frac{f^\nu}{\left\{e^\nu\right\}^2}\phi(\nu), 1\right] \qquad (6.2)$$

$$\text{但し，} \phi(\nu) = \frac{e^\nu + \psi(\nu)}{2}, \quad \psi(\nu) = \frac{\sum_{\eta \in N(\nu)\setminus\{\nu\}} \left(e\left|_{\Omega^\nu, f^\nu}\right.\right)^\eta}{\left|N(\nu)\right|}, \quad \&$$

$$N(\nu) = \left\{\eta \in N \setminus \{\nu\} \left| \left(\Omega^\eta, f^\eta\right) = \left(\Omega^\nu, f^\nu\right)\right.\right\}.$$

この(6.2)式のような関数が $d(\cdot,\cdot,\cdot)$ に関する仮定(6.1)を満たす事については，容易に確認できる[7]．

以上の設定の準備の下で，我々はこの経済モデルの下での均衡について定義する事ができる．企業の問題(P4)の解の集合を $\mathbf{A}(\mathbf{p}, 1)$ で表す事にしよう．また，個人 ν の効用最大化問題――特に，被雇用者に関しては

6）以下の定式は Gintis & Ishikawa (1987) に基づいている．但し，いくつかの点で彼等の定式との違いがある．第一に，我々の設定では，馘首が生じるのは企業が最善の労働パフォーマンスを行使していない従業員を発見したときだけである．第二に，Gintis & Ishikawa (1987) では，被雇用者たちのある比率が，企業の監視評価の誤差の存在によって，必然的に解雇される構造になっているのに対し，我々の以下のフレームワークでは，監視の誤差は存在しない設定になっている．（但し，完全な監視を遂行する為の監視費用が膨大な為，企業は実質的には不完全な監視活動しか行わないが．）

7）この確率関数は上述の労働契約の内容を反映するものである．すなわち，ある個人が，彼の労働パフォーマンスが，彼と同一の賃金で雇用されている他者に比較して，十分ではない水準と発見された場合には次期の雇用契約の更新がされないかもしれない，という事である．

(P5)——の解の集合を $\mathbf{B}(\mathbf{p}, \Omega^\nu, f^\nu, [\pi_i], V_U^\nu)$ で表す事にしよう．そのとき，均衡は以下の様に定義される：

定義 6.1［Yoshihara (1998)］：任意の経済環境 $\langle \overline{N}, \delta; (P_{(A,L)}, \mathbf{b}); (u, d, r); (\boldsymbol{\omega}^\nu)_{\nu \in \overline{N}} \rangle$ に対して，あるプロフィール $\left(\mathbf{p}, \{\mathbf{x}^\nu\}_{\nu \in N}, \{\Omega^\nu, f^\nu\}_{\nu \in N}, \{e^\nu, \mathbf{y}^\nu\}_{\nu \in \overline{N}}, (V_U^\nu)_{\nu \in \overline{N} \setminus N}\right)$ が一つの再生産可能解(a reproducible solution)であるのは，それが以下の条件を満たすときである：

(a) $\left(\{\mathbf{x}^\nu\}_{\nu \in N}, \{\Omega^\nu, f^\nu\}_{\nu \in N}\right) \in \mathbf{A}(\mathbf{p}, 1)$（利潤最大化）；

(b) $\forall \nu \in \overline{N}$，$(e^\nu, \mathbf{y}^\nu) \in \mathbf{B}(\mathbf{p}, \Omega^\nu, f^\nu, [\pi_i], V_U^\nu)$（効用最大化）；

(c) $\mathbf{x} = \sum_{\nu \in N} \mathbf{x}^\nu$ and $\mathbf{x} \geq A\mathbf{x}$（再生産可能条件）；

(d) $A\mathbf{x} \leq \sum_{\nu \in \overline{N}} A\mathbf{y}^\nu \leq \boldsymbol{\omega} \equiv \sum_{\nu \in \overline{N}} \boldsymbol{\omega}^\nu$（生産の社会的実行可能性）．

この均衡概念は失業の存在を許容する．

6.2 再生産可能解の存在問題

本節では企業及び諸個人の最適化問題の解を特徴付ける事，さらに当該経済における再生産可能解の存在証明を行う．第一に，定常期待状態において，部分ゲーム均衡として遂行される労働契約が存在することが示される．同様に，最適な資本契約も特徴付けられる．第二に，ある理に適った仮定の下で唯一の定常期待が存在することが示される．最後に，ある仮定の下で，失業を伴う再生産可能解の存在が証明される．

6.2.1 労働契約並びに資本契約の決定過程

任意の生産期間における意思決定の第2段階について考えよう．第1段階において企業によって提供された労働契約と資本契約が，それぞれ $\{\Omega^\nu, f^\nu\}_{\nu \in N}$ 及び $[\pi_i]$ であるとしよう．以上の前提の下で，個人 ν がもし何らかの資本賦存を所有していれば，そのとき彼はプロフィール $[\pi_i]$ の中に正の成分が存在する限り，その最大値に $\mathbf{p}A\mathbf{y}^\nu = W^\nu (\equiv \mathbf{p}\boldsymbol{\omega}^\nu)$ に到るまで，彼の金融資本を投資する．個人 ν が被雇用者であれば，彼は意思決定問題(P5)を解く．以下では，任意の被雇用者 $\nu \in N$ に関して，$V_E^\nu > V_U^\nu$ である状況を想定しよう．問題(P5)を解く結果，我々は以下の 1 階条件を得る：

$$\frac{d_e^\nu \left\{u(\Pi^\nu, e^\nu l) - rV_U^\nu\right\}}{u_e^\nu} = r + d(f^\nu, e^\nu, (e\,|_{\Omega^\nu, f^\nu})^{-\nu}). \tag{6.3}$$

(6.3)式を用いて，我々は陰関数 F を以下の様に定義する：

$$\begin{aligned} &F\left(e^\nu l,\, \Pi(\mathbf{p}\boldsymbol{\omega}^\nu,\, \Omega^\nu l),\, f^\nu,\, rV_U^\nu,\, (e\,|_{\Omega^\nu, f^\nu})^{-\nu}\right) \\ &\equiv d_e^\nu \left\{u(\Pi^\nu,\, e^\nu l) - rV_U^\nu\right\} - u_e^\nu \left\{r + d(f^\nu,\, e^\nu,\, (e\,|_{\Omega^\nu, f^\nu})^{-\nu})\right\} = 0. \end{aligned} \tag{6.4}$$

最適な労働努力水準 e^ν の近傍において，関数 $F(\cdot)=0$ は連続であり，また，F の 1 階偏微分によって定義される関数 F_e, F_l, F_Π, F_{rV_U}, $F_{e^{-\nu}}$, 及び F_f はそれぞれ連続である事を確認できる．さらに，$F_e \neq 0$ である．なぜならば，仮定 $V_E^\nu > V_U^\nu$，$d_{ee} > 0$，$u_{ee} \leq 0$ によって，

$$F_e = d_{ee}\,(u - rV_U) - u_{ee}(r+d) > 0$$

であるので．かくして，陰関数定理の適用によって，我々は以下の様な労働抽出関数を導出できる：

$$e^\nu = e\left(\Pi\left(\mathbf{p}\boldsymbol{\omega}^\nu, \Omega^\nu l\right), l, f^\nu, rV_U^\nu, (e\,|_{\Omega^\nu, f^\nu})^{-\nu}\right). \tag{6.5}$$

この(6.5)式の性質より，以下の性質を導ける：

レンマ 6.1：定常期待の下で，所与の価格 $\mathbf{p}$ と期待利潤率プロフィール $[\pi_i]$ において，任意の 2 個人 $\nu, \eta \in N$ は，彼等が同一の金融資本額を所有している，すなわち $W^\nu = W^\eta$ ならば，任意の労働契約 (Ω, f) に対する最適労働努力水準は等しい．

証明：諸個人間における唯一の違いは彼等のそれぞれの金融資本所有額である．従って，任意の (Ω, f) に対応する彼等の最適労働努力水準の違いは，金融資本所有額の違いによって生じるものである．　**Q.E.D.**

上記のレンマ 6.1 の含意として，労働努力 1 単位当たりの労働コストを最小化する為に，企業は諸個人間における労働契約を，彼等の資本賦存量

に応じて差異化するべきである事が従う．

レンマ **6. 2**：上記の仮定の下で，任意の被雇用者 $\nu\in N$ において，最適労働努力水準は実質賃金率に対して単調増加的である．

証明：(6.4)式より，任意の $\nu\in N$ において，

$$\frac{\partial e^{\nu}}{\partial \Omega}=\frac{d_e\cdot u_{\Pi}l-(r+d)\,u_{e\Pi}\cdot l}{u_{ee}(r+d)-d_{ee}(u-rV_U)}.$$

ここで，$u_{\Pi}>0$, $u_{ee}\leq 0$, $u_{\Pi e}=0$, $d_e<0$, $d_{ee}>0$ であり，かつ，$V_E^{\nu}>V_U^{\nu}$ であるので，明らかに $\partial e^{\nu}/\partial\Omega>0$ が従う． **Q.E.D.**

レンマ 6. 2 は労働市場が効率賃金タイプである為の必要条件である．

次に，生産期間における第 1 段階の意思決定について，考える．ここで，企業は各個人の選好と資本賦存について知っているとの仮定の下で，企業は任意の $\nu\in N$ の，任意の労働契約 (Ω^{ν}, f^{ν}) に対する労働努力水準を計算する事ができる．それ故，問題(P4)は以下の様な 2 ステップの問題に分割する事ができる：

(第 **1** ステップ)：任意の $\left(\overline{N}-N,\mathbf{p}\right)$ 及び $l\in[0,1]$ に関して

$$\min_{\Omega^{\nu} f^{\nu}}\ \frac{\Omega^{\nu}+s\,(f^{\nu})}{e\left(\Pi\left(\mathbf{p}\boldsymbol{\omega}^{\nu},\Omega^{\nu}l\right),l,f^{\nu},rV_U^{\nu},\left(e\,|_{\Omega^{\nu},f^{\nu}}\right)^{-\nu}\right)}\quad(\forall\nu\in N)\,.\quad\text{(P4-1)}$$

(第 **2** ステップ)：任意の $\left(\overline{N}-N,\mathbf{p}\right)$ 及び，問題(P4-1)に関する $|N|$ 対の解 $\{\Omega^{*\nu}(l)\,,f^{*\nu}(l)\}_{\nu\in N}$ が所与の下で，

$$\max_{l\in[0,1]}\ \sum_{\nu\in N}\left[\mathbf{p}-\mathbf{p}A-\left(\frac{\Omega^{*\nu}(l)+s(f^{*\nu}(l))}{e\,(\Pi\,(W^{\nu},\Omega^{*\nu}(l)l)\,,l,f^{*\nu}(l),rV_U^{\nu})}\right)L\right]\mathbf{x}^{\nu}(l)\qquad\text{(P4-2)}$$

$$\text{s.t.}\quad e\,(\Pi\,(W^{\nu},\Omega^{*\nu}(l)\cdot l)\,,f^{*\nu}(l),rV_U^{\nu})\,l=L\mathbf{x}^{\nu}(l)\quad(\forall\nu\in N)\,,$$

$$\sum_{\nu\in N}\mathbf{p}A\mathbf{x}^{\nu}(l)\leq\mathbf{p}\boldsymbol{\omega},\quad \mathbf{x}^{\nu}(l)\geq\mathbf{0}.$$

問題(P4-1)と問題(P4-2)の解の組を $\left(\{\Omega^{*\nu},f^{*\nu}\}_{\nu\in N}\,,l^{*}\right)$ で記す事にしよう．そのとき，問題(P4-1)の解の 1 階条件は以下の様になる[8)]：

$$
\begin{aligned}
&(\Omega^{*\nu}, f^{*\nu}) = \arg\min_{\Omega^{\nu}, f^{\nu}} \ \frac{\Omega^{\nu}+s\,(f^{\nu})}{e^{\nu}} \\
&\Rightarrow \quad e^{\nu}_{\Omega^{*\nu}} = \frac{e^{*\nu}}{\Omega^{*\nu}+s\,(f^{*\nu})}, \quad s'\,(f^{*\nu}) = \frac{e^{\nu}_{f^*}}{e^{\nu}_{\Omega^{*\nu}}}.
\end{aligned} \tag{6.6}
$$

レンマ 6.3：上記の仮定の下で，任意の被雇用者 $\nu \in N$ において，もし $(\Omega^{*\nu}, f^{*\nu})$ が条件(6.6)を満たすとき，この $(\Omega^{*\nu}, f^{*\nu})$ は 2 階の条件をも満たす．

証明：章末の数学付録を見よ．　**Q.E.D.**

命題 6.1：定常期待の下で，以下の条件が満たされるとき，労働契約のリスト $\{\Omega^{*\nu}, f^{*\nu}\}_{\nu \in N}$ と労働努力水準のリスト $\{e^{*\nu}\}_{\nu \in N}$ は，部分ゲーム完全均衡として遂行される：

$\{\Omega^{*\nu}, f^{*\nu}\}_{\nu \in N}$ は条件(6.6)を満たし，

かつ $e^{*\nu} = e(\Pi\,(W^{\nu}, \Omega^{*\nu} l^*)\,, l^*, f^{*\nu}, rV^{\nu}_{U}) \quad (\forall \nu \in N)$.

証明：以下の様な戦略プロフィールを考える：

• 企業の戦略：条件(6.6)を満たす様な $\{\Omega^{*\nu}, f^{*\nu}\}_{\nu \in N}$ を提供し，そして個人 ν の次期の雇用に関して，もし $e^{*\nu} \geq e\,(\Pi\,(W^{\nu}, \Omega^{*\nu} l^*)\,, l^*, f^{*\nu}, rV^{\nu}_{U})$ であれば更新し，そしてもし $e^{*\nu} < e\,(\Pi\,(W^{\nu}, \Omega^{*\nu} l^*)\,, l^*, f^{*\nu}, rV^{\nu}_{U})$ であれば，今期末に彼を馘首する．

• 任意の個人 ν の戦略：(Ω^{ν}, f^{ν}) が提供されたならば，

$$e^{\nu} = e(\Pi(W^{\nu}, \Omega^{\nu}, l^*), l^*, f^{\nu}, rV^{\nu}_{U})$$

の労働努力を行使する．

明らかに，この戦略プロフィールは部分ゲーム完全均衡を構成する．

Q.E.D.

8）任意の関数 $h\,(\mathbf{x})$ に関して，X 上のある変数が h を最大化，もしくは最小化するときに，その様な変数を $\arg\max_{\mathbf{x} \in X} h\,(\mathbf{x})$ もしくは $\arg\min_{\mathbf{x} \in X} h\,(\mathbf{x})$ で記す．

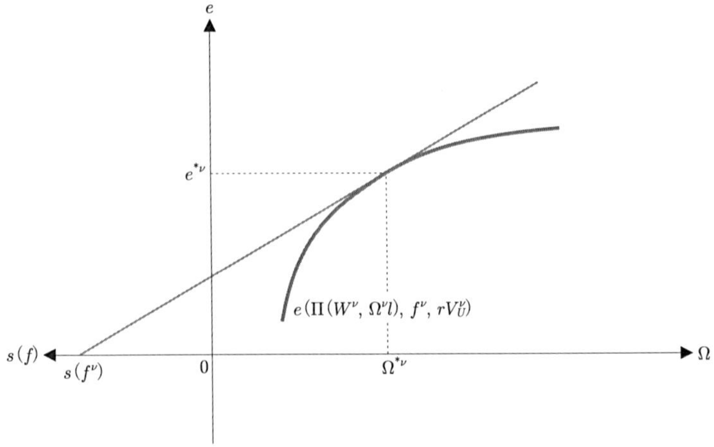

図 **6. 1**　労働契約均衡の決定

この企業の脅迫戦略は，完全雇用の場合であってさえも，もし外生的に与えられている人口成長が最大資本蓄積率を超える場合には，クレディブルである．その様な場合には，任意の個人は次の生産期間において現れるであろう潜在的な産業予備軍の存在によって脅かされるのである[9]．

6. 2. 2　留保効用の定常期待の存在

上記の分析は経済が定常期待の下にある事を仮定している．すなわち，各個人の留保効用の事前価値は，その事後価値と一致する状況の仮定である[10]．以下では，定常期待を維持させる唯一の留保効用の値が存在することを証明する．

各個人 ν の留保効用の事前価値を $z_0^\nu \equiv rV_U^\nu$ で記す事にしよう．各個人 ν に関して，条件(6. 6)を満たす解は z_0^ν の値に依存する事より，我々は連続関数 $\Omega^{*\nu}(z_0^\nu)$, $f^{*\nu}(z_0^\nu)$, $l^{*\nu}(\mathbf{z}_0)$ 及び $e^{*\nu}(\mathbf{z}_0)$——但し，$\mathbf{z}_0=(z_0^1, \ldots, z_0^\nu, \ldots, z_0^{|N|})$ である——を定義できる．

---

9)　潜在的産業予備軍は資本主義セクターにおける人口の自然成長率によって構成されるのみならず，非資本主義セクターからの人口流動によってもまた，構成される．

10)　我々のここでのアプローチは一時的均衡分析であるので，厳密に言えば，次期の価格についての期待も存在する．しかしながら，Roemer(1981; 1982)と共に，ここでは価格期待もまた，定常状態にあると仮定している．

定義より，

$$\alpha=\min\left\{\frac{\beta\,|N|}{\delta|\overline{N}|-(1-\beta)\,|N|},\ 1\right\}.$$

次に，馘首される個人の割合を表す β について考えよう．まず，$\theta\equiv\sum_{\nu\in N}\max\left(\theta_1^\nu,\theta_2^\nu\right)f^\nu$ という記号を導入する．但し，

$$\theta_1^\nu=\begin{cases}1 & \text{if } e\left(\Omega^{*\nu},f^{*\nu},l^*\right)-e^\nu>0\\ 0 & \text{if } e\left(\Omega^{*\nu},f^{*\nu},l^*\right)-e^\nu\leq 0\end{cases},\quad \theta_2^\nu=\begin{cases}1 & \text{if } \psi(\nu)-e^\nu>0\\ 0 & \text{if } \psi(\nu)-e^\nu\leq 0\end{cases}$$

であり，また，$e\left(\Omega^{*\nu},f^{*\nu},l^*\right)$ は(6.6)式によって導かれる労働努力水準である．そのとき，我々は連続関数 $\beta(\theta)$ を，$\beta(0)=0$, $\beta'(\cdot)\geq 0$ 及び $\beta(\theta)\in[0,1]\ (\forall\theta)$ として，定義する．$f^{*\nu}\left(z_0^\nu\right)$ かつ $e^{*\nu}\left(\mathbf{z}_0\right)$ の性質より，明らかに $\beta\left(\theta\left(\mathbf{z}_0\right)\right)$ となる．かくして，我々は $\alpha=\alpha\left(\mathbf{z}_0\right)$ という関数関係を得る．

上記の議論より，我々は，留保効用の事前価値に対応する，留保効用の事後的価値を以下の様に得る事ができる：

$$rV_U^\nu(\mathbf{z}_0)=\frac{r\left(1-\alpha\left(\mathbf{z}_0\right)\right)}{r+\alpha\left(\mathbf{z}_0\right)}u\left(\Pi\left(W^\nu,0\right),0\right)+\frac{(1+r)\,\alpha\left(\mathbf{z}_0\right)}{r+\alpha\left(\mathbf{z}_0\right)}rV_E^{*\nu}\left(\mathbf{z}_0\right),$$

但し，

$$\begin{aligned}&rV_E^{*\nu}\left(\mathbf{z}_0\right)\\ &=\frac{r}{r+d\left(f^{*\nu}\left(z_0^\nu\right),e^{*\nu}\left(\mathbf{z}_0\right)\right)}u\left(\Pi\left(W^\nu,\Omega^{*\nu}\left(z_0^\nu\right)l^*\left(\mathbf{z}_0\right)\right),e^{*\nu}\left(\mathbf{z}_0\right)l^*\left(\mathbf{z}_0\right)\right)\\ &\quad+\frac{d\left(f^{*\nu}\left(z_0^\nu\right),e^{*\nu}\left(\mathbf{z}_0\right)\right)}{r+d\left(f^{*\nu}\left(z_0^\nu\right),e^{*\nu}\left(\mathbf{z}_0\right)\right)}z_0^v.\end{aligned}$$

(6.3)式より，上記の等式を以下の様に書き換えることができる：

$$rV_U^\nu(\mathbf{z}_0)=\frac{r\left(1-\alpha\left(\mathbf{z}_0\right)\right)}{r+\alpha\left(\mathbf{z}_0\right)}\left[u\left(\Pi\left(W^\nu,0\right),0\right)+g^\nu(\mathbf{z}_0)\right]+\frac{(1+r)\,\alpha\left(\mathbf{z}_0\right)}{r+\alpha\left(\mathbf{z}_0\right)}z_0^\nu,$$

但し，

$$g^\nu(\mathbf{z}_0)=A\left(\mathbf{z}_0\right)r\frac{u_{e^{*\nu}}^\nu\left(\mathbf{z}_0\right)}{d_{e^{*\nu}}^\nu\left(\mathbf{z}_0\right)}\quad\&\quad A\left(\mathbf{z}_0\right)=\frac{(1+r)\,\alpha\left(\mathbf{z}_0\right)}{r\left(1-\alpha\left(\mathbf{z}_0\right)\right)}.$$

ここで，$rV_U^\nu\left(\mathbf{z}_0\right)$ は $\left[u\left(\Pi\left(W^\nu,0\right),0\right)+g^\nu\left(\mathbf{z}_0\right)\right]$ と z_0^ν の凸結合である事に留意せよ．

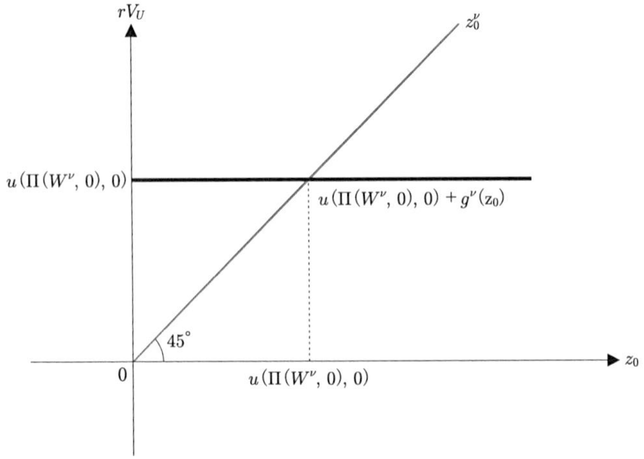

図 **6. 2**　留保効用の定常期待

我々は，各個人 ν に関して，$[u(\Pi(W^\nu,0),0)+g^\nu(\mathbf{z}_0)]=z_0^\nu$，もしくは $rV_U^\nu(\mathbf{z}_0)=z_0^\nu$ となる様な $\mathbf{z}_0$ の存在を示す．レンマ 6.1 及び命題 6.1 に従えば，労働契約均衡においては，同一の貨幣資本を所有する個人同士は，同一の労働努力水準を供給し，それが企業の費用最小化を支持する．それ故，集合 N の任意の ν に関して，$\theta^\nu=0$ である．これは，均衡においては $\beta=0$ である事を意味する[11]．それ故に，均衡においては，$[u(\Pi(W^\nu,0),0)+g^\nu(\mathbf{z}_0)]$ は $u(\Pi(W^\nu,0),0)$ に還元される．明らかに，定常期待の下で，$z_0^\nu=u(\Pi(W^\nu,0),0)$ が，労働契約均衡と整合的となる，唯一の ν の留保効用の値である．以上の整理より以下が従う：

命題 6. 2：β を上記の様に設定しよう．そのとき，労働契約均衡と整合的となる，唯一の定常期待が存在する．

6. 2. 3　再生産可能解の存在

経済が定常期待の下にあると仮定しよう．そのとき，留保効用の値は，

11）すなわち，労働契約均衡においては，馘首される個人は存在しない．それは監視の誤差が生じないからである．もちろん，これは企業の監視が完全である事を意味しない．一般に，完全監視は企業にとって極めて高価であるが故に，企業の監視活動は不完全である．

各個人 ν に関して $rV_U^\nu = u(\Pi(W^\nu,0),0)$ となる．問題(P4-1)より，この事は $\Omega^{*\nu}$, $f^{*\nu}$ の値や，労働努力水準 $e^{*\nu}$ は，ν の利潤収入 πW^ν と労働時間 l に依存している事を意味する．よって問題(P4-1)及び(P5)の解として，我々は連続関数 $\Omega^{*\nu}(\pi W^\nu, l)$, $f^{*\nu}(\pi W^\nu, l)$, 及び $e^{*}(\pi W^\nu, l)$ を得る事ができる．

記号として，$\mathbb{C} \equiv \{\boldsymbol{\omega} \in \mathbf{R}_+^n \mid \exists \mathbf{x} \geq \mathbf{0} \text{ s.t. } A\mathbf{x} = \boldsymbol{\omega} \ \& \ \mathbf{x} \geq A\mathbf{x}\}$, 及び任意の $\boldsymbol{\omega} \in \mathbb{C}$ に関して，$\tilde{\mathbb{C}}(\boldsymbol{\omega}) \equiv \left\{ \left(\boldsymbol{\omega}^1, \ldots, \boldsymbol{\omega}^{|\overline{N}|}\right) \in \mathbf{R}_+^{n|\overline{N}|} \,\middle|\, \sum_{\nu \in \overline{N}} \boldsymbol{\omega}^\nu = \boldsymbol{\omega} \right\}$ としよう．連続関数として

$$\gamma(\mathbf{p}) = \max_i \left\{ \frac{p_i - \mathbf{p}A_i}{\mathbf{p}A_i} \right\} \text{on } \Delta \equiv \{\mathbf{p} \in \mathbf{R}_+^n \mid \mathbf{p}\mathbf{b} = 1\}$$

を定義し，さらに $\gamma^m = \max_{\mathbf{p} \in \Delta} \gamma(\mathbf{p})$ と記す事にしよう．所与の $l \in [0,1]$ それぞれに関して，関数 ε_N^l: $\tilde{\mathbb{C}}(\boldsymbol{\omega}) \times \Delta \times [0, \gamma^m] \to \mathbf{R}_+$ を，$\varepsilon_N^l(\tilde{\boldsymbol{\omega}}, \mathbf{p}, \pi) = \sum_{\nu \in \overline{N}} e(\pi \mathbf{p} \boldsymbol{\omega}^\nu, l)$ として定義する．但し，$\tilde{\boldsymbol{\omega}} \equiv \left(\boldsymbol{\omega}^1, \ldots, \boldsymbol{\omega}^{|\overline{N}|}\right)$ とする．明らかに各 $(\tilde{\boldsymbol{\omega}}, \mathbf{p}, \pi)$ において，$\varepsilon_N^l(\tilde{\boldsymbol{\omega}}, \mathbf{p})$ は連続である．所与の $(\mathbf{p}, \pi) \in \Delta \times [0, \gamma^m]$ に対して，$\tilde{\boldsymbol{\omega}}^* = \arg\max \varepsilon_N^l(\tilde{\boldsymbol{\omega}}, \mathbf{p}, \pi)$ となる様な $\tilde{\boldsymbol{\omega}}^* \in \tilde{\mathbb{C}}(\boldsymbol{\omega})$ が存在する．$\tilde{\mathbb{C}}(\boldsymbol{\omega})$ がコンパクトである事より，その様な $\tilde{\boldsymbol{\omega}}^*$ の存在は well-defined である．この様な $\tilde{\boldsymbol{\omega}}^*$ は，各 $(\mathbf{p}, \pi) \in \Delta \times [0, \gamma^m]$ ごとに決定される．かくして各 $(\mathbf{p}, \pi) \in \Delta \times [0, \gamma^m]$ に対して優半連続な対応 $\tilde{\boldsymbol{\omega}}^*(\mathbf{p}, \pi)$ を得る事ができる．また，Berge の最大値定理より，関数 $\varepsilon_N^l(\tilde{\boldsymbol{\omega}}^*(\mathbf{p}, \pi), \mathbf{p}, \pi)$ は，各 $(\mathbf{p}, \pi) \in \Delta \times [0, \gamma^m]$ に対して連続になる．ここで Δ がコンパクトである事から，所与の $\pi \in [0, \gamma^m]$ に対して，

$$\mathbf{p}^*(\pi) = \arg\max_{\mathbf{p} \in \Delta} \varepsilon_N^l(\tilde{\boldsymbol{\omega}}^*(\mathbf{p}^*(\pi), \pi), \mathbf{p}^*(\pi), \pi)$$

が存在する．また，$\varepsilon_N^l(\tilde{\boldsymbol{\omega}}^*(\mathbf{p}^*(\pi), \pi), \mathbf{p}^*(\pi), \pi)$ が $[0, \gamma^m]$ 上で連続である事から，

$$\max_{\pi \in [0, \gamma^m]} \varepsilon_N^l(\tilde{\boldsymbol{\omega}}^*(\mathbf{p}^*(\pi), \pi), \mathbf{p}^*(\pi), \pi)$$

が存在する．この値を $e\left(\overline{N}, l\right)$ で記す事にしよう．そのとき，

$$\max e\left(\overline{N},l^0\right)l^0=\max_{l\in[0,1]}\left\{\max e\left(\overline{N},l\right)l|l\in[0,1]\right\}$$

が存在する．A^{-1} が存在するとの仮定の下で，$\mathfrak{W}_+\equiv\{\boldsymbol{\omega}\in\mathbb{C}|LA^{-1}\boldsymbol{\omega}\leq\max e\left(\overline{N},l^0\right)l^0\}$ と定義しよう．

仮定 6.1：経済環境 $\left\langle\overline{N},\delta;(P_{(A,L)},\mathbf{b});(u,d,r);(\boldsymbol{\omega}^\nu)_{\nu\in\overline{N}}\right\rangle$ において，$\boldsymbol{\omega}\in\mathfrak{W}_+$.

ここで，ペロン＝フロベニウス定理より，行列 A の唯一のフロベニウス固有値 $0<(1+\lambda)^{-1}<1$ に対応する唯一のフロベニウス固有ベクトル $\mathbf{x}^*\gg\mathbf{0}$ が存在して，

$$\mathbf{x}^*=(1+\lambda)A\mathbf{x}^*$$

となる．$A\mathbf{x}^*\in\mathbb{C}$ であるので，集合 $\mathbb{C}$ は非空である．さらに，ある非負の実数値 $\rho\geq0$ が存在して，$\rho L\mathbf{x}^*\leq\max e\left(\overline{N},l^0\right)l^0$ となる．それ故，$\mathfrak{W}_+$ もまた，非空である．

定理 6.1[Yoshihara(1998)]：当該経済環境は非自明な再生産可能解の下にある．そのときの関連する価格ベクトル $\mathbf{p}$ は部門間利潤率を $\pi\geq0$ として均等化させるものであり，以下の様に定まる：

$$\mathbf{p}=(1+\mu)\mathbf{p}A+CL,$$

但し，ある $\sigma\in(0,1]$ の下で $\mu=\dfrac{\pi}{\sigma}\geq0$ となり，$C=\dfrac{\sum_{\nu\in N}(\Omega^\nu+s(f^\nu))}{\sum_{\nu\in N}e^\nu}$.

仮定 6.2：全ての個人 $\nu\in\overline{N}$ に関して，$e_l^\nu=0$ であるか，もしくは $e_l^\nu<0$ かつ $e_{ll}^\nu<0$ である．

定理 6.2[Yoshihara(1998)]：経済環境は仮定 6.1 と仮定 6.2 を満たすとしよう．そのとき，定常期待の下で，任意の $\tilde{\boldsymbol{\omega}}\in\tilde{\mathbb{C}}(\boldsymbol{\omega})$ に対して，再生産可能解が存在する．

6.3　富-労働規律対応関係

本節では，個人の労働規律水準と彼の富の保有水準との関係性について分析する．以下では，各個人の労働規律の水準を，彼の受け取る実質賃金単位当たりの労働努力の供給量として，定義する．それ故，ある個人の受け取る実質賃金単位当たりの彼の供給する労働努力が多ければ多いほど，彼の労働規律の水準は高いという事になる．

定義 6.2: 経済が再生産可能解 $\left(\mathbf{p}^*, \{\mathbf{x}^{*\nu}\}_{\nu\in N}, \{\Omega^{*\nu}, f^{*\nu}\}_{\nu\in N}, \{e^{*\nu}, \mathbf{y}^{*\nu}\}_{\nu\in\overline{N}}, (V_U^{*\nu})_{\nu\in\overline{N}\setminus N}\right)$ の下にあるとしよう．そのとき，ある個人 ν は他の個人 η よりもより労働規律度が高いのは，以下の条件が満たされるときである：

$$\frac{e^{*\nu}}{\Omega^{*\nu}} > \frac{e^{*\eta}}{\Omega^{*\eta}}.$$

この定義の含意は明快だろう．全ての被雇用者は企業の管理統制の下で働かなければならない．しかしながら，たとえ企業の監視プロジェクトに基づく解雇政策によって脅威を受けているにせよ，どれだけの労働努力を供給するかについての最終要因は，究極的にはその個人それ自身にある．個人 ν が個人 η よりも単位実質賃金当たりより多くの労働努力を供給する事は，個人 ν が個人 η よりも企業の管理統制に対して，より弱腰である事を証明しているように見える．換言すれば，個人 ν は個人 η よりも企業の管理統制に対して，より忠実である[12)]．

以下の議論では，一般性を失う事無しに，$l=1$ となる再生産可能解を仮定する．その上で第一に，正の利潤率 $\pi>0$ の伴う非自明的な再生産可能

12)　Bowles & Boyer (1990) は，資本と労働が対抗的関係にあるときに，失業給付が増加する事は労働の交渉力を強める事になると示唆している．彼等はまた，失業給付の増加は労働努力単位当たりのより高い実質賃金をもたらす事を証明している．これらの事より含意されるのは，労働努力単位当たりの実質賃金水準という変数は労働の交渉力に関連しているという解釈である．この見方は，我々の定義 6.2 を確証させるものである様に見える．

解の下で，富(金融資本保有量)のより豊かな個人は，富のより貧しい個人よりもより高い労働努力水準を供給する事を示す．第二に，にも拘らず，富のより豊かな個人の労働努力単位当たりの最適労働費用は，富のより貧しい個人よりも高くなることを示す．かくして，富のより貧しい個人はより豊かな個人に比較して，より高い労働規律水準で働いている事が確認される．最後に，以上の議論の系として，富のより豊かな個人の最適実質賃金はより貧しい個人よりも高くなり，それによって貧富の格差拡大という意味で，資本蓄積における貧困化法則と言うべき状況の確立が証明される．さらに，この労働市場の環境下では，労働努力の供給は富保有量に対して非弾力的である事が確認される．この性質は，次節で論じられる，この経済環境での富-搾取対応関係が成立する為の十分条件である．

正の利潤率 $\pi>0$ の伴う非自明的な再生産可能解の下での労働抽出関数が，問題(P4-1)及び問題(P5)を通じて，$e\left(\Omega^{*}(W^{\nu}), f^{*\nu}(W^{\nu}), rV_{U}(W^{\nu}), W^{\nu}\right)$ として導かれる．資本賦存量の違いを除いては，個人間の特性の違いは何もない経済環境であるので，労働努力の供給水準は，個人に賦存する富の水準に連続的に対応する事に留意せよ．かくして：

命題 6.3：経済が $\pi>0$ を伴う再生産可能解の下にあるとしよう．そのとき，富のより豊かな個人はより貧しい個人に比してより多くの，もしくは同程度の，労働努力水準を供給している．

命題 6.4：経済が $\pi>0$ を伴う再生産可能解の下にあるとしよう．そのとき，富のより豊かな個人はより貧しい個人に比して，労働努力単位当たりの最適労働費用がより低くはならない．

レンマ 6.4：経済が $\pi>0$ を伴う再生産可能解の下にあるとしよう．そのとき，任意の個人に関して，その供給される労働努力水準は富の水準に対して非弾力的である．

定理 6.3(富-労働規律度対応関係［Yoshihara(1998)］)：経済が $\pi>0$ を伴う再

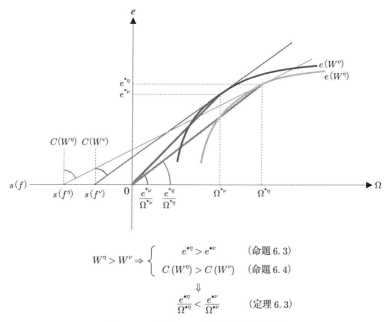

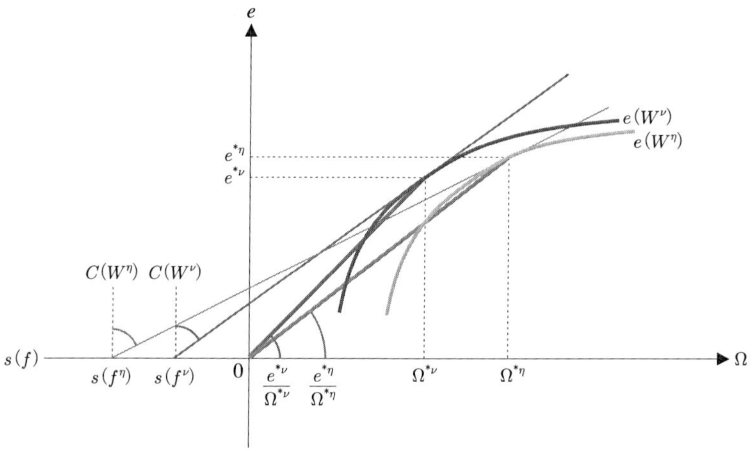

$$W^\eta > W^\nu \Rightarrow \begin{cases} e^{*\eta} > e^{*\nu} & \text{（命題 6.3）} \\ C(W^\eta) > C(W^\nu) & \text{（命題 6.4）} \end{cases}$$

$$\Downarrow$$

$$\frac{e^{*\eta}}{\Omega^{*\eta}} < \frac{e^{*\nu}}{\Omega^{*\nu}} \quad \text{（定理 6.3）}$$

図 **6. 3**　定理 6. 3 の証明の幾何的説明

生産可能解の下にあるとしよう．そのとき，もし全ての個人がリスク回避的であるならば，富のより貧しい個人はより豊かな個人に比して，その労働規律度はより高い．

系 **6. 1**（資本蓄積における貧困化法則）：経済が $\pi>0$ を伴う再生産可能解の下にあるとしよう．そのとき，もし全ての個人がリスク回避的であるならば，より富の少ない個人はより富の豊かな個人に比べて，より低い実質賃金を受け取っている．

証明：命題 6.3 及び定理 6.3 より，以下の関係を我々は得る：

$$\left[e^{*\eta}(W^\eta) \geq e^{*\nu}(W^\nu) \ \& \ \frac{e^{*\eta}}{\Omega^{*\eta}} \leq \frac{e^{*\nu}}{\Omega^{*\nu}} \right] \Leftrightarrow W^\eta > W^\nu.$$

この左辺の 2 本の不等式が同時に成立するのは，$\Omega^{*\eta} \geq \Omega^{*\nu}$ のときのみである．　**Q.E.D.**

定理 6.3 及び系 6.1 の諸結果が示している事は，企業にとってより富の豊かな個人を雇用するのは極めて費用が嵩む，という事である．にも拘らず，最も富の豊かな個人が雇用される状況が存在し得るだろう．そのような状況が生じ得るのは，完全雇用が実行可能でありかつ，現状の総資本賦存スケールの下での企業にとって，収益性に反しないときであろう．そのようなときでさえも，企業の馘首戦略は全ての被雇用者に対して有効であろう．なぜならば，全ての被雇用者は次の生産期間において現れるであろう潜在的な産業予備軍の存在によって脅かされているであろうから．

命題 6.4 と定理 6.3 の含意は，資本主義経済における大量のプロレタリアートの存在が当該経済を十分に収益的にする上で重要な役割を担っているという事である．なぜならば，資本財を所有しないプロレタリアートは最も高い水準の労働規律度を受容するのであり，それ故に，資本主義経済にとって最も収益的な諸個人となるからである．

6.4　富-搾取-労働規律対応関係

以下では，諸個人を彼等の富に応じて分類し，その上で，富と労働搾取，及び労働規律の関係について分析する．一般性を失う事無く，経済は非自明な再生産可能解の下にあり，そのとき利潤率は $\pi=\mu\sigma>0$ であるとしよう．但し，$(0<\sigma\leq 1)$ である．以下では，レオンチェフ経済体系の前提より，労働搾取の定義は定義 5.10 に従う事とする．その結果，以下の性質を導き出す事ができる：

命題 6.5：経済が $\pi>0$ を伴う再生産可能解の下にあるとしよう．そのとき，個人 ν は，雇用されているならば，

$$\nu \text{ は被搾取者} \Leftrightarrow \frac{W^\nu}{e^{*\nu}l^{*\nu}} < \frac{1-\rho_{\max}\left(\dfrac{\Omega^\nu}{e^\nu}\right)}{\pi\rho_{\max}};$$

$$\nu \text{ は搾取者} \Leftrightarrow \frac{W^\nu}{e^{*\nu}l^{*\nu}} > \frac{1-\rho_{\min}\left(\dfrac{\Omega^\nu}{e^\nu}\right)}{\pi\rho_{\min}},$$

但し，$\rho_{\max} = \max_{i=1,\ldots,n}\left(\frac{\mathbf{\Lambda}}{\mathbf{p}}\right)_i$ かつ $\rho_{\min} = \min_{i=1,\ldots,n}\left(\frac{\mathbf{\Lambda}}{\mathbf{p}}\right)_i$ である．

命題 6.6: 経済が $\pi>0$ を伴う再生産可能解の下にあるとしよう．そのとき，社会は互いに素である，以下の様な 5 つの集合に分割される：

$$\mathbf{C}^{PH} = \left\{\nu \in \overline{N} | e^{\nu} l \left[1 + \frac{\left(\sum_{\eta\in N} s\left(f^{\eta}\right) \Big/ \sum_{\eta\in N} e^{\eta}\right)}{\pi \max\left(\frac{\mathbf{p}A}{\sigma L}\right)_i}\right] < \sigma L \mathbf{y}^{\nu} \quad (\forall \mathbf{y}^{\nu} \text{ s.t. } \mathbf{p}A\mathbf{y}^{\nu} = W^{\nu}) \text{ if } \nu \in N\right\};$$

$$\mathbf{C}^{H} = \left\{\nu \in \overline{N} | e^{\nu} l < \sigma L \mathbf{y}^{\nu} \leq e^{\nu} l \left[1 + \frac{\left(\sum_{\eta\in N} s\left(f^{\eta}\right) \Big/ \sum_{\eta\in N} e^{\eta}\right)}{\pi \max\left(\frac{\mathbf{p}A}{\sigma L}\right)_i}\right] \quad (\forall \mathbf{y}^{\nu} \text{ s.t. } \mathbf{p}A\mathbf{y}^{\nu} = W^{\nu}) \text{ if } \nu \in N\right\};$$

$$\mathbf{C}^{PB} = \left\{\nu \in \overline{N} | \sigma L \mathbf{y}^{\nu} = e^{\nu} l \quad (\forall \mathbf{y}^{\nu} \text{ s.t. } \mathbf{p}A\mathbf{y}^{\nu} = W^{\nu}) \text{ if } \nu \in N\right\};$$

$$\mathbf{C}^{S} = \left\{\nu \in \overline{N} | \sigma L \mathbf{y}^{\nu} < e^{\nu} l,\ W^{\nu} \neq 0 \quad (\forall \mathbf{y}^{\nu} \text{ s.t. } \mathbf{p}A\mathbf{y}^{\nu} = W^{\nu}) \text{ if } \nu \in N\right\}; \ \&$$

$$\mathbf{C}^{P} = \left\{\nu \in \overline{N} | W^{\nu} = 0\right\}.$$

命題6.6で定義された互いに素な 5 種類の個人の部分集合を前章の定義5.9で定義された「階級」の意味で解釈できるか否かに関して，若干の注意が必要であろう．なぜならば第 5 章での議論と異なり，ここでは全ての個人の経済活動への関与の仕方は，一つは被雇用者になるか否かであり，もう一つは所有する資本を投資するか否かである．つまり，第 5 章での議論では，資本所有者は同時に他人を雇用して働かせる等の行為を伴う経営者でも有り得たが，本章のモデルは「所有と経営の分離」的な性質がある．「所有と経営の分離」は現代資本主義の主要な特質の一つではある．いずれにせよ，本章のモデルでは階級の概念は，前章に比して，より曖昧な側面を持つ．前章では，他者を雇用するか，自分が他者に雇用されるか，自営的に活動するか，と明確に経済活動の質的に異なるタイプとして分類できた．他方，本章では，自分の提供する労働量と自分の投資する資本によって雇用される労働量との量的な大小関係によって，「階級」の分類が為されている．換言すれば，他者を雇用するか，自分が他者に雇用されるか，自営的に活動するか，という分類はあくまで企業を代理人とする間接的な行為としての意味付けに過ぎない．経済活動の直接的に質的な違いは雇用されるか，されないか，あるいは資本を投資するか，しないか，というタイプのものだけである．しかしながら，間接的な設定での分類であっても，依然として，上記の5つの部分集合を階級の名前を賦与する事による解釈は意味があると言えよう．

命題6.6の意味での社会の「階級」的分解の意味をさらに特徴付けるのが，以下の命題である．

命題 6.7: 経済が $\pi>0$ を伴う再生産可能解の下にあるとしよう．そのとき，任意の個人 ν に関して，もし $\nu\in N$ ならば:

$$\nu \in \mathbf{C}^{PH} \Leftrightarrow \frac{W^{\nu}}{e^{\nu}l} > \max\left(\frac{\mathbf{p}A}{\sigma L}\right)_i + \left(\frac{1}{\pi}\right)\frac{\sum_{\eta\in N} s\left(f^{\eta}\right)}{\sum_{\eta\in N} e^{\eta}};$$

$$\nu \in \mathbf{C}^{H} \Leftrightarrow \max\left(\frac{\mathbf{p}A}{\sigma L}\right)_i + \left(\frac{1}{\pi}\right)\frac{\sum_{\eta\in N} s\left(f^{\eta}\right)}{\sum_{\eta\in N} e^{\eta}} \geq \frac{W^{\nu}}{e^{\nu}l} > \max\left(\frac{\mathbf{p}A}{\sigma L}\right)_i;$$

$$\nu \in \mathbf{C}^{PB} \Leftrightarrow \max\left(\frac{\mathbf{p}A}{\sigma L}\right)_i \geq \frac{W^{\nu}}{e^{\nu}l} \geq \min\left(\frac{\mathbf{p}A}{\sigma L}\right)_i;$$

$$\nu \in \mathbf{C}^{S} \Leftrightarrow \min\left(\frac{\mathbf{p}A}{\sigma L}\right)_i > \frac{W^{\nu}}{e^{\nu}l} > 0;\ \&$$

$$\nu \in \mathbf{C}^{P} \Leftrightarrow W^{\nu} = 0.$$

レンマ6.4と結合させる事により，命題6.7は，5つの集合を $\mathbf{C}^{PH}$, $\mathbf{C}^{H}, \mathbf{C}^{PB}, \mathbf{C}^{S}, \mathbf{C}^{P}$ の順番で位置づけると，その集合に属する諸個人の富の水準との対応性が存在する事を意味する．すなわち，富-階級対応関係が，得られる事を意味する．

次に，以下の定義は，社会を以下の意味での3つの部分集合に分割する，すなわち，「高い水準の労働規律度」，「低い水準の労働規律度」，そして「中間水準の労働規律度」である:

定義 6.3: 経済が $\pi>0$ を伴う再生産可能解の下にあるとしよう．そのとき，社会の3つの部分集合からなる分割を以下の様に定義する：

$$\mathbf{C}^{HD}=\left\{\nu\in\overline{N}\middle|\ \text{if}\,\nu\in N,\ \frac{\sum\limits_{\eta\in N}e^{\eta}}{\sum\limits_{\eta\in N}\Omega^{\eta}}<\frac{e^{\nu}}{\Omega^{\nu}},\ \text{otherwise}\,\nu\in\overline{N}-N\right\},$$

$$\mathbf{C}^{LD}=\left\{\nu\in\overline{N}\middle|\ \text{if}\,\nu\in N,\ \frac{\sum\limits_{\eta\in N}e^{\eta}}{\sum\limits_{\eta\in N}\Omega^{\eta}}>\frac{e^{\nu}}{\Omega^{\nu}},\ \text{otherwise}\ \nu\in\overline{N}-N\right\},$$

$$\&$$

$$\mathbf{C}^{MD}=\left\{\nu\in\overline{N}\middle|\ \text{if}\,\nu\in N,\ \frac{\sum\limits_{\eta\in N}e^{\eta}}{\sum\limits_{\eta\in N}\Omega^{\eta}}=\frac{e^{\nu}}{\Omega^{\nu}},\ \text{otherwise}\,\nu\in\overline{N}-N\right\}.$$

この3つの部分集合を用いて，以下の定理を得ることができる：

定理6.4（階級-労働規律度-搾取対応原理［Yoshihara (1998)］）：経済が$\pi>0$を伴う再生産可能解の下にあるとしよう．そのとき，任意の個人νに関して，

$$\nu\in\mathbf{C}^{PH}\cap(\mathbf{C}^{LD}\cup\mathbf{C}^{MD})\Rightarrow\nu\text{は搾取者である;}$$

$$\nu\in(\mathbf{C}^{S}\cup\mathbf{C}^{P})\cap(\mathbf{C}^{HD}\cup\mathbf{C}^{MD})\Rightarrow\nu\text{は被搾取者である.}$$

注目すべき事は，もし$\mathbf{C}^{PH}\cap(\mathbf{C}^{LD}\cup\mathbf{C}^{MD})$が$\mathbf{C}^{PH}$の真部分集合であるときには，定理6.3より，$\mathbf{C}^{PH}\cap(\mathbf{C}^{LD}\cup\mathbf{C}^{MD})$に属する任意の個人は，$\mathbf{C}^{PH}\backslash(\mathbf{C}^{PH}\cap(\mathbf{C}^{LD}\cup\mathbf{C}^{MD}))$に属する任意の個人よりも，より豊かな富を所有している事が従う．同様に，もし$(\mathbf{C}^{S}\cup\mathbf{C}^{P})\cap(\mathbf{C}^{HD}\cup\mathbf{C}^{MD})$が$\mathbf{C}^{S}\cup\mathbf{C}^{P}$の真部分集合ならば，$(\mathbf{C}^{S}\cup\mathbf{C}^{P})\backslash(\mathbf{C}^{HD}\cup\mathbf{C}^{MD})$に属する任意の個人は，$(\mathbf{C}^{S}\cup\mathbf{C}^{P})\cap(\mathbf{C}^{HD}\cup\mathbf{C}^{MD})$に属する任意の個人よりも，より豊かな富を所有している．ところで，もし$\mathbf{C}^{P}\subseteq(\mathbf{C}^{HD}\cup\mathbf{C}^{MD})$であれば，$\mathbf{C}^{P}$に属するある個人が$\mathbf{C}^{MD}$に属するときにはいつでも，$\mathbf{C}^{P}$に属する任意の個人が$\mathbf{C}^{MD}$に属する．しかしながらその様な状況が生じるのは，$N\subseteq\mathbf{C}^{P}$のときのみである．

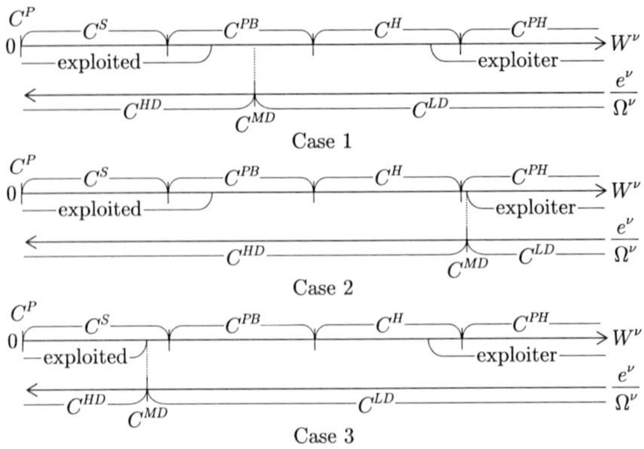

図 **6. 4**　定理 6. 4 及び系 6. 2 の図的説明

以下に示す定理 6. 4 の系は極めて重要なメッセージを与えてくれる：

系 6. 2：経済が $\pi>0$ を伴う再生産可能解の下にあるとしよう．そのとき，諸個人が非増加的リスク回避者であるときには，ある富のより豊かな，搾取者の集合が存在し，また，富のより貧しい，被搾取者の集合が存在する．さらに，より富の貧しい被搾取者は，より富の豊かな搾取者よりも，労働規律度が高い．

証明：上記の系の最初の記述はレンマ 6. 4，定理 6. 3，及び定理 6. 4 より従う．なぜならば，$\mathbf{C}^{PH}\cap(\mathbf{C}^{LD}\cup\mathbf{C}^{MD})$ と $(\mathbf{C}^S\cup\mathbf{C}^P)\cap(\mathbf{C}^{LD}\cup\mathbf{C}^{MD})$ のいずれも確かに非空であるから．第二の記述もまた，レンマ 6. 4，定理 6. 3，及び命題 6. 7 より従う．　**Q.E.D.**

系 6. 2 に関して，4 つの興味深い状況が存在する．

ケース **1**：$\mathbf{C}^{PH}\subset(\mathbf{C}^{LD}\cup\mathbf{C}^{MD})$ & $(\mathbf{C}^S\cup\mathbf{C}^P)\subset(\mathbf{C}^{HD}\cup\mathbf{C}^{MD})$. そのとき，$\mathbf{C}^{PH}$ に属する任意の個人は，より富が豊かな搾取者である．他方，$(\mathbf{C}^S\cup\mathbf{C}^P)$ に属する任意の個人は，より富の貧しい被搾取者である．さらに，$(\mathbf{C}^S\cup\mathbf{C}^P)$ に属する任意の個人は，$\mathbf{C}^{PH}$ に属する任意の個人よりも労働規律度が高い．

ケース 2: $\mathbf{C}^{PH} \supseteq (\mathbf{C}^{LD} \cup \mathbf{C}^{MD})$ & $(\mathbf{C}^{S} \cup \mathbf{C}^{P}) \subset (\mathbf{C}^{HD} \cup \mathbf{C}^{MD})$. そのとき，$(\mathbf{C}^{LD} \cup \mathbf{C}^{MD})$ に属する任意の個人は，より富が豊かな搾取者である．他方，$(\mathbf{C}^{S} \cup \mathbf{C}^{P})$ に属する任意の個人は，より富の貧しい被搾取者である．さらに，$(\mathbf{C}^{S} \cup \mathbf{C}^{P})$ に属する任意の個人は，$(\mathbf{C}^{LD} \cup \mathbf{C}^{MD})$ に属する任意の個人よりも労働規律度が高い．

ケース 3: $\mathbf{C}^{PH} \subset (\mathbf{C}^{LD} \cup \mathbf{C}^{MD})$ & $(\mathbf{C}^{S} \cup \mathbf{C}^{P}) \supseteq (\mathbf{C}^{HD} \cup \mathbf{C}^{MD})$. そのとき，$\mathbf{C}^{PH}$ に属する任意の個人は，より富が豊かな搾取者である．他方，$(\mathbf{C}^{HD} \cup \mathbf{C}^{MD})$ に属する任意の個人は，より富の貧しい被搾取者である．さらに，$(\mathbf{C}^{HD} \cup \mathbf{C}^{MD})$ に属する任意の個人は，$\mathbf{C}^{PH}$ に属する任意の個人よりも労働規律度が高い．

ケース 4: $N \subseteq \mathbf{C}^{P}$. そのとき，$N = \mathbf{C}^{MD}$ であり，$\overline{N} \backslash \mathbf{C}^{P}$ に属する任意の個人は，より富が豊かな搾取者である．他方，$\mathbf{C}^{P}$ に属する任意の個人は，より富の貧しい被搾取者である．

レンマ6.4，定理6.4及び系6.2によって，抗争的交換型労働市場を持つ資本主義経済においては，全ての個人が非増加的リスク回避的か，もしくはリスク中立的であるかのいずれかの場合には，富-搾取対応関係が確立する．個人の非増加的リスク回避性もリスク中立性もいずれも，不確実性下の経済においては十分に尤もらしい条件である．従って，上述の諸結果は，富の不均等分配が労働の搾取を含意するというRoemer(1990)の議論は，その様な尤もらしい経済環境においては，労働市場が抗争的である場合であっても，妥当性を失わない事を意味する．

定理6.3と系6.2はまた，労働搾取の説明のみならず，なぜ労働市場における穏健な抗争性が，資本主義経済における十分な収益性を確保させるかに関して，富の不均等な分配の存在が重要な要因である事を示唆している．労働市場における抗争性の程度は，被雇用者たちの労働規律度に反映される．定理6.3の含意として，より富の貧しい諸個人だけからなる労働市場と，より富の豊かな諸個人だけからなる労働市場とを比較すれば，前者の市場における抗争の程度は後者の市場よりもより穏健なものとなるだろう事が予想される．他方，現実の資本主義経済では，被雇用者たちの大部分が資本を所有していないか，あるいは所有しているとしてもわずかな水準に過ぎないという状況が通常である．従って，その様な資本主義経済では，労働市場における抗争性は，経済の十分に高い収益性を維持できる程度に穏健となるだろう．定理6.3と系6.2は，その事を推測させる．

6.5 結　　論

本章では，前章で議論したローマーの「搾取と階級の一般理論」に対する，ボールズ＝ギンティス及び，ディヴィン＝ディムスキーの，抗争的交換型労働市場モデルの想定に基づく批判を受け，そして彼等の批判に対するスキルマンの反論を踏まえ，抗争的交換型労働市場を持つ資本主義経済モデルを構築し，その様な経済環境下での富–階級–搾取の対応関係の頑健性について議論した．とりわけ，我々は，実質賃金率1単位当たりの労働努力量で以って，各個人の労働規律度を表す指標を定義した．この指標は生産過程における権力関係の強度に関する近似的指標として解釈されるものであり，この権力指標を用いる事で，富の不均等私的所有と労働規律度，及び，階級・搾取関係との対応性の成立を，諸個人がリスクに対して非増加的に回避的であるという自然な仮定の下で導いた．すなわち，より富の少ない諸個人は被搾取者となり，より富の多い諸個人は搾取者となるのみならず，前者の労働規律度は後者よりも高くなる事が論証された．これらの帰結は，富の不均等私的所有の存在が階級と搾取の社会関係を生成するというローマー理論に対するボールズ＝ギンティス及び，ディヴィン＝ディムスキーの批判に対して，ある種の反論的機能の意味合いを持っている．富の不均等私的所有が存在しない市場経済においては，階級と搾取の社会関係のみならず，全ての個人の労働規律度が等しくなるという意味で，生産過程における非対称的関係もまた，生成しなくなる．また，富–労働規律の対応関係の成立は，被雇用者の大多数が富の微小な，もしくは無所有の諸個人から成る事が，現実の資本主義経済において十分な収益性が維持される為に重要な要因である事を含意する．以上の意味で，労働市場に抗争的交換の性質を持たせたとしても，依然として，富の不均等私的所有の存在は，資本主義経済の基本的特徴を構成する上での重要な要因であると言える．

本章で展開された，労働契約及び資本契約に関する特定のモデル化は，現実の市場経済における労働契約や資本契約を説明する目的で構築された洗練的モデルではない事を，留意しておきたい．ここでは，ボールズ＝ギンティスが発展させてきた，いわゆる抗争的交換としての労働市場モデルの基本構造をなるべく維持する形で，それを搾取・階級及び富の不均等私的所有と労働規律の問題との関係性の有無を見極める目的で，一般均衡フレームワークへと統合した一つの試みに過ぎない．そこでの労働契約ゲームの構成もいくつかの仮定によって，かなり特定の構造を持ったものとなっているから，当然，代替的な労働契約ゲームの構成の仕方も考えられるであろう．さらに，現実の市場経済における労働契約や資本契約を説明する事が分析の主な目的の場合には，我々は現代における契約理論の豊かな発展を踏まえ，より洗練されたモデル分析から議論を開始する事が可能であろうし，また，そうすべきである．言うまでも無く，労働市場の抗争的交換性を導入したという意味で，本章における資本主義的経済の一般均衡的モデルが，前章までのモデルに比してより一般的で資本主義の普遍的特徴を踏まえたものであると解釈するならば，それは幻想である．その様に主張する論拠は，全く無いし，そうする意義もそもそも存在しない．ここで展開されたモデルは，あくまでローマーと，ボールズ＝ギンティス及び，ディヴィン＝ディムスキーの論争という論脈においてのみ，意義を見出す事ができるであろう．

第6章の数学付録

レンマ 6.3 の証明：第一に，$C^{\nu}(\Omega^{*\nu}, f^{*\nu}) \equiv (\Omega^{*\nu}+s(f^{*\nu}))/e^{\nu}(\Omega^{*\nu}, f^{*\nu})$と記号を定める．但し，$(\Omega^{*\nu}, f^{*\nu})$ は，1階条件(6.6)式を満たす解であるとしよう．次に，以下のようにヘッセ行列を定めよう：

$$H = \begin{bmatrix} \dfrac{\partial^2 C^{\nu}(\Omega^{*\nu}, f^{*\nu})}{\partial\Omega\partial\Omega} & \dfrac{\partial^2 C^{\nu}(\Omega^{*\nu}, f^{*\nu})}{\partial\Omega\partial f} \\ \dfrac{\partial^2 C^{\nu}(\Omega^{*\nu}, f^{*\nu})}{\partial f\partial\Omega} & \dfrac{\partial^2 C^{\nu}(\Omega^{*\nu}, f^{*\nu})}{\partial f\partial f} \end{bmatrix},$$

但し，$\dfrac{\partial^2 C^{\nu}(\Omega^{*\nu}, f^{*\nu})}{\partial\Omega\partial\Omega} = \dfrac{-e^{\nu}_{\Omega\Omega}(\Omega^{*\nu}+s(f^{*\nu}))}{\{e^{*\nu}\}^2}$, & $e^{\nu}_{\Omega\Omega} = -\dfrac{F_{\Omega\Omega}F_e - F_{\Omega}F_{\Omega e}}{\{F_e\}^2}$.

ここで $F_{\Omega\Omega}=d_e u_{\Pi\Pi}l \geq 0$,　$F_e>0$,　$F_{\Omega}<0$ かつ $F_{\Omega e}=d_{ee}u_{\Pi}l+d_e u_{\Pi e}l>0$ より，$e^{\nu}_{\Omega\Omega}<0$ である．よって，$\dfrac{\partial^2 C^{\nu}(\Omega^{*\nu}, f^{*\nu})}{\partial\Omega\partial\Omega}>0$ である．次に，

$$\frac{\partial^2 C^{\nu}(\Omega^{*\nu}, f^{*\nu})}{\partial f\partial f} = \frac{\left[s_{ff}e^{\nu} - e^{\nu}_{ff}(\Omega^{*\nu}+s(f^{*\nu}))\right]}{\{e^{*\nu}\}^2},$$

$$\text{但し}\ e^{\nu}_{ff} = -\frac{F_{ff}F_e - F_f F_{fe}}{\{F_e\}^2}\ \&\ F_f = d_{ef}(u-rV_U) - u_e d_f.$$

また，関数 $d(\cdot,\cdot,\cdot)$ の定義(6.2)式より，我々は $F_{ff}=0$, $F_{fe}=\dfrac{d_{ee}}{f}\{u-rV_U\}-u_{ee}\dfrac{d}{f}>0$, 及び $e^{\nu}_{ff}<0$ を得る．かくして $\dfrac{\partial^2 C^{\nu}(\Omega^{*\nu}, f^{*\nu})}{\partial f\partial f}>0$ を得る．次に，

$$\frac{\partial^2 C^{\nu}(\Omega^{*\nu}, f^{*\nu})}{\partial\Omega\partial f} = \frac{e_f - e_{\Omega f}(\Omega^{*\nu}+s(f^{*\nu})) - e_{\Omega}s_f}{\{e^{*\nu}\}^2} = \frac{-e_{\Omega f}(\Omega^{*\nu}+s(f^{*\nu}))}{\{e^{*\nu}\}^2},\ \&$$

$$-e_{\Omega f} = -\frac{F_{\Omega f}F_e - F_{\Omega}F_{fe}}{\{F_e\}^2} = \frac{F_{\Omega f}}{F_e} + \frac{e_{\Omega}F_{ef}}{F_e} = -\frac{e_{\Omega}}{f} + \frac{e_{\Omega}}{f} + \frac{u_{ee}r}{F_e} = \frac{u_{ee}r}{F_e} \leq 0$$

より，我々は，

$$\frac{\partial^2 C^{\nu}(\Omega^{*\nu}, f^{*\nu})}{\partial\Omega\partial f} = \frac{1}{\{e^{*\nu}\}^2}\frac{u_{ee}r}{F_e}(\Omega^{*\nu}+s(f^{*\nu})) = \frac{1}{\{e^{*\nu}\}^2}\frac{e^{*\nu}u_{ee}r}{-F_{\Omega}} \leq 0$$

を得る．以上より，上記のヘッセ行列は以下の様になる：

$$H = \frac{1}{e_{\Omega}}\begin{bmatrix} \dfrac{-e_{\Omega\Omega}}{e_{\Omega}} & \dfrac{1}{F_e}\dfrac{u_{ee}r}{e_{\Omega}} \\ \dfrac{1}{F_e}\dfrac{u_{ee}r}{e_{\Omega}} & s_{ff} - \dfrac{e_{ff}}{e_{\Omega}} \end{bmatrix} = \begin{bmatrix} + & - \\ - & + \end{bmatrix}.$$

このとき，$|u_{ee}| \geq 0$ であるか，もしくは $r>0$ が十分に小さいならば，$|H|>0$ が保

証される．　**Q.E.D.**

レンマ 6.3 の証明は，最適労働契約 $(\Omega^{*\nu}, f^{*\nu})$ は一意に決定される事を含意している．なぜなら，このモデルでは，任意の $\Omega^{\nu}>0$ に関して，$e_{\Omega\Omega}<0$ であるから．

定理 6.1 の証明: $\mathbf{x}\neq\mathbf{0}$ を，再生産可能解における総生産活動ベクトルとしよう．行列 A は生産的であるので，逆行列 $[I-A]^{-1}$ が存在し，$[I-A]\,\mathbf{x}\geq\mathbf{0}$ となる．さらに，行列 A の分解不可能性より $[I-A]^{-1}\gg\mathbf{0}$ であるので，$\mathbf{x}\gg\mathbf{0}$ となる．すなわち，非自明な再生産可能解において，全ての生産工程が稼働されている．ところで，価格 $\mathbf{p}$ に直面する企業は，利潤を最大化する為には，利潤率を最大化させる工程のみを稼働させようとする．なぜならば，任意の資本保有者は，その様な工程を稼働する事にのみ，彼の金融資本を投資するからである．かくして，再生産可能解において全ての生産工程が稼働される為には，価格 $\mathbf{p}$ は全ての工程において同じ利潤率をもたらさなければならない．その様な価格として，$\mathbf{p}^*\in\Delta$ が今，非自明な再生産可能解を構成するとしよう．対応して，問題(P4-1)と問題(P4-2)の解の組を，$\{\Omega^{*\nu}, f^{*\nu}\}_{\nu\in N}$ と $l^*\in(0,1]$ としよう．また，問題(P5)の解を $\{e^{*\nu}, \mathbf{y}^{*\nu}\}_{\nu\in\overline{N}}$ で記す事にしよう．ここで，任意の $\nu\in\overline{N}$ に関して，$\mathbf{y}^{*\nu}=A^{-1}\boldsymbol{\omega}^{\nu}$ である．なぜならば，全工程が同一の利潤率を生成しているからである．さらに，$\mathbf{x}^*\gg\mathbf{0}$ を，この再生産可能解に関する総生産活動ベクトルであるとしよう．そのとき，対応する利潤率は，各工程 i に関して，

$$\left[p_i^*-\mathbf{p}^*A_i-\left(\frac{\sum_{\nu\in N}\left(\Omega^{*\nu}+s\left(f^{*\nu}\right)\right)}{\sum_{\nu\in N}e^{*\nu}}\right)L_i\right]x_i^*\geq 0.$$

各工程 i に関して，$x_i^*>0$ かつ $L_i>0$ であるため，$p_i^*>0$ が全ての工程 i に関して成立する．問題(P4-1)の予算制約より，ある $\sigma\in(0,1]$ に対して，$\mathbf{p}^*A\mathbf{x}^*=\sigma\left(\sum_{\nu\in\overline{N}}\mathbf{p}^*A\mathbf{y}^{*\nu}\right)=\sigma\mathbf{p}^*\boldsymbol{\omega}$ となる．対応する均等利潤率は，各工程 i に関して，

$$\pi=\left[p_i^*-\mathbf{p}^*A_i-\left(\frac{\sum_{\nu\in N}\left(\Omega^{*\nu}+s\left(f^{*\nu}\right)\right)}{\sum_{\nu\in N}e^{*\nu}}\right)L_i\right]x_i^*\Big/p_i^*\omega_i$$

である．各工程 i に関して，

$$\mu_i=\left[p_i^*-\mathbf{p}^*A_i-\left(\frac{\sum_{\nu\in N}\left(\Omega^{*\nu}+s\left(f^{*\nu}\right)\right)}{\sum_{\nu\in N}e^{*\nu}}\right)L_i\right]x_i^*\Big/\mathbf{p}^*A_ix_i^*$$

と置けば，そのとき全ての工程 i に関して，$\mu_i \mathbf{p}^* A_i x_i^* = \pi p_i^* \omega_i$ となる．従って，$\sum_{i=1}^{n} \mu_i \mathbf{p}^* A_i x_i^* = \pi \mathbf{p}^* \boldsymbol{\omega} = (\pi/\sigma)\,\mathbf{p}^* A\mathbf{x}^*$ となり，これは以下を意味する：

$$\sum_{i=1}^{n}\left(\mu_i - \frac{\pi}{\sigma}\right)\mathbf{p}^* A_i x_i^* = 0 \Leftrightarrow \mathbf{p}^*\left(\sum_{i=1}^{n}\left(\mu_i - \frac{\pi}{\sigma}\right)x_i^* A_i\right) = 0.$$

ここで $\mathbf{p}^* \gg \mathbf{0}$ かつ $\mathbf{x}^* \gg \mathbf{0}$ であるので，もしある工程 j に関して $\mu_j \neq \pi/\sigma$ ならば，そのとき rank $(A) < n$ となる．しかしながら，A^{-1} が存在するので，この事は矛盾を意味する．かくして，全ての工程 i に関して，$\mu_i = \pi/\sigma = \mu$ が成立しないといけない．従って，

$$\mathbf{p}^* = (1+\mu)\,\mathbf{p}^* A + C^* L, \quad 但し\ C^* = \frac{\sum_{\nu \in N}(\Omega^{*\nu} + s(f^{*\nu}))}{\sum_{\nu \in N} e^{*\nu}}$$

となる． **Q.E.D.**

定理 6. 2 の証明：当該経済の今生産期間における資本財の初期賦存ベクトルを $\tilde{\boldsymbol{\omega}} \in \tilde{\mathbf{C}}(\boldsymbol{\omega})$ としよう．N° は前期の生産期間の末期において，雇用契約の更新を得た諸個人の集合を表すものとし，また，$\overline{N}$ は今生産期間における個人の集合である．それ故，今生産期間における被雇用者の集合 $N^* \in 2^{\overline{N}}$ は，$N^\circ \subseteq N^* \subseteq \overline{N}$ となる．

定理 6.1 より，再生産可能解において，均等利潤率が普及している．それ故，企業によって提供される資本契約が均等利潤率 $\pi \geq 0$ から成っている状況に，我々の考察も限定しよう．そのときには全ての資本保有者は彼等の金融資本を全ての生産工程に投資する．それ故，以下の問題を考えよう：所与の価格 $\mathbf{p} \in \Delta$ に対して，

$$\max_{l \in [0,1]} \sum_{\nu \in N^*}\left[\mathbf{p} - \mathbf{p}A - \left(\frac{\Omega^{*\nu}(\pi\mathbf{p}\boldsymbol{\omega}^\nu, l) + s(f^{*\nu}(\pi\mathbf{p}\boldsymbol{\omega}^\nu, l))}{e(\pi\mathbf{p}\boldsymbol{\omega}^\nu, \Omega^{*\nu}(\pi\mathbf{p}\boldsymbol{\omega}^\nu, l), l, f^{*\nu}(\pi\mathbf{p}\boldsymbol{\omega}^\nu, l))}\right)L\right]\mathbf{x}^\nu(l) \tag{P4-2)*}$$

s.t. $e(\pi\mathbf{p}\boldsymbol{\omega}^\nu, \Omega^{*\nu}(\pi\mathbf{p}\boldsymbol{\omega}^\nu, l), l, f^{*\nu}(\pi\mathbf{p}\boldsymbol{\omega}^\nu, l))\, l = L\mathbf{x}^\nu(l) \quad (\forall \nu \in N^*)$, &

$$\sum_{\nu \in N^*} \mathbf{p}A\mathbf{x}^\nu(l) \leq \mathbf{p}\boldsymbol{\omega}.$$

この問題(P4-2)*の解の集合を $\ell_{N^*}(\mathbf{p}, \pi)$ で記す事にしよう．Berge の最大値定理により，この $\ell_{N^*}(\mathbf{p}, \pi)$ は，任意の $(\mathbf{p}, \pi) \in \Delta \times [0, \lambda]$ 上で優半連続となる．さらに，$\ell_{N^*}(\mathbf{p}, \pi)$ はコンパクト値である．仮定6.2より，総費用関数 $\sum_{\nu \in N^*}[\Omega^{*\nu}(\pi\mathbf{p}\boldsymbol{\omega}^\nu, l) + s(f^{*\nu}(\pi\mathbf{p}\boldsymbol{\omega}^\nu, l))]l$ は凸関数となり，それ故，$\ell_{N^*}(\mathbf{p}, \pi)$ は凸値である．

対応 $\mu : \Delta \times [0, \lambda] \to\to [0, \lambda]$ を，以下に定義する：任意の $l^* \in \ell_{N^*}(\mathbf{p}, \pi)$ に関して，

$$\mu_{l^*}(\mathbf{p},\pi)=\begin{cases}\lambda & \text{if } \pi\varsigma(l^*)\geq\lambda\\ \pi\varsigma(l^*) & \text{if } 0\leq\pi\varsigma(l^*)<\lambda\end{cases},$$

但し $\varsigma(l^*)\geq 1$ は，$L\mathbf{x}=\sum_{\nu\in N^*} e(\pi\mathbf{p}\boldsymbol{\omega}^\nu,l^*)l^*$ となる $\mathbf{x}$ に対して，$\varsigma(l^*)\mathbf{p}A\mathbf{x}=\mathbf{p}\boldsymbol{\omega}$ を満たす様に定義される．各 $l^*\in\ell_{N^*}(\mathbf{p},\pi)$ に対して，

$$C(\pi\mathbf{p}\boldsymbol{\omega},l^*)\equiv\frac{\sum_{\nu\in N^*}(\Omega^{*\nu}(\pi\mathbf{p}\boldsymbol{\omega}^\nu,l^*)+s(f^{*\nu}(\pi\mathbf{p}\boldsymbol{\omega}^\nu,l^*)))}{\sum_{\nu\in N^*}e^{*\nu}(\pi\mathbf{p}\boldsymbol{\omega}^\nu,l^*)}$$

と記述しよう．$\ell_{N^*}(\mathbf{p},\pi)$ は閉区間となり，また，各 $l^*\in\ell_{N^*}(\mathbf{p},\pi)$ に関して $C(\pi\mathbf{p}\boldsymbol{\omega},l^*)$ は連続である事から，Bolzano の定理より，$C(\pi\mathbf{p}\boldsymbol{\omega},\ell_{N^*}(\mathbf{p},\pi))$ は $\mathbf{R}_+$ 上の閉区間となる．対応 $f:\Delta\times[0,\lambda]\to\to\mathbf{R}^n_+$ を，各 $l^*\in\ell_{N^*}(\mathbf{p},\pi)$ に対して，

$$f^{l*}(\mathbf{p},\pi)=(1+\mu_{l^*}(\mathbf{p},\pi))\,\mathbf{p}A+C(\pi\mathbf{p}\boldsymbol{\omega},l^*)L$$

と定義する．さらに，対応 $g:\Delta\times[0,\lambda]\to\to\Delta$ を，以下の様に定義する：各 $l^*\in\ell_{N^*}(\mathbf{p},\pi)$ に対して，

$$g_{l^*}(\mathbf{p},\pi)=\begin{cases}q\in\Delta\text{ s.t. } q_i=\dfrac{f_i^{l^*}(\mathbf{p},\pi)}{f^{l^*}(\mathbf{p},\pi)\cdot\mathbf{b}}\ (\forall i=1,\ldots,n) & \text{if } f^{l^*}(\mathbf{p},\pi)\cdot\mathbf{b}>0\\ \Delta & \text{if } f^{l^*}(\mathbf{p},\pi)\cdot\mathbf{b}=0\end{cases}.$$

定義より，g は $\Delta\times[0,\lambda]$ 上で優半連続であり，かつ，コンパクト凸値である．

対応 $\pi^{re}:\Delta\times[0,\lambda]\to\to[0,\lambda]$ を，以下の様に定義する：各 $l^*\in\ell_{N^*}(\mathbf{p},\pi)$ に対して，

$$\pi^{re}_{l^*}(\mathbf{p},\pi)=\frac{[\mathbf{p}-\mathbf{p}A-C(\pi\mathbf{p}\boldsymbol{\omega},l^*)L]\,\mathbf{x}}{\mathbf{p}\boldsymbol{\omega}},$$

但し $\sum_{\nu\in N^*}e^{*\nu}(\pi\mathbf{p}\boldsymbol{\omega}^\nu,l^*)l^*=L\mathbf{x}$ であり，かつ，$\varsigma(l^*)\mathbf{p}A\mathbf{x}=\mathbf{p}\boldsymbol{\omega}$ を満たす．定義より，π^{re} は $\Delta\times[0,\lambda]$ 上で優半連続であり，かつ，コンパクト凸値である．

対応 ϕ: $\Delta\times[0,\lambda]\to\to\Delta\times[0,\lambda]$ を，各 $l^*\in\ell_{N^*}(\mathbf{p},\pi)$ に対して，$\phi_{l^*}(\mathbf{p},\pi)=(g_{l^*}(\mathbf{p},\pi),\pi^{re}_{l^*}(\mathbf{p},\pi))$ であると，定義する．定義より，ϕ は $\Delta\times[0,\lambda]$ 上で優半連続であり，かつ，コンパクト凸値である．かくして，角谷の不動点定理により，ある不動点のペア $(\mathbf{p}^*,\pi^*)\in\phi(\mathbf{p}^*,\pi^*)$ が存在する．もし $\mathbf{p}^*$ が，

$$\mathbf{p}^*=(1+\pi^*\varsigma(l^*(\mathbf{p}^*,\pi^*)))\,\mathbf{p}^*A+C(\pi^*\mathbf{p}^*\boldsymbol{\omega},l^*(\mathbf{p}^*,\pi^*))\,L$$

とならない場合には，定理 6.1 より，自明な再生産可能解が存在する．もし $\mathbf{p}^*$ が，

$$\mathbf{p}^*=(1+\pi^*\varsigma(l^*(\mathbf{p}^*,\pi^*)))\,\mathbf{p}^*A+C(\pi^*\mathbf{p}^*\boldsymbol{\omega},l^*(\mathbf{p}^*,\pi^*))\,L$$

となる場合には，ペロン＝フロベニウス定理より，$\mathbf{p}^*\gg\mathbf{0}$ となる．かくして，我々は $\varsigma(l^*(\mathbf{p}^*,\pi^*))\,A\mathbf{x}=\boldsymbol{\omega}=A\mathbf{y}^*$ を得る．$\varsigma(l^*(\mathbf{p}^*,\pi^*))\geq 1$ 故に，この事は，定義 6.1(d)の成立を意味する．$\boldsymbol{\omega}\in\mathfrak{W}_+$ であるので，ある $\mathbf{x}^*$ が存在して，

$\varsigma(l^*(\mathbf{p}^*,\pi^*))\,A\mathbf{x}^*=\boldsymbol{\omega}$, $\sum_{\nu\in N^*} e^{*\nu}l^*(\mathbf{p}^*,\pi^*)=L\mathbf{x}^*$，そして $\mathbf{x}^*\geq A\mathbf{x}^*$ となる．よって，定義 6.1(c)が満たされる．以上により，再生産可能解の全ての条件が満たされる． **Q.E.D.**

命題 **6.3** の証明：以下の計算を行う：任意の $W^\nu\geq 0$ に関して，

$$\begin{aligned}
&\frac{\mathrm{d}e(W^\nu)}{\mathrm{d}W^\nu}\\
&=\frac{\partial e}{\partial\Omega^*(W^\nu)}\frac{\partial\Omega^*(W^\nu)}{\partial W^\nu}+\frac{\partial e}{\partial f^*(W^\nu)}\frac{\partial f^*(W^\nu)}{\partial W^\nu}+\frac{\partial e}{\partial W^\nu}\\
&\quad+\frac{\partial e}{\partial rV_U(W^\nu)}\frac{\partial rV_U(W^\nu)}{\partial W^\nu}\\
&=\frac{\partial e}{\partial\Omega^*}\left\{\frac{\partial\Omega^*}{\partial W^\nu}+\frac{\partial\Omega^*}{\partial rV_U}\frac{\partial rV_U}{\partial W^\nu}\right\}+\frac{\partial e}{\partial f^*}\left\{\frac{\partial f^*}{\partial W^\nu}+\frac{\partial f^*}{\partial rV_U}\frac{\partial rV_U}{\partial W^\nu}\right\}\\
&\quad+\frac{\partial e}{\partial rV_U}\frac{\partial rV_U}{\partial W^\nu}+\frac{\partial e}{\partial W^\nu}\\
&=\frac{d_{e^*}\left\{u_{\Pi(W^\nu,\Omega^*)}-u_{\Pi(W^\nu,0)}\right\}\pi}{d_{e^*e^*}\{u(\Pi(W^\nu,\Omega^*),e^*)-rV_U\}-u_{e^*e^*}(r+d)}.
\end{aligned}$$

ここで上述の仮定より，$u(\Pi(W^\nu,\Omega^*),e^*)>rV_U$，$d_{e^*e^*}>0$ 及び $u_{e^*e^*}\leq 0$ であるので，上記の等式の最後の右辺の分母は正値となる．他方，分子は非負値となる．なぜならば，$u_{\Pi\Pi}\leq 0$ かつ $u_{\Pi e}=0$ である事から，$u_{\Pi(W^\nu,\Omega^*)}\leq u_{\Pi(W^\nu,0)}$ である事が従い，さらに $d_{e^*}<0$ であるから．かくして，任意の $W^\nu\geq 0$ に関して，$\mathrm{d}e(W^\nu)/\mathrm{d}W^\nu\geq 0$ となる．従って，命題の主張が確証される． **Q.E.D.**

命題 **6.4** の証明：労働努力単位当たりの最適労働費用を以下の表記で表す事にしよう：

$$C(e^*(W^\nu),\Omega^*(W^\nu),f^*(W^\nu))\equiv\frac{\Omega^*(W^\nu)+s(f^*(W^\nu))}{e(\Omega^*(W^\nu),f^*(W^\nu),rV_U(W^\nu),W^\nu)}.$$

包絡線定理の適用によって，任意の $W^\nu\geq 0$ に関して，

$$\begin{aligned}
&\frac{\partial C(e^*(W^\nu),\Omega^*(W^\nu),f^*(W^\nu))}{\partial W^\nu}\\
&\quad=\frac{-(\Omega^*+s(f^*))}{\{e^*\}^2}\frac{d_{e^*}\left\{u_{\Pi(W^\nu,0)}-u_{\Pi(W^\nu,\Omega^*)}\right\}\pi}{d_{e^*e^*}\{u(\Pi(W^\nu,\Omega^*),e^*)-rV_U\}-u_{e^*e^*}(r+d)}.
\end{aligned}$$

ここで右辺第二項は命題 6.3 の証明より，非正値である事を確認できる．従って，任意の $W^\nu\geq 0$ に関して，

$$\frac{\partial C\left(e^*(W^\nu),\Omega^*(W^\nu),f^*(W^\nu)\right)}{\partial W^\nu}\geq 0.$$

以上より，命題の主張が確証される．　**Q.E.D.**

レンマ **6.4** の証明：我々の目的は，以下を示す事である：

$$\frac{\mathrm{d}\log e^*(W^\nu)}{\mathrm{d}\log\ (s\,(f^*(W^\nu))+\Omega^*(W^\nu))}\frac{\mathrm{d}\log(s\,(f^*(W^\nu))+\Omega^*(W^\nu))}{\mathrm{d}\log W^\nu}\leq 1.$$

命題 6.4 より，$\frac{\mathrm{d}\log e^*(W^\nu)}{\mathrm{d}\log(s\,(f^*(W^\nu))+\Omega^*(W^\nu))}\leq 1$ である事は明らかなので，以下では $\frac{\mathrm{d}\log(s\,(f^*(W^\nu))+\Omega^*(W^\nu))}{\mathrm{d}\log W^\nu}\leq 1$ となる事を確認する．$s'(f^*)=e_{f^*}/e_{\Omega^*}=F_{f^*}/F_{\Omega^*}$ である事が条件(6.6)より従うので，我々は以下を得る：

$$\frac{\partial\left(s\,(f^*(W^\nu))+\Omega^*(W^\nu)\right)}{\partial W^\nu}=\frac{2\pi}{l}\left\{\frac{u_{\Pi(W^\nu,0)}}{u_{\Pi(W^\nu,\Omega^*)}}-1\right\}.$$

効用関数 u が凹である事より，$u_{\Pi(W^\nu,\Omega^*)}\leq u_{\Pi(W^\nu,0)}$ が従う為，$\frac{\partial\left(s\,(f^*(W^\nu))+\Omega^*(W^\nu)\right)}{\partial W^\nu}\geq 0$．しかしながら，$U\,(\Pi^\nu)$ の仮定より，$u_{\Pi(W^\nu,0)}/u_{\Pi(W^\nu,\Omega^*)}$ は W^ν に関して単調非増加的であるので，$\frac{\partial\left(s\,(f^*(W^\nu))+\Omega^*(W^\nu)\right)}{\partial W^\nu}$ の値は W^ν に関して単調非増加的である．これは，$\frac{\mathrm{d}\log\left(s\,(f^*(W^\nu))+\Omega^*(W^\nu)\right)}{\mathrm{d}\log W^\nu}\leq 1$ の成立を，意味する．　**Q.E.D.**

定理 **6.3** の証明：2 次元の非負実数空間を考え，その縦軸は労働努力水準を表し，横軸は実質賃金水準を表すとしよう．この空間を，以下，(Ω,e)-空間と呼ぶ事にする．ところで，任意の (Ω,f) に対して，

$$\frac{\partial e}{\partial W^\nu}=\frac{d_e\left\{u_{\Pi(W^\nu,0)}-u_{\Pi(W^\nu,\Omega)}\right\}\pi}{d_{ee}\left\{u\left(\Pi\left(W^\nu,\Omega\right),e\right)-rV_U\right\}-u_{ee}\left(r+d\right)}\leq 0\quad(\forall\nu\in N)$$

である．この事実が意味する事は，$W^\nu<W^\eta$ となる様な 2 人の個人 ν と η が存在するときには，(Ω,e)-空間上の個人 η の労働抽出曲線は個人 ν の労働抽出曲線よりも右下方にシフトした位置に描かれる，という事である．

(Ω,e)-空間上における個人 ν の労働契約点を $(\Omega^{*\nu},e^{*\nu})$ であるとしよう．そのとき，原点とこの契約点を結ぶ，傾き $e^{*\nu}/\Omega^{*\nu}$ の半直線を引く．この半直線を $(e^{*\nu}/\Omega^{*\nu})$-線と呼ぶ事にする．以下で我々は，個人 η の労働契約点 $(\Omega^{*\eta},e^{*\eta})$ は，点 $(\Omega^{*\nu},e^{*\nu})$ を除いて，決して $(e^{*\nu}/\Omega^{*\nu})$-線上，もしくはそれより上方の西北領域に属する事はない事を示す．

第一に，区間 $[0,\Omega^{*\nu})$ においては，$(e^{*\nu}/\Omega^{*\nu})$-線上のどの点に関しても，その第２成分は $e^{*\nu}(W^{\nu})$ の値を超える事はない．しかしながら，命題6.3より，$e^{*\eta}(W^{\eta})\geq e^{*\nu}(W^{\nu})$ でなければならない．これが意味する事は，区間 $[0,\Omega^{*\nu})$ においては，点 $(\Omega^{*\eta},e^{*\eta})$ は決して $(e^{*\nu}/\Omega^{*\nu})$-線上には位置できない，という事である．逆に区間 $[0,\Omega^{*\nu})$ において，仮に点 $(\Omega^{*\eta},e^{*\eta})$ が $(e^{*\nu}/\Omega^{*\nu})$-線上に位置すると仮定しよう．そのとき，(Ω,e)-空間上において個人 η の労働抽出曲線は個人 ν の労働抽出曲線よりも右下方にシフトした位置に描かれるので，$e^{*\eta}(W^{\eta})<e^{*\nu}(W^{\nu})$ とならねばならないだろう．しかし，これは矛盾である．また，命題6.3より $e^{*\eta}(W^{\eta})\geq e^{*\nu}(W^{\nu})$ でないといけないので，部分空間 $[0,\Omega^{*\nu})\times\mathbf{R}_{+}$ において $(\Omega^{*\eta},e^{*\eta})$ が $(e^{*\nu}/\Omega^{*\nu})$-線よりも下方の南東領域に属する事も有り得ない．以上より，$W^{\nu}<W^{\eta}$ である限り，部分空間 $[0,\Omega^{*\nu})\times\mathbf{R}_{+}$ において $(\Omega^{*\eta},e^{*\eta})$ を見出す事は有り得ない．

第二に，区間 $(\Omega^{*\nu},+\infty)$ において，$(e^{*\nu}/\Omega^{*\nu})$-線上のどの点も個人 ν の労働抽出曲線よりも上方に位置する事になる．なぜならば，個人 ν の労働抽出曲線の点 $(\Omega^{*\nu},e^{*\nu})$ における接線の傾きは，直線 $e^{*\nu}/(s(f^{*\nu})+\Omega^{*\nu})$ の傾きに等しいからであり，そして明らかに $e^{*\nu}/(s(f^{*\nu})+\Omega^{*\nu})<e^{*\nu}/\Omega^{*\nu}$ であるから．以上より，点 $(\Omega^{*\eta},e^{*\eta})$ は $(e^{*\nu}/\Omega^{*\nu})$-線上に位置することは有り得ない．かくして，$(\Omega^{*\eta},e^{*\eta})$ は $(e^{*\nu}/\Omega^{*\nu})$-線と ν の労働抽出曲線のいずれよりも下方に位置しつつ，$e^{*\eta}(W^{*\eta})\geq e^{*\nu}(W^{*\nu})$ と為らなければならない．これは

$$\frac{e^{*\eta}}{\Omega^{*\eta}}\leq\frac{e^{*\nu}}{\Omega^{*\nu}}\Leftrightarrow W^{\eta}>W^{\nu}$$

の成立を意味する．この上式の左辺が特に等号として成立するのは，$u_{\Pi\Pi}=0$ のときのみである．　**Q.E.D.**

命題 6.5 の証明：経済が $\pi>0$ を伴う再生産可能解の下にあるとき，$\Pi(W^{\nu},\Omega^{\nu})=\pi W^{\nu}+\Omega^{\nu}l^{*\nu}$ であり，かつ，$e^{*\nu}l^{*\nu}=L\mathbf{x}^{*\nu}$ である．今，個人 ν に関して $\dfrac{W^{\nu}}{e^{*\nu}l^{*\nu}}<\dfrac{1-\rho_{\max}\left(\dfrac{\Omega^{\nu}}{e^{\nu}}\right)}{\pi\rho_{\max}}$ としよう．そのとき，$\rho_{\max}(\pi W^{\nu}+\Omega^{\nu}l^{*\nu})<e^{*\nu}l^{*\nu}$ である．任意の消費財ベクトル $\mathbf{c}^{\nu}$ で，$\mathbf{pc}^{\nu}=\pi W^{\nu}+\Omega^{\nu}l^{*\nu}$ を満たすものを考えよう．そのとき，$\rho_{\max}\mathbf{pc}^{\nu}<e^{*\nu}l^{*\nu}$ である．これは，$\mathbf{pc}^{\nu}=\pi W^{\nu}+\Omega^{\nu}l^{*\nu}$ を満たすいかなる非負の消費財ベクトル $\mathbf{c}^{\nu}$ を選んでも，$\mathbf{\Lambda c}^{\nu}<e^{*\nu}l^{*\nu}$ が成立する事を意味する．よって，$\max_{\mathbf{c}\in B(\mathbf{p},\Pi^{\nu}(\mathbf{p},1))} l.v.(\mathbf{c})<e^{*\nu}l^{*\nu}$ である．この逆の関係も，同様に示す事ができる．また，搾取者の場合も同様にして示す事ができる．　**Q.E.D.**

命題 6.7 の証明：ここでは，以下の同値関係のみを証明する：

$$\nu \in \mathbf{C}^H \Leftrightarrow \max\left(\frac{\mathbf{p}A}{\sigma L}\right)_i + \left(\frac{1}{\pi}\right)\frac{\sum_{\eta \in N} s(f^\eta)}{\sum_{\eta \in N} e^\eta} \geq \frac{W^\nu}{e^\nu l} > \max\left(\frac{\mathbf{p}A}{\sigma L}\right)_i.$$

その他の階級に関する同値関係は，同様にして証明できる．

$\nu \in \mathbf{C}^H$ としよう．そのとき，$\frac{W^\nu}{e^\nu l} > \max\left(\frac{\mathbf{p}A}{\sigma L}\right)_i$ である事については，$e^\nu l < \sigma L\mathbf{y}^\nu$ である事より従う．他方，

$$\sigma L\mathbf{y}^\nu \leq e^\nu l + \frac{e^\nu l\left(\sum_{\eta \in N} s(f^\eta) \Big/ \sum_{\eta \in N} e^\eta\right)\sigma L\mathbf{y}^\nu}{\pi\mathbf{p}A\mathbf{y}^\nu} \quad (\forall \mathbf{y}^\nu \text{ s.t. } \mathbf{p}A\mathbf{y}^\nu = W^\nu)$$

でもある．この不等式を変形すると，

$$\begin{aligned}
\frac{W^\nu}{e^\nu l} &\leq \frac{W^\nu}{\sigma L\mathbf{y}^\nu} + \frac{\left(\sum_{\eta \in N} s(f^\eta) \Big/ \sum_{\eta \in N} e^\eta\right)L\mathbf{y}^\nu}{\pi L\mathbf{y}^\nu} \\
&\leq \frac{\mathbf{p}A\mathbf{y}^\nu + \left(\frac{1}{\pi}\right)\left(\sum_{\eta \in N} s(f^\eta) \Big/ \sum_{\eta \in N} e^\eta\right)\sigma L\mathbf{y}^\nu}{\sigma L\mathbf{y}^\nu} \\
&\leq \frac{\mathbf{p}A\mathbf{y}^\nu}{\sigma L\mathbf{y}^\nu} + \left(\frac{1}{\pi}\right)\left(\sum_{\eta \in N} s(f^\eta) \Big/ \sum_{\eta \in N} e^\eta\right).
\end{aligned}$$

従って，$\max\left(\frac{\mathbf{p}A}{\sigma L}\right)_i + \left(\frac{1}{\pi}\right)\frac{\sum_{\eta \in N} s(f^\eta)}{\sum_{\eta \in N} e^\eta} \geq \frac{W^\nu}{e^\nu l}$.

逆に，$\max\left(\frac{\mathbf{p}A}{\sigma L}\right)_i + \left(\frac{1}{\pi}\right)\frac{\sum_{\eta \in N} s(f^\eta)}{\sum_{\eta \in N} e^\eta} \geq \frac{W^\nu}{e^\nu l} > \max\left(\frac{\mathbf{p}A}{\sigma L}\right)_i$ であるとしよう．このとき，特に $\frac{W^\nu}{e^\nu l} > \max\left(\frac{\mathbf{p}A}{\sigma L}\right)_i$ の性質から，$e^\nu l < \sigma L\mathbf{y}^\nu$ である事が従う．他方，

$$\frac{W^\nu}{e^\nu l} \leq \max\left(\frac{\mathbf{p}A}{\sigma L}\right)_i + \left(\frac{1}{\pi}\right)\frac{\sum_{\eta \in N} s(f^\eta)}{\sum_{\eta \in N} e^\eta}$$

に関しては，この不等式を変形する事によって，

$$\frac{W^\nu}{\max\left(\frac{\mathbf{p}A}{\sigma L}\right)_i} \leq e^\nu l\left[1 + \frac{\left(\sum_{\eta \in N} s(f^\eta) \Big/ \sum_{\eta \in N} e^\eta\right)}{\pi\max\left(\frac{\mathbf{p}A}{\sigma L}\right)_i}\right].$$

従って，

$$\sigma L\mathbf{y}^{\nu} \leq e^{\nu} l \left[1 + \frac{\left(\sum_{\eta \in N} s(f^{\eta}) \Big/ \sum_{\eta \in N} e^{\eta} \right)}{\pi \max \left(\dfrac{\mathbf{p}A}{\sigma L} \right)_i} \right] \quad (\forall \mathbf{y}^{\nu} \text{ s.t. } \mathbf{p}A\mathbf{y}^{\nu} = W^{\nu}).$$

Q.E.D.

定理 **6.4** の証明：以下の関係を証明すれば十分である：

$$(1)\quad \nu \in \mathbf{C}^{PH} \cap (\mathbf{C}^{LD} \cup \mathbf{C}^{MD}) \Rightarrow \frac{1-\rho_{\min}\left(\dfrac{\Omega^{\nu}}{e^{\nu}}\right)}{\pi\rho_{\min}} \leq \max\left(\frac{\mathbf{p}A}{\sigma L}\right)_i + \left(\frac{1}{\pi}\right)\frac{\sum_{\eta\in N} s(f^{\eta})}{\sum_{\eta\in N} e^{\eta}};$$

$$(2)\quad \nu \in (\mathbf{C}^{S} \cup \mathbf{C}^{P}) \cap (\mathbf{C}^{HD} \cup \mathbf{C}^{MD}) \Rightarrow \frac{1-\rho_{\max}\left(\dfrac{\Omega^{\nu}}{e^{\nu}}\right)}{\pi\rho_{\max}} \geq \min\left(\frac{\mathbf{p}A}{\sigma L}\right)_i.$$

最初に，(1)を証明する．ある個人 $\nu \in \mathbf{C}^{PH} \cap (\mathbf{C}^{LD} \cup \mathbf{C}^{MD})$ に関して，

$$\frac{1-\rho_{\min}\left(\dfrac{\Omega^{\nu}}{e^{\nu}}\right)}{\pi\rho_{\min}} > \max\left(\frac{\mathbf{p}A}{\sigma L}\right)_i + \left(\frac{1}{\pi}\right)\frac{\sum_{\eta\in N} s(f^{\eta})}{\sum_{\eta\in N} e^{\eta}}$$

と仮定しよう．そのとき，

$$\mathbf{p}[I-A] - \left(\frac{\sum_{\eta\in N}\Omega^{\eta}}{\sum_{\eta\in N} e^{\eta}} - \frac{\Omega^{\nu}}{e^{\nu}}\right) L \ll \frac{1}{\rho_{\min}} L$$

となる．なぜならば，

$$\pi = \frac{\mathbf{p}[I-A] - \left(\dfrac{\sum_{\eta\in N}\Omega^{\eta} + \sum_{\eta\in N} s(f^{\eta})}{\sum_{\eta\in N} e^{\eta}}\right) L}{\mathbf{p}A}\sigma$$

であるので．さらに，$\nu \in (\mathbf{C}^{LD} \cup \mathbf{C}^{MD})$ であるので，

$$\min(\Lambda_i/p_i)\,\mathbf{p}[I-A] \ll L$$

となり，これは $\min(\Lambda_i/p_i)\,\mathbf{p} \ll \mathbf{\Lambda}$ を意味するので，矛盾である．

次に(2)について．ある個人 $\nu \in (\mathbf{C}^{S} \cup \mathbf{C}^{P}) \cap (\mathbf{C}^{HD} \cup \mathbf{C}^{MD})$ に関して，

$$\frac{1-\rho_{\max}\left(\dfrac{\Omega^{\nu}}{e^{\nu}}\right)}{\pi\rho_{\max}} < \min\left(\frac{\mathbf{p}A}{\sigma L}\right)_i$$

と仮定しよう．そのとき，

$$\mathbf{p}\,[I-A]-\left(\frac{\sum_{\eta\in N}\Omega^{\eta}+\sum_{\eta\in N}s(f^{\eta})}{\sum_{\eta\in N}e^{\eta}}-\frac{\Omega^{\nu}}{e^{\nu}}\right)L\gg\frac{1}{\rho_{\max}}L.$$

さらに，$\nu\in(\mathbf{C}^{HD}\cup\mathbf{C}^{MD})$ であるので，

$$\frac{\sum_{\eta\in N}\Omega^{\eta}+\sum_{\eta\in N}s(f^{\eta})}{\sum_{\eta\in N}e^{\eta}}-\frac{\Omega^{\nu}}{e^{\nu}}>0.$$

従って，$\max\left(\Lambda_i/p_i\right)\mathbf{p}\,[I-A]\gg L$ となり，これは $\max\left(\Lambda_i/p_i\right)\mathbf{p}\gg\mathbf{\Lambda}$ を意味し，矛盾である．　**Q.E.D.**

第７章　労働搾取理論の公理的アプローチに向けて

これまで，労働搾取概念の様々な代替的定式化に関して，それぞれの定式の，資本主義市場均衡の特徴分析における有効性について探求してきた．労働搾取概念の標準的な定式は置塩＝森嶋の定式である．その定式を用いて，マルクスの基本定理及び，階級-搾取対応原理が成立する事を単純なレオンチェフ経済体系の想定の下で確認したが，他方，これらの定理はより一般的なフォン・ノイマン経済体系，一般的凸錐経済体系を想定するや，一般に成立しなくなる事も確認してきた．置塩＝森嶋の定式とは異なる代替的な搾取の定式に関しても，それぞれ，より一般的凸錐経済体系の下でマルクスの基本定理及び，階級搾取対応原理が成立するか否かを確認してきた．代替的な搾取の定式として，Morishima(1974)の定式や松尾の定式など，労働価値及び労働搾取のいずれもが価格情報独立的な定式と，Roemer(1982)の定式のように，価格情報依存的な労働価値の定式に基づいた労働搾取の定式，そして所得情報依存的な労働搾取の定式[Yoshihara(2006; 2007)]を，考察してきた．その結果，所得情報依存的な労働搾取の定式でのみ，両定理の頑健性が確認された．

以上の検証から，マルクスの基本定理及び，階級-搾取対応原理が一般的に成立する為には，労働搾取の定式は価格及び所得情報依存的でなければ成らないのではないか，という推測が立つ．しかし依然として，上述した諸定式とは異なる代替的な定式であって，両定理を一般的に成立せしめる価格情報独立的な搾取の定式が存在するかもしれない．こうした問題背景の下で新たに提起されたのが，「労働搾取の公理的アプローチ」である．これは，従来の数理マルクス経済学での論争の様に，代替的な搾取の定式を次々と新しく提唱し，その定式の直観的もっともらしさの説得で論争するのではなく，いかなる代替的定式であれ，それが労働搾取の概念を把握する以上，満たすべき必要条件を「労働搾取の公理」として定式化する．

このアプローチによって,「労働搾取の公理」を満たす労働搾取の任意の定式の下で,マルクスの基本定理及び階級–搾取対応原理が一般的に成立する為の必要十分条件を特徴付ける事ができる．その必要十分条件によって，上記の論点への解答も確定するかもしれない．すなわち，両定理を成立させる必要十分条件が，所得情報依存的定式でないと満たし得ない条件であれば，上記の推測は正しいと確定できる．その場合，いかなる価格情報独立的定式であれ，それが「労働搾取の公理」を満たすものである限り，その定式の下では両定理は成立しない，と結論付ける事が可能であろう．

以下では，本書で対象にしてきた，労働スキルの個人間格差の存在しない同質労働生産経済モデル前提の下で，上述の「労働搾取の公理」が如何様に定義されるかについて，論ずる．また，この公理に基づく労働搾取の定式の下で，マルクスの基本定理及び階級–搾取対応原理が一般的に成立する為の必要十分条件に関する，現在進行中の研究を簡単に紹介する．他方，労働スキルの個人間格差の存在する生産経済における労働搾取の議論は，本書ではこれまで行ってこなかった．従って最後に，労働スキルの個人間格差の存在する生産経済において，伝統的なマルクス的労働搾取概念を直裁的に適用する場合にいかなる問題が生じ得るか，そしてそうした問題を回避し，かつ，労働搾取論がその分析的トゥールを与えんと試みる資本主義経済システムの批判的評価の為に，労働スキルの個人間格差の存在する生産経済の場合にもその概念を適用可能にするには，今後いかなる事を考えていかなければならないか？　こうした今後の課題とでもいうべき問題への著者自身の展望を簡単に言及した上で，本書の締めとしたい．

7.1 「マルクスの基本定理」問題における「労働搾取の公理」[1)]

「マルクスの基本定理」の論脈で労働搾取の公理を提唱する為に，第

1） 本節の議論の本格的展開については，Yoshihara(2007a)を参照の事．

4 章で議論した一般的凸錘生産経済 $\left\langle N, O; \left(P, \left(\mathbf{d}^{o}\left(\cdot\right)\right)_{o\in O}\right); \left(\boldsymbol{\omega}^{\nu}\right)_{\nu\in N}\right\rangle$ を取り上げよう．この経済環境における再生産可能解が $\left(\left(\mathbf{p}, w\right), \boldsymbol{\alpha}^{\mathbf{p},w}\right)$ であるとしよう．そのとき，$B_{+}\left(\mathbf{p}, w\right) \equiv \left\{\mathbf{c}\in\mathbf{R}^{n}_{+} \mid \mathbf{pc}\geq w\right\}$，$\mathring{B}_{+}\left(\mathbf{p}, w\right) \equiv \left\{\mathbf{c}\in\mathbf{R}^{n}_{+} \mid \mathbf{pc}> w\right\}$，$B_{-}\left(\mathbf{p}, w\right) \equiv \left\{\mathbf{c}\in\mathbf{R}^{n}_{+} \mid \mathbf{pc}\leq w\right\}$，かつ $\hat{\overline{\Gamma}}\left(\mathbf{p}, w\right) \equiv \left\{\hat{\boldsymbol{\alpha}}\in\partial\hat{P}(\alpha_{0}=1)\cap\mathbf{R}^{n}_{+} \,\middle|\, \boldsymbol{\alpha}\in\overline{P}\left(\mathbf{p}, w\right)\right\}$ という記号を以下，しばしば用いる．ここで $\overline{P}\left(\mathbf{p}, w\right)$ は利潤率最大化生産工程の集合なので，集合 $\hat{\overline{\Gamma}}\left(\mathbf{p}, w\right)$ は価格体系 $\left(\mathbf{p}, w\right)$ の下での利潤率最大化生産活動の結果得られる，1 労働日当たりの純産出物の集合である．

「マルクスの基本定理」の論脈での労働搾取の公理は以下の様に定義される：

FMT 問題における労働搾取の公理(LEFMT) [Yoshihara(2007a)]：再生産可能解が $\left(\left(\mathbf{p}, w\right), \boldsymbol{\alpha}^{\mathbf{p},w}\right)$ であるとしよう．そのとき，被搾取者の集合 $N^{ted}\subseteq N\cup O$ は以下の様になる：任意の $o\in O$ に対して，以下の様な性質を満たす $\mathbf{c}^{o}\in B_{-}\left(\mathbf{p}, w\right)$ が存在する：

$$o \in N^{ted} \Leftrightarrow \exists\boldsymbol{\alpha} \in \phi\left(\mathbf{c}^{o}\right) \quad \text{with} \quad \alpha_{0} < 1.$$

労働搾取の定式が何であれ，それが労働搾取の概念の定式である以上，それは被搾取者の集合 $N^{ted}\subseteq N\cup O$ を確定するものである．そのとき，公理 LEFMT によれば，この労働搾取の定式の下，労働者階級の任意の構成員 $o\in O$ に関して，ある参照消費財ベクトルを，労働 1 単位の労働供給への収入 w と価格体系 $\mathbf{p}\in\Delta$ の下で購入可能な非負の財ベクトル $\mathbf{c}^{o}\in B_{-}\left(\mathbf{p}, w\right)$ として確定し，労働者 o が被搾取者となるときには，この参照消費財ベクトルを純産出する為の労働投入量が 1 未満となる様な生産計画が存在しなければならない．この財ベクトル $\mathbf{c}^{o}$ がどの様なものかは，労働搾取の定式の仕方で決まってくるであろうが，どの様な定式であろうと，それが労働搾取の定式である以上，上記の様な性質の $\mathbf{c}^{o}$ を見出せなければならない，それが公理 LEFMT の要請である．

マルクスの基本定理の論脈で本書の中でこれまで議論されてきた全ての労働搾取の定式は，この公理 LEFMT を満たすことを確認できる筈である．例えば，森嶋型(定義 4.1)では $\mathbf{c}^o$ は $\mathbf{b}$ の事である．また，松尾型(定義 4.3)については，4.2 節の問題(P4.4)の解に対応する純産出ベクトル $\hat{\boldsymbol{\alpha}}^u$ に関して，その適当な λ 倍(但し $0<\lambda\leq 1$)である $\lambda\hat{\boldsymbol{\alpha}}^u$ を取れば，$\lambda\hat{\boldsymbol{\alpha}}^u \in B(\mathbf{p},1)$ とできる．この $\lambda\hat{\boldsymbol{\alpha}}^u$ を $\mathbf{c}^o$ として取る事で，公理 LEFMT を満たすことを確認できる．他方，Roemer(1982)型(定義 4.5)では，$\alpha_0 = l.v.(\mathbf{b};(\mathbf{p},1))$ となる生産点 $\boldsymbol{\alpha}\in\overline{P}(\mathbf{p},1)$ に対応する純産出ベクトル $\hat{\boldsymbol{\alpha}}(\mathbf{b};(\mathbf{p},1))\equiv\overline{\boldsymbol{\alpha}}-\underline{\boldsymbol{\alpha}}$ を $\mathbf{c}^o$ として取る事で，公理 LEFMT を満たす事を確認できる．この様に，この公理は決して制約的な条件ではない．また，各労働者が被搾取者となるか否かを定める参照財ベクトル $\mathbf{c}^o$ は，個々人で異なる可能性を排除されてはいない．それは，4.4 節で議論した様な労働者間で消費需要が異なる経済環境において，森嶋型労働搾取の定式が持つ性質に対応しているのである．

では公理 LEFMT を満たす任意の労働搾取の定式の下で，マルクスの基本定理が成立するか否かをいかにして確定する事ができるだろうか？これが労働搾取の公理的アプローチによって探求する事のできる問題である．この問題への解答は以下の定理として与えられる：

定理 7.1[Yoshihara(2007a)]：公理 **LEFMT** を満たす任意の労働搾取の定式の下で，以下の 2 つは同値である：

(I) 任意の経済環境の下で，マルクスの基本定理が成立する；

(II) 任意の経済環境の任意の再生産可能解 $((\mathbf{p},w),\boldsymbol{\alpha}^{\mathbf{p},w})$ の下で，任意の $o\in O$ に関して，$\mathbf{c}^o\in B_+(\mathbf{p},w)$ &

$$\exists\underline{\mathbf{c}}^o \in \left[\hat{\overline{\Gamma}}(\mathbf{p},w)\cap\mathring{B}_+(\mathbf{p},w)\right]\cup\{\hat{\boldsymbol{\alpha}}_0^{\mathbf{p},w}\} \text{ s.t. } [\underline{\mathbf{c}}^o \gg \mathbf{c}^o \Leftrightarrow \pi(\boldsymbol{\alpha}^{\mathbf{p},w};(\mathbf{p},w))>0].$$

この定理に基づけば，公理 LEFMT を満たす任意の労働搾取の定式の下でマルクスの基本定理が成立する為には，第一に，各労働者の取得労働を確定する為にその定式が定める参照財ベクトル $\mathbf{c}^o$ は価格体系 $\mathbf{p}\in\Delta$ の下，収入 w で購入できるものでなければならない．すなわち，公理 LEFMT と条件(II)より，$\mathbf{c}^o\in B(\mathbf{p},w)$ でなければならない．第二に，各労働者に対して別途，参照財ベクトル $\underline{\mathbf{c}}^o$ を定める事ができなければならず，これは利潤率最大化生産の下での1労働日当たりの純産出であって彼の予算では購入不可能な財ベクトルであるか，もしくは当該再生産可能解の下での1労働日当たりの純産出として定められねばならない．さらに，もし再生産可能解が正の利潤を伴う場合には，$\mathbf{c}^o$ は $\underline{\mathbf{c}}^o$ よりも厳密に小さいベクトルとなっていなければならない．

定理7.1が定める必要十分条件(II)は，各労働者に対して定める参照財ベクトル $\underline{\mathbf{c}}^o$ が，再生産可能解の価格体系 $(\mathbf{p}, w)$ の下での利潤率最大化生産計画による純産出ベクトルとして，確定されなければならない事を意味している．さらに $\mathbf{c}^o$ が $\underline{\mathbf{c}}^o \gg \mathbf{c}^o$ として関係付けられる事は，$\mathbf{c}^o$ もまた，利潤最大化生産計画による純産出として実行可能である事を意味する．換言すれば，利潤率最大化生産計画による1労働日当たり純産出 $\underline{\mathbf{c}}^o$ のうちの労働者の取得分が $\mathbf{c}^o$ であるという意味付けが可能である．従って，条件(II)とは，労働者の取得労働時間を確定する参照財ベクトル $\mathbf{c}^o$ が，正の利潤を伴う再生産可能解の価格体系の下でのある利潤最大化生産計画による1労働日当たり純産出 $\underline{\mathbf{c}}^o$ からの分配として決まらなければならない事を意味する．さらに言えば，厳密な不等式 $\underline{\mathbf{c}}^o \gg \mathbf{c}^o$ の要請は，対応する剰余生産物ベクトルが正ベクトルでなければならない事を意味する．どの生産計画が利潤率最大化と整合的であるかは，再生産可能解における価格体系に依存して決まるので，この事は，条件(II)を満たす労働搾取の定式は，価格情報に依存的な性質を持たなければならない事を意味するのである．この条件(II)を，森嶋型労働搾取の定式も，松尾型定式も満たさないのみならず，あらゆる任意の価格情報独立的な労働搾取の定式も満たす事はできない．なぜならば，価格情報独立な労働搾取の定式の下では，労働者の取得労働を規定する参照財ベクトル $\mathbf{c}^o$ が，それが利潤率最大化生産計画の下での純産出として実行可能であるか否かという問題とは関わりなく，論理的に独立に同定されるからである．従って，条件(II)が成立しない様な一般的凸錘生産経済の数値例を容易に構成する事ができるであろう．

我々はさらに，4.3節の定義4.5で与えられたRoemer(1982)型労働搾取の定式も，条件(II)を満たさない事を確認できる．例えば，定理4.7の証明で構成した数値例の場合には，$\underline{\mathbf{c}}^o$ として集合 $\left[\hat{\mathring{\Gamma}}(\mathbf{p},1)\cap\mathring{B}_+(\mathbf{p},1)\right]\cup\left\{\hat{\boldsymbol{\alpha}}_0^{\mathbf{p},1}\right\}$ から選ぶことができるのは $\hat{\boldsymbol{\alpha}}^2=\hat{\boldsymbol{\alpha}}_0^{\mathbf{p},1}$ だけである．他方，$\mathbf{c}^o$ として選ばれるべき純産出ベクトル $\hat{\boldsymbol{\alpha}}(\mathbf{b};(\mathbf{p},1))$ も，この場合，$\hat{\boldsymbol{\alpha}}^2=\hat{\boldsymbol{\alpha}}_0^{\mathbf{p},1}$ である．その結果，この数値例の経済で構成した再生産可能解は正の利潤を伴っているにも拘らず，厳密な不等式 $\underline{\mathbf{c}}^o\gg\mathbf{c}^o$ が成立していない事が解る．すなわち，定義 4.5 型労働搾取の定式の場合も，定理 7.1 の条件(II)を満たさないような経済環境が存在し，そのときにはマルクスの基本定理が成立しない事を確認できる．すなわち，価格依存的労働搾取の定式であっても，必ずしも自動的に条件(II)を満たすとは限らない事が解る．他方，定義 4.6 及び定義 4.7 として与えられた所得依存的労働搾取の定式の場合には，いずれも定理 7.1 の条件(II)を満たしている事を容易に確認できる．

以上の議論より，より一般的な凸錘生産経済環境の下でマルクスの基本定理が成立する為には，誰が被搾取者になるか否かの同定作業は，市場均衡の下での価格体系が確定して初めて為され得るものでなければならない事が解る．マルクスの基本定理が資本主義経済を特徴付ける一般的な基本定理として維持される為には，労働価値の価格体系に対する論理的独立性のみならず，労働搾取の価格体系に対する論理的独立性という伝統的なマルクス主義の公理は，今や放棄されなければならないと言えよう．

7.2 「階級-搾取対応原理」問題における「労働搾取の公理」[2)]

「階級-搾取対応原理」の論脈で労働搾取の公理を提唱する為に，第 5 章で議論した一般的凸錘生産経済 $\langle N;(P,\mathbf{b});(\boldsymbol{\omega}^\nu)_{\nu\in N}\rangle$ を取り上げよう．この経済環境における再生産可能解が $\left((\mathbf{p},1),(\boldsymbol{\alpha}^\nu,\boldsymbol{\beta}^\nu,\gamma_0^\nu)_{\nu\in N}\right)$ であるとしよう．人口に関する 2 つの部分集合を，記号 $N^{ter}\subseteq N$ と $N^{ted}\subseteq N$ で表す．また，予算集合 $B(\mathbf{p},\Pi^\nu(\mathbf{p},1))$ に関連して，その 2 つの拡張集合

2) 本節の議論の本格的展開については，Yoshihara (2007) を参照の事．

として，$B_{-}(\mathbf{p},\Pi^{\nu}(\mathbf{p},1))\equiv\{\mathbf{c}\in\mathbf{R}^{n}_{+}\mid\mathbf{pc}\leq\Pi^{\nu}(\mathbf{p},1)\}$，$B_{+}(\mathbf{p},\Pi^{\nu}(\mathbf{p},1))\equiv\{\mathbf{c}\in\mathbf{R}^{n}_{+}\mid\mathbf{pc}\geq\Pi^{\nu}(\mathbf{p},1)\}$ を導入する．そのとき，「階級-搾取対応原理」の論脈での労働搾取の公理は以下の様に定義される：

労働搾取の公理(LE)［Yoshihara(2007)］：再生産可能解が $\left((\mathbf{p},1),(\boldsymbol{\alpha}^{\nu},\boldsymbol{\beta}^{\nu},\gamma_{0}^{\nu})_{\nu\in N}\right)$ であるとしよう．そのとき，集合 $N^{ter}\subseteq N$ と集合 $N^{ted}\subseteq N$ が搾取者の集合であり被搾取者の集合となるのは，以下の条件を満たすときそのときのみである：ある 2 つの参照消費財ベクトル $\overline{\mathbf{c}}\in\partial\hat{P}(\alpha_{0}=1)\cap\mathbf{R}^{n}_{+}$ 及び $\underline{\mathbf{c}}\in\hat{P}(\alpha_{0}=1)\cap\mathbf{R}^{n}_{+}$ が存在し，$\mathbf{p}\overline{\mathbf{c}}\geq\mathbf{p}\underline{\mathbf{c}}$ であると共に，

$$\begin{aligned}\forall\nu\in N^{ter}\Leftrightarrow&\ \exists\mathbf{c}^{\nu}\in B_{-}(\mathbf{p},\Pi^{\nu}(\mathbf{p},1))\\&\text{s.t. }\mathbf{c}^{\nu}>\overline{\mathbf{c}}\ \&\ \exists\boldsymbol{\alpha}\in\phi(\mathbf{c}^{\nu})\text{ with }\hat{\boldsymbol{\alpha}}=\mathbf{c}^{\nu}\ \&\ \alpha_{0}>1;\\\forall\nu\in N^{ted}\Leftrightarrow&\ \exists\mathbf{c}^{\nu}\in B_{+}(\mathbf{p},\Pi^{\nu}(\mathbf{p},1))\\&\text{s.t. }\mathbf{c}^{\nu}<\underline{\mathbf{c}}\ \&\ \exists\boldsymbol{\alpha}\in\phi(\mathbf{c}^{\nu})\text{ with }\hat{\boldsymbol{\alpha}}=\mathbf{c}^{\nu}\ \&\ \alpha_{0}<1.\end{aligned}$$

任意の労働搾取の定式が与えられれば，搾取者の集合 N^{ter} と被搾取者の集合 N^{ted} が定義される．そのとき，公理 LE は，任意の再生産可能解において 2 つの参照財ベクトル $\overline{\mathbf{c}},\underline{\mathbf{c}}\in\mathbf{R}^{n}_{+}$ がこの労働搾取の定式に対応して同定され，それらによって N^{ter} と N^{ted} を特徴付けられる事を要請する．2 つの参照財ベクトル $\overline{\mathbf{c}},\underline{\mathbf{c}}$ は共に 1 労働日の供給によって生産可能な純産出ベクトルであって，これらと再生産可能解の下での価格体系によって，搾取者でもなく被搾取者でもない個人たちの所得水準領域を同定するものと解釈される．すなわち，その所得水準が $\mathbf{p}\overline{\mathbf{c}}\geq\Pi^{\nu}(\mathbf{p},1)\geq\mathbf{p}\underline{\mathbf{c}}$ となる様な任意の個人 $\nu\in N$ は，与えられた労働搾取の定式の下では，搾取者でもなく被搾取者でもない．なぜならば，$\mathbf{p}\overline{\mathbf{c}}$ と $\mathbf{p}\underline{\mathbf{c}}$ は 1 労働日供給で純産出可能な財ベクトルの支出額の「上限」と「下限」を規定すると見なされる故に，この個人がその所得 $\mathbf{p}\overline{\mathbf{c}}\geq\Pi^{\nu}(\mathbf{p},1)\geq\mathbf{p}\underline{\mathbf{c}}$ を通じて取得可能な消費財ベクトルの社会的必要労働はちょうど 1 労働日になるからである．さらに，任意の個人 $\nu\in N$ が 1 労働日の供給に対してその所得 $\Pi^{\nu}(\mathbf{p},1)$ が $\mathbf{p}\underline{\mathbf{c}}$ よりも厳密に低いときには，もはやこの個人の所得を通じて取得可能な財ベクトルの純産出に要する労働量は 1 労働日未満と見なされる故に，被搾取

者として同定されるのである．同様の議論を搾取者の場合にも適用されよう．この2つの財ベクトル $\overline{\mathbf{c}}, \underline{\mathbf{c}}$ がどの様なものかは，労働搾取の定式に応じて決まってくるであろうが，どの様な定式であろうと，それが労働搾取の定式である以上，上記の様な性質を持つ $\overline{\mathbf{c}}, \underline{\mathbf{c}}$ を見出せなければならない，それが公理 LE の要請である．

階級-搾取対応原理の論脈で本書の中でこれまで議論されてきた全ての労働搾取の定式は，この公理 LE を満たすことを確認できる筈である[3)]．では公理 LE を満たす任意の労働搾取の定式の下で，階級-搾取対応原理が成立するか否かをいかにして確定する事ができるだろうか？　これが労働搾取の公理的アプローチによって探求する事のできる問題である．この問題への解答は以下の様な定理として与えられる：

定理 7.2[Yoshihara(2007)]：任意の経済環境において再生産可能解 $\left((\mathbf{p}, 1), (\boldsymbol{\alpha}^{\nu}, \boldsymbol{\beta}^{\nu}, \gamma_0^{\nu})_{\nu \in N}\right)$ は正の利潤を伴っているとしよう．そのとき，公理 **LE** を満たす任意の労働搾取の定式の下で，以下の2つは同値である：

(I) この経済環境の下で，**階級-搾取対応原理**が成立する；

(II) 対応する $\overline{\mathbf{c}} \in \partial \hat{P}(\alpha_0 = 1) \cap \mathbf{R}_+^n$ 及び $\underline{\mathbf{c}} \in \hat{P}(\alpha_0 = 1) \cap \mathbf{R}_+^n$ に関して，$\overline{\mathbf{c}}, \underline{\mathbf{c}} \in \hat{\overline{\Gamma}}(\mathbf{p}, 1)$．

この定理もまた，階級-搾取対応原理を一般的に成立させる為には，労働搾取の定式は，その対応する2つの参照財ベクトル $\overline{\mathbf{c}}, \underline{\mathbf{c}}$ が利潤率最大化生産計画の下での1労働日供給によって実行可能な純産出でなければならない事を，主張している．利潤率最大化生産計画は再生産可能解の価格体系に依存して変化し得るから，この定理は結局，階級-搾取対応原理を一般的に成立させる為には，労働搾取の定式は価格情報依存的でなければならない事を意味する．従って，森嶋型の定義 5.3 も，松尾型の定義 5.5 もいずれも定理 7.2 の条件(II)を満たさない．さらに，Roemer(1982)型

3)　詳細に関しては Yoshihara(2007)を参照せよ．

の定義5.4も，定理7.2の条件(II)を満たさない事を確認できる．他方，所得依存的な労働搾取の定式の定義5.6と定義5.7の場合は，いずれもこの条件を満たす事を確認できるのである．

ところで，森嶋型の定義5.3であっても，レオンチェフ型生産体系の下では，階級-搾取対応原理は成立していた．この事実は，定理7.2と如何様に関係付けられるであろうか？　レオンチェフ生産体系の場合，利潤率最大化生産計画の下での1労働日当たり純産出ベクトルの集合$\hat{\hat{\Gamma}}(\mathbf{p},1)$は，仮定A1, A2, A3の下では，集合$\partial\hat{P}_{(A,L)}(\alpha_0{=}1)\cap\mathbf{R}^n_+$と完全に一致する．従って，この場合には，森嶋型の定義5.3であっても定理7.2の条件(II)が満たされるのである．同様の議論は，マルクスの基本定理の場合にも適用できる．森嶋型の定義4.1であっても，レオンチェフ生産体系の場合には，$\hat{\hat{\Gamma}}(\mathbf{p},1)$の$\partial\hat{P}_{(A,L)}(\alpha_0{=}1)\cap\mathbf{R}^n_+$への一致という性質ゆえに，定理7.1の条件(II)が満たされるのである．

以上の議論より，より一般的な凸錘生産経済環境の下で階級-搾取対応原理が成立する為には，労働価値の価格体系に対する論理的独立性のみならず，労働搾取の価格体系に対する論理的独立性という伝統的なマルクス主義の公理は，今や放棄されなければならないと言えよう．階級-搾取対応原理はマルクス主義の立場からすれば，明らかに資本主義経済を特徴付ける一般的な基本定理として維持されるべき重要な定理である．従って，上述の伝統的公理の放棄の提案は，マルクス主義の立場であっても，受け入れられるべきであろう．

7.3　労働搾取の3つの代替的アプローチ——労働スキルの個人間格差の存在する生産経済への労働搾取理論の拡張可能性

7.1節と7.2節の結論は，結局，資本主義経済において搾取関係が存在するか否か，そしてそれはいかなる性質を持つかに関する議論は，労働搾取の定式をどう定義するか如何に依存する事を暗示している．古典的マルクス主義の議論では，労働価値説は市場における交換関係を説明する事実解明的科学の理論として考えられており，この労働価値説に基礎付けられて労働搾取理論が展開される事により，搾取論もまた，資本主義経済における事実解明的科学の理論であり，資本主義経済の客観的運動法則(とりわけ資本蓄積のメカニズム)を明らかにする議論であると解釈されてきた．しかし，今や，労働価値説は市場の交換関係を説明する理論とは成り得ない事が知られる様になり，さらに 7.1 節と 7.2 節の結論によって，労働搾取理論もまた，資本主義経済の客観的運動法則に関する理論ではなく，むしろ特定の規範的評価基準に基づく，資本主義経済の規範的特徴付けの為の理論である事が明確になってきたと思う．各労働者もしくは各個人の取得労働時間がどの様に確定されるかという問題は，客観的かつあたかも自然科学的に自ずから一つの数値に確定されるという類いの話ではなく，むしろ人々の納得と合意を以って確定されるべき数値であるという意味において，規範的評価の関わる問題と考えるべきなのである．

公理 LE や LEFMT は，規範的評価としての労働搾取概念の定式が満たすべき最小限の必要条件を記述したものであって，従って，これらの公理を満たす搾取の定式は依然として非常に多様に存在する．「労働搾取理論への公理的アプローチ」とは，こうした多様に存在する搾取の定式の中でどの定式化が労働搾取概念の表現として，最も人々の納得と合意を得ることのできる評価指標となり得るかを同定する為の研究プロジェクトである．本章の 7.1 節及び 7.2 節は，搾取の定式の規範的評価指標としての内在的価値を特徴付ける為の公理的分析ではなく，むしろ，マルクスの基本定理や階級–搾取対応原理の頑健性を維持できるという意味での，その定式の機能的価値を特徴付ける為の分析結果を提示したものである．しかし正の利潤や階級関係や富の不均等所有の関係は，現実に存在する資本主義経済の事象であるので，これらの諸事象を労働搾取の観点から関係付けられる事は，搾取概念の有能性を意味する．それ故に，マルクスの基本定理や階級–搾取対応原理という観点で，資本主義経済を評価する指標として機能できる労働搾取の定式である事は，望ましい定式であると言える．従って，今後の「労働搾取理論への公理的アプローチ」においては，我々は価格情報依存的であって，マルクスの基本定理や階級–搾取対応原理の頑健性を維持できるような搾取の定式のクラスに，議論を限定させる事ができるであろう．

ところで，本書の分析は，専ら，全ての個人の労働スキルが同一な，同質労働の資本主義経済モデルに限定して為されてきた．その限りで，例えば階級-搾取対応原理は富の不均等所有関係という，資本主義経済の基本的一側面の特性が，階級所属に関する機会の不平等関係や，自分の自由な人生を展開する為の基礎的資源としての自由時間の配分に関する不平等性という，批判的諸事象をいかに生成させるかを説明する効能を有していた．しかし，個人間の労働スキルが異なり得るより一般的な資本主義経済モデルに話を拡張すれば，上述のようなクリアカットな富-階級-搾取対応関係はもはや一般的には出てこない．とは言え，富の不均等所有関係や階級関係は依然として，現代の資本主義経済でも普遍的に見られる事象であり，他方，個人間の相異なる労働スキルの分布という側面も，現代資本主義の普遍的現象の一つである．そのような経済環境において，労働搾取概念がいかなる規範的評価の機能を果たし得るかを確定する事が，今後の為すべき研究の一つであろう．その場合に，最初の課題は，個人間の労働スキルが相異なる経済環境において，労働搾取の定式は如何様に定義されるべきか，という問題であろう．

この問題は，伝統的には「複雑労働の単純労働への還元問題」という論脈で位置づけられてきた．しかし，そもそも「複雑労働の単純労働への還元問題」は，交換価値論としての労働価値説と労働価値の価格への論理的独立性というマルクス主義の公理を前提にした議論であった．それらの前提の下では，複雑労働の単純労働への還元係数を，両労働の賃金率の格差に基づいて導出するという手法は使えないだろう．しかし，我々は今や，交換価値論としての労働価値説を放棄し，また，労働者の取得する労働価値量は，価格情報に依存して決まるべきであるという結論に達している．価格が労働価値に論理的に先行するのである．よって，躊躇無く，複雑労働の単純労働への還元係数を，両労働の賃金率の格差に基づいて定義する事ができるであろう．例えば，有能な個人の単位時間当たりのサラリーが平凡な個人の単位時間当たりサラリーの 2 倍であれば，前者の労働スキルは後者のそれの2倍であると見なして構わないであろう．その場合には，個人間の労働スキルが相異なる経済環境における労働搾取の定式は，スキルの格差が無い環境において与えられてきた定式の自然な拡張として定義する事ができよう．すなわち，同じ1労働日の労働供給であっても，平凡な個人の2倍のスキルを有する有能な個人の実質的な労働供給は，2労働日とカウントされる事になる．その結果，有能な高サラリーの個人が被搾取者となり，平凡で低賃金の個人が搾取者になるというようなパラドキシカルなケースが容易に出現するだろう．果たして，労働搾取の概念はそうした性質を孕むものとして定式化すべきなのであろうか？

なぜこういう問いを発するかと言えば，市場で売買される消費財の種類がそれほど多様ではなく，また，労働といえば機会制大工業の下での単純労働が主流であった19世紀の産業資本主義の時代であれば，労働スキルの同一性という仮定も「様式化された事実」として正当化可能であり，従って，そうした前提の下で導き出される富-階級-搾取対応原理は，19世紀の古典的自由主義時代の資本主義経済システムへの批判として説得性を持ち得たであろう．しかし，労働スキルの違いが就労機会により大きく影響を与える現代の市場経済の下では，労働能力の格差に起因する所得の格差や人生選択の機会の不均等が，より主要な分配的不公正の問題となっていると考えられている．実際，Piketty & Saez(2003)によれば，前世紀の米国で重大な変化が起こったのであり，今日では，所得分配の上位0.1%は資本所得ではなく，給与所得を稼ぐ個人によって占められている．すなわち，米国において最も豊かな人々は，映画スター，一流のスポーツ選手や最高経営責任者等，稀少な人的資本を有する個人たちであり，1世紀前のように利子生活者や資本家たちではない．また，Roemer(2006)は，資本が公的に所有され，全体の生産物が労働者の労働貢献価値に比例して分配される比例的資源配分を現在の米国経済の環境下で計算するならば，その所得のジニ係数は現実の米国経済における課税後所得のジニ係数より高くなる，という結果を提示している．比例的資源配分[4)]は言わば，スキルの格差が存在する下での伝統的定式の自然な拡張として与えられる労働搾取が存在しない配分を意味する．従って，この結果は，搾取の廃絶を実行する純粋に「社会主義的」システムよりも，現代の米国経済はより平等主義的である事を意味する．この結果は，少なくとも米国では，今日の不平等の拡大は，資本所有権の格差ではなく，労働スキルの違いに主に起因するものであることを表している．

こうした現象は，現代の市場経済における不平等や貧富の格差などを説明する為には，伝統的なマルクス的労働搾取概念は何らかの大きな概念的及び定式的修正を必要とするだろう事を意味する．さもなくば，現代の米国経済ではむしろ有能な高所得者が被搾取者となり，スキルの低い低所得者が搾取者となり得る事を意味する．しかし，それは明らかに我々の直観に反するだろう．伝統的なマルクス的労働搾取概念は，物的資本が稀少性を有し，従ってその所有者に対してレントをもたらすような市場経済の環境において，より適合的である．仮に労働者間のスキルの違いが存在していても，その多様性の効果以上に，資本財所有に稀少価値がある環境においては，マルクス的労働搾取概念は，そうした市場経済における階級関係や機会の不平等を説明する上での近似的指標として機能し得るであろう．他方，ある種の高度なスキルの保有が極めて高い稀少価値を持つ環境では，むしろレントはそうしたスキルの保有者により向かう事になろう．現代のアメリカ経済における高スキルな個人の高サラリーが，果たして純粋に彼等の労働の限界生産性を反映したものなのか，それともそれプラス何らかのレントがプレミアムとして付随しているか，その判断は議論の方向性に大きく左右しよう．但し，以下では彼等の高サラリーが彼等の労働の限界生産性を反映している完全競争市場的状況をあえて想定し，にも拘らず存続し得る搾取的問題について言及する事に議論を限定したい．

労働搾取とは，少なくとも伝統的マルクス主義の論脈において，労働貢献と所得を通じて取得する労働の格差の存在である．貢献が上回る個人は被搾取者であり，取得が上回る個人は搾取者と同定される．その貢献と取得をどう評価するかについて，同質労働でかつ労働スキルの格差の無い経

4)　これは Roemer & Silvestre(1993)が定式化した，公的所有経済の下での比例的配分解(proportional solution)の事である．いわゆる社会主義的分配原理「各人は能力に応じて働き，労働に応じて分配される」の定式とも解釈可能である．

済環境の前提下では必ずしも明示化されなかった，少なくとも3つのアプローチがあり得る事について言及しておきたい．第1のアプローチは，「自己所有権」の侵害としての搾取論アプローチである．これは伝統的マルクス主義の理解に基づくものであり，さらに遡れば，ロック主義的自己所有権思想に基づくとも言える．このアプローチでは，貢献も取得も，ある効率的単位で基準化された労働量によって表されるのであり，その労働量はイコール物理的な時間単位としての労働時間ではない．すなわち，よりスキルの高い個人の1時間労働は平均的個人の1時間労働よりも労働貢献量は大きいと評価される．その様な労働貢献量に相当するだけの所得ないしは収穫を取得する「権原」があるというロック主義的(分配的)正義論の立場からは，取得以上に貢献している個人は被搾取者として同定されよう．「複雑労働の単純労働への還元問題」を論ずる伝統的マルクス主義もまた，このアプローチを踏襲していると言える．しかしこのアプローチの下では，現代の米国経済ではむしろ有能な高所得者が被搾取者となり，スキルの低い低所得者が搾取者となり得る，というパラドックスが生じる事については上述の通りである．

第2のアプローチは，「稀少な資産への不平等的アクセス」としての搾取論アプローチである．この立場を明示的に表現する一議論が，5.8節で言及したRoemer(1982)の「搾取への所有関係的アプローチ」である．このアプローチは，レントの派生する様な稀少な生産的資産へのアクセスの不均等が搾取関係を同定すると見なすのであり，搾取者と被搾取者の同定の為に，稀少な生産的資産に関する反事実的な理想的初期賦存を設定するのである．そして反事実的な理想的初期賦存の下であったならば得られたであろうある個人の便益——所得ないしは効用——に比して，彼の現状の経済の下で取得する便益が低い(高い)ならば，彼は被搾取者(搾取者)と同定される．反事実的な理想的初期賦存をどの様に定めるかは，想定する分配的正義論に基づくと言ってもよいかもしれないが，例えばRoemer(1982)では，対象となる稀少な生産的資産への所有権が1人当たり均等化されている状況と考えられている．反事実的な理想的初期賦存の対象となる稀少な生産的資産が何かは，例えばRoemer(1982)の議論では，社会体制によって代わってくる．すなわち，稀少な生産的資産が物的生産手段であるのが資本主義的搾取であり，それがスキルないしは人的資本であるのが社会主義的搾取であり，人間そのものないしは他人の労働力であるのが封建社会的搾取である，と分類される．我々が本書で考察してきた様な，同質労働でかつ労働スキルの格差の無い経済環境の下では，マルクス的労働搾取は Roemer(1982)の意味での資本主義的搾取となるので，特に第1の「自己所有権」的搾取論と，この「稀少な資産への不平等アクセス的」搾取論との概念的な違いは本質的な問題にはならなかった．事実，富-階級-搾取対応関係の成立は，その事を裏付けている．しかし，労働スキルの格差のある経済モデルを想定するや，両者の違いは無視し得なくなる．なぜならば，「自己所有権」的搾取論では高スキルの高所得者が被搾取者となるケースがしばしば生じ得るのに対して，この第2のアプローチでは，少なくとも Roemer(1982)の「社会主義的搾取」論では，高スキルの高所得者は搾取者として同定されるからである．

もっとも，Roemer(1982)の「社会主義的搾取」論は，物的な生産的資産の公有によって，それへのアクセスの平等が保証された社会の下で尚，生じる，スキルないしは人的資本の格差に起因する搾取関係を論じている．従って，彼の議論を，現代の市場経済の様に，物的な生産的資産の不均等私的所有が尚，無視できない構成要因であるケースに，直接に適用すれば事足りるとは必ずしも言えない．スキルの格差に主に起因する所得格差は資産格差へと発展し，さらにそれが次世代への教育投資の格差によって，次世代におけるスキルの格差を拡大再生産させるという構造を孕むのが，現代の市場経済である．従って，第2のアプローチに従って現代の市場経済における搾取関係を同定するためには，反事実的な理想的初期賦存の対象となる稀少な生産的資産は，スキル(=人的資本)と物的資本の双方である，と考えるべきかもしれない．しかしここで問題になるのは，スキルの理想的初期賦存をいかに同定するかであろう．物的資本の場合には，その貨幣的価値が全ての個人で均等化される様に，社会全体の総物的資本を配分すればよい．それはこの種の生産的資産が譲渡可能な性質を有するからである．他方，スキルの場合には，これは譲渡不可能な生産的資産であるので，それらを社会的に集計した上で，全ての個人に均等に再配分するという方法は取れない．ここで我々は，Dworkin(1981)が直面した「包括的資源の平等」[5]遂行的資源配分の同定問題と類似の問題に直面するのである．

いずれにせよ，このアプローチはその理論的基礎をDworkin(1981)の「包括的資源の平等」論などの様な分配的正義論における成果に依存せざるを得ない様に思われる．仮に，Dworkin(1981)の「包括的資源の平等」論に依拠して，反事実的な理想的初期賦存を同定できたとしても，そこからの乖離状態の評価を搾取論的観点から労働を測定指標にしてあえて行う積極的意義は稀薄である様に思われる．Dworkin 流の分配的正義の未成立を指摘すれば十分ではないか，という話になろう．事実，だからこそジョン・ローマーは，以降，搾取論アプローチから離れて行ったわけである．

しかし，市場経済の資源配分機能を，あえて労働を指標に評価する積極的理由が，尚，在るように思われる．それが第3のアプローチ，「自由な発展への機会の不平等」としての搾取論である．マルクスは理想社会のあり方を，諸個人の自由な発展が社会そのものの発展の基礎であり，それ自体が目的であるような状態と規定していた．他方，ジョン・ロールズもRawls(1971)において，「正義の原理」を導出する意義として，その様な原理によってルール化された社会において，その構成員たちが各々の望む生き方を可能な限り平等に自由に追求する事ができる様になる事を構想していた．ヴァン・パレースも，いわゆる「基本所得」構想の規範理論的基礎付けを与えたVan Parijs(1995)において，「個人がしたいと欲するであろうどんな事であれ行う自由(the freedom to do whatever one might want to do)」が可能な限り均等に全ての個人に保証されるような社会を公正な社会(just society)と定めていた．

アマルティア・センの福祉的自由(well-being freedom)論や機能と潜在能力(functioning and capability)理論[Sen(1980; 1985)]は，こうした「個人の

---

5) これについては，鈴村・吉原(2000)，吉原(2003; 2005)等を参照せよ．

自由な発展」を福祉の目的とし，それを評価・測定する為の概念装置を提供する為のものであると位置づける事が可能だろう．すなわち，潜在能力とは，個人が自由に生き方を選択できるその機会集合として解釈され得るものであり，故に「個人の自由な発展」を福祉の目的とする事は，全ての個人の潜在能力を可能な限り等しく，かつ大きな集合として保証できるような社会経済政策の遂行を目的とする事と解釈できるだろう．ロールズの理論に基づけば，「個人の自由な発展」を可能とする手段としての「社会的基本財」を全ての個人に可能な限り等しくかつ多く保証する事が，社会経済政策の目的となろう．他方，マルクスの場合には，「個人の自由な発展」を可能とする手段として，「自由時間」の保証を強調していた[6]．マルクスの想定する共産主義社会では，生産力が極めて高度に発展していて，人々が生存の為に必要とする資源・財を確保する為の「必要労働時間」への支出は極めて小さくなっていると，考えられた．その意味で必要の為の労働から事実上解放された諸個人は，残された自由時間を利用することで自由な発展が可能となる，というのがマルクスのシナリオである[7,8]．

---

6)「自由の王国は，事実，窮迫と外的な目的への適合性とによって規定される労働が存在しなくなるところで，はじめて始まる．したがってそれは，当然に，本来の物質的生産の領域の彼岸にある．未開人が，自分の諸欲求を満たすために，自分の生活を維持し再生産するために，自然と格闘しなければならないように，文明人もそうしなければならず，しかも，すべての社会諸形態において，ありうべきすべての生産諸様式のもとで，彼〔人〕は，そうした格闘をしなければならない．彼の発達とともに，諸欲求が拡大するため，自然的必然性のこの王国が拡大する．しかし同時に，この諸欲求を満たす生産諸力も拡大する．この領域における自由は，ただ，社会化された人間，結合された生産者たちが，自分たちと自然との物質代謝によって——盲目的な支配力としてのそれによって——支配されるのではなく，この自然との物質代謝を合理的に規制し，自分たちの共同の管理のもとにおくこと，すなわち，最小の力の支出で，みずからの人間性にもっともふさわしい，もっとも適合した諸条件のもとでこの物質代謝を行なうこと，この点にだけありうる．しかしそれでも，これはまだ依然として必然性の王国である．この王国の彼岸において，それ自体が目的であるとされる人間の力の発達が，真の自由の王国が——といっても，それはただ，自己の基礎としての右の必然性の王国の上にのみ開花しうるのであるが——始まる．労働日の短縮が根本条件である．」［『資本論』第3巻，大月書店，p. 1051, MEW25, S. 828］

7)「彼ら(引用者注．労働者たち)がそれ(引用者注：彼等自身の剰余労働の彼等自身による領有)をなし遂げたなら——そしてそれとともに自由に処分できる時間が，敵対的実存をもたなくなるならば——，一方では必要労働時間は社会的個体のニーズによって測定されるだろうし，他方では社会的生産力の発展が極めて急速に増大するであろうから，その結果——生産はいまや万人の富の為に意図されるにも拘らず——万人にとって自由に処分できる時間は増大する．なぜならば，真の富とは全ての個人の発達した生産力だからである．その際に，富の尺度はもはや労働時間では決してなく，自由に処分できる時間である．」[Marx

残念ながら，マルクスの想定する様な無限に高度な生産力という社会状態に到達する事は有り得ないであろうが，資源の稀少性の制約下であっても尚，彼の「自由な発展の基礎としての自由時間」論を生かす意義も余地もあろう．例えば，現状の経済環境の下で何らかの標準的な生活水準の様なものを社会の参照基準として設定できるとしよう．その上で，現状の経済環境における人々の生産的資産への所有状態を所与として，また，市場経済メカニズムを所与として，仮想的に，個々人は己の供給労働時間をできる限り少なくしつつ，上記の参照的生活水準を享受するだけの所得確保を目的に，生産活動に関与する状況を考えるのである．つまり参照所得水準の取得という制約下での労働時間支出の最小化問題を定義し，その様な制約下での合理的行動を諸個人が各々選択する結果として市場均衡において導かれる各個人の最小労働時間が，各個人の必要労働時間である．各個人は等しく1労働日の時間賦存を有しており，1労働日から彼の必要労働時間を控除したものが彼の自由時間である．すなわち，彼の必要労働時間が短ければ短いほど，彼は自由な発展の為の機会が大きいのである．ここ

(1973), p. 708，マルクス『経済学批判要綱 III』p. 657]

「真の経済—節約—は，労働時間の節約にある．だがこの節約は生産力の発展と同じである．それゆえ，消費を断念する事では決してなく，生産のための力，潜在能力を発展させること，だからまた消費の手段も潜在能力も発展させる事である．消費する事の潜在能力は消費の為の条件であり，それゆえにその第一の手段であり，そしてこの潜在能力は個人の素質の発展であり，生産力である．労働時間の節約は，自由時間の増大，つまり個人の完全な発展の為の時間の増大に等しく，またこの発展はそれ自身がこれまた最大の生産力として，労働の生産力に反作用を及ぼす．……余暇時間でもあれば，高度な活動の為の時間でもある自由時間は，もちろんその保有者を，これまでとは違った主体に転化してしまうのであり，そのときから彼は直接的生産過程にも，このような新たな主体として入っていくのである．」[Marx(1973), pp. 711-712，マルクス『経済学批判要綱 III』pp. 660-661]

8) こうしたシナリオに基づき，従来の正統派マルクス主義は，理想状態としての高度な共産主義社会の達成の必要条件として，高度に発達した生産力とそれを背景にした無限に豊穣な生産物の生産可能性と十分に長い自由時間の両立性を措呈することによって，社会科学として考えるべき主要な問題を「生産力の発展」という技術的解決に委ねているという点で，技術決定論的性格を持っていると言えるかもしれない．それによって，本来，真剣に問うべき課題であった，プロレタリアートが政治と経済の意思決定権を握った下での，合理的な民主的経済計画による経済の運営が実行可能か否か，という社会科学的問いから自由でいられたとも言えよう．

他方，松尾(2001)のように，必ずしも「生産力の高度な発展」という契機なしに，人々の自由時間の享受を可能とするアソシエーション社会への変革を展望するマルクス主義の解釈も，近年では存在する．松尾の議論を端的に整理すれば，以下の様になろう．資本主義が超克されたアソシエーション社会において，労働者たちは合意により生産編成と生産過程を自分たちでコントロールする．それによって，彼等の生産過程における労働はもはや強制的

で全ての個人の獲得する所得は等しく参照水準にある事に注意せよ．個人の自由な発展の手段として必要なのは自由時間だけではなく，所得や富，その他，自由を保障する権利体系や政治制度，もろもろのインフラ等のロールズ的「社会的基本財」が挙げられるべきであろう．しかしそれらに関しては，参照所得水準を等しく達成しているというこの経済均衡の性質より，ここでは自由時間の配分の格差だけに一元化して注目できるのである．物的な資産が豊かな個人はこの参照所得水準を確保する為に，利潤収入により大きく依拠できるが故に，その分，彼の必要労働時間はより短くできよう．他方，スキル水準が高い個人は，やはり単位労働時間当たりの賃金収入が大きい故に，参照所得水準を確保する為の必要労働時間をより短くする事ができる．

この想定の下で，我々は例えば，社会の平均的な必要労働時間よりもより多い必要労働を有する個人を被搾取者，平均よりもより少ない必要労働を有する個人を搾取者と同定できるだろう．そのとき，物的な資産やスキルの豊かな個人は搾取者となり，それらが乏しい個人は被搾取者になると

性格を帯びなくなる，その意味で彼等は生産過程において自由なのである．また，合意により生産編成と生産過程を自分たちでコントロールすることによって労働時間そのものをなるべく短縮化すべく努力する事は，長期的には生産力の発展とも重なり合って，労働者たちが個々に自由に活動するための自由時間をますます長く享受できるようになる，と．

しかしながら，このように生産力の無限に高度な発展を前提せずに，マルクスの「自由の王国」のように，人々が生産過程においても生活過程においても実質的な自由，すなわち達成したいと願うことを追求する自由をできる限りに高い水準で享受できるためには，分配的正義の問題を考えざるを得ないであろう．にも拘らず，松尾(2001)においてそうである様に，現代においてもマルクス主義の多数派的議論は，尚，分配的正義論についてほとんど言及しないのみならず，むしろ労働搾取論を含めたマルクス理論を分配的正義論の観点から理解する事へ批判的眼差しを向ける．もちろん，マルクスの想定した高度に生産力が発達した共産主義社会であれば，分配的正義の問題を考えずとも良い．なぜならば，全ての個人は，わずかばかりの必要労働に従事するだけで，必要なだけの豊かな生産物を無制限に手に入れることができ，かつ残された多くの時間を自由時間として，自己実現のための活動に従事できるし，そうした活動を物質的に支えるだけの経済的裏付けも，必要労働の成果によって十分に保証されているからだ．そこでは，人々が各々の自己実現を実質化するための時間や物的資源の確保を巡って対立し合うという，資源の稀少性が導き得る問題が最初から捨象されているのである．しかし，現代においてもある程度先の将来においても，資源の稀少性という制約の下で人々が意思決定しなければならない状況を考える限り，分配的正義の問題を考えないことは，実質的自由の享受に関する個人間の不均等をもたらすのであり，その典型的な帰結は市場原理主義の支配する社会であろう．資源の稀少性という制約の下での自由の実現とは，自由な活動のための実質的機会のできる限り高いレベルでの均等な保証の実現に他ならず，それはそのような保証の実現のための経済メカニズムを考えるや否や，経済的資源の分配的正義の問題に直面しないわけには行かなくなるのである．

いう状況が構成可能であろう．もちろん，ここで導いた経済均衡は反事実的な仮想的均衡に過ぎない．現実には物的な資産やスキルの豊かな個人はより多くの時間を仕事に費やし，それ故に自由な余暇時間を享受する事よりも，むしろ所得を参照水準以上に増やしているだろう．しかし，参照所得水準以上の収入を稼ぐ為の労働は，言わば，彼の自由な時間の一つの利用の仕方の結果に過ぎないと解釈されるのである．物的な資産やスキルの貧しい個人も，物質的により豊かになりたいが故に，この仮想的経済均衡における彼の必要労働時間以上に働いている可能性が高い．しかし，それも彼の自由時間の一部を所得の増大の為に利用していると解釈される．

問題はこの様にして仮想的経済均衡の計算によって同定される搾取者と被搾取者の集合が，第５章で取り扱った様な，収入最大化を目的に人々が行動するという，より現実的なモデルの経済均衡における搾取者と被搾取者の集合と一致するか否かである．もしそれが一致しているか，あるいはそれほど深刻な違いをもたらさないならば，上述の仮想的経済均衡に基づく搾取関係の同定は，「自由な発展の基礎手段としての自由時間」の不均等性を評価する視角を十分に与えると言ってよい様に思う．なぜならば，第５章の収入最大化市場モデルとは，「個人の自由な発展」を可能とする手段としての所得へのアクセスに関する不均等性を見るのにより適しているからである．そのモデルでは全ての個人は１労働日を全て所得獲得の為に費やしていた故に，格差は自由時間に一元化されるのではなく所得に一元化されるのである．幸いにして，ロベルト・ヴェネティアーニと私による現在進行中の共同研究［Yoshihara & Veneziani (2007)］に基づけば，少なくとも個人間のスキルの格差の存在しない経済環境では，収入最大化を目的とする市場均衡での搾取者と被搾取者の集合は，労働時間支出最小化を目的とする市場均衡での搾取者と被搾取者の集合に一致するだろう事を，確認できる．それはいずれの均衡においても，富-階級-搾取対応関係が成立する事を利用して，搾取者及び被搾取者を同定する為の富の保有水準が両均衡間で一致する——いずれの均衡においても利潤率最大化生産工程の中での資本-労働比率の最小値及び最大値によって確定できる——事から確認できる．従って，少なくとも両者を一致させるだろう労働搾取の定式が存在する事を確認できるのである．スキルの格差のある場合においてそれを調べるのは，その場合にはそもそも富-階級-搾取対応関係が成立しないので，より複雑な分析を要するであろう．いずれにせよ，それは今後の「労働搾取の公理的アプローチ」研究において探求すべき課題の一つである．

ところで，この第 3 のアプローチにおける労働の測定単位は，伝統的マルクス主義における「社会的必要労働時間」等の様に，何らかの効率単位で基準化された労働量としての意味での「労働時間」ではなく，物理的な時間単位そのもので測定された労働時間である——但し，労働強度の個人間格差の問題は今，捨象している．すなわち，高スキルの個人の「1 時間労働」も低スキルの個人の「1 時間労働」も，このアプローチにおいては共に「1 時間労働」として評価される．労働量の測定に関するこの様なアプローチは，伝統的なマルクス主義が依拠する労働価値論的アプローチとは相容れない事だけは確かである[9)]．すなわち，この第 3 アプローチは，依然として供給労働と取得労働の格差としての労働搾取の形式を取ってはいるものの，それはもはや伝統的な意味での労働価値概念に立脚した搾取概念ではない．しかし，7.1 節や 7.2 節で論じてきた様に，労働価値は市場の価格運動と独立に成立する概念でもないし，交換価値の概念としても成立しない．そして労働搾取も労働価値の情報に依存的に決定されると言うよりも，むしろ市場価格の情報に依存的に決定される．従って，もはや我々は伝統的な労働価値概念に固執して搾取を論ずる必要は全く無くなったと言えよう．そうである以上，労働量の測定の問題は事実解明的な(交換)価値の理論の問題ではなく，人々の「善き生(well-being)」の状態を評価する一つの指標を考える際の規範的判断の問題である．個々

9)　松尾匡もまた，物理的な時間そのものを単位とする労働量の測定について論じている．但し，ここでの我々が伝統的な労働価値説とは別の，規範的な厚生尺度としての労働時間について論じているのに対して，松尾の場合は労働価値説の新解釈として論じている．つまり，「投下労働価値概念は，すべての労働者の一時間を同じ一時間と見なすことによって，他者の強制労働の一部を自分の強制労働とみなす役割をしています．ここには，すべての人の一時間は等しく自由であるべきであるという価値観があると思います．」[稲葉・松尾・吉原(2006)，p. 134]と見なしている．その様な投下労働価値の解釈は伝統的な解釈とは大きく異なるものであり，とりわけ資本財の存在しない収穫一定経済における市場価格は労働価値によって決定されるという，アダム・スミス以降の経済学の命題とも矛盾する．

人の自由な発展による自己実現の享受を「善き生」の実現と見なし，その実現の手段を構成する所得と自由時間に関する不均等なアクセスという視角から，労働搾取指標を意義付けようとする本アプローチにおいては，物理的な時間単位で評価される労働量こそがより適切であると思われる．この立場と整合的な分配的正義の基準は「労働貢献比例的配分原理」ではなくて，「等しい労働時間に対する等しい報酬(EREL: Equal Reward for Equal Labor Hour)」[Kranich(1994)]基準である[10)]．ここで当面，そもそも労働市場にアクセスできない障害者や疾病者の取り扱いを搾取の問題[11)]から捨象するならば，EREL 基準を満たす資源配分は，この搾取の第 3 アプローチからすれば，労働搾取のない配分に他ならない．

いずれにせよ，労働搾取理論はまだまだ現代的経済理論の研究対象として生きているのである．

10) 「等しい労働時間に対する等しい報酬」基準は，Kranich(1994)が最初に指摘した様に，パレート効率的基準と両立可能である．両基準を満たす資源配分ルールについては，Yoshihara(2000)及び Yamada & Yoshihara(2007)においても言及されている．

11) その様な捨象をするのは，障害者や疾病者たちからなる社会的に不遇な弱者の問題を搾取の理論が無視してよいと考えるからではなくて，そうした社会的弱者の問題は搾取の問題として論ずるよりもむしろ，社会的剝奪(deprivation)の問題として取り扱う方がより概念的に理に適っている様に思われるからである．搾取の問題は基本的には，少なくとも最低限の労働能力を有する生産者たちの取り扱いに関する問題であろう．

参照文献

Akerlof, G. A. and Yellen, J. (1986): *Efficiency Wage Models of the Labor Market*, Cambridge: Cambridge University Press.

Arneson, R. (1989): "Equality and Equal Opportunity for Welfare," *Philosophical Stidies* **56**, pp. 77–93.

Becker, R. A. (1980): "On the Long-Run Steady State in a Simple Dynamic Model of Equilibirium with Heterogeneous Households," *Quarterly Journal of Economics* **95**(2), pp. 375–382.

Blanchard, O. J. and Fisher, S. (1989): *Lectures on Macroeconomics*, Cambridge, MA: MIT Press〔高田聖治訳『マクロ経済学講義』多賀出版，1999 年〕.

Bowles, S. (1985): "The Production Process in a Competitive Economy: Walrasian, Neo-Hobbesian, and Marxian Models," *American Economic Review* **75**(1), pp. 16–36.

Bowles, S. and Boyer, R. (1988): "Labor Discipline and Aggregate Demand: A Macroeconomic Model," *American Economic Review* **75**(1), pp. 395–400.

Bowles, S. and Boyer, R. (1990): "A Wage-led Employment Regime: Distribution, Labor Discipline and Aggregate Demand in Welfare Capitalism," in Marglin, S. and Schor, J. eds., *The Golden Age of Capitalism: Reinterpreting the Postwar Experience*, Oxford: Oxford University Press.

Bowles, S. and Gintis, H. (1981): "Structure and Practice in the Labor Theory of Value," *Review of Radical Political Economics* **12**, pp. 1–26.

Bowles, S. and Gintis, H. (1988): "Contested Exchange: Political Economy and Modern Economic Theory," *American Economic Review* **78**(2), pp. 145–150.

Bowles, S. and Gintis, H. (1990): "Contested Exchange: New Microfoundation for the Political Economy of Capitalism," *Politics and Society* **18**(2), pp. 165–222.

Cohen, G. A. (1989): "On the Currency of Egalitarian Justice," *Ethics* **99**, pp. 906–944.

Cohen, G. A. (1993): "Equality of What ? On Welfare, Goods, and Capabilities," in Nussbaum, M. and Sen, A. K. eds., *The Quality of Life*, Oxford: Oxford University Press.

Cohen, G. A. (1995): *Self-Ownership, Freedom, and Equality*, Cambridge: Cambridge University Press〔松井暁・中村宗之訳『自己所有権・自由・平等』青木書店，2005 年〕.

Debreu, G. (1959): *Theory of Value*, New York: Wiley.

Devine, J. and Dymski, G. (1991): "Roemer's 'General' Theory of Exploitaion is a Special Case: The Limits of Walrasian Marxism," *Economics and*

Philosophy **7**, pp. 235–275.

Devine, J. and Dymski, G. (1992): "Walrasian Marxism Once Again: A Reply to John Roemer," *Economics and Philosophy* **8**, pp. 157–162.

Dum'enil, G. (1980): *De la Valeur aux Prix de Production*, Paris: Economica.

Dworkin, R. (1981): "What is Equality? Part 2: Equality of Resources," *Philosophy & Public Affairs* **10**, pp. 283–345.

Flaschel, P. (1983): "Actual Labor Values in a General Model of Production," *Econometrica* **51**, pp. 435–454.

Foley, D. K. (1982): "The Value of Money, the Value of Labor Power, and the Marxian Transformation Problem," *Review of Radical Political Economics* **14**, pp. 37–47.

Foley, D. K. (1986): *Understanding Capital: Marx's Economic Theory*, Cambridge, MA: Harvard University Press.

Foley, D. K. (1989): "Roemer on Marx on Exploitation," *Economics and Politics* **1**(2), pp. 187–199.

Fujimori, Y. (1982): *Modern Analysis of Value Theory*, Berlin: Springer-Verlag.

Gintis, H. and Ishikawa, T. (1987): "Wages, Work Intensity, and Unemployment," *Journal of the Japanese and International Economies* **1**, pp. 195–228.

Houston, D. (1989): "Roemer on Exploitation and Class," *Review of Radical Political Economics* **21**, pp. 175–187.

Kranich, L. (1994): "Equal Division, Efficiency, and the Sovereign Supply of Labor," *American Economic Review* **84**, pp. 178–189.

Krause, U. (1982): *Money and Abstract Labor*, London: New Left Books.

Kreps, D. M. (1990): *A Course in Microeconomic Theory*, Princeton: Princeton University Press.

Lawrance, E. (1991): "Poverty and the Rate of Time Preference: Evidence from Panel Data," *Journal of Political Economy* **99**, pp. 54–77.

Lipietz, A. (1982): "The So-Called 'Transformation Problem' Revised," *Journal of Economic Theory* **26**, pp. 59–88.

Marx, K. (1963): *Poverty of Philosophy*, New York: International Publishers〔『哲学の貧困』,『マルクス＝エンゲルス全集』第4巻, 大月書店, 1960年〕.

Marx, K. (1967): *Das Kapital*, Vol. I, II, III, Berlin: Diez Verlag〔『資本論』,『マルクス＝エンゲルス全集』第23a,b, 24, 25a,b巻, 大月書店, 1965–1967年〕.

Marx, K. (1969): "Wage Labour and Capital," *Marx-Engles: Selected Works*, Vol. 1, Moscow: Progress Publisher, part III〔『賃労働と資本』,『マルクス＝エンゲルス全集』第6巻, 大月書店, 1961年〕.

Marx, K. (1973): *Grundrisse*, Harmondsworth; Baltimore: Penguin Books〔高木幸二郎監訳『経済学批判要綱 III』大月書店, 1961年〕.

Matsuo, T. (2006): "Profit, Surplus Product, Exploitation and Less than

Maximized Utility," *Metroeconomica*, forthcoming.

Morishima, M. (1960): *Equilibrium, Stability, and Growth*, Oxford: Clarendon Press.

Morishima, M. (1969): *Theory of Economic Growth*, Oxford: Clarendon Press.

Morishima, M. (1973): *Marx's Economics: A Dual Theory of Value and Growth*, Cambridge: Cambridge University Press〔高須賀義博訳『マルクスの経済学』東洋経済新報社，1974 年〕.

Morishima, M. (1974): "Marx in the Light of Modern Economic Theory," *Econometrica* **42**, pp. 611-632.

Morishima, M. (1989): *Ricard's Economics: A General Equilibrium Theory of Distribution and Growth*, Cambridge: Cambridge University Press〔高増明・堂目卓生・吉田雅明訳『リカードの経済学』東洋経済新報社，1991 年〕.

Morishima, M. and Seton, F. (1961): "Aggregation in Leontief Matrices and the Labour Theory of Value," *Econometrica* **29**, pp. 203-220.

Morishima, M. and Catephores, G. (1978): *Value, Exploitation and Growth*, London: McGraw Hill〔高須賀義博・池尾和人訳『価値・搾取・成長——現代の経済理論からみたマルクス』創文社，1981 年〕.

von Neumann, J. (1945): "A Model of General Economic Equilibrium," *Review of Economic Studies* **13**, pp. 1-9.

Nikaido, H. (1983): "Marx on Competition," *Journal of Economics* **43**(4), pp. 337-362.

Okishio, N. (1963): "A Mathematical Note on Marxian Theorems," *Weltwirtschaftliches Archiv* **91**, pp. 287-299.

Petri, F. (1980): "Positive Profits without Exploitation: A Note on the Generalized Fundamental Marxian Theorem," *Econometrica* **48**, pp. 531-533.

Piketty, T. and Saez, E. (2003): "Income Inequality in the United States, 1913-1998," *Quarterly Journal of Economics* **118**, pp. 1-39.

Rawls, J. (1971): *A Theory of Justice*, Cambridge, MA: Harvard University Press.

Rawls, J. (2001): *Justice as Fairness: A Restatement*, Cambridge, MA: Harvard University Press〔田中成明・亀本洋・平井亮輔訳『公正としての正義再説』岩波書店，2004 年〕.

Rockafellar, R. T. (1970): *Convex Analysis*, Princeton: Princeton University Press.

Roemer, J. E. (1980): "A General Equilibrium Approach to Marxian Economics," *Econometrica* **48**, pp. 505-530.

Roemer, J. E. (1981): *Analytical Foundation of Marxian Economic Theory*, Cambridge: Cambridge University Press.

Roemer, J. E. (1982): *A General Theory of Exploitation and Class*, Cambridge, MA: Harvard University Press.

Roemer, J. E. (1982a): "Origin of Exploitation and Class: Value Theory of Pre-Capitalist Economy," *Econometrica* **50**, pp. 163–192.

Roemer, J. E. (1985): "Should Marxists be Interested in Exploitation?" in Roemer, J. E. ed., *Analytical Marxism*, Cambridge: Cambridge University Press, pp. 260–282.

Roemer, J. E. (1986): *Value, Exploitation and Class*, New York: Harwood Academic Publishers.

Roemer, J. E. (1988): *Free to Lose: An Introduction to Marxist Economic Philosophy*, Cambridge, MA: Harvard University Press.

Roemer, J. E. (1990): "A Thin Thread: Comment on Bowles' and Gintis' 'Contested Exchange'," *Politics and Society* **18**, pp. 243–249.

Roemer, J. E. (1992): "What Walrasian Marxism Can and Cannot Do," *Economics and Philosophy* **8**, pp. 149–156.

Roemer, J. E. (1994): *Egalitarian Perspectives: Essays in Philosophical Economics*, Cambridge: Cambridge University Press.

Roemer, J. E. (1996): *Theories of Distributive Justice*, Cambridge, MA: Harvard University Press.

Roemer, J. E. (2006): "Socialism vs. Social Democracy as Income-equalizing Institutions," *mimeo.*

Roemer, J. E. and Silvestre, J. (1993): "The Proportional Solution for Economies with Both Private and Public Ownership," *Journal of Economic Theory* **59**, pp. 426–444.

Ryder, H. E. (1985): "Heterogeneous Time Preferences and the Distribution of Wealth," *Mathematical Social Sciences* **9**, pp. 63–76.

Samuelson, P. (1982): "The Normative and Positive Inferiority of Marx's Vales Paradigm," *Southern Economic Journal* **49**, pp. 11–18.

Sen, A. K. (1980): "Equality of What ?" in McMurrin, S. ed., *Tanner Lectures on Human Values*, **1,** Cambridge: Cambridge University Press.

Sen, A. K. (1985): *Commodities and Capabilities*, Amsterdam: North-Holland〔鈴村興太郎訳『福祉の経済学——財と潜在能力』岩波書店，1988 年〕.

Sen, A. K. (1985a): "Well-being, Agency and Freedom: The Dewey Lectures 1984," *The Journal of Philosophy* **82,** pp. 169–224.

Sen, A. K. (1997): *On Economic Inequality*, enlarged edition, Oxford: Clarendon Press〔鈴村興太郎・須賀晃一訳『不平等の経済学』東洋経済新報社，2000 年〕.

Shapiro, C. and Stigliz, J. E. (1984): "Equilibrium Unemployment as a Worker Discipline Device," *American Economic Review* **74**, pp. 433–444.

Skillman, G. (1995): "Ne Hic Saltaveris: The Marxian Theory of Exploitation after Roemer," *Economics and Philosophy* **11**, pp. 309–331.

Solow, R. (1979): "Another Possible Source of Wage Stickiness," *Journal of Macroeconomics* **1**, pp. 79–82.

Steedman, I. (1975): "Positive Profits with Negative Surplus Values," *Eco-*

nomic Journal **85**, pp. 114-123.

Steedman, I. (1977): *Marx after Sraffa*, London: New Left Books.

Van Parijs, P. (1992): "Competing Justification of Basic Income," in Van Parijs, P. ed., *Arguing for Basic Income*, London; New York: Verso.

Van Parijs, P. (1995): *Real Freedom for All: What (If Anything) Can Justify Capitalism?* Oxford: Oxford University Press.

Veneziani, R. (2007): "Exploitation and Time," *Journal of Economic Theory* **132**, pp. 189-207.

Yamada, A. and Yoshihara, N. (2007): "Triple Implementation in Production Economies with Unequal Skills by Sharing Mechanisms," *International Journal of Game Theory* **36**, pp. 85-106.

Yoshihara, N. (1998): "Wealth, Exploitation and Labor Discipline in the Contemporary Capitalist Economy," *Metroeconomica* **49**, pp. 23-61.

Yoshihara, N. (2000): "On Efficient and Procedurally-Fair Equilibrium Allocations in Sharing Games," IER Discussion Paper No. 397, Institute of Economic Research, Hitotsubashi University.

Yoshihara, N. (2006): "Reexamination of the Marxian Exploitation Theory," IER Discussion Paper Series A, No. 481, Institute of Economic Research, Hitotsubashi University.

Yoshihara, N. (2007): "Class and Exploitation in General Convex Cone Economies," IER Discussion Paper Series A, No. 489, Institute of Economic Research, Hitotsubashi University.

Yoshihara, N. (2007a): "On an Axiomatic Approach to Labor Exploitation Theory," *mimeo.*

Yoshihara, N. and Veneziani, R. (2007): "Class and Exploitation in Convex Subsistence Economies," *mimeo.*

磯谷明徳・植村博恭・海老塚明(1998):『社会経済システムの制度分析——マルクスとケインズを超えて』名古屋大学出版会.

稲葉振一郎・松尾匡・吉原直毅(2006):『マルクスの使いみち』太田出版.

岩田正美(2007):『現代の貧困——ワーキングプア／ホームレス／生活保護』ちくま新書.

大西広(2005):「市場と資本主義の関係についての史的唯物論的理解について」『季刊経済理論』第 42 巻第 1 号, pp. 4-11.

置塩信雄(1977):『マルクス経済学——価値と価格の理論』筑摩書房.

置塩信雄(1978):『資本制経済の基礎理論——労働生産性・利潤率及び実質賃金率の相互関連』(増訂版), 創文社.

荻沼隆(1988):「資本・階級・搾取——選択理論的アプローチ」*The Economic Studies Quartery* **39**(2), pp. 160-173.

後藤玲子・吉原直毅(2004):「「基本所得」政策の規範的経済理論——「福祉国家」政策の厚生経済学序説」『経済研究』第 55 巻第 3 号, pp. 230-244.

佐藤嘉倫(2008):「格差社会論と社会階層論——格差社会論からの挑戦に応えて」

『季刊経済理論』第44巻第4号，pp. 20-28.
鈴村興太郎・吉原直毅(2000)：「責任と補償――厚生経済学の新しいパラダイム」『経済研究』第51巻第2号，pp. 162-184.
高須賀義博(1992)：『鉄と小麦の資本主義』世界書院.
高増明(2001)：「アナリティカル・マルクシズム」『アソシエ』6号，pp. 115-128.
津野義道(1990)：『経済数学II 線形代数と産業連関論』培風館.
内閣府(2007)：『平成19年版 経済財政白書――生産性上昇に向けた挑戦』.
二階堂副包(1960)：『現代経済学の数学的方法――位相数学入門』岩波書店.
二階堂副包(1961)：『経済のための線型数学』培風館.
橋本健二(2008)：「階級間格差の拡大と階級所属の固定化――「格差社会」の計量分析」『季刊経済理論』第44巻第4号，pp. 29-40.
松尾匡(1997)：「価値論に関する最近の諸議論について」『経済理論学会年報』第34集，pp. 76-94.
松尾匡(2001)：『近代の復権――マルクスの近代観から見た現代資本主義とアソシエーション』晃洋書房.
松尾匡(2002)：「価値と再生産について最近の諸議論について」『経済理論学会年報』第39集，pp. 119-134.
松尾匡(2004)：「吉原直毅氏による「マルクスの基本定理」批判」『季刊経済理論』第41巻第1号，pp. 57-62.
松尾匡(2007)：「規範理論としての労働搾取論――吉原直毅氏による「マルクスの基本定理」批判再論」『季刊経済理論』第43巻第4号，pp. 55-67.
水島宏明(2007)：『ネットカフェ難民と貧困ニッポン』日本テレビ放送網.
山下裕歩(2005)：「新古典派的「マルクス・モデル」における Roemer 的「搾取」の検討」『季刊経済理論』第42巻第3号，pp. 76-84.
吉原直毅(1998)：「搾取と階級の一般理論」ISER Discussion Paper, The Institute of Social and Economic Research, Osaka University, No. 458.
吉原直毅(1999)：「搾取と階級の一般理論」高増明・松井暁編『アナリティカル・マルキシズム』ナカニシヤ出版，pp. 66-85.
吉原直毅(2001)：「マルクス派搾取理論再検証――70年代転化論争の帰結」『経済研究』第52巻第3号，pp. 253-268.
吉原直毅(2003)：「分配的正義の経済理論――責任と補償アプローチ」『経済学研究』第53巻第3号，pp. 373-402.
吉原直毅(2005)：「再論：マルクス派搾取理論再検証」『季刊経済理論』第42巻第3号，pp. 63-75.
吉原直毅(2006)：「分配的正義の経済哲学――厚生主義から非厚生主義へ」須賀晃一・若田部昌澄編著／藪下史郎監修『再分配とデモクラシーの政治経済学』東洋経済新報社，第6章，pp. 121-191.
吉原直毅(2006a)：「「福祉国家」政策論への規範経済学的基礎付け」『経済研究』第57巻第1号，pp. 72-91.
吉原直毅(2006b)：「アナリティカル・マルクシズムにおける労働搾取理論」『経済学研究』第56巻第2号，pp. 63-97.

索　引

さ　行

た　行

な　行

は　行

ま　行

や　行

ら　行

わ　行

■岩波オンデマンドブックス■

一橋大学経済研究叢書 55
労働搾取の厚生理論序説

2008年2月28日 第1刷発行
2018年3月13日 オンデマンド版発行

著 者 吉原直毅（よしはらなおき）

発行者 岡本 厚

発行所 株式会社 岩波書店
〒101-8002 東京都千代田区一ツ橋2-5-5
電話案内 03-5210-4000
http://www.iwanami.co.jp/

印刷／製本・法令印刷

ISBN 978-4-00-730727-0 Printed in Japan